高职高专经管类专业精品教材系列

经济法基础与应用

（第二版）

邓建敏　主　编
孙永飞　车艳妮　副主编

清华大学出版社
北京

内 容 简 介

本书以《国家职业教育改革实施方案》(国发〔2019〕4号,简称职教20条)文件为指导,紧扣高职高专教育培养应用型人才目标要求,以专业职业能力培养为主线,精心设计了十章内容:经济法总论、企业法律制度(《个人独资企业法》《合伙企业法》)、公司法律制度、破产法律制度、合同法律制度、市场管理法律制度(《反垄断法》《消费者权益保护法》《产品质量法》《食品安全法》《电子商务法》)、税收金融对外贸易法律制度(《税收实体及程序法》《商业银行法》《证券法》《票据法》《对外贸易法》)、劳动合同和社会保险法律制度、物权法律制度、知识产权法律制度。整个内容设计以最新法律、法规为准绳,以典型案例为线索,以解决实际经济法律问题为目的,体现时效性,强调针对性,侧重应用性,突出学导性。

本书可作为高职高专经管类专业教材使用,也可作为高等院校相关专业专、本科教学参考书和自学考试的学习参考书,还可作为从事经管工作人士的重要参考资料及相关职称考试参考用书。

本书配有电子教学资料包,包括教学PPT、正文"以案学法"的参考答案、知识检测的答案及"以法论案"的参考答案等资料,读者可登录清华大学出版社网站(www.tup.com.cn)下载。

图书在版编目(CIP)数据

经济法基础与应用/邓建敏主编. —2版. —北京:清华大学出版社,2019(2025.9重印)
(高职高专经管类专业精品教材系列)
ISBN 978-7-302-53448-8

Ⅰ.①经… Ⅱ.①邓… Ⅲ.①经济法-中国-高等职业教育-教材 Ⅳ.①D922.29

中国版本图书馆 CIP 数据核字(2019)第 163001 号

责任编辑:	左卫霞			
封面设计:	傅瑞学			
责任校对:	刘 静			
责任印制:	杨 艳			

出版发行:清华大学出版社
   网　　址:https://www.tup.com.cn, https://www.wqxuetang.com
   地　　址:北京清华大学学研大厦 A 座　　　　邮　编:100084
   社 总 机:010-83470000　　　　　　　　　　邮　购:010-62786544
   投稿与读者服务:010-62776969, c-service@tup.tsinghua.edu.cn
   质量反馈:010-62772015, zhiliang@tup.tsinghua.edu.cn
   课件下载:https://www.tup.com.cn, 010-83470410
印 装 者:三河市君旺印务有限公司
经　　销:全国新华书店
开　　本:185mm×260mm　　　印　张:17.25　　　字　数:417 千字
版　　次:2014 年 8 月第 1 版　2019 年 9 月第 2 版　印　次:2025 年 9 月第 6 次印刷
定　　价:59.00 元

产品编号:082793-02

第二版前言

FOREWORD

　　《经济法基础与应用》第一版自 2014 年 8 月面世以来,得到了广大师生及读者的厚爱,重印多次,深感欣慰。在五年的使用过程中师生们提出许多宝贵的修订建议。近年来,随着经济的快速发展,为适应深化"放管服"改革、优化营商环境要求,国家针对经济领域的系列法律、法规陆续进行了修改并开始实施或即将实施,本书结合这些变化以及大家提出的宝贵建议对原教材进行了修订。再版后的《经济法基础与应用》在保持第一版体例风格的前提下,依据相关最新法条,作了如下修订。

1. 法条内容方面

　　本书所涉及的所有法律、法规以截至 2019 年 6 月 1 日的最新法条为准进行了修订,更体现时效性。本书第二版新增的法律有《民法总则》《外商投资法》《电子商务法》《环境保护税法》《车辆购置税法》《船舶吨税法》;修订较多的法律是《仲裁法》《民事诉讼法》《行政诉讼法》《行政复议法》《公司法》《产品质量法》《食品安全法》《增值税暂行条例》《个人所得税法》《商业银行法》《证券法》《劳动法》《社会保险法》《专利法修正草案》等。涉及的章节有第一章经济法总论、第二章企业法律制度、第三章公司法律制度、第六章市场管理法律制度、第七章税收金融对外贸易法律制度、第八章劳动合同和社会保险法律制度等。

2. 案例取舍方面

　　本书所涉及的所有案例,不论是统领每章开篇的"案例导入",还是串联法条正文的"以案学法",又或是文末巩固知识的"以法论案",都进行了大幅度的替换与修改,以最近两年发生的典型案例为主,如空姐打滴滴遇害案、股民赢赵薇案、66 万奔驰车漏油女车主视频维权案、共享单车退押金难案、秒杀价网购假橡木床维权案、钓鱼网站虚假客服盗款案、熊孩子网络购物打赏案、个税综合所得应纳税额计算案、微信请假案、"咖啡伴侣"引发百万商标官司案、《新五环之歌》被指侵权案、腾讯"嘀嘀嘀嘀嘀嘀"声音商标案、视觉中国黑洞照片版权案等。同时,先前的一些经典案例又得以保留,如中国互联网反垄断第一案——奇虎 360 诉腾讯垄断案、利乐公司涉嫌滥用市场支配地位行为案、可口可乐收购汇源案、电子签名法第一案——手机短信借款证据案等。另外,对案例的思考增加了部分开放性的问题,更侧重应用性。

3. 课后习题方面

　　根据全面修订的正文内容,对课后习题进行了重新编排。不论是单选题,还是多选题,又或是判断题,都增加了小案例的比重,更强调针对性。

　　需要说明的是,本书共 10 章 35 节,涉及近 30 部法律及相关规定,其中任一部法律拿出来都可以开设一门单独的课程,而本书作为高职高专经管类专业的基础课程教材,一般安排80 课时左右,所以建议教师根据不同的专业有侧重地选取章节教学,特别注意利用"以案学法"的学导作用。

　　本次修订由邓建敏担任主编,孙永飞、车艳妮担任副主编,杨芸、陆少冰、刘小云、陈韵辉参编。全书由邓建敏负责总纂、修改和定稿。本书在修订过程中得到了有关部门、律所及任课老师的大力支持,在此深表感谢;还要特别感谢第一版的参编者。

　　本书在修订过程中参考借鉴了大量文献资料(详见参考文献),在此向作者致以诚挚的谢意。同时,由于编者水平有限,加之时间仓促,书中难免存在不足之处,恳请各界同人和广大读者提出宝贵意见,若在使用中发现问题请及时与我们联系(490396881@qq.com),以便共同探讨并使本书再版时得到修正与完善。

编　者

2019 年 6 月

第一版前言

FOREWORD

经济法作为高职高专财经管理类专业的基础课程,是一门集基础性、专业性及应用性于一体的必修实用课程。而常见的经济法教材往往重法条、轻应用;抽象枯燥;难教、难学,更难用。

本教材由具有丰富教学经验和多年企业实践经验的"双师型"中高级教师及资深法律专业人士,在吸收经济法教学改革优秀成果的基础上,结合高职高专财经管理类专业的特色,以市场需求为起点,以培养高素质应用型人才为目的,以必需、够用为原则,兼收民商法和经济法的条款精选而成,并对教材的体例、内容等方面作了较大的创新,具体生动,易教、易学、易用。

本教材具有新、强、广三大亮点。

1. 新

(1) 体例新。每章正文以"案例导入"开始,选取近期经济生活中的典型案例,统领该章节内容体系。文中主要采用"以案学法"的形式编排内容,穿插"知识链接"和"法条链接"。其中,"以案学法"是对该部分主要内容选取相关的经典案例并提出问题,让学生带着问题学习法条内容;"知识链接"主要是对相关重要知识的比较及归纳;"法条链接"主要是对相关重要法条的直接引用。

(2) 内容新。依据国家最新立法信息,精心编写各章节内容,充分吸纳了截至 2014年 6 月 1 日的最新相关法律法规。如新修订的《消费者权益保护法》《商标法实施条例》等。在实现知识与趣味、理论与实践、法条与案例有机结合的同时,更强调学生的自觉、自主、创造性学习,突出对学生创新精神和实践能力等综合素质的培养。

2. 强

(1) 直观性强。每章开篇的"知识导航"让该章的主要知识一目了然,具有很强的直观性。

(2) 针对性强。不论是"案例导入",还是"以案学法",或是"知识链接""法条链接"等,都紧扣该章、节的重点、难点,具有很强的针对性。

(3) 应用性强。以培养学生的应用能力为中心,不论是正文的"以案学法",还是课后的"知识检测"(包括单选、多选、判断)及"以法论案",都强调学生学习并转化知识的能力,缩短学生适应企业、理解企业的时间,提高本课程教学的有效性。

3. 广

(1) 知识涉及面广。本教材共 10 章 36 节,涉及《公司法》《合同法》《消费者权益保护法》《电子签名法》《社会保险法》《对外贸易法》等在内的近 30 部法律及相关法规等。

(2) 编者来源广。本书的编者来自广东省国防科技技师学院、广东省电子商务技师学院、联通华盛通信有限公司、广州民航职业技术学院、广东省轻工业高级技工学校、广州市商贸职业学校等单位,他们注重理论知识输出的同时,更注重实践能力的训练。

　　本书由邓建敏主编;郑伟香、孙永飞副主编;谈晓琼、卢美玲、杨芸、王姣姣、邵燕珠参编。具体分工为:邓建敏编写第一、二章;谈晓琼编写第三章;王姣姣编写第四章;孙永飞、邵燕珠合编第五章;杨芸编写第六章;卢美玲编写第七章;郑伟香编写第八、九、十章。全书由邓建敏负责总纂、修改和定稿。本书在编写过程中得到了广州市相关企业、律师事务所等单位的专业人士的热情帮助,在此深表感谢。

　　本书在编写过程中参考借鉴了大量文献资料(详见参考文献),在此向这些作者致以诚挚的谢意。同时,由于编者水平有限,加之时间仓促,书中难免存在不足之处,恳请各界同人和广大读者提出宝贵意见,若在教学中发现问题请及时与我们联系(490396881@qq.com),以便共同探讨并使本书在再版时得到修正与完善。

编　者

2014 年 5 月

目 录

CONTENTS

第一章 经济法总论

知识导航

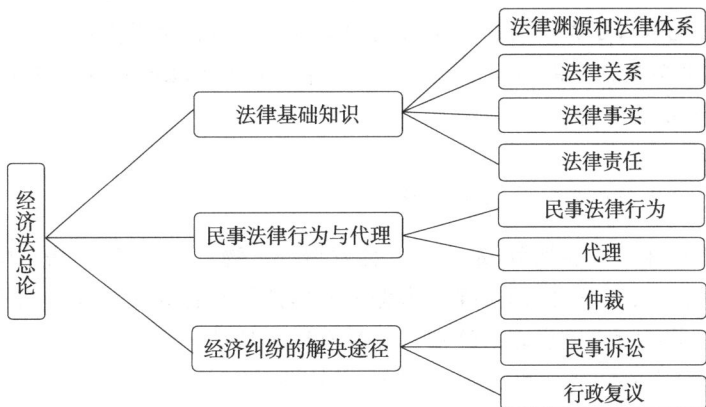

案例导入

空姐打滴滴遇害案。2018年5月5日深夜,空姐李明珠通过滴滴平台约乘刘振华驾驶的车号豫A82RU5顺风车赶往郑州火车站,中途惨遭其杀害。后刘振华跳河自杀。此案引起社会关注,滴滴顺风车安全机制遭严重质疑。案发后,原告李某某、董某某(李明珠父母)向法院提起诉讼,要求法院判令继承刘振华遗产的被告刘某军、宋某某(被告父母)赔偿损失共计77.599 82万元。法院于2018年8月23日立案后,依法适用简易程序,公开开庭进行了审理。因案情复杂于2018年11月22日转为普通程序审理。

2019年2月27日晚,澎湃新闻从刘某军处拿到郑州市航空港经济综合实验区人民法院作出的判决书,法院判决,被告刘某军、宋某某应在判决生效后十日内在继承刘振华遗产范围内赔偿原告死亡赔偿金、丧葬费、交通费、住宿费、误工费等各项损失共计62.668 986万元。驳回原告的其他诉讼请求。如果被告未按判决指定的期间履行给付金钱义务,应当按照《民事诉讼法》第二百五十三条之规定,加倍支付延迟履行期间的债务利息。判决书指出,李明珠系原告独女,刘振华系被告独子。刘振华的第一顺序继承人仅有其父刘某军及其母宋某某,刘振华生前与郭某某有过一段婚史,但并未生育,二人也已与2017年7月25日登记离婚。根据法院查明的事实,刘振华的遗产及遗产性民事权利主要有豫A82RU5车牌号"江淮瑞风"牌越野车一辆及在合村并城中确定分配的120平方米安置房等。

法院未支持原告精神赔偿诉求。判决书显示,案发后,运营滴滴出行平台的北京运达无限科技有限公司已与原告达成补偿协议,因双方恪守协议秘密,法院不能得知详尽内容,但依协议,北京运达无限科技有限公司支付补偿费,具有精神慰藉的性质,因此原告要求被告赔偿精神损失费 10 万元的请求,法院不予支持。

此外,被告刘某军、宋某某曾试图隐匿财产。判决书显示,法院审理查明,郑港办事处凌庄村在郑州航空港区合村并城改造中被整体征迁,刘某军家共有四人被确定为安置对象,另外三人为其妻宋某某、其子刘振华、其父刘某聚。当地政策规定每位村民的安置标准为 60 平方米安置房,其子刘振华因系独生子女,按计划生育优惠政策多享受一人份安置房,其子按二人份分配安置房共 120 平方米,但目前安置房尚未分配到位。本案审理过程中,刘某军持其与同村村民刘某斌签订的落款日期为 2018 年 3 月 9 日的协议,称在其子刘振华逼迫下已将刘振华的两套安置房以 30 万元的价格贱卖用于日常花销,经法院依法传唤刘某斌,刘某斌承认购买刘振华的两套安置房不属实,也未向刘某军支付 30 万元的价款。随后刘某军在庭审中也承认了在李明珠被杀案侦破后虚构卖房隐匿财产的事实。

2 月 28 日,刘某军向澎湃新闻表示,他将上诉。原告委托的诉讼代理人回复澎湃新闻称,目前尚未确定是否上诉。

请思考:

该案涉及哪些法律问题? 应如何看待?

法作为一种特殊的社会规范,是人类社会发展的产物。一般来说,法是由国家制定或认可,以权利义务为主要内容,由国家强制力保证实施的社会行为规范及其相应的规范性文件的总称。其本质是统治阶级意志的体现。法具有以下特征:

(1) 法是由国家制定或认可的行为规范,具有国家意志性。国家制定和认可是国家创制法的两种方式,也是统治阶级把自己的意志变为国家意志的两条途径。

(2) 法是由国家强制力保证实施的行为规范,具有国家强制性。国家强制力是以国家的强制机构(如军队、警察、法庭、监狱)为后盾,对违法者采取国家强制措施。

(3) 法是确定人们在社会关系中权利和义务的行为规范,具有规范性。法是调节人们行为的一种社会规范,具有能为人们提供一个行为模式、标准的属性(概括性)。

(4) 法是明确而普遍适用的规范,具有明确公开性和普遍约束性。法具有明确的内容,能使人们预知自己或他人一定行为的法律后果(可预测性)。法具有普遍适用性,凡是在国家权力管辖和法律调整的范围、期限内,对所有社会成员及其活动,都普遍适用。

第一节　法律基础知识

一、法律渊源和法律体系

(一) 法律渊源

法律渊源又称法的形式,指法的具体表现形态,即法是由何种国家机关,依照什么方式或程序创制出来的,并表现为何种形式、具有何种效力等级的规范性法律文件。我国的法律渊源主要有以下内容。

1. 宪法

宪法是由国家最高立法机关即全国人大制定的具有最高法律效力的根本大法。宪法规定国家的基本制度和根本任务、公民的基本权利和义务,具有最高的法律效力。我国现行宪法是 1982 年 12 月 4 日第五届全国人大第五次会议通过的《中华人民共和国宪法》,全国人大于 1988 年、1993 年、1999 年、2004 年、2018 年先后五次以宪法修正案的形式对宪法作了修改和补充。宪法是经济法的基本渊源和立法基础。经济法以宪法为渊源,主要从中汲取有关国家经济制度的精神和基本规范,例如,"中华人民共和国的社会主义经济制度的基础是生产资料的社会主义公有制";"国家实行社会主义市场经济。国家加强经济立法,完善宏观调控";"中华人民共和国公民有依照法律纳税的义务"等。

2. 法律

法律是由全国人大及其常委制定的规范性文件,地位和效力仅次于宪法,是经济法的主要渊源。以法律形式表现的经济法律规范是经济法的主体和核心组成部分。经济法律包括《个人独资企业法》《合伙企业法》《公司法》《企业破产法》《税收征收管理法》《中国人民银行法》《商业银行法》《证券法》等。

3. 法规

法规包括行政法规和地方性法规,其效力仅次于宪法和法律,是经济法的重要渊源。行政法规是国务院制定的,如《公司登记管理条例》《企业财务会计报告条例》《证券公司监督管理条例》,增值税、消费税、资源税等税收条例等。地方性法规是省、自治区、直辖市等的人大及其常委会颁布的,其法律效力只及于颁布机关所管辖的区域,在此不列举。

4. 规章

规章是对法律、行政法规的补充,包括部门规章和地方政府规章。是国务院各部委及具有规章制定权的地方人民政府制定的有关具体实施法律和行政法规的一些办法、决定等。部门规章如财政部颁布的《代理记账管理办法》、中国人民银行颁布的《贷款通则》《人民币银行结算账户管理办法》、中国证监会发布的《上市公司信息披露管理办法》等。地方政府规章的种类和数量繁多,在此不予列举。

5. 自治条例和单行条例

自治条例和单行条例是指民族自治地方的权力机关依照权限,结合当地特点依法制定的自治条例和单行条例。主要适用于本民族自治地方。

6. 司法解释

司法解释是指最高人民法院在总结审判实践经验的基础上发布的指导性文件和法律解释,这也是经济法的渊源之一。如最高人民法院颁发的《最高人民法院关于适用〈中华人民共和国公司法〉若干问题的规定》《关于适用〈中华人民共和国合同法〉若干问题的解释》《关于审理票据纠纷案件若干问题的规定》等。

7. 国际条约、协定

国际条约、协定是指我国作为国际法主体同其他国家或地区缔结的双边、多边协议或其他具有条约、协议性质的文件。国际条约、协定在我国生效后,对我国国家机关、公民、法人或其他组织就具有法律上的约束力,因此,也是经济法的渊源之一。

(二) 法律体系

法律体系是指一个国家的全部法律规范,按照一定的原则和要求,根据其调整对象和调整方法的不同,划分为若干法律部门,进而形成的相互有机联系内在统一的整体。我国现行法律体系大体可以划分为以下七个法律部门。

1. 宪法及宪法相关法

宪法是国家的根本法,宪法相关法是与宪法配套、直接保障宪法实施和国家政权运作等方面的法律规范的总和,主要包括四个方面:①有关国家机构的产生、组织、职权和基本工作制度的法律;②有关民族区域自治制度、特别行政区制度、基层群众自治组织的法律;③有关维护国家主权、领土完整和国家安全的法律;④有关保障公民基本政治权利的法律。

2. 刑法

刑法是规范犯罪、刑事责任和刑事处罚的法律规范的总称,也就是规定哪些行为是犯罪和应该负何种刑事责任,并给犯罪人刑罚处罚的法律,是保证其他法律有效实施的后盾。

3. 行政法

行政法是规范国家行政管理活动的法律规范的总称,包括有关行政管理主体、行政行为、行政程序、行政监督以及国家公务员制度等方面的法律规范。它调整的是行政机关与行政管理相对人(自然人、法人和其他组织)之间因行政管理活动而发生的法律关系(称为纵向关系)。行政管理机关与行政相对人的关系具有从属性、服从性特点。行政行为由行政机关单方面依法作出,不需要与行政相对人平等协商。如《中华人民共和国行政许可法》《中华人民共和国行政处罚法》。

4. 民商法

民法、商法是规范民事、商事活动的法律规范的总称。民法是调整平等主体的自然人、法人和非法人组织之间的财产及人身关系(称为横向关系),主要包括物权、债权、婚姻、家庭、收养、继承等方面的法律规范。商法是在适应现代商事活动需要的基础上,从民法中分离而逐渐发展起来的法律部门,主要包括公司、证券、保险、票据、破产、海商等领域的法律规范。根据全国人大对社会主义法律体系的划分,知识产权法律制度也被划入民商法部门。

5. 经济法

经济法是调整国家从社会整体利益出发对市场经济活动实行干预、管理、调控所产生的社会经济关系的法律规范的总称。它是在国家干预市场经济活动过程中逐渐发展起来的一个法律门类,与行政法和民商法联系密切。按照全国人大对社会主义法律体系划分的说明,税收法律制度、宏观调控和经济管理法律制度、维护市场秩序的法律制度、产品质量法律制度、金融监管法律制度、对外贸易和经济合作法律制度等内容都属于经济法部门。应当注意的是,本教材的名称为"经济法基础与应用",但这并非法律部门意义上的"经济法"概念,而是"与市场经济活动相关的法律制度"的意思,内容涉及多个密切相关的法律部门。

6. 社会法

社会法是规范劳动关系、社会保障和社会福利及特殊群体权益保障方面的社会关系的法律规范的总称。它是在政府干预社会生活过程中逐渐发展起来的一个法律门类。如劳动合同法、未成年人保护法等。

7. 诉讼与非诉讼程序法

诉讼与非诉讼程序法是规范解决社会纠纷的诉讼活动与非诉讼活动的法律规范的总称。我国的诉讼制度分为刑事诉讼、民事诉讼、行政诉讼三种。此外,我国还针对海事诉讼活动的特殊性,制定了海事诉讼特别程序法,作为对民事诉讼法的补充。为处理国与国之间的犯罪者引渡问题,制定了引渡法,作为刑事诉讼法的补充。

非诉讼程序法是解决非诉讼案件的程序法。在纠纷解决中也占有重要地位。如人民调解法、仲裁法、公证法等。

(三)经济法的体系

如同经济法概念一样,对经济法的体系问题,学术界的认识也各不相同。本书按照经济关系以及经济法所调整的基本内容,将经济法体系作如下划分。

1. 市场主体法

市场主体法是指经济组织的法律制度,主要是企业法律制度。如独资企业法、合伙企业法、外商投资企业法、公司法等。

2. 市场管理法

市场管理法即调整市场管理关系的法律规范的总称。如反垄断法、反不正当竞争法、消费者权益保护法、税法、金融法、对外贸易法等。

3. 宏观调控法

宏观调控法即调整宏观经济调控关系的法律规范的总和。如计划法、预算法、财政法、税法、金融法、价格法等。

4. 社会保障法

社会保障法即调整社会保障过程中发生的经济关系的法律规范的总称。如劳动合同法、社会保险法等。

◆ **知识链接** ···

法 的 分 类

根据不同的标准,可以对法作不同的分类:①根据法的内容、效力和制定程序分为根本法(宪法)和普通法。②根据法的空间效力、时间效力或对人的效力分为一般法(如宪法、民法)和特别法。一般法与特别法的划分是相对的,如公司法相对于民法总则是特别法,相对于各具体企业法就是一般法。③根据法的内容分为实体法(如民法、刑法、劳动法、行政法)和程序法(如民事诉讼法、刑事诉讼法、行政诉讼法)。④根据法的主体、调整对象和渊源分为国际法和国内法。⑤根据法律运用的目的分为公法(如宪法、刑法、行政法、诉讼法)和私法(如民法、商法)。⑥根据法的创制方式和发布形式分为成文法和不成文法。

··

二、法律关系

法律关系是指被法律规范所调整的权利与义务关系。一般认为,法律关系由主体、客体、内容三个要素构成,缺少其中任何一个要素,都不能构成法律关系。

(一)法律关系的主体

【以案学法1-1】 艾子和苏珊正在为以下哪些单位或个人可以成为法律关系的主体争论不休。①某县政府;②某企业;③某公司的子公司;④某外国人;⑤某非营利组织。

问题:请帮她们判断一下,上述单位或个人哪些属于法律关系的主体?

法律关系的主体是指参加法律关系,依法享有权利和承担义务的当事人。根据我国法律规定,法律关系主体包括以下几种。

1. 自然人

自然人既包括本国公民,也包括居住在一国境内或在境内活动的外国公民和无国籍人。

2. 法人和非法人组织

法人组织分为营利法人、非营利法人和特别法人。营利法人包括有限责任公司、股份有限公司和其他企业法人等。非营利法人包括事业单位、社会团体、基金会、社会服务机构等。其中机关法人、农村集体经济组织法人、城镇农村的合作经济组织法人、基层群众性自治组织法人为特别法人。非法人组织包括个人独资企业、合伙企业、不具有法人资格的专业服务机构等。

3. 国家

在特定情况下,国家可以作为一个整体成为法律关系主体。如国家作为主权者是国际公法关系的主体,可以成为对外经济贸易关系中的债权人或债务人。在国内法中,国家可以直接以自己的名义参与国内法律关系(如发行国库券,或成为国家所有权关系主体)。当然,大多数情况下,国家是以其机关或者授权的组织作为代表参加法律关系的。

(二)法律关系的内容

【以案学法 1-2】 ①甲与乙签订合同出售一只 10 万元的手表;②A、B 登记结婚成夫妻。

问题:分别说出上述法律关系的内容是什么?

法律关系的内容是指法律关系主体所享有的权利和承担的义务。它是法律关系的核心,是联结主体之间及主体与客体之间的桥梁与纽带。

1. 权利

权利是指法律关系主体依法可以为或不为一定行为,以及要求他人为或不为一定行为的资格。依法享有权利的主体称为权利主体。如财产所有权人有依法对自己的财产享有占有、使用、收益和处分的权利;债权人有权请求债务人偿还债务等。

2. 义务

义务是指法律关系主体依法或为满足权利主体的需要,必须为或不为一定行为的责任。依法承担义务的主体称为义务主体。如纳税、不得侵害他人生命财产安全等。

权利和义务相依而存,具有相对性和对等性。没有无义务的权利,也没有无权利的义务。如商品买卖关系中,买方享有获得所购商品的权利,同时承担向卖方支付价款的义务;卖方享有获得商品价款的权利,同时承担向买方支付商品的义务。

(三)法律关系的客体

【以案学法 1-3】 公民张某与某医疗中心签订协议,承诺死后将自己的眼角膜无偿捐赠给该医疗中心,用于帮助失明患者。

问题:上述法律关系的三要素分别是什么?

法律关系的客体是指法律关系主体的权利和义务所指向的对象,是权利和义务形成的载体。法律关系客体的内容和范围是由法律规定的。法律关系客体应具备的特征是能为人类所控制并对人类有价值。在不同国家与不同历史时期,法律关系客体的具体内容和范围不同,并随着经济、科技的发展,不断出现新的法律关系客体,如数据、网络虚拟财产。一般认为,法律关系的客体包括物、行为、人身人格和非物质财富四大类。

1. 物

物是指能满足人们需要,具有一定的稀缺性,并能为人们现实支配和控制的各种物质资源。它可以是自然物,如土地、矿藏、水流、森林;也可以是人造物,如建筑、机器、各种产品等;还可以是充当一般等价物的货币和其他有价证券等。物既可以是有体物,也可以是无体物。有体物可以是固定形态的,也可以是没有固定形态的,如天然气、电力、权利、数据信息等。

2. 行为

一定的行为结果可以满足权利人的利益和需要,可以成为法律关系的客体。行为包括作为(如旅客运输合同的客体是运送旅客的行为、保管合同的客体是保管行为)和不作为(如竞业禁止合同的客体是不从事相同或相似的经营或执业活动)。

3. 人身人格

人身和人格分别代表着人的物质形态和精神利益,是人之为人的两个不可或缺的要素。一方面,它是生命权、身体权、健康权、姓名权、肖像权、名誉权、荣誉权、隐私权、婚姻自主权等人身权指向的客体。另一方面,它又是禁止非法拘禁他人、禁止对犯罪嫌疑人刑讯逼供、禁止侮辱或诽谤他人、禁止卖身为奴、禁止卖淫等法律义务所指向的客体。以人身人格作为法律关系客体的范围,法律是有严格限制的。人的整体只能是法律关系的主体,不能作为法律关系的客体。而人的部分是可以作为客体的"物",如当人的头发、血液、骨髓、精子和其他器官从身体中分离出去,成为与身体相分离的外部之物时,在某些情况下也可视为法律上的"物"。

4. 非物质财富

非物质财富又称精神产品或精神财富,包括知识产品和荣誉产品。知识产品也称智力成果,如作品、发明、实用新型、外观设计、商标等。智力成果是一种精神形态的客体,是一种思想或者技术方案,不是物,但通常有物质载体,如书籍、图册、录像、录音等。荣誉产品是指人们在各种社会活动中取得的物化或非物化的荣誉价值,如荣誉称号、奖章、奖品等,是荣誉权的法律关系客体。

三、法律事实

【以案学法 1-4】 甲酒后驾车,撞死了乙。乙死后,乙的儿子丙继承了其财产。

问题:上述案例中引起法律关系产生、变更或终止的法律事实是什么?

法律事实是指法律规范所规定的,能够引起法律后果即法律关系产生、变更和消灭的客观现象。它是引起法律关系变化的原因。按照是否以权利主体意志为转移作标准,法律事实分为以下两类。

(一) 行为

行为是指以权利主体意志为转移、能够引起法律后果的法律事实。根据人的行为是否属于表意行为,可分为法律行为和事实行为。

1. 法律行为

法律行为,即以行为人的意思表示为要素的行为。行为人作出意思表示应当具有相应的行为能力。如签订合同、订立遗嘱等行为。有关法律行为更详细的内容,参见本章第二节。

2. 事实行为

事实行为,即与表达法律效果、特定精神内容无关的行为,如创作行为、侵权行为等。由于事实行为通常与表意无关,因此事实行为构成通常不受行为人行为能力的影响。

(二)事件

事件是指与当事人意志无关,但能引起法律关系发生、变更和消灭的客观情况,常见的有以下三种。

1. 人的出生与死亡

人的出生与死亡能够引起民事主体资格的产生和消灭,也可能导致人格权的产生和继承的开始。

2. 自然灾害和意外事件

通常自然灾害等可构成法律上的不可抗力,常成为免除法律责任或消灭法律关系的原因。意外事件可能导致风险或不利后果的法律分配,也可能成为某些法律关系的免责事由。

3. 时间的经过

时间的经过可引起一些请求权的发生或消灭。如时效的经过,将导致债权的效力受到减损。

四、法律责任

【以案学法 1-5】 ①2018 年 4 月 11 日上午,绍兴市委原常委、宣传部原部长何加顺受贿案在台州市中级人民法院一审公开开庭审理。据台州市人民检察院指控,2010 年至 2013 年下半年间,何加顺利用担任绍兴市委常委、绍兴县委书记等职务便利,为他人在房产销售、项目建设等方面的请托事项提供帮助,非法收受他人所送财物价值人民币 559.099 万元。7 月 2 日,台州市中级人民法院一审宣判,被告人何加顺犯受贿罪,判处有期徒刑 6 年,并处罚金人民币 30 万元。随案移送的象牙雕观音像等 8 件贵重物品、退缴的赃款人民币 196.099 万元均予以没收,上缴国库。②近日,涛雒派出所接到张某报警称:其停放在家门口的银色本田轿车被盗,价值 14.5 万元。派出所接警后迅速出警开展调查取证工作。后经多方调查,发现张某所提供的线索为虚假证言,严重影响了公安机关执法办案。2018 年 8 月 20 日,民警口头传唤张某到派出所接受进一步调查处理,在法律的强大震慑下,嫌疑人张某如实交代了违法事实,对其谎报案情违法行为供认不讳,张某供述:张某和于某因存在民事纠纷,于某将车辆开走。张某为寻找车辆,遂起谎报案情邪念,谎称车辆被盗,想要涛雒派出所帮助其找到车辆。最终,违法嫌疑人张某被依法处以行政拘留 10 日,罚款 500 元的处罚。

问题:上述案例中当事人承担的法律责任属于哪种?请简要说明理由。

法律责任这一概念可从正反两方面理解,即积极意义(正面)的法律责任和消极意义(反面)的法律责任。积极意义上的法律责任是指所有组织和个人都有遵守法律的义务,即将法律责任与法律义务等同,也称广义的法律责任。现行立法所用的法律责任是一种消极意义上的法律责任,是指法律关系主体因违反法定的义务而应承担的不利法律后果,也称狭义的法律责任。根据我国法律有关规定,可将法律责任分为民事责任、行政责任和刑事责任三种,也有人将前两种中的经济内容部分称为经济责任。

（一）民事责任

民事责任是指民事主体违反了约定或法定的义务所应承担的不利民事法律后果。根据《民法总则》规定，承担民事责任的方式主要有11种：停止侵害；排除妨碍；消除危险；返还财产；恢复原状；修理、重作、更换；继续履行；赔偿损失；支付违约金；消除影响、恢复名誉；赔礼道歉。以上承担民事责任的方式，可单独适用，也可合并适用。

（二）行政责任

行政责任是指违反法律、法规规定的单位和个人所应承受的由国家行政机关或国家授权单位对其依行政程序所给予的制裁。行政责任包括行政处罚和行政处分。

1. 行政处罚

行政处罚是行政主体对行政相对人违反行政法律规范尚未构成犯罪的行为所给予的法律制裁。根据《行政处罚法》，行政处罚的种类有：警告；罚款；没收违法所得、没收非法财物；责令停产停业；暂扣或者吊销许可证、暂扣或者吊销执照；行政拘留；法律、行政法规规定的其他行政处罚。

2. 行政处分

行政处分是对违反法律规定的国家机关工作人员或被授权、委托的执法人员所实施的内部制裁措施。根据《公务员法》，行政处分种类有警告、记过、记大过、降级、撤职、开除六类。

（三）刑事责任

刑事责任是指犯罪人因实施犯罪行为所应承受的由国家审判机关（法院）依照刑事法律给予的制裁后果，是法律责任中最严厉的责任形式。刑事责任主要通过刑罚实现，刑罚分为主刑和附加刑两类。主刑包括管制、拘役、有期徒刑、无期徒刑、死刑五种。附加刑包括罚金、剥夺政治权利、没收财产。主刑只可以独立使用；附加刑可以与主刑一起使用，也可以单独使用；对于犯罪的外国人，可以独立适用或者附加适用驱逐出境。

第二节　民事法律行为与代理

一、民事法律行为

根据《中华人民共和国民法总则》（2017年3月15日第十二届全国人大第五次会议通过，自2017年10月1日期施行，以下简称《民法总则》）第一百三十三条规定，民事法律行为是民事主体通过意思表示设立、变更或终止民事法律关系的行为。民事法律行为是法律关系变动的原因之一，是一种重要的法律事实。具有以意思表示为要素；以设立、变更或终止权利义务为目的两大特征。

（一）民事法律行为的分类

【以案学法1-6】　①甲与乙银行签订10万元的借款合同，并以其拥有的名画1幅签订质押合同；②甲、乙两家鱼塘相连，因暴雨甲家的鱼进入乙家鱼塘。

问题：

（1）上述各案是否属于民事法律行为？并简要说明理由。

（2）如果是民事法律行为，请指出在不同的标准分类情况下，分别属于哪种法律行为。

民事法律行为可从不同角度作不同的分类。不同的分类，具有不同的意义。

1. 单方民事法律行为和多方民事法律行为

这是按照民事法律行为的成立仅需一方意思表示还是需要多方意思表示而进行的分类，该分类的法律意义在于便于正确认定法律行为的成立及其效力。单方民事法律行为是指依一方当事人的意思表示而成立的民事法律行为。如债务的免除、委托代理的撤销、无权代理的追认等。多方民事法律行为是指依两个以上的当事人意思表示一致而成立的民事法律行为。如订立合同行为、设立公司的协议等。但多方民事法律行为中的决议行为较为特殊，《民法总则》第一百三十四条第二款规定：法人、非法人组织依照法律或者章程规定的议事方式和表决程序作出决议的，该决议行为成立。即决议行为仅需依照规定的程序或方式作出，并不要求各方的意思表示全部一致。

2. 有偿民事法律行为和无偿民事法律行为

这是按照民事法律行为一方当事人从对方当事人取得利益有无对价为标准而进行的分类，该分类的法律意义在于便于确立当事人权利义务的范围及法律后果的承担。有偿民事法律行为是指双方当事人各因其给付而从对方取得利益的法律行为，如买卖、租赁、承揽等行为。无偿民事法律行为是指一方当事人无须给付而获得利益的法律行为，如赠与、无偿委托、借用等。一般来说，有偿民事法律行为的义务人的法律责任比无偿民事法律行为义务人要重。如《合同法》第三百七十四条规定：保管期间，因保管人保管不善造成保管物毁损、灭失的，保管人应当承担损害赔偿责任，但保管是无偿的，保管人证明自己没有重大过失的，不承担损害赔偿责任。

3. 要式的民事法律行为和非要式的民事法律行为

这是按照民事法律行为的成立是否需要具备法律规定或当事人约定的形式而进行的分类。要式的民事法律行为是指法律明确规定或当事人明确约定必须采用某一形式或履行一定程序才能成立的法律行为。如根据《合同法》《担保法》的规定，融资租赁合同、建设工程合同、技术开发合同、保证合同、抵押合同、质押合同应采用书面形式；而房地产抵押合同则不仅要用书面形式，而且还要向法定登记机关办理抵押登记。非要式的民事法律行为是指法律没有规定特定形式而允许当事人自由选择形式即可成立的法律行为。该分类对于判定民事法律行为的成立具有意义，同时，法律规定或当事人约定某些法律行为必须以要式成立，可以督促当事人谨慎进行民事活动，使权利义务关系明确具体并有确凿凭证，从而起到稳定交易秩序的作用。

4. 主民事法律行为和从民事法律行为

这是按照法律行为之间的依存关系而进行的分类，此分类的意义在于便于明确主从法律行为的效力关系。主民事法律行为是指不需要有其他法律行为的存在就可以独立成立的法律行为。从民事法律行为是指从属于其他法律行为而存在的法律行为。例如，当事人之间订立一项借款合同，同时又订立一项担保合同。其中，借款合同是主合同，担保合同是从合同。从民事法律行为以主民事法律行为为前提，除法律另有规定或当事人另有约定外，主民事法律行为无效或消灭，从民事法律行为也随之无效或消灭。

民事法律行为除了上述分类外，还有单务民事法律行为和双务民事法律行为、诺成民事法律行为和实践民事法律行为等分类方法。

（二）民事法律行为的效力

【以案学法 1-7】 ①张某通过邮寄方式书面向 A 企业提出解除劳动合同,A 企业在收到解除劳动合同的通知后,也向张某发出解除劳动合同的通知。②小王到小张家做客,喜欢上了小张家书房里的钢琴(是从小李家借入的,小王不知情),两人当场约定:小王出 2 万元购买钢琴,下礼拜一手交钱一手交货。

请问:用人单位解除劳动合同的行为、钢琴买卖行为是否成立和生效,为什么?

1. 民事法律行为的成立

民事法律行为的成立,应当符合民事法律行为的构成要素,即必须具有当事人、意思表示、标的三个要素。一些特别的民事法律行为,还必须具备其他特殊事实要素,如实践性民事法律行为的成立还必须有标的物的交付。

2. 民事法律行为的生效

民事法律行为的生效是指已经成立的民事法律行为因为符合法律规定的有效要件而取得法律认可的效力。民事法律行为的成立和生效是两个不同的概念。民事法律行为的成立是民事法律行为生效的前提,但是,已成立的民事法律行为不一定必然发生法律效力,只有具备一定生效条件的法律行为,才能产生预期的法律效果,即民事法律行为的有效要件。根据《民法总则》规定,民事法律行为的有效要件分为形式有效要件和实质有效要件。

（1）民事法律行为的形式有效要件。这是指行为人的意思表示的形式必须符合法律的规定。《民法总则》第一百三十五条规定:民事法律行为可以采用书面形式、口头形式或者其他形式;法律、行政法规规定或者当事人约定采用特定形式的,应当采用特定形式。如果行为人对法律规定必须采用特定形式而未采用的,其所进行的法律行为不产生法律效力。

（2）民事法律行为的实质有效要件。

① 行为人具有相应的民事行为能力。民事行为能力是指民事主体能独立参加民事法律关系,以自己的法律行为取得民事权利或承担民事义务的能力,即独立实施法律行为的能力。就自然人而言,根据《民法总则》的规定:无民事行为能力人(不满 8 周岁的未成年人、8 周岁以上不能辨认自己行为的和不能辨认自己行为的成年人)实施的民事法律行为无效。限制民事行为能力人(8 周岁以上的未成年人和不能完全辨认自己行为的成年人)实施的纯获益的民事法律行为或者与其年龄、智力、精神健康状况相适应的民事法律行为有效;实施的其他民事法律行为经法定代理人同意或者追认后有效。完全民事行为能力人(18 周岁以上的成年人和 16 周岁以上不满 18 周岁但以自己的劳动收入为主要生活来源的未成年人)可以独立实施民事法律行为。就法人而言,民事行为能力随其成立而产生,随其终止而消灭。法人的民事行为能力的范围一般以核准登记的生产经营和业务范围为准。但从维护相对人的利益和促进交易的角度出发,原则上认定法人超越经营范围从事的民事法律行为有效。《最高人民法院关于适用〈中华人民共和国合同法〉若干问题的解释(一)》第十条也规定:当事人超越经营范围订立合同,人民法院不因此认定合同无效,但违反国家限制经营、特许经营以及法律、行政法规禁止经营规定的除外。

② 意思表示真实。意思表示真实是指行为人的意思表示是其自主形成的内心意思的真实反映。意思表示真实包括两方面:意思自由,不存在受欺诈、受胁迫或被乘人之危等干涉和妨害意思自由的因素;意思与表示一致,不存在通谋虚假表示、错误、误传等意思表示不

一致的情形。意思表示不真实的法律行为,可以撤销或宣告无效。

③ 不违反强制性规定,不违背公序良俗。《民法总则》第一百五十三条规定:违反法律、行政法规的强制性规定的民事法律行为无效,但是该强制性规定不导致该民事法律行为无效的除外。

(三)附条件和附期限的民事法律行为

【以案学法 1-8】 甲、乙签订一份租赁合同。合同约定,等甲的女儿结婚时,甲将该房屋出租给乙居住,租期 2 年。

问题:

(1) 甲、乙间的租赁合同是否成立和生效?

(2) 该合同属于附条件还是附期限?并说明理由。

1. 附条件的民事法律行为

附条件的民事法律行为是指当事人在法律行为中约定一定的条件,并把该条件的成就与否作为民事法律行为效力发生或消灭根据的民事法律行为。并非所有的民事法律行为都可以附条件。如《合同法》第九十九条第二款规定,法定抵销不得附条件。

民事法律行为所附条件,既可以是自然现象、事件,也可以是行为,但都必须具备以下特征:①是将来发生的事实;②是不确定的事实;③是当事人任意选择的事实,而非法定的事实;④是合法的事实且不与行为的内容相矛盾。

附条件的民事法律行为在符合条件时生效。如果所附条件是违背法律规定或不可能发生的,应当认定该民事行为无效。当事人恶意促使条件成就的,应当认定条件未成就;当事人恶意阻止条件成就的,应当认定条件已成就。

2. 附期限的民事法律行为

附期限的民事法律行为是指当事人在法律行为中约定一定的期限,并以该期限的到来作为法律行为生效或解除的根据。期限是必然要到来的事实,这是与附条件的民事法律行为所附条件的根本区别。所附的期限可以是明确的,如某年某月某日;也可以是不确定的,如死亡之日。

(四)无效和可撤销的民事法律行为

【以案学法 1-9】 2019 年 6 月 1 日,甲公司以国产牛肉为样品,伪造某国进口牛肉,与乙公司签订了买卖合同,双方约定单价 40 元/斤,6 月 10 日乙公司得知这一事实。此时恰逢某国流行疯牛病,某国进口牛肉滞销,国产牛肉价格上涨,单价已达 50 元/斤。

问题:

(1) 该买卖合同属于无效合同还是可撤销合同?请说明理由。

(2) 如果是可撤销合同,哪一方在何时间内申请撤销?撤销后该合同的法律后果如何?

(3) 如果撤销权人行使了撤销权,法院于 2019 年 6 月 22 日依法撤销了该买卖行为,该买卖合同的法律效力如何?

(4) 如果撤销权人放弃撤销权而要求对方履行合同,对方当事人能否拒绝,为什么?

1. 无效民事法律行为

无效民事法律行为是指因欠缺民事法律行为的有效条件,不发生当事人预期法律后果的民事法律行为。根据《民法总则》的规定,以下几种民事法律行为无效。

(1)无民事行为能力人独立实施的。但无民事行为能力人接受赠与、奖励、获得报酬等纯获益的行为;以及实施的某些与其年龄相适应的,如购买文具、乘坐交通工具等细小的日常生活方面的法律行为有效。

(2)以虚假意思表示实施的。此类行为在现实中大量存在,如债务人为避免财产被强制执行虚假地将房子卖与自己的朋友。行为人如果以虚假的意思表示隐藏另外一个法律行为,被隐藏的民事法律行为的效力,依照有关法律规定处理。

(3)恶意串通,损害他人合法权益的。

(4)违反强制性规定或违背公序良俗的。

2. 可撤销民事法律行为

可撤销民事法律行为是指可因行为人行使撤销权请求法院或仲裁机关予以撤销而归于无效的法律行为。根据《民法总则》的规定,下列法律行为,一方有权请求撤销。

(1)有重大误解的。重大误解是指行为人因对行为的性质、对方当事人、标的物的品种、质量、规格、数量等的错误认识,使行为的后果与自己的真实意思相悖,并造成较大损失的情形。如营业员看错标签,把一款标价7 998元的相机按1 998元出售。

(2)受欺诈的。但第三人实施欺诈行为的,若对方当事人不知道且不应当知道存在欺诈的,受欺诈方不得主张撤销。其理由主要在于保护对方当事人的信赖。

(3)受胁迫的。

(4)乘人之危、显失公平的。其是指行为人利用对方当事人的急迫需要、为难处境或缺乏判断能力等,迫使对方违背本意而作出意思表示,严重损害对方利益。如古董商以极不合理的价格收购古董。

对于以上可撤销法律行为的种类,《民法通则》与《合同法》均规定为可撤销或可变更,但《民法总则》仅规定为可撤销。因为合同属于法律行为,且根据新法优于旧法的原则,这些种类的法律行为均属于可撤销,但不再有主张可变更的效力。可撤销的民事行为,在该行为被撤销前对当事人具有约束力。具有撤销权的当事人自知道或者应当知道撤销事由之日起在规定时间内没有行使撤销权及明确表示或者以自己的行为表明放弃撤销权的,撤销权消灭。

3. 民事法律行为被确认无效或被撤销的法律后果

可撤销的民事法律行为在成立之时具有法律效力,对当事人有约束力。若当事人行使撤销权,该民事法律行为因撤销而归于无效。一旦被撤销,其行为效果与无效民事法律行为的效果一样。但不影响其中独立存在的有关解决争议方法的条款的效力。

无效民事法律行为,从行为开始起就没有法律约束力,其在法律上产生以下法律后果:①恢复原状;②赔偿损失;③收归国家、集体或返还第三人;④其他制裁。

民事法律行为部分无效,不影响其他部分效力的,其他部分仍然有效。主要情形有:①法律行为标的之数量超过法律许可范围。如当事人约定的定金数额超过主合同标的额20%的,超过部分,人民法院不予支持。②法律行为的内容由数种不同事项合并而成,其中一项或数项无效。如约定赠与金钱与枪支若干,其中,仅赠与枪支部分无效。③法律行为的非主要条款无效,如雇佣合同约定"工伤概不负责",该条款无效,并不影响雇佣合同本身的效力。

▶ **法条链接**

撤销权的行使时间限制

《民法总则》第一百五十二条　有下列情形之一的,撤销权消灭:①当事人自知道或者应当知道撤销事由之日起一年内、重大误解的当事人自知道或者应当知道撤销事由之日起三个月内没有行使撤销权;②当事人受胁迫,自胁迫行为终止之日起一年内没有行使撤销权;③当事人知道撤销事由后明确表示或者以自己的行为表明放弃撤销权。当事人自民事法律行为发生之日起五年内没有行使撤销权的,撤销权消灭。

二、代理

代理是指代理人在代理权限内,以被代理人的名义与第三人实施法律行为,由此产生的法律后果直接由被代理人承担的一种法律制度。代理具有以下特征。

(1) 代理人必须以被代理人的名义实施法律行为。非以被代理人名义而是以自己的名义代替他人实施的法律行为,如行纪、寄售等受托处分财产的行为,不属于代理行为。

(2) 代理人在代理权限内独立向第三人进行意思表示。非独立进行意思表示的行为,如传递信息、居间行为等,不属于代理行为。

(3) 代理行为的法律后果直接归属于被代理人。在代理活动中,代理人并不因其代理行为直接取得任何个人权益,因此其产生的权利义务理应由被代理人本人承受。这使代理行为与无效代理、冒名欺诈等行为区别开来。

(一)代理的适用范围和种类

代理适用于民事主体之间设立、变更或者终止权利义务的法律行为。依照法律规定、当事人约定或者民事法律行为的性质,应当由本人亲自实施的民事法律行为不得代理。如立遗嘱、婚姻登记等。根据《民法总则》的规定,代理可分为委托代理和法定代理。

(1) 委托代理是基于被代理人的授权委托所产生的代理。委托代理可以采用书面或口头形式。法律规定用书面形式的,应当用书面形式。书面委托代理的授权委托书应当载明代理人的姓名或名称、代理事项、权限和期限,并由委托人签名或盖章。在市场经济活动中,委托代理是适用最广泛的代理行使,本节重点介绍委托代理。

(2) 法定代理是根据法律规定而直接产生的代理。它是为无行为能力人和限制行为能力人设立的代理方式。

(二)代理权的行使

【以案学法1-10】 ①甲授权乙买入一台设备(授权价格不能超过100万元),乙拥有该设备,于是以90万元的设备销售给甲;②甲企业授权王某购买钢材,但王某以取得回扣为目的与乙企业恶意串通,代表甲企业与乙签订了买卖合同,由于乙企业提供的是劣质钢材,此行为给甲企业造成了20万元的经济损失。

问题:上述两种情形是否属于滥用代理权?请说明理由,其法律后果如何?

1. 一般要求

代理人在代理权限内,以被代理人名义实施的民事法律行为,对被代理人发生效力。代理人行使代理权必须符合被代理人的利益,并做到勤勉尽职、审慎周到,不得与他人恶意串通损害被代理人权益,也不得利用代理权谋取私利。

2. 滥用代理权的禁止

代理人不得滥用代理权。常见的滥用代理权的情形有:①自己代理:代理人以被代理人的名义与自己进行民事活动。②双方代理:同一代理人代理双方当事人进行同一项民事活动。③代理人与第三人恶意串通,损害被代理人的利益。《民法总则》第一百六十八条规定:代理人不得以被代理人的名义与自己实施民事法律行为,但是被代理人同意或追认的除外。代理人不得以被代理人的名义与自己同时代理的其他人实施民事法律行为,但是被代理的双方同意或追认的除外。可见,自己代理与双方代理在民事法律行为类型上应定性为效力待定行为,其行为效力取决于被代理人对意思表示的追认与否。代理人滥用代理权,给被代理人及他人造成损失的,应当承担相应的赔偿责任。代理人和第三人恶意串通,损害被代理人利益的,由代理人和第三人负连带责任。

(三)无权代理

【以案学法 1-11】 A 是乙公司的采购员,已离职。丙公司是乙公司的客户,已被告知 A 离职的事实,但当 A 持乙公司盖章的空白合同书,以乙公司的名义与丙公司洽购 100 吨白糖时,丙公司仍与其签订了买卖合同。

问题:

(1) A 的行为是否构成无权代理?如果丙公司未被告知 A 离职的事实呢?

(2) 丙公司能否在乙公司追认合同之前行使撤销权?请说明理由。

(3) 若丙公司催告乙公司追认合同,但乙公司在 1 个月内未作表示,合同效力如何?

1. 无权代理的界定

无权代理是指没有代理权而以他人名义进行的代理行为。无权代理的情形一般包括:①没有代理权而实施的代理;②超越代理权实施的代理;③代理权终止后而实施的代理。

2. 无权代理的法律后果

在无权代理情况下实施的民事法律行为效力待定。无权代理经被代理人追认,即直接对被代理人发生法律效力,产生与有权代理相同的法律后果。未经被代理人追认的,对被代理人不发生效力。相对人可以催告被代理人自收到通知之日起一个月内予以追认。被代理人未作表示的,视为拒绝追认。行为人实施的行为被追认前,善意相对人有撤销的权利。撤销应当以通知的方式作出。行为人实施的行为未被追认的,善意相对人有权请求行为人履行债务或者就其受到的损害请求行为人赔偿,但是赔偿的范围不得超过被代理人追认时相对人所能获得的利益。相对人知道或者应当知道行为人无权代理的,相对人和行为人按照各自的过错承担责任。

3. 表见代理

在无权代理的情况下,客观上使善意相对人有理由相信其有代理权的,被代理人应当承担代理的法律后果,这种情况在法学理论中称为表见代理。表见代理的情形有:

(1) 被代理人对第三人表示已将代理权授予他人,而实际并未授权;

(2) 被代理人将某种有代理权的证明文件(如盖有公章的空白介绍信、空白合同文本、合同专用章等)交给他人,他人以该种文件使第三人相信其有代理权并与之进行法律行为;

(3) 代理人违反被代理人的意思或者超越代理权,第三人无过失地相信其有代理权而与之进行法律行为；

（4）代理关系终止后未采取必要的措施而使第三人仍然相信行为人有代理权，并与之进行法律行为。

第三节　经济纠纷的解决途径

经济法主体在经济活动中不可避免地会产生纠纷，为了保护当事人的合法权益，维护社会经济秩序，必须采取有效手段及时解决。同时，由于经济关系的复杂化，导致经济纠纷具有多样性，因此，解决经济纠纷的途径也具有多元性，主要有仲裁、民事诉讼、行政复议和行政诉讼等。其中，前两种适用于解决横向关系经济纠纷，即平等民事主体的当事人之间发生的经济纠纷；后两种适用于解决纵向关系经济纠纷，即行政管理相对人和行政机关之间发生的经济纠纷。本节重点介绍仲裁、民事诉讼和行政复议。

一、仲裁

【以案学法 1-12】　2019 年年初，A 市的甲企业与 B 市的乙企业签订了 100 万元的买卖合同，同时在合同中订立了有效的仲裁协议。在合同履行中，甲因延迟交付第二批货物，致使乙的合同目的无法实现，乙向甲主张解除合同，双方为此发生纠纷。

问题：

（1）假设甲就该纠纷向人民法院提起诉讼，未声明有仲裁协议。法院受理后，乙公司在首次开庭前提出异议并提交仲裁协议，法院应当如何处理？但如果乙公司是在首次开庭后提出异议并提交仲裁协议呢？

（2）假设甲、乙企业在仲裁协议中约定由 C 市的仲裁委员会进行仲裁，该仲裁委员会决定公开审理，但乙企业表示反对。此约定合法吗？乙企业反对正确吗？

（3）假使该仲裁委员会于 2019 年 6 月 3 日作出裁决书并于 6 月 5 日送达，请问裁决书什么时候生效？

（4）甲企业不服，准备向法院起诉。由于甲企业拒绝履行仲裁裁决，乙企业便向该仲裁委员会申请执行，被仲裁委员会拒绝。甲企业能否向法院起诉？仲裁委员会拒绝乙企业的执行申请是否正确？

仲裁是指由经济纠纷的各方当事人共同选定仲裁机构，对纠纷依法定程序作出具有约束力的裁决的活动。仲裁的基本法规是 1994 年 8 月 31 日第八届全国人大常委会第九次会议通过，历经 2009 年、2017 年两次修正的《中华人民共和国仲裁法》（以下简称《仲裁法》），共八章 80 条。

（一）仲裁的适用范围与基本原则

1. 仲裁的适用范围

平等主体的公民、法人和其他组织之间发生的合同纠纷和其他财产权益纠纷，可以仲裁。下列纠纷不能提请仲裁：①婚姻、收养、监护、抚养、继承的纠纷；②依法应当由行政机关处理的行政争议，如土地所有权纠纷、专利等知识产权纠纷。下列仲裁不属于《仲裁法》所规定的仲裁范围，而由其他法律予以调整：①劳动争议的仲裁；②农业集体经济组织内部的农业承包合同纠纷的仲裁。

2.仲裁的基本原则

(1)自愿原则。当事人采用仲裁方式解决纠纷,应当双方自愿,达成仲裁协议。没有仲裁协议,一方申请仲裁的,仲裁组织不予受理。

(2)依据事实和法律,公平合理地解决纠纷的原则。

(3)独立仲裁原则。仲裁机关不依附于任何机关而独立存在,仲裁依法独立进行,不受任何行政机关、社会团体和个人的干涉。

(4)一裁终局原则。即仲裁庭作出的仲裁裁决为终局裁决。裁决作出后,当事人就同一纠纷再申请仲裁或向人民法院起诉的,仲裁委员会或人民法院不予受理。但是裁决被人民法院依法裁定撤销或不予执行的,当事人可以重新达成仲裁协议申请仲裁,也可以向人民法院起诉。

(二)仲裁机构和仲裁协议

1.仲裁机构

仲裁机构主要是指仲裁委员会。仲裁委员会不按行政区划层层设立。仲裁委员会独立于行政机关,仲裁委员会之间也没有隶属关系。

2.仲裁协议

(1)仲裁协议的内容。仲裁协议包括合同中订立的仲裁条款和其他以书面方式(如合同书、信件、数据电文等)在纠纷发生前或发生后达成的请求仲裁的协议。仲裁协议应当以书面形式订立,口头达成仲裁的意思表示无效。仲裁协议应有以下内容:①请求仲裁的意思表示;②仲裁事项;③选定的仲裁委员会。

(2)仲裁协议的效力。

仲裁协议一经依法成立,即具有法律约束力。仲裁协议独立存在,合同的变更、解除、终止或无效,不影响仲裁协议的效力。仲裁协议对仲裁事项或仲裁委员会没有约定或约定不明确的,当事人可以补充协议;达不成补充协议的,仲裁协议无效。

仲裁庭有权确认合同的效力。当事人对仲裁协议的效力有异议的,应当在仲裁庭首次开庭前请求仲裁委员会作出决定,或请求人民法院作出裁定。一方请求仲裁委员会作出决定,另一方请求人民法院作出裁定的,由人民法院裁定。

当事人达成仲裁协议,一方向人民法院起诉未声明有仲裁协议,人民法院受理后,另一方在首次开庭前提交仲裁协议的,法院应当驳回起诉,但仲裁协议无效的除外;另一方在首次开庭前未对人民法院受理该案提出异议的,视为放弃仲裁协议,人民法院应当继续审理。

(三)仲裁裁决

仲裁不实行级别管辖和地域管辖,仲裁委员会应当由当事人协议选定。仲裁庭可由1名仲裁员或3名仲裁员组成。由3名仲裁员组成的,设首席仲裁员。仲裁庭组成后,仲裁委员会应当将仲裁庭的组成情况书面通知当事人。

仲裁应当开庭进行。当事人协议不开庭的,仲裁庭可以根据仲裁申请书、答辩书以及其他材料作出裁决。

仲裁不公开进行。当事人协议公开的,可以公开进行,但涉及国家秘密的除外。所谓不公开进行,是指仲裁庭在审理案件时不对社会公开,不允许群众旁听,也不允许新闻记者采访和报道。

当事人申请仲裁后,可以自行和解。达成和解协议的,可请求仲裁庭根据和解协议作出裁决书,也可以撤回仲裁申请。当事人达成和解协议,撤回仲裁申请后反悔的,可以根据仲裁协议申请仲裁。

仲裁庭在作出裁决前,可以先行调解。当事人自愿调解的,仲裁庭应当调解。调解不成的,应当及时作出裁决。调解达成协议的,仲裁庭应当制作调解书或者根据协议的结果制作裁决书。调解书与裁决书具有同等法律效力。调解书经双方当事人签收后,即发生法律效力。在调解书签收前当事人反悔的,仲裁庭应当及时作出裁决。

裁决书自作出之日起发生法律效力,当事人应当履行裁决。一方当事人不履行的,另一方当事人可以依照《民事诉讼法》的有关规定向人民法院申请执行。接受申请的人民法院应当执行。

二、民事诉讼

诉讼俗称"打官司",是指人民法院根据纠纷当事人的请求,运用审判权确认争议各方的权利义务关系,解决经济纠纷的活动。

经济纠纷所涉及的诉讼包括行政诉讼和民事诉讼。行政诉讼是指人民法院根据当事人的请求,依法审查并裁决行使行政管理职权的行政机关所作出的具体行政行为的合法性,以解决经济纠纷的活动。如法院审理作为经济法主体的公民与税务机关在税收征纳关系上发生争议的行政案件。民事诉讼是指人民法院在当事人及其他诉讼参与人的参加下,依法审理并裁决经济纠纷案件所进行的活动。由于解决经济纠纷所涉及的诉讼绝大部分属于民事诉讼,因此本节主要就民事诉讼予以介绍,民事诉讼适用《民事诉讼法》的有关规定。现行的《民事诉讼法》是1991年4月9日第七届全国人大第四次会议通过,历经2007年、2012年、2017年三次修正,共二十七章284条。

公民之间、法人之间、其他组织之间以及他们相互之间因财产关系和人身关系发生纠纷,可以提起民事诉讼。

(一) 审判制度

1. 合议制度

合议制度是指由3名以上审判人员组成合议庭,代表法院行使审判权,对案件进行审理并作出裁决的制度。合议庭的成员,应当是单数。合议制度是相对于独任制度而言的,后者是指由一名审判员独立地对案件进行审理和裁判的制度。法院审理第一审民事案件,除适用简易程序、特别程序(选民资格案件及重大、疑难的案件除外)、督促程序、公示催告程序审理的民事案件由审判员一人独任审理外,一律由合议庭审判。合议庭的成员,应当是3人以上的单数。

2. 回避制度

回避制度是指参与某案件民事诉讼活动的审判人员、书记员、翻译人员、鉴定人、勘验人是案件的当事人或当事人、诉讼代理人的近亲属,或与案件有利害关系,或者与案件当事人、诉讼代理人有其他关系,可能影响对案件公正审理的,应当自行回避,当事人有权口头或书面方式申请他们回避。

3. 公开审判制度

公开审判制度是指法院的审判活动依法向社会公开的制度。除涉及国家秘密、个人隐私或者法律另有规定的以外,应当公开进行。离婚案件,涉及商业秘密的案件,当事人申请不公开审理的,可以不公开审理。公开审判包括审判过程公开和审判结果公开两项内容。不论案件是否公开审理,一律公开宣告判决。

4. 两审终审制度

两审终审制度是指一个诉讼案件经过两级法院审判后即终结的制度。据此,一个案件经第一审法院审判后,当事人不服的,有权在法定期限内向上一级法院提起上诉,由该上一级法院进行二审。二审法院的裁决、裁定是终审的裁决、判定。

根据规定,两审终审制度的例外有:①适用特别程序、督促程序、公示催告程序和简易程序中的小额诉讼程序审理的案件,实行一审终审。②最高人民法院所作的一审判决、裁定为终审判决、裁定。

对终审判决、裁定,当事人不得上诉。如果发现终审裁判确有错误,可以通过审判监督程序予以纠正。

（二）诉讼管辖

【以案学法 1-13】 北京的甲公司和长沙的乙公司于 2019 年 6 月 1 日在上海签订一项买卖合同。约定甲公司向乙公司提供一批货物,双方应于 6 月 8 日在厦门交货并付款。双方就合同纠纷管辖权未作约定。其后,甲公司依约交货,但乙公司拒付款项。甲公司准备对乙公司提起诉讼。

问题：甲公司可以向何地的人民法院提起诉讼?

诉讼管辖是各级法院之间以及不同地区的同级法院之间,受理第一审民事案件、经济纠纷案件的职权范围和具体分工。管辖可以按照不同标准作多种分类,其中最重要、最常用的是级别管辖和地域管辖。

1. 级别管辖

级别管辖是根据案件性质、影响范围来划分上下级人民法院受理第一审经济案件的分工和权限。大多数民事案件均归基层人民法院管辖。

2. 地域管辖

地域管辖是指确定同级人民法院之间在各自管辖的地域内审理第一审经济案件的分工和权限。它又分为一般地域管辖和特殊地域管辖。

（1）一般地域管辖是以被告住所地为依据来确定案件的管辖法院,即实行"原告就被告"的原则。被告住所地与经常居住地不一致的,由经常居住地人民法院管辖。同一诉讼的几个被告住所地、经常居住地在两个以上人民法院辖区的,各辖区人民法院都有管辖权。原告可以向其中一个人民法院起诉;原告向两个以上有管辖权的法院起诉的,由最先立案的人民法院管辖。

但对不在中华人民共和国领域内居住的人,对下落不明或者宣告失踪的人提起的有关身份关系的诉讼,对被采取强制性教育措施或者被监禁的人提起的诉讼,由原告住所地或经常居住地人民法院管辖;原告住所地与经常居住地不一致的,由原告经常居住地人民法院管辖。

（2）特殊地域管辖是以诉讼标的所在地、法律事实所在地为依据确定管辖。《民事诉讼法》规定了10种适用特殊地域管辖诉讼的情形。

① 因合同纠纷引起的诉讼，由被告住所地或合同履行地人民法院管辖。

② 因保险合同纠纷提起的诉讼，由被告住所地或保险标的物所在地人民法院管辖。根据《民事诉讼法》司法解释的规定，因财产保险合同纠纷提起的诉讼，如果保险标的物是运输工具或者运输中的货物，可以由运输工具登记注册地、运输目的地、保险事故发生地人民法院管辖。因人身保险合同纠纷提起的诉讼，可以由被保险人住所地人民法院管辖。

③ 因票据纠纷提起的诉讼，由票据支付地或被告住所地人民法院管辖。

④ 因公司设立、确认股东资格、分配利润、解散等纠纷提起的诉讼，由公司住所地人民法院管辖。

⑤ 因铁路、公路、水上、航空运输和联合运输合同纠纷提起的诉讼，由运输始发地、目的地或者被告住所地人民法院管辖。

⑥ 因侵权行为提起的诉讼，由侵权行为地（包括侵权行为实施地、侵权结果发生地）或者被告住所地人民法院管辖。信息网络侵权行为实施地包括实施被诉侵权行为的计算机设备所在地，侵权结果地包括被侵权人住所地。因产品、服务质量不合格造成他人财产、人身损害提起的诉讼，产品制造地、产品销售地、服务提供地、侵权行为地和被告住所地人民法院均有管辖权。

⑦ 因铁路、公路、水上和航空事故请求损害赔偿提起的诉讼，由事故发生地或者车辆、船舶最先到达地、航空器最先降落地或者被告住所地人民法院管辖。

⑧ 因船舶碰撞或者其他海事损害事故请求损害赔偿提起的诉讼，由碰撞发生地、碰撞船舶最先到达地、加害船舶被扣留地或者被告住所地人民法院管辖。

⑨ 因海难救助费用提起的诉讼，由救助地或者被救助船舶最先到达地人民法院管辖。

⑩ 因共同海损提起的诉讼，由船舶最先到达地、共同海损理算地或者航程终止地的人民法院管辖。

▶ **法条链接**

专属管辖和协议管辖

《民事诉讼法》第三十三条 下列案件，由本条规定的人民法院专属管辖：①因不动产纠纷提起的诉讼，由不动产所在地人民法院管辖；②因港口作业中发生纠纷提起的诉讼，由港口所在地人民法院管辖；③因继承遗产纠纷提起的诉讼，由被继承人死亡时住所地或者主要遗产所在地人民法院管辖。

《民事诉讼法》第三十四条 合同或者其他财产权益纠纷的当事人可以书面协议选择被告住所地、合同履行地、合同签订地、原告住所地、标的物所在地等与争议有实际联系的地点的人民法院管辖，但不得违反本法对级别管辖和专属管辖的规定。

（三）审判程序与执行

【以案学法1-14】 2019年1月18日，浙江祥源文化股份有限公司（以下简称"祥源文化"）收到浙江省杭州市中级人民法院发来的17份民事判决书及相关法律文书，杭州中院对17名原告起诉祥源文化证券虚假陈述责任纠纷案作出一审裁决，判决被告赔偿原告合计

48.8 万元。因涉及影视明星赵薇,本案备受外界关注。2016 年 12 月,赵薇控股的龙薇传媒欲以 30 亿元收购万家文化 1.85 亿股股份。这笔交易的杠杆比例高达 51 倍,后因项目融资金额巨大,赵薇夫妇向银行申请的借款迟迟未获审批,导致这桩收购案最终终止并被证监会查处。这场闹剧导致股价剧烈波动,给股民造成了巨额损失。2018 年 4 月,证监会下发行政处罚决定书,祥源文化、龙薇传媒被给予警告并分别处以 60 万元罚款,赵薇夫妇各自被罚 30 万元,还被禁入市场 5 年。然而,这件事并不会以证监会的处罚而告终,祥源文化和赵薇将面临众多投资者的索赔。在处罚决定公布后,全国各地陆续有投资者以证券虚假陈述为由,起诉祥源文化、赵薇等被告。原告代理律师厉健告诉《中国证券报》记者,自己于 2019 年 2 月 15 日接到杭州中院的通知,祥源文化和赵薇已经提起上诉,并于 2 月 18 日收到了邮寄的书面上诉状。

问题:祥源文化和赵薇应该向哪级法院提起上诉? 提起上诉的时间是否符合规定?

审判程序包括第一审程序、第二审程序、审判监督程序、执行程序等。

1. 第一审程序

第一审程序是指各级人民法院审理当事人起诉案件适用的程序,分为普通程序和简易程序。普通程序是经济案件审判中最基本的程序,主要包括以下内容。

(1)起诉和受理。起诉必须符合法定条件:①原告是与本案有直接利害关系的公民、法人和其他组织;②有明确的被告;③有具体的诉讼请求和事实、理由;④属于人民法院受理和管辖的范围。同时还必须办理法定手续。人民法院接到起诉状或口头起诉后,经审查认为符合起诉条件的,应当在 7 日内立案,并通知当事人。

(2)审理前的准备。人民法院应当在立案之日起 5 日内将起诉状副本发送被告。被告在收到之日起 15 日内提出答辩状。人民法院在收到之日起 5 日内将答辩状副本发送原告。被告不提出答辩状的,不影响法院审理。人民法院应当在开庭 3 日前用传票传唤当事人。对诉讼代理人、证人、鉴定人、勘验人、翻译人员应当用通知书通知其到庭。

(3)开庭审理。开庭审理一般公开进行。公开审理的,应当公告当事人的姓名、案由和开庭的时间、地点。当事人经法院传票传唤,无正当理由拒不到庭的,或未经许可中途退庭的:如果是原告,可按撤诉处理;如果是被告,可以缺席判决。

2. 第二审程序

第二审程序又称上诉程序。《民事诉讼法》规定,上诉必须具备以下条件:只有第一审案件的当事人才可以提起上诉;只能对法律规定的可以上诉的判决、裁定提起上诉。当事人不服地方人民法院第一审判决的,有权在判决书送达之日起 15 日内向上一级人民法院提起上诉。当事人不服地方人民法院第一审裁定的,有权在裁定书送达之日起 10 日内向上一级人民法院提起上诉。上诉应当递交上诉状,上诉状应当通过原审人民法院提出,并按照对方当事人或者代理人的人数提出副本。

第二审人民法院的判决、裁定是终审的判决、裁定。当事人对重审案件的判决、裁定可以上诉。

3. 审判监督程序

审判监督程序又称再审程序,是指有审批监督权的人员和机关,发现已经发生法律效力的判决、裁定确有错误的,依法提出对原案重新进行审理的一种特别程序。当事人对已经发生法律效力的判决、裁定认为有错误的,可以向原审人民法院或上一级人民法院申请再审,但不停止判决、裁定的执行。当事人对已经发生法律效力的调解书申请再审,应当在调解书发生法律效力后6个月内提出。

4. 执行程序

执行程序是人民法院依法对已经发生法律效力的判决、裁定及其他法律文书的规定,强制义务人履行义务的程序。当事人拒绝履行的,对方当事人可以向人民法院申请执行。申请执行的期间为2年。此处规定的期间,从法律文书规定履行期间的最后一日起计算;法律文书规定分期履行的,从规定的每次履行期间的最后一日起计算;法律文书未规定履行期间的,从法律文书生效之日起计算。

◆ 知识链接

法院的裁定与判决的区别

民事裁定是法院在审理民事案件的过程中对有关诉讼程序的事项作出的判定,民事裁定的书面形式为民事裁定书。民事判决是指法院对民事案件依法定程序审理后对案件的实体问题依法作出的具有法律效力的结论性判定,民事判决的书面形式为民事判决书。二者都是法院在民事诉讼过程中作出的具有法律效力的结论性判定,但是又有不同:①作出的依据和解决的问题不同。裁定所依据的是程序法,是解决诉讼中的程序问题;判决所依据的是实体法,解决的是案件的实体问题,是对当事人的实体争议和请求所作出的结论。②适用的阶段不同。裁定在诉讼的各阶段都有可能发生,一个案件可能有多个裁定;而判决通常在案件审理终结时作出,一般一个案件一个判决。③表现形式不同。裁定可以是书面形式,也可以是口头形式;而判决只能是书面形式。④是否允许上诉及上诉期间不同。除不予受理、对管辖权有异议、驳回起诉的裁定可以上诉外,其他裁定一律不准上诉;一审判决可以上诉。

(四)诉讼时效

【以案学法1-15】 2019年5月1日,甲、乙签订商品买卖合同。5月6日甲按合同付款,5月9日乙未按约定发货。期间甲多次催促无果,因断货造成20万元的经济损失。甲于2019年7月9日向人民法院起诉乙。

问题:

(1) 甲对乙的诉讼时效期间从什么时候开始计算,适用哪种诉讼时效期间?

(2) 甲于2019年7月9日向人民法院起诉乙,会产生何种法律后果?

(3) 如果在2022年4月8日,甲所在的地方发生了雪灾,造成交通瘫痪,无法出行,这种情况持续了10日。请问,诉讼时效期间是否有变化?

1. 诉讼时效的概念及特点

诉讼时效是指权利人在法定期间内不行使权利而失去诉讼保护的制度。该法定期间即是诉讼时效期间。根据规定,我国的诉讼时效有以下特点。

(1) 诉讼时效以权利人不行使法定权利的事实状态的存在为前提。

(2) 诉讼时效期间届满时消灭的是胜诉权,即丧失依诉讼程序强制义务人履行义务的权利,并不消灭实体权利。诉讼时效期间届满的,义务人可以提出不履行义务的抗辩。诉讼时效期间届满后,义务人同意履行的,不得以诉讼时效期间届满为由抗辩;义务人已自愿履行的,不得请求返还。人民法院不得主动适用诉讼时效的规定。

（3）诉讼时效具有法定性和强制性。《民法总则》第一百九十七条规定:诉讼时效的期间、计算方法以及中止、中断的事由由法律规定,当事人约定无效。当事人对诉讼时效利益的预先放弃无效。

2．诉讼时效期间

根据《民法总则》的规定,向人民法院请求保护民事权利的诉讼时效期间为三年。法律另有规定的,依照其规定。诉讼时效期间自权利人知道或应当知道权利受到损害以及义务人之日起计算。法律另有规定的,依照其规定。但是自权利受到损害之日起超过二十年的,人民法院不予保护;有特殊情况的,人民法院可以根据权利人的申请决定延长。据此,按照期间的长度,可将诉讼时效期间分为 3 年的普通时效期间和 20 年的长期时效期间。

3．诉讼时效期间的中止、中断和延长

（1）诉讼时效期间的中止是指在诉讼时效期间的最后 6 个月内,因不可抗力或其他障碍不能行使请求权的,诉讼时效期间暂停计算,待中止的原因消失之日起,继续计算时效期间。继续计算的时效期间不足 6 个月的,应延长到 6 个月。

（2）诉讼时效期间的中断是指在诉讼时效进行中,因发生一定的法定事由,致使已经经过的时效期间统归无效,待时效中断的法定事由消除后,诉讼时效期间重新计算。根据《民法总则》第一百四十条规定,诉讼时效因提起诉讼、当事人一方提出要求或者同意履行义务而中断。诉讼时效期间中断的事由发生后,已经经过的时效期间归于无效;中断事由存续期间,时效不进行;中断事由终止时,重新计算时效期间。中断可以多次进行,但不得超过法律规定的 20 年的最长诉讼时效期间。

（3）诉讼时效期间的延长是指人民法院对已经完成的诉讼时效期间,根据特殊情况给予延长。包括能够引起延长的事由及期间,这是法律赋予司法机关的一种自由裁量权。

根据规定,诉讼时效期间的中止、中断的规定,只能对 3 年的普通时效期间适用;诉讼时效期间的延长,应只适用于 20 年长期时效期间。

▶ **法条链接**

《行政诉讼法》受案范围

《行政诉讼法》第十二条　人民法院受理公民、法人和其他组织对下列具体行政行为不服提起的诉讼:①对限制人身自由或者对财产的查封、扣押、冻结等行政强制措施和行政强制执行不服的;②对限制人身自由或者对财产的查封、扣押、冻结等行政强制措施不服的;③申请行政许可,行政机关拒绝或者在法定期限内不予答复,或者对行政机关作出的有关行政许可的其他决定不服的;④对行政机关作出的关于确认土地、矿藏、水流、森林、山岭、草原、荒地、滩涂、海域等自然资源的所有权或者使用权的决定不服的;⑤对征收、征用决定及其补偿决定不服的;⑥申请行政机关履行保护人身权、财产权等合法权益的法定职责,行政机关拒绝履行或者不予答复的;⑦认为行政机关侵犯其经营自主权或者农村土地承包经营权、农村土地经营权的;⑧认为行政机关滥用行政权力排除或者限制竞争的;⑨认为行政机关违法集资、摊派费用或者违法要求履行其他义务的;⑩认为行政机关没有依法支付抚恤金、最低生活保障待遇或者社会保险待遇的;⑪认为行政机关不依法履行、未按照约定履行或者违法变更、解除政府特许经营协议、土地房屋征收补偿协议等协议的;⑫认为行政机关侵犯其他人身权、财产权等合法权益的。除前款规定外,人民法院受理法律、法规规定可以提起诉讼的其他行政案件。

三、行政复议

【以案学法 1-16】　刚接触行政复议的小白对以下情况是否属于行政复议范围感到疑惑:①某公司不服税务局对其作出的罚款决定;②某公司不服工商局对其作出的吊销营业执照决定;③某公司不服公安局对其作出的查封财产决定;④某行政机关公务员不服单位对其作出的记过处分决定;⑤某企业不服工商局对其买卖合同纠纷作出的调解。

问题:

(1) 上述哪些情形能申请行政复议,哪些不能,为什么?

(2) 在情形②中,如果可以申请行政复议,举证责任为哪方? 如果行政复议机关于 2019 年 6 月 25 日作出加盖印章的行政复议决定书,并于 6 月 27 日送达,则行政复议决定书什么时候生效?

行政复议是指公民、法人或其他组织认为行政主体的具体行政行为侵犯了其合法权益,依法向法定的行政复议机关提出复议申请,行政复议机关依法对该具体行政行为进行合法性、适当性审查,并作出行政复议决定的行政行为。行政复议是现代国家保护公民免受行政机关具体行政行为不法侵害的一种重要的法律制度。行政复议的基本法律规定是 1999 年 4 月 29 日全国人大常委会第九次会议通过,历经 2009 年、2017 年两次修正的《中华人民共和国行政复议法》(以下简称《行政复议法》),共七章 43 条。

(一) 行政复议范围

1. 可以申请行政复议的事项

《行政复议法》规定,有下列情形之一的,公民、法人或者其他组织可以申请行政复议:

(1) 对行政机关作出的警告、罚款、没收违法所得、没收非法财物、责令停产停业、暂扣或者吊销许可证、暂扣或者吊销执照、行政拘留等行政处罚决定不服的;

(2) 对行政机关作出的限制人身自由或者查封、扣押、冻结财产等行政强制措施决定不服的;

(3) 对行政机关作出的有关许可证、执照、资质证、资格证等证书变更、中止、撤销的决定不服的;

(4) 对行政机关作出的关于确认土地、矿藏、水流、森林、山岭、草原、荒地、滩涂、海域等自然资源的所有权或者使用权的决定不服的;

(5) 认为行政机关侵犯其合法的经营自主权的;

(6) 认为行政机关变更或者废止农业承包合同,侵犯其合法权益的;

(7) 认为行政机关违法集资、征收财物、摊派费用或者违法要求履行其他义务的;

(8) 认为符合法定条件,申请行政机关颁发许可证、执照、资质证、资格证等证书,或者申请行政机关审批、登记有关事项,行政机关没有依法办理的;

(9) 申请行政机关履行保护人身权利、财产权利、受教育权利的法定职责,行政机关没有依法履行的;

(10) 申请行政机关依法发放抚恤金、社会保险金或者最低生活保障费,行政机关没有

依法发放的;

(11) 认为行政机关的其他具体行政行为侵犯其合法权益的。

2. 行政复议的排除事项

下列事项不得申请行政复议:

(1) 不服行政机关作出的行政处分或其他人事处理决定,可依照有关法律、行政法规提出申诉;

(2) 不服行政机关对民事纠纷作出的调解或者其他处理,可依法申请仲裁或向人民法院提起诉讼。

(二) 行政复议程序

1. 行政复议申请和受理

公民、法人或其他组织认为具体行政行为侵犯其合法权益的,可以自知道该具体行政行为之日起 60 日内提出行政复议申请,但法律规定的申请期限超过 60 日的除外。申请人应依法向有管辖权的行政复议机关申请。申请可以是书面的,也可以是口头的。

公民、法人或其他组织向人民法院提起行政诉讼,人民法院已经受理的,不得申请行政复议。

行政复议机关受理行政复议申请,不得向申请人收取任何费用。

行政复议期间具体行政行为不停止执行。但是,有下列情形之一的,可以停止执行:

(1) 被申请人认为需要停止执行的;

(2) 行政复议机关认为需要停止执行的;

(3) 申请人申请停止执行,行政复议机关认为其要求合理,决定停止执行的;

(4) 法律规定停止执行的。

2. 行政复议决定

行政复议的举证责任,由被申请人承担。行政复议机关应当自受理申请之日起 60 日内作出行政复议决定;但是法律规定的行政复议期限少于 60 日的除外。情况复杂,不能在规定期限内作出行政复议决定的,经行政复议机关的负责人批准,可以适当延长,并告知申请人和被申请人,但延长期限最多不得超过 30 日。

行政复议机构应当对被申请人作出的具体行政行为进行审查,提出意见,经行政复议机关的负责人同意或者集体讨论通过后,按照下列规定作出行政复议决定。

(1) 具体行政行为认定事实清楚,证据确凿,适用依据正确,程序合法,内容适当的,决定维持。

(2) 被申请人不履行法定职责的,决定其在一定期限内履行。

(3) 具体行政行为有下列情形之一的,决定撤销、变更或者确认该具体行政行为违法:①主要事实不清、证据不足的;②适用依据错误的;③违反法定程序的;④超越或者滥用职权的;⑤具体行政行为明显不当的。决定撤销或者确认该具体行政行为违法的,可以责令被申请人在一定期限内重新作出具体行政行为。

被申请人不按照法律规定提出书面答复、提交当初作出具体行政行为的证据、依据和其他有关材料的,视为该具体行政行为没有证据、依据,决定撤销该具体行政行为。

行政复议机关责令被申请人重新作出具体行政行为的,被申请人不得以同一的事实和理由作出与原具体行政行为相同或者基本相同的具体行政行为。

行政复议机关作出行政复议决定,应当制作行政复议决定书,并加盖印章。行政复议决定书一经送达,即发生法律效力。

◆ 知识链接

应先申请行政复议的情形

①公民、法人或其他组织认为行政机关的具体行政行为侵犯其已经取得的土地、矿藏、水流、森林、山岭、草原、荒地、滩涂、海域等自然资源的所有权或者使用权的,应先申请行政复议,对复议决定不服的,可以依法向人民法院起诉;②纳税人、扣缴义务人、纳税担保人同税务机关在纳税上发生争议时,须先依照法规规定缴纳税款及滞纳金,然后可在收到税务机关填发的缴款凭证之日起 60 日内向上一级税务机关申请复议,对复议决定不服的,可以依法向人民法院起诉;③纳税义务人同海关发生纳税争议时,应当缴纳税款,并可依法申请行政复议,对复议决定仍不服的,可依法向人民法院提起诉讼。

知识检测

一、单项选择题

1. 下列关于各种法律渊源效力层级由高到低的排序正确的是(　　)。
   A. 宪法、行政法规、部门规章、法律　　　　B. 宪法、法律、部门规章、行政法规
   C. 宪法、行政法规、法律、部门规章　　　　D. 宪法、法律、行政法规、部门规章

2. 甲公司与乙公司签订租赁合同,约定甲公司承租乙公司一台挖掘机,租期 1 个月,租金 1 万元。引起该租赁法律关系发生的法律事实是(　　)。
   A. 租赁的挖掘机　　　　　　　　　　　　B. 甲公司和乙公司
   C. 签订租赁合同的行为　　　　　　　　　D. 1 万元租金

3. 下列各项中,不属于刑罚种类的是(　　)。
   A. 拘役　　　　　B. 罚款　　　　　C. 罚金　　　　　D. 没收财产

4. 根据《民法总则》的规定,下列选项中,属于无效民事法律行为的是(　　)。
   A. 10 岁的小王在书店购买学习参考书籍
   B. 恶意串通损害第三人利益的民事行为
   C. 受欺诈胁迫的
   D. 王某趁张某急需用钱以 3 万元买入张某的一幅价值 10 万元的名画

5. 下列争议中,可适用《仲裁法》进行仲裁的是(　　)。
   A. 某公司与某员工因解除劳动合同发生的争议
   B. 高某与其弟弟因财产继承发生的争议
   C. 某税务机关因购买电脑的质量问题与某商场发生的争议
   D. 王某因不服公安局对其作出的罚款决定与该公安局发生的争议

6. 甲公司长期拖欠乙公司货款,双方发生纠纷,期间未约定纠纷的解决方式。为解决该纠纷,乙公司可采取的法律途径是(　　)。
   A. 提起行政诉讼　　　　　　　　　　　　B. 提请仲裁
   C. 申请行政复议　　　　　　　　　　　　D. 提起民事诉讼

7. 根据《行政复议法》的规定,下列各项中,不属于行政复议范围的是(　　)。

A. 对某市场监督管理局作出的吊销营业执照决定不服

B. 对某环保局作出的罚款决定不服

C. 对某公安局作出的行政拘留决定不服

D. 对税务局作出的给予其职工降职处分决定不服

8. 根据《民法总则》规定,向人民法院请求保护民事权利的诉讼时效期间为(　　)年,法律另有规定的,依照其规定。

A. 1　　　　　　B. 2　　　　　　C. 3　　　　　　D. 20

二、多项选择题

1. 下列各项中,属于民事责任形式的有(　　)。

A. 返还财产　　　　　　　　　　B. 责令停产停业

C. 支付违约金　　　　　　　　　D. 罚金

2. 下列各项中,可以成为法律关系客体的有(　　)。

A. 天然气　　　B. 数据信息　　　C. 权利　　　D. 网络虚拟财产

3. 下列各项中,能够引起法律关系发生、变更和消灭的事实的有(　　)。

A. 自然灾害　　B. 公民死亡　　C. 签订合同　　D. 提起诉讼

4. 北京的甲和上海的乙在天津签订了一份材料采购合同,合同约定履行地点为重庆。货物交付后,双方因履行费用的负担问题发生纠纷,甲拟提起诉讼。下列各项中,对该案有管辖权的有(　　)的法院。

A. 北京　　　　B. 上海　　　　C. 天津　　　　D. 重庆

5. 下列事项中,属于诉讼时效期间中止事由的有(　　)。

A. 继承开始后未确定继承人或者遗产管理人

B. 无民事行为能力人没有法定代理人

C. 权利人提起诉讼

D. 权利人向义务人提出履行请求

三、判断题

1. 法是统治阶级的意志体现,因此,统治阶级内部成员违法不会受到法律的制裁。
(　　)

2. 可撤销的民事行为一经撤销,自撤销之日起开始无效。(　　)

3. 如果两个以上的法院对某一民事诉讼案件均有管辖权,原告可以向其中一个法院起诉;原告向两个以上有管辖权的法院起诉的,由最先立案的法院管辖。(　　)

4. 当事人对仲裁协议的效力有异议的,应当在仲裁庭作出裁决之前提出。(　　)

5. 行政复议决定书自作出之日起发生法律效力。(　　)

6. 申请仲裁后,当事人可以自行和解;达成和解协议的,仲裁庭应当制作裁决书,终结仲裁程序。(　　)

以法论案

案例一　仲裁与诉讼

甲、乙两企业签订 10 万元的买卖合同中有仲裁条款。出现合同纠纷后,甲向人民法院提起诉讼,并未告知法院有仲裁协议,法院受理诉讼。请讨论以下互不相关的问题。

讨论:

1. 如果乙企业希望采用仲裁方式解决纠纷,应怎么办? 如果甲企业对仲裁庭作出的生效的裁决不服的,能否再提起诉讼?

2. 如果经查实,发现仲裁协议中没有选定仲裁委员会,法律后果如何?

3. 如果乙企业没有采取任何行动,法律后果是什么? 如果甲企业对一审法院的判决不服,应该如何维护自己的权利?

案例二　诉讼时效中断事由的认定

A公司系"YYN"25类服装系列注册商标的持有人。2017年10月20日,公安机关侦破了陈某、鲁某销售假冒上述注册商标商品的刑事案件,并于次日要求A公司协助对涉案假冒商品进行了辨认。2018年3月24日,两被告人被法院判处有期徒刑(缓刑)和罚金。A公司欲提起诉讼,依法请求法院判令两被告赔偿其经济损失及合理支出100万元。

讨论: A公司最迟应在什么时间前向当地人民法院提起诉讼?

案例三　行政复议的范围与程序

何某是本市某财政机关的一名公务员,因在工作中存在滥用职权行为,被该财政机关给予记大过的行政处分;同时,何某因个人所得税问题与本市某税务机关发生了纠纷,税务机关认为其年终奖金计算的个税有问题,少计个税300元,责令其补缴。

讨论:

1. 如果何某对行政处分不服,是否可以申请行政复议?

2. 何某是否可以就该税务机关的征税行为直接向人民法院提起行政诉讼?

3. 何某可否以申请行政复议为由拒绝缴纳少计的个人所得税?

4. 假设行政复议机关于2019年6月18日作出行政复议决定,6月19日制作行政复议决定书并加盖印章,6月21日行政复议决定书送达。请问行政复议决定书何时发生法律效力?

案例四　民事诉讼时效制度

中央电视台法治栏目曾报道,20世纪80年代一名男子的外貌酷似女性,但男性生殖器官发育不健全,于是家长送其到医院做手术,医生在开刀手术的过程中明知道该人男性特征明显,只是发育不成熟,在没有告知的情况下,将其男性特征切除,做成女性生殖器官。但由于其没有女性特有的子宫等生育器官,其实她是不完全的女性,这样,她就成了一个不男不女的人。直到最近几年,当事人和家属去医院调查,才知道当时她是存在男性生殖器官的,只是发育不成熟,如果当时手术做成男性,那他就是一个很健全的男人。但当时医生硬生生地把她发育不成熟的男性生殖器官切除,侵害了她的身体健康权和知情权。现在的问题是,当事人知道这个情况时,已经过去20年了,超过了我国《民事诉讼法》规定的最长保护期间,这样当事人的权益就无法得到保护。但她的权益确实受到了严重侵害,而且是最近才知道的。

讨论: 请结合我国民事诉讼时效制度探讨该公民的权益如何得到救济。

第二章 企业法律制度

知识导航

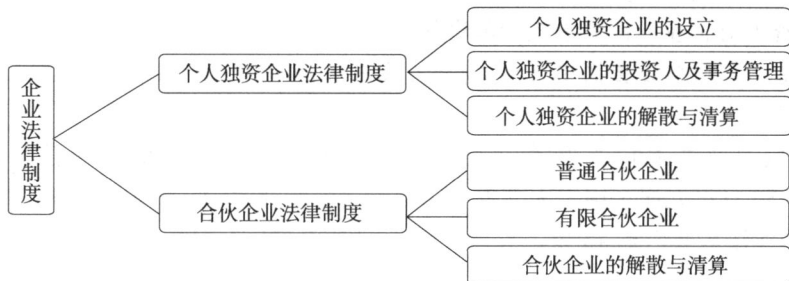

案例导入

2018年1月,陆展博(在读研究生)在所在地工商部门注册成立了一家主营信息咨询的个人独资企业,起名为"展博信息咨询有限公司",注册资本为1元。经过了一些小插曲后,个人独资企业终于成立。为了更好地拓展业务,陆展博打算让姐姐胡一菲(大学教师)和室友关谷神奇(日本人)加入,但都没有得到工商部门的批准。2019年6月,企业因经营不善导致负债18万元,陆展博决定自行解散企业,但因企业财产不足以清偿负债而被债权人诉至法院,要求陆展博及其父母承担连带责任。

请思考:

1. 什么是个人独资企业? 对该类企业的设立、运营、解散和清算有哪些规定?

2. 对于胡一菲或关谷神奇的加入,如果要让企业继续存续下去,应如何变更?

企业是指依法设立的,从事生产、流通、服务等经营活动,以产品或劳务满足社会需要,并以获取利润为目的,实行自主经营、自负盈亏的经济组织。常见的分类标准及分类如下:

(1) 按资产构成和承担的法律责任划分为个人独资企业、合伙企业和公司;

(2) 按规模大小划分为大型企业、中型企业和小型企业;

(3) 按生产经营领域划分为生产型企业、流通型企业、服务型企业和金融型企业;

(4) 按出资者划分为内资企业、中外合资经营企业、中外合作经营企业和外商投资企业。

企业法是指调整企业在设立、组织形式、管理和运行过程中发生的经济关系的法律规范的总称。广义的企业法是指有关企业的一切行为的法律规范的总称,包括宪法、民商法、经济法、行政法、劳动法等各种法律中有关企业的规定;狭义的企业法仅指企业主体法,主要表现为对企业组织的规范,如个人独资企业法、合伙企业法、公司法、外商投资法等。本章详细介绍个人独资企业法和合伙企业法,公司法将在第三章详细介绍。

2019年3月15日第十三届全国人大第二次会议通过了《中华人民共和国外商投资法》(以下简称《外商投资法》),共六章42条,自2020年1月1日起施行。

第一节　个人独资企业法律制度

个人独资企业是指依照《中华人民共和国个人独资企业法》(以下简称《个人独资企业法》)在中国境内设立,由一个自然人投资,财产为投资人个人所有,投资人以其个人财产对企业债务承担无限责任的经营实体。个人独资企业具有以下法律特征:

(1) 由一个自然人出资;

(2) 投资人对企业的债务承担无限责任;

(3) 企业内部机构设置简单,经营管理方式灵活;

(4) 是非法人企业。

个人独资企业法有广义和狭义之分。本书主要介绍狭义的个人独资企业法,即1999年8月30日第九届全国人大常委会第十一次会议通过,自2000年1月1日起施行的《个人独资企业法》,共六章48条。

一、个人独资企业的设立

(一) 设立条件

【以案学法 2-1】　张三打算自己开设一家个人独资的餐馆。由于担心自己的资金与管理水平有限,于是同表弟王午商量后,决定两人共同出资。该餐馆命名为"好味来海鲜酒楼",拟登记注册的企业名称为"好味来餐饮公司(个人独资)"。张三了解到个人独资企业的出资由投资人自愿申报,为了减少责任风险,打算不予申报。同时,由于经营场所对饮食业非常重要,两人商量后打算要好好挑选,所以想在进行工商登记获得了营业执照后再行确定酒楼的营业地点。接着,张三拿着两人的身份证明及填好的个人独资企业设立申请书,到当地工商局办理设立登记。由于诸多事项不符合法律规定,张三的申请被退回。

问题:对照个人独资企业的设立条件,说说张三的申请被退回的理由。

根据《个人独资企业法》,设立个人独资企业应当具备下列条件。

(1) 投资人为一个自然人,且只能是中国公民。

(2) 有合法的企业名称。企业名称应与其责任形式及从事的营业相符合。名称中不得出现"有限""有限责任"或者"公司"字样,可以叫厂、店、部、中心、工作室等。

(3) 有投资人申报的出资。投资人可以用货币、实物、土地使用权、知识产权或者其他财产权利出资。《个人独资企业法》对出资数额并未作限制。投资人可以个人财产出资;若以家庭共有财产作为个人出资,投资人应当在设立(变更)登记申请书上予以注明。

(4) 有固定的生产经营场所和必要的生产经营条件。

(5) 有必要的从业人员。

(二) 设立程序

【以案学法 2-2】　陈功拟设立个人独资企业,以下是相关信息资料。

1. 投资人基本情况

姓名:陈功　性别:男　出生日期:1974年12月　文化程度:大专　政治面貌:群众

民族:汉族　居所:广州市天河区宝翠路宝翠园2栋××房　邮编:510525

身份证号:4111211974120824××　联系电话:135443275××　申请前职业状况:待业

2. 申请登记项目

企业名称:鹏飞室内装饰设计工作室　备用名称1:鹏程室内装饰设计工作室

企业住所:广州市天河区迎龙路48号　邮政编码:510520　联系电话:020-380716××

经营范围及方式:室内装饰设计服务　出资额:3万元　出资方式:以个人财产出资

从业人员:5人　申请日期:2019年6月8日

问题:请帮陈功填写"个人独资企业设立申请书",并告诉他还要同时提交哪些资料。

1. 提出申请

申请设立个人独资企业,应当由投资人或者其委托的代理人向个人独资企业所在地的登记机关提出设立申请并提交下列文件。

(1)投资人签署的个人独资企业设立申请书(见附录A)。申请书应载明:①企业的名称和住所;②投资人的姓名和居所;③投资人的出资额和出资方式;④经营范围。

(2)投资人身份证明。主要是身份证和其他相关证明。

(3)企业住所证明和生产经营场所使用证明等文件。如土地使用证明、房产证或租赁合同等。

(4)委托代理人申请设立登记的,应当提交投资人的委托书和代理人的合法证明。

(5)国家工商行政管理局规定的其他文件。从事法律、行政法规规定须报经有关部门审批的业务,应当提交有关部门的批准文件。

2. 工商登记

登记机关应当在收到设立申请文件之日起15日内,对符合规定条件的予以登记,发给营业执照;对不符合规定条件的不予登记,并发给企业登记驳回通知书。个人独资企业的营业执照签发日期,为个人独资企业成立日期。在领取营业执照前,投资人不得以个人独资企业名义从事经营活动。

个人独资企业设立分支机构,应由投资人或其委托的代理人向分支机构所在地的登记机关申请,经核准登记后,将登记情况报该分支机构隶属的个人独资企业的登记机关备案;分支机构的民事责任由设立该分支机构的个人独资企业承担。个人独资企业存续期间登记事项发生变更的,应在作出变更决定之日起15日内依法向登记机关申请办理变更登记。

二、个人独资企业的投资人及事务管理

(一)个人独资企业的投资人

【以案学法2-3】　张某(公务员)在本市财政局工作,因工作清闲,拟开一家个人独资的小吃店,但未获得批准。王某是某五金店(个人独资企业)的投资人,因经营不善,五金店的财产已所剩无几;且由于赌博,其个人财产也输得精光。债权人告上法庭,要求用王某与父母的家庭共有财产抵偿欠款。经法院查明:王某在设立登记时明确是以家庭共有财产出资。

问题:张某的小吃店为何未获得批准?五金店债权人的诉求能否得到法院的支持?

个人独资企业的投资人为具有中国国籍的自然人,但法律、行政法规禁止从事营利性活动的人除外。根据我国有关法律、行政法规规定:国家公务员、党政机关领导干部、警官、法官、检察官、商业银行工作人员等,不得投资设立个人独资企业。

不论是投资人的原始投入还是经营所得,都是个人独资企业的财产,均归投资人所有。投资人对本企业的财产依法享有所有权,其有关权利可以依法进行转让或继承。

个人独资企业投资人以其个人财产对企业债务承担无限责任;个人独资企业财产不足以清偿债务的,投资人应当以其个人的其他财产予以清偿。如果在申请企业设立登记时明确以其家庭共有财产作为个人出资,应当依法以家庭共有财产对企业债务承担无限责任。

(二)个人独资企业的事务管理

【以案学法 2-4】 张某出资 5 万元设立一家经营电子产品的个人独资企业 A,委托王某管理 A 企业事务并书面约定:凡金额在 1 万元以上的事务均须取得张某的同意后执行。B 企业明知该约定,仍与代表 A 企业的王某签订了标的额为 2 万元的买卖合同。张某知道后以王某超出授权范围为由主张合同无效,但 B 企业以个人独资企业的投资人对受托人职权的限制不得对抗第三人为由主张合同有效。另外,因为电子产品市场需求大,不久,王某与自己的表弟李某也注册了一家经营电子产品的合伙企业,张某不知情。

问题:

(1)B 企业主张合同有效的理由是否成立?请简单说明理由。

(2)王某另注册一家经营电子产品的合伙企业的做法是否违反规定?请简单说明理由。

个人独资企业投资人可以自行管理企业事务,也可以委托或者聘用其他具有民事行为能力的人管理。

投资人委托或聘用他人管理企业事务的,应当与受托人或者被聘用人签订书面合同,明确职权范围;投资人对受托人或者被聘用人职权的限制,不得对抗善意第三人。受托人或者被聘用人在管理个人独资企业事务时,不得有下列行为:

(1)利用职务上的便利,索取或者收受贿赂;

(2)利用职务或者工作上的便利侵占企业财产;

(3)挪用企业的资金归个人使用或者借贷给他人;

(4)擅自将企业资金以个人名义或者以他人名义开立账户储存;

(5)擅自以企业财产提供担保;

(6)未经投资人同意,从事与本企业相竞争的业务;

(7)未经投资人同意,同本企业订立合同或者进行交易;

(8)未经投资人同意,擅自将企业商标或者其他知识产权转让给他人使用;

(9)泄露本企业的商业秘密;

(10)法律、行政法规禁止的其他行为。

三、个人独资企业的解散与清算

(一)个人独资企业的解散

个人独资企业的解散是指个人独资企业终止活动使其民事主体资格消灭的行为。有以

下情形之一时,个人独资企业应当解散:

(1) 投资人决定解散;

(2) 投资人死亡或者被宣告死亡,无继承人或者继承人决定放弃继承;

(3) 被依法吊销营业执照;

(4) 法律、行政法规规定的其他情形。

◆ **知识链接** ···

个人独资企业被吊销营业执照的情形

个人独资企业被依法吊销营业执照的情形有:①提交虚假文件,或采取其他欺骗手段取得登记,情节严重的;②涂改、出租、转让营业执照,情节严重的;③成立后无正当理由超过6个月未开业的,或者开业后自行停业连续6个月以上的。

···

(二) 个人独资企业的清算

【以案学法 2-5】 A 企业是廖某投资设立的一家个人独资企业。两年来,经营状况一直不佳,不能偿还到期的舒某的债务,2019 年 6 月,该企业因故解散。经查证,A 企业和廖某个人的财产及债权债务如下:①A 企业的银行存款 2 万元,向客户收回债权 1 万元,厂房等实物折价 8 万元;②廖某个人可执行的财产价值 3 万元;③A 企业欠员工工资 3 万元,社保 2 万元,缴税款 2 万元,欠舒某货款 5 万元,欠 B 公司货款 7 万元。

问题:

(1) 清算人如何指定? A 企业债务应如何清偿?

(2) 对于未清偿完的货款,债权人 B 公司最迟应在什么时间内提出偿债请求?

个人独资企业解散时,应当进行清算。《个人独资企业法》对清算事宜做了如下规定。

1. 通知与公告债权人

个人独资企业解散,由投资人自行清算或者由债权人申请人民法院指定清算人进行清算。投资人自行清算的,应当在清算前 15 日内书面通知债权人;无法通知的,应当予以公告。债权人应当在接到通知之日起 30 日内,未接到通知的应当在公告之日起 60 日内,向投资人申报其债权。

2. 财产清偿顺序

个人独资企业解散的,财产应当按照下列顺序清偿:

(1) 所欠职工工资和社会保险费用;

(2) 所欠税款;

(3) 其他债务。

清算期间,个人独资企业不得开展与清算目的无关的经营活动。在按前述财产清偿顺序清偿债务前,投资人不得转移、隐匿财产。个人独资企业财产不足以清偿债务的,投资人应当以其个人的其他财产予以清偿。

3. 投资人的持续清偿责任

个人独资企业解散后,原投资人对个人独资企业存续期间的债务仍应承担偿还责任,但债权人在 5 年内未向债务人提出偿债请求的,该责任消灭。

4. 注销登记

个人独资企业清算结束后,清算人应当编制清算报告,并于清算结束之日起 15 日内到原登记机关办理注销登记。个人独资企业办理注销登记时,应当交回营业执照。

▶ **法条链接**

违反个人独资企业法的法律责任

《个人独资企业法》第三十八条　投资人委托或者聘用的人员管理个人独资企业事务时违反双方订立的合同,给投资人造成损害的,承担民事赔偿责任。

《个人独资企业法》第三十九条　违反规定,侵犯职工合法权益,未保障职工劳动安全,不缴纳社会保险费用的,按照有关法律、行政法规予以处罚,并追究有关责任人员的责任。

《个人独资企业法》第四十二条　个人独资企业及其投资人在清算前或清算期间隐匿或转移财产,逃避债务的,依法追回其财产,并按照有关规定予以处罚;构成犯罪的,依法追究刑事责任。

第二节　合伙企业法律制度

合伙是指两个及以上的人为着共同目的,相互约定共同出资、共同经营、共享收益、共担风险的自愿联合。合伙企业是指自然人、法人和其他组织依照《中华人民共和国合伙企业法》(以下简称《合伙企业法》)在中国境内设立的普通合伙企业(其中包括特殊的普通合伙企业)和有限合伙企业。合伙企业具有以下特征:

(1)普通合伙企业的特征是"所有",即所有合伙人对所有的企业债务均承担无限连带责任。

(2)特殊的普通合伙企业的特征是"先看债务再找人",即某一合伙人因故意或重大过失引起的企业债务,由该合伙人承担无限责任,其他合伙人只承担有限责任;一般的企业债务,所有的合伙人承担无限连带责任。

(3)有限合伙企业的特征是"先找人再确定责任",即普通合伙人对所有的企业债务承担无限连带责任;有限合伙人对所有的企业债务只承担有限责任。

合伙企业法有广义和狭义之分。本书主要介绍狭义的合伙企业法,即 1997 年 2 月 23 日第八届全国人大常委会第二十四次会议通过、2006 年 8 月 27 日第十届全国人大常委会第二十三次会议修订的《合伙企业法》。修订后的《合伙企业法》自 2007 年 6 月 1 日起施行,共六章 109 条。

一、普通合伙企业

普通合伙企业是指由普通合伙人组成,合伙人对合伙企业债务依照《合伙企业法》规定承担无限连带责任的一种合伙企业。普通合伙企业有两大特点:普通合伙企业由普通合伙人组成;合伙人对合伙企业债务依法承担无限连带责任,法律另有规定的除外。

(一)合伙企业的设立

【以案学法 2-6】　甲、乙、丙拟设立一家普通合伙企业,并订立了一份合伙协议,部分内容如下：①甲出资现金 1 万元和劳务作价 4 万元；②乙出资现金 5 万元，于合伙企业成立后半年内缴付；③丙出资作价为 10 万元的房屋一栋，不办理财产转移手续，且保留对该房屋的处分权；④合伙企业的经营期限，于合伙企业成立满 1 年后再协商确定。

问题：该协议的上述四项内容是否符合规定？

1. 设立条件

根据《合伙企业法》的规定，设立普通合伙企业，应具备下列条件：

（1）有两个以上的合伙人。合伙人可以是自然人，也可以是法人或其他组织；外国企业或个人可以成为合伙人。合伙人是自然人的，应当具有完全民事行为能力；国有独资公司、国有企业、上市公司以及公益性的事业单位、社会团体不得成为普通合伙人。

（2）有书面合伙协议。合伙协议经全体合伙人签名、盖章后生效。修改或补充合伙协议，应经全体合伙人一致同意；但是，合伙协议另有约定的除外。

（3）有合伙人认缴或者实际缴付的出资。合伙人可以用货币、实物、知识产权、土地使用权或者其他财产权利出资，普通合伙人也可以用劳务出资。合伙人以实物、知识产权、土地使用权或者其他财产权利出资，需要评估作价的，可以由全体合伙人协商确定，也可以由全体合伙人委托法定评估机构评估；合伙人以劳务出资的，其评估办法由全体合伙人协商确定，并在合伙协议中载明。合伙人应当按照合伙协议约定的出资方式、数额和缴付期限，履行出资义务。以非货币财产出资的，依照法律、行政法规的规定，需要办理财产转移手续的，应当依法办理。

（4）有合伙企业的名称和生产经营场所。普通合伙企业应当在名称中标明"普通合伙"字样；特殊的普通合伙企业应当在名称中标明"特殊普通合伙"字样；有限合伙企业名称中应当标明"有限合伙"字样。

（5）法律、行政法规规定的其他条件。

2. 设立登记

（1）申请人提交相关资料。①全体合伙人签署的设立登记申请书；②合伙协议书；③全体合伙人身份证明；④全体合伙人指定的代表或共同委托代理人的委托书；⑤全体合伙人对各合伙人认缴或者实际缴付出资的确认书；⑥经营场所证明；⑦其他法定的证明文件。

此外，法律、行政法规规定设立合伙企业须经批准的，还应当提交有关批准文件。合伙协议约定或者全体合伙人决定，委托一个或者数个合伙人执行合伙事务的，还应当提交全体合伙人的委托书。

（2）企业登记机关核发营业执照。合伙企业的营业执照签发日期，为合伙企业的成立日期。合伙企业领取营业执照前，合伙人不得以合伙企业名义从事合伙业务。

合伙企业设立分支机构，应当向分支机构所在地的企业登记机关申请登记，领取营业执照。合伙企业登记事项发生变更的，执行合伙事务的合伙人应当自作出变更决定或者发生变更事由之日起 15 日内，向企业登记机关申请办理变更登记。

（二）合伙企业的财产

【以案学法 2-7】　甲、乙、丙、丁四人合伙开办 A 工厂（普通合伙），合伙人甲未经其他合伙人同意，擅自将合伙企业的一台机器设备作价 10 万元卖给了善意第三人艾某。乙因急事用钱，要将自己的 5 万元份额转让，丙和第三人涂某均欲以同一价格购买。丁向廖某借款

8万元,未经其他合伙人同意,将其在合伙企业中的财产份额质押给廖某。

问题:根据相关法规,上述合伙企业财产出售、转让及质押的行为是否合理合法?

1. 合伙企业财产的构成

(1)合伙人的出资。合伙人的出资形成合伙企业的原始财产。需要注意的是,合伙企业的原始财产是全体合伙人"认缴"而非"实际缴纳"的财产。

(2)以合伙企业名义取得的收益。主要包括合伙企业的公共积累资金、未分配的盈余、合伙企业债权、合伙企业取得的工业产权和非专利技术等财产权利。

(3)依法取得的其他财产。如合法接受的赠与财产等。

2. 合伙企业财产的性质

合伙企业财产具有独立性和完整性。即合伙企业的财产独立于合伙人,其财产权主体是合伙企业,而不是单独的每一个合伙人。合伙人在合伙企业清算前,不得请求分割合伙企业的财产。但是,法律另有规定的除外。合伙人在合伙企业清算前私自转移或者处分合伙企业财产的,合伙企业不得以此对抗善意第三人。

3. 合伙人财产份额的转让

(1)对内转让。合伙人之间转让在合伙企业中的全部或者部分财产份额时,应当通知其他合伙人。

(2)对外转让。合伙人向合伙人以外的人转让其在合伙企业中的全部或者部分财产份额时,须经其他合伙人一致同意,合伙协议另有约定的除外。

(3)优先权。合伙人向合伙人以外的人转让其在合伙企业中的财产份额的,在同等条件下,其他合伙人有优先购买权。但是,合伙协议另有约定的除外。

(4)出质。合伙人以其在合伙企业中的财产份额出质的,须经其他合伙人一致同意;未经其他合伙人一致同意,其行为无效,由此给善意第三人造成损失的,由行为人依法承担赔偿责任。

(三)合伙事务的执行

【以案学法2-8】　甲、乙、丙、丁四人共同投资设立A普通合伙企业。合伙协议部分内容如下:甲、乙执行合伙企业事务,丙、丁不得过问企业事务;利润和损失由四人平均分配和分担。在执行合伙企业事务的过程中,为提高管理水平,甲自行决定聘请王某担任合伙企业的经营管理人员。

问题:A合伙企业关于合伙事务执行的约定及做法是否符合规定?请简要说明理由。

1. 合伙事务执行的形式

根据规定,合伙事务可以由全体合伙人共同执行,也可以委托一个或数个合伙人执行。

(1)全体合伙人共同执行合伙事务。各合伙人无论出资多少,都平等享有执行合伙企业事务的权利。

(2)委托一个或者数个合伙人执行合伙事务。受托执行合伙事务的合伙人对外代表合伙企业,其他合伙人不再执行合伙事务。合伙协议或全体合伙人作出的决定以外的某些事项,如果没有委托一个或数个合伙人执行时,可以由全体合伙人共同执行或者由全体合伙人决定委托给某一个特定的合伙人办理。但并非所有的合伙事务都可以委托给部分合伙人决定。

◆ **知识链接** ·······

须经全体合伙人一致同意的事项

下列事项须经全体合伙人一致同意:①以其在合伙企业中的财产份额出质;②修改或者补充合伙协议;③转让其在合伙企业中的全部或部分财产份额;④改变合伙企业的名称;⑤改变合伙企业的经营范围、主要经营场所的地点;⑥处分合伙企业的不动产;⑦转让或者处分合伙企业的知识产权和其他财产权利;⑧以合伙企业名义为他人提供担保;⑨聘任合伙人以外的人担任合伙企业的经营管理人员;⑩同本合伙企业进行交易;⑪新合伙人入伙。其中,②~⑪项,合伙协议另有约定的除外。

2. 合伙人在执行合伙事务中的权利和义务

(1) 合伙人在执行合伙事务中的权利。①合伙人对执行合伙事务享有同等权利。②执行合伙事务的合伙人对外代表合伙企业,不执行合伙事务的合伙人有监督权利。③合伙人有查阅合伙企业会计账簿等财务资料的权利。④合伙人有提出异议和撤销委托的权利。

(2) 合伙人在执行合伙事务中的义务。①合伙事务执行人向不参加执行事务的合伙人报告企业经营状况和财务状况。②合伙人不得自营或者同他人合作经营与本合伙企业相竞争的业务。③合伙人不得同本合伙企业进行交易,除合伙协议另有约定或者经全体合伙人一致同意外。④合伙人不得从事损害本合伙企业利益的活动。

3. 合伙事务执行的决议办法

合伙事务执行的决议办法由合伙协议作出约定;未约定或者约定不明确的,实行合伙人一人一票并经全体合伙人过半数通过的表决办法;《合伙企业法》对合伙企业的表决办法另有规定的,从其规定。

4. 合伙企业的损益分配

合伙企业的利润分配、亏损分担,按照合伙协议的约定办理。合伙协议未约定或约定不明的,由合伙人协商决定;协商不成的,由合伙人按照实缴出资比例分配、分担;无法确定比例的,由合伙人平均分配、分担。合伙协议不得约定将全部利润分配给部分合伙人或者由部分合伙人承担全部亏损。

5. 非合伙人参与经营管理

除合伙协议另有约定外,经全体合伙人一致同意,可以聘任合伙人以外的人担任合伙企业的经营管理人员。被聘任的经营管理人员应当在合伙企业授权范围内履行职务,超越授权范围或者在履行职务过程中因故意或重大过失给合伙人造成损失的,依法承担赔偿责任。

◆ **知识链接** ·······

企业损益分配的相关规定

①普通合伙企业:合伙协议不得约定将全部利润分配给部分合伙人或者由部分合伙人承担全部亏损。②有限合伙企业:不得将全部利润分配给部分合伙人,但合伙协议另有约定的除外。③有限责任公司:按照出资比例分配,但有限责任公司全体股东约定不按照出资比例分配的除外。

（四）合伙企业与第三人的关系

【以案学法 2-9】　甲、乙、丙三人合伙设立 A 企业，约定甲出资 4 万元，乙出资 3 万元，丙出资 3 万元。三人按 4∶3∶3 的比例分配和分担合伙损益。A 企业成立后，与 B 公司签订一购货合同。后因 A 企业无力偿还货款，B 公司遂对 A 企业提起诉讼。法院经审理还查明，甲对戊负有债务 2 万元，戊对 A 企业负有债务 2 万元；乙对 C 公司负有债务 2 万元。

问题：

（1）戊能否将甲欠他的 2 万元债务与他欠 A 企业的 2 万元债务抵销？为什么？

（2）若乙个人财产不足清偿对 C 公司的 2 万元债务，则 C 公司可以通过何种途径用乙在 A 企业中的财产份额清偿？

合伙企业与第三人关系，实际是指有关合伙企业的对外关系，涉及合伙企业对外代表权的效力、合伙企业和合伙人的债务清偿等问题。

1. 合伙企业对外代表权的效力

（1）合伙事务执行中的对外代表权。执行合伙企业事务的合伙人在取得对外代表权后，即可以合伙企业的名义进行经营活动，在其授权范围内作出法律行为。合伙人的这种代表行为，对全体合伙人发生法律效力，即其执行合伙事务所产生的收益归合伙企业所有，所产生的费用和亏损由合伙企业承担。

（2）合伙企业对外代表权的限制。合伙企业对合伙人执行合伙事务以及对外代表合伙企业权利的限制，不得对抗善意第三人。

2. 合伙企业和合伙人的债务清偿

（1）合伙企业的债务清偿与合伙人的关系。①合伙企业财产优先清偿。合伙企业对其债务，应先以其全部财产进行清偿。②合伙人的无限连带清偿责任。合伙企业不能清偿到期债务的，合伙人承担无限连带责任，即当合伙企业的全部财产不足以偿付到期债务时，债权人可以根据自己的清偿利益，请求全体合伙人中的一人或数人承担全部清偿责任，也可以按照自己确定的比例向各合伙人分别追索，该合伙人不得以其出资的份额大小、合伙协议有特别约定、合伙企业债务另有担保人或自己已经偿付所承担的份额等理由来拒绝。③合伙人之间的债务分担和追偿。合伙人清偿数额超过规定的亏损分担比例的，有权向其他合伙人追偿。

（2）合伙人的债务清偿与合伙企业的关系。①合伙人发生与合伙企业无关的债务，相关债权人不得以其债权抵销其对合伙企业的债务；也不得代位行使合伙人在合伙企业中的权利。②合伙人的自有财产不足清偿其与合伙企业无关的债务的，该合伙人可以以其从合伙企业中分取的收益用于清偿；债权人也可以依法请求人民法院强制执行该合伙人在合伙企业中的财产份额用于清偿。③人民法院强制执行合伙人的财产份额时，应当通知全体合伙人，其他合伙人有优先购买权；其他合伙人未购买，又不同意将该财产份额转让给他人的，依照规定为该合伙人办理退伙结算，或者办理削减该合伙人相应财产份额的结算。

（五）入伙与退伙

【以案学法 2-10】　甲、乙、丙三人合伙成立 A 普通合伙企业，2019 年 6 月 3 日，甲因车祸进入重症监护室，4 日后不治身亡，其子小强 13 岁。

　　问题:该合伙企业是否发生了退伙的事项,退伙生效日是哪天? 小强能否继承其父甲在该普通合伙企业中的份额?

　　1. 入伙

　　新合伙人入伙,除合伙协议另有约定外,应当经全体合伙人一致同意,并依法订立书面入伙协议。订立入伙协议时,原合伙人应当向新合伙人如实告知原合伙企业的经营状况和财务状况。入伙的新合伙人与原合伙人享有同等权利,承担同等责任;但是,入伙协议另行约定的,从其约定。新入伙的普通合伙人对入伙前合伙企业的债务承担无限连带责任。

　　2. 退伙

　　(1) 退伙原因。合伙人退伙,一般有两种原因:一是自愿退伙;二是法定退伙。

　　① 自愿退伙是合伙人基于自愿的意思表示的退伙。又分为协议退伙和通知退伙。

　　关于协议退伙。《合伙企业法》规定,合伙协议约定合伙期限的,在合伙企业存续期间,有下列四种情形之一的,合伙人可以退伙:合伙协议约定的退伙事由出现;经全体合伙人一致同意;发生合伙人难以继续参加合伙的事由;其他合伙人严重违反合伙协议约定的义务。

　　关于通知退伙。《合伙企业法》规定,合伙协议未约定合伙期限的,合伙人在不给合伙企业事务执行造成不利影响的情况下,可以退伙,但应当提前 30 日通知其他合伙人。

　　合伙人违反上述规定退伙的,应当赔偿由此给合伙企业造成的损失。

　　② 法定退伙是指合伙人因出现法律规定的事由而退伙。包括当然退伙和除名两种。

　　关于当然退伙。《合伙企业法》规定,合伙人有下列五种情形之一的,可以当然退伙:作为合伙人的自然人死亡或者被依法宣告死亡;个人丧失偿债能力;作为合伙人的法人或者其他组织依法被吊销营业执照、责令关闭、撤销,或者被宣告破产;法律规定或者合伙协议约定合伙人必须具有相关资格而丧失该资格;合伙人在合伙企业中的全部财产份额被人民法院强制执行。当然退伙以退伙事由实际发生之日为退伙生效日。

　　关于除名。《合伙企业法》规定,合伙人有下列四种情形之一的,经其他合伙人一致同意,可以决议将其除名:未履行出资义务;因故意或者重大过失给合伙企业造成损失;执行合伙事务时有不正当行为;发生合伙协议约定的事由。对合伙人的除名决议应当书面通知被除名人。被除名人接到除名通知之日,除名生效,被除名人退伙。被除名人对除名决议有异议的,可以自接到除名通知之日起 30 日内,向人民法院起诉。

　　(2) 退伙的效果是指退伙时退伙人在合伙企业中的财产份额和民事责任的归属变动,分为两类情况:一是财产继承;二是退伙结算。

　　① 财产继承。合伙人死亡或者被依法宣告死亡的,对该合伙人在合伙企业中的财产份额享有合法继承权的继承人,按照合伙协议的约定或者经全体合伙人一致同意,从继承开始之日起,取得该合伙企业的合伙人资格。合伙人的继承人为无民事行为能力或限制民事行为能力的,经全体合伙人一致同意,可以依法成为有限合伙人,普通合伙企业依法转为有限合伙企业。有下列三种情形之一的,合伙企业应当向合伙人的继承人退还被继承合伙人的财产份额:继承人不愿意成为合伙人;法律规定或者合伙协议约定合伙人必须具有相关资格,而该继承人未取得该资格;合伙协议约定不能成为合伙人的其他情形。

　　② 退伙结算。除合伙人死亡或者被依法宣告死亡的情形外,退伙人在合伙企业中财产份额的退还办法,由合伙协议约定或者由全体合伙人决定,可以退还货币,也可以退还实物。

合伙人退伙时,合伙企业财产少于合伙企业债务的,退伙人应当依照法律规定分担亏损。退伙人对基于其退伙前的原因发生的合伙企业债务,承担无限连带责任。

(六)特殊的普通合伙企业

【以案学法 2-11】 甲、乙、丙三个注册会计师各出资 80 万元,成立 A 会计师事务所(特殊普通合伙企业)。甲、乙因重大过失出具了虚假的审计报告,致使合伙企业负担了 800 万元的债务。经查,合伙企业的全部财产为 500 万元。

问题:800 万元的债务应如何赔偿,如果甲、乙非故意或非重大过失呢?

特殊的普通合伙企业是指以专业知识和专门技能为客户提供有偿服务的专业服务机构(如会计师事务所、律师事务所等),其名称中应当标明"特殊普通合伙"字样。特殊的普通合伙企业适用普通合伙企业的一般规定,其特殊性主要体现在债务责任的承担上。

1. 特定债务

(1)对外:无限连带责任与有限责任相结合。一个合伙人或者数个合伙人在执业活动中因故意或者重大过失造成合伙企业债务的,应当承担无限责任或者无限连带责任,其他合伙人以其在合伙企业中的财产份额为限承担责任。

(2)对内:责任追偿。合伙人执业活动中因故意或者重大过失造成的合伙企业债务,以合伙企业财产对外承担责任后,该合伙人应当按照合伙协议的约定对给合伙企业造成的损失承担赔偿责任。

2. 普通债务

无限连带责任:合伙人在执业活动中非因故意或者重大过失造成的合伙企业债务以及合伙企业的其他债务,由全体合伙人承担无限连带责任。

二、有限合伙企业

有限合伙企业是由有限合伙人和普通合伙人共同组成,普通合伙人对合伙企业债务承担无限连带责任,有限合伙人以其认缴的出资额为限对合伙企业债务承担责任的合伙组织。

与普通合伙企业及有限责任公司相比较,有限合伙企业具有以下显著特征:①在经营管理上:普通合伙企业的合伙人、有限责任公司的股东,一般均可参与企业的经营管理;而有限合伙企业的有限合伙人不执行合伙事务,由普通合伙人从事具体的经营管理。②在风险承担上:普通合伙企业的合伙人之间对合伙债务承担无限连带责任;有限责任公司的股东以其各自的出资额为限对公司债务承担有限责任;有限合伙企业的有限合伙人以其各自的出资额为限承担有限责任,普通合伙人之间承担无限连带责任。

《合伙企业法》规定了两种类型的企业,即普通合伙企业和有限合伙企业。二者有相同点,也有差别之处,差别主要表现在合伙企业的内部构造方面。在法律适用上,凡是《合伙企业法》中对有限合伙企业有特殊规定的,应适用其特殊规定;无特殊规定的,适用有关普通合伙企业及其合伙人的一般规定。以下主要介绍有限合伙企业的有关特殊规定。

(一)设立的特殊规定

【以案学法 2-12】 甲、乙(某国有企业)、丙、丁拟设 A 有限合伙企业。相关内容及部分协议约定如下:甲、乙为普通合伙人,丙、丁为有限合伙人。甲以劳务作价 2 万元出资;丙的出资额为 5 万元现金,自企业成立之日起 2 年内缴纳;丁以厂房作价 10 万元出资。

问题:上述有关有限合伙企业的约定是否符合规定? 请说明理由。

1.合伙人

(1)有限合伙企业由 2 个以上 50 个以下合伙人设立;但是,法律另有规定的除外。

(2)有限合伙企业至少应当有 1 个普通合伙人和 1 个有限合伙人。有限合伙企业仅剩有限合伙人的,应当解散;有限合伙企业仅剩普通合伙人的,应当转为普通合伙企业。

(3)自然人、法人和其他组织可以依照法律规定设立有限合伙企业;国有独资公司、国有企业、上市公司以及公益性的事业单位、社会团体不得成为有限合伙企业的普通合伙人。

2.企业名称

有限合伙企业名称中应当标明"有限合伙"字样,不能标明"普通合伙""特殊普通合伙""有限公司""有限责任公司"等字样。

3.合伙协议

有限合伙企业协议除符合普通合伙企业合伙协议的规定外,还应当载明下列事项:

(1)普通合伙人和有限合伙人的姓名或者名称、住所;

(2)执行事务合伙人应具备的条件和选择程序;

(3)执行事务合伙人权限与违约处理办法;

(4)执行事务合伙人的除名条件和更换程序;

(5)有限合伙人入伙和退伙的条件、程序以及相关责任;

(6)有限合伙人和普通合伙人相互转变程序。

4.出资

有限合伙人不得以劳务出资。有限合伙人应当按照合伙协议的约定按期足额缴纳出资;未按期足额缴纳的,应当承担补缴义务,并对其他合伙人承担违约责任。有限合伙企业登记事项中应当载明有限合伙人的姓名或者名称及认缴的出资数额。

(二)事务执行的特殊规定

【以案学法 2-13】　甲、乙、丙投资设立 B 有限合伙企业(以下简称 B 企业,其中甲为普通合伙人,乙、丙为有限合伙人)。企业部分协议约定如下:甲执行 B 企业事务,并由 B 企业支付报酬 3 000 元/月。B 企业定期接受审计,由甲和乙共同选定承办审计业务的会计师事务所。B 企业的盈利在丙并未缴纳 4 万元出资前全部分配给甲和乙。

问题:

(1)上述有关有限合伙企业事务执行的约定是否符合规定? 请说明理由。

(2)2019 年 6 月,乙代表 B 企业与 C 公司签订了 20 万元的买卖合同(假设 C 公司有理由相信乙为普通合伙人),C 公司按约定发货后,B 企业无力付款。经法院强制执行,B 企业的全部财产只有 12 万元,对于不足的 8 万元,责任应如何承担?

1.有限合伙企业事务执行人

有限合伙企业由普通合伙人执行合伙事务,执行事务合伙人可以要求在合伙协议中确定执行事务的报酬及报酬提取方式。

2.禁止有限合伙人执行合伙事务

有限合伙人不执行合伙事务,不得对外代表有限合伙企业。第三人有理由相信有限合伙人为普通合伙人并与其交易的,该有限合伙人对该笔交易承担与普通合伙人同样的责任。有限合伙人未经授权以有限合伙企业名义与他人进行交易,给有限合伙企业或者其他合伙人造成损失的,该有限合伙人应当承担赔偿责任。有限合伙人的下列行为,不视为执行合伙事务:

(1) 参与决定普通合伙人入伙、退伙;

(2) 对企业的经营管理提出建议;

(3) 参与选择承办有限合伙企业审计业务的会计师事务所;

(4) 获取经审计的有限合伙企业财务会计报告;

(5) 对涉及自身利益的情况,查阅有限合伙企业财务会计账簿等财务资料;

(6) 在有限合伙企业中的利益受到侵害时,向有责任的合伙人主张权利或者提起诉讼;

(7) 执行事务合伙人怠于行使权利时,督促其行使权利或者为了本企业的利益以自己的名义提起诉讼;

(8) 依法为本企业提供担保。

3. 有限合伙企业利润分配

有限合伙企业不得将全部利润分配给部分合伙人;但是,合伙协议另有约定的除外。

4. 有限合伙人权利

(1) 有限合伙人可以同本企业进行交易,合伙协议另有约定的除外;

(2) 有限合伙人可以经营与本企业相竞争的业务,合伙协议另有约定的除外。

(三) 财产出质与转让的特殊规定

【以案学法 2-14】　甲、乙、丙、丁拟共同投资设立有限合伙企业,其中,甲、乙为普通合伙人,丙、丁为有限合伙人。在订立合伙协议时约定下列事项:①甲、乙可以同本合伙企业交易,丙、丁不得同本合伙企业进行交易;②4人均不得从事同本合伙企业相竞争的业务;③经2个以上合伙人同意,乙、丙可以其在合伙企业中的财产份额出质;④4人向合伙人以外的人转让其在合伙企业中的财产份额时,提前30日通知其他合伙人即可。

问题:上述有关有限合伙协议约定是否符合规定? 请说明理由。

关于有限合伙人财产份额出质:有限合伙人可以将其在有限合伙企业中的财产份额出质;但是,合伙协议另有约定的除外。

关于有限合伙人财产份额转让:有限合伙人可以按照合伙协议的约定向合伙人以外的人转让其在有限合伙企业中的财产份额,但应当提前30日通知其他合伙人。有限合伙人对外转让其在有限合伙企业的财产份额时,有限合伙企业的其他合伙人有优先购买权。

(四) 入伙、退伙及合伙人性质转变的特殊规定

【以案学法 2-15】　甲、乙、丙、丁成立一个有限合伙企业,其中,甲、乙为普通合伙人,丙、丁为有限合伙人。1年后甲转为有限合伙人,丙转为普通合伙人,丁退伙并从合伙企业取回6万元,戊以有限合伙人身份出资8万元入伙。戊入伙前,合伙企业欠银行30万元,该债务直至合伙企业被宣告破产仍未偿还。

问题:对于所欠银行的30万元债务,应如何清偿?

1. 入伙

新入伙的有限合伙人对入伙前有限合伙企业的债务,以其认缴的出资额为限承担责任,而新入伙的普通合伙人对入伙前的企业债务承担无限连带责任。

2. 退伙

作为有限合伙人的自然人在有限合伙企业存续期间丧失民事行为能力的,其他合伙人不得因此要求其退伙。作为有限合伙人的自然人死亡、被依法宣告死亡或者作为有限合伙人的法人及其他组织终止时,其继承人或者权利承受人可以依法取得该有限合伙人在有限合伙企业中的资格。

有限合伙人退伙后,对基于其退伙前的原因发生的有限合伙企业债务,以其退伙时从有限合伙企业中取回的财产承担责任。而退伙的普通合伙人对基于退伙前的原因发生的合伙企业债务,承担无限连带责任。

3. 合伙人性质转变

除合伙协议另有约定外,普通合伙人转变为有限合伙人,或者有限合伙人转变为普通合伙人,应当经全体合伙人一致同意。有限合伙人转变为普通合伙人的,对其作为有限合伙人期间有限合伙企业发生的债务承担无限连带责任。普通合伙人转变为有限合伙人的,对其作为普通合伙人期间合伙企业发生的债务承担无限连带责任。

三、合伙企业的解散与清算

(一)合伙企业的解散

合伙企业有下列情形之一的,应当解散:①合伙期限届满,合伙人决定不再经营;②合伙协议约定的解散事由出现;③全体合伙人决定解散;④合伙人已不具备法定人数满30天;⑤合伙协议约定的合伙目的已经实现或者无法实现;⑥依法被吊销营业执照、责令关闭或者被撤销;⑦法律、行政法规规定的其他原因。

(二)合伙企业的清算

合伙企业解散,应当由清算人进行清算。

1. 清算人的确定

清算人由全体合伙人担任;经全体合伙人过半数同意,可以自合伙企业解散事由出现后15日内指定一个或者数个合伙人,或者委托第三人担任清算人。自合伙企业解散事由出现之日起15日内未确定清算人的,合伙人或者其他利害关系人可以申请人民法院指定清算人。

2. 通知和公告债权人

清算人自被确定之日起10日内将合伙企业解散事项通知债权人,并于60日内在报纸上公告。债权人应当自接到通知书之日起30日内,未接到通知书的自公告之日起45日内,向清算人申报债权、说明债权的有关事项并提供证明,清算人应当对债权进行登记。清算期间,不得开展与清算无关的经营活动。

3. 财产清偿顺序

合伙企业财产在支付清算费用和职工工资、社会保险费用、法定补偿金以及缴纳所欠税款、清偿债务后的剩余财产,依照《合伙企业法》关于利润分配和亏损分担的规定进行分配。

4. 不能清偿到期债务的处理

合伙企业不能清偿到期债务的,债权人可以依法向人民法院提出破产清算申请,也可以要求普通合伙人清偿。合伙企业依法被宣告破产及合伙企业注销后,普通合伙人对合伙企业债务仍应承担无限连带责任。

▶ **法条链接**

《外商投资法》的部分条款

《外商投资法》第四条 国家对外商投资实行准入前国民待遇加负面清单管理制度。前款所称准入前国民待遇,是指在投资准入阶段给予外国投资者及其投资不低于本国投资者及其投资的待遇;所称负面清单,是指国家规定在特定领域对外商投资实施的准入特别管理措施。国家对负面清单之外的外商投资,给予国民待遇。负面清单由国务院发布或者批准发布。

《外商投资法》第五条 国家依法保护外国投资者在中国境内的投资、收益和其他合法权益。

《外商投资法》第十四条 国家根据国民经济和社会发展需要,鼓励和引导外国投资者在特定行业、领域、地区投资。外国投资者、外商投资企业可以依照法律、行政法规或者国务院的规定享受优惠待遇。

《外商投资法》第三十一条 外商投资企业的组织形式、组织机构及其活动准则,适用《中华人民共和国公司法》《中华人民共和国合伙企业法》等法律的规定。

《外商投资法》第四十二条 本法自 2020 年 1 月 1 日起施行。《中华人民共和国中外合资经营企业法》、《中华人民共和国外资企业法》、《中华人民共和国中外合作经营企业法》同时废止。

本法施行前依照《中华人民共和国中外合资经营企业法》、《中华人民共和国外资企业法》、《中华人民共和国中外合作经营企业法》设立的外商投资企业,在本法施行后五年内可以继续保留原企业组织形式等。具体实施办法由国务院规定。

知识检测

一、单项选择题

1. 下列关于个人独资企业投资人的表述正确的有( )。

A. 投资人只能以个人财产出资

B. 投资人可以是自然人、法人或其他组织

C. 投资人对企业债务承担无限责任

D. 投资人不得以土地使用权出资

2. 张某设立甲个人独资企业(以下简称"甲企业")。聘用王某为经营管理人员,约定王某有权自主决定 20 万元以下的交易,超过 20 万元的交易,应取得张某许可后方可从事。某日,王某以甲企业名义向不知情的乙企业购买了 24 万元的原材料,乙企业依约供货,但甲企业未如期付款,由此发生争议。下列表述中,正确的是( )。

A. 甲企业可以王某越权为由,拒绝履行该买卖合同

B. 甲企业可以王某越权为由,撤销该买卖合同

C. 该买卖合同经甲企业追认后,对甲企业产生约束力

D. 甲企业应当依约履行该买卖合同

3. 普通合伙企业的财产不足以清偿其债务的,债权人（　　）。

A. 应当按照合伙企业协议约定的比例分别向各合伙人索要

B. 无权索要

C. 只能向合伙企业的负责人要求偿还

D. 可以向任一合伙人要求全部清偿

4. 下列有关有限合伙企业设立条件的表述中,不符合规定的是（　　）。

A. 至少有一个是普通合伙人

B. 企业名称中应标明"特殊普通合伙"字样

C. 有限合伙人可以用知识产权出资

D. 登记事项中应载明有限合伙人的姓名或名称

5. 杨某是一家有限合伙企业的有限合伙人,则下列行为不符合法律规定的是（　　）。

A. 对外代表有限合伙企业

B. 依法为本企业提供担保

C. 参与决定普通合伙人入伙

D. 对企业的经营管理提出建议

6. 根据合伙企业法律制度规定,除合伙协议另有约定之外,合伙人向合伙人以外的人转让其在合伙企业中的全部或者部分财产份额时,须经（　　）同意。

A. 所有其他合伙人　　　　　　　B. 1/3 以上合伙人

C. 2/3 以上合伙人　　　　　　　D. 半数以上合伙人

二、多项选择题

1. 根据规定,下列可以用作个人独资企业名称的有（　　）。

A. 云滇针织品有限公司　　　　　B. 昆海化妆品经销公司

C. 樱园服装设计中心　　　　　　D. 霞光婚纱摄影工作室

2. 甲欲开饭店,与高级厨师乙商量请其加盟,并说:"你无须投资,店面餐具和资金由我负责,你只负责炒菜,利润三七分成,你三我七。"乙应允。此后,甲以投资人的名义开了饭店,饭店的营业执照上登记为个人独资企业丙。第一年,饭店获利颇丰,甲获利 21 万元,乙获利 9 万元。第二年,饭店经营期间发生中毒事件,顾客丁索赔 70 万元。下列说法正确的有（　　）。

A. 丁应向丙索赔

B. 丁应向甲、乙共同索赔 70 万元

C. 丁应首先向丙索赔,不足部分向乙索赔

D. 丁不能向乙索赔,因为乙与丁之间不存在直接法律关系

3. 根据合伙企业法律制度的规定,下列合伙企业事务中,必须经全体合伙人一致同意方可执行的有（　　）。

A. 处分合伙企业不动产　　　　　B. 改变合伙企业名称

C. 处分合伙企业知识产权　　　　D. 以合伙企业名义为他人担保

4. 根据《合伙企业法》的规定,合伙人发生的下列情形中,当然退伙的有（　　）。

A. 合伙人未履行出资义务 B. 合伙人个人丧失偿债能力

C. 合伙人故意给合伙企业造成损失 D. 合伙人被依法宣告死亡

5. 下列有关合伙企业清算的说法,正确的有( )。

A. 合伙企业解散,经全体合伙人过半数同意,可以在法定期限内委托第三人担任清算人

B. 合伙企业解散后不能在规定时间内确定清算人的,其他利害关系人可以申请人民法院指定清算人

C. 合伙企业进入清算后,应由清算人代表合伙企业参加诉讼活动

D. 清算人应自被确定之日起15日内将合伙企业解散事项通知债权人

三、判断题

1. 投资人在设立个人独资企业登记申请书上没有注明是以个人财产还是家庭共有财产出资的,应以家庭共有财产对企业债务承担无限责任。 ( )

2. 个人独资企业解散,投资人自行清算的,应当在清算前15日内通知债权人,无法通知的,应当予以公告。 ( )

3. 甲是某普通合伙企业的合伙人,该合伙企业需要购买一批生产用原材料,甲正好有同样一批原材料想出售,甲在其他合伙人一致同意的情况下,可以进行此笔交易。 ( )

4. 合伙人的债权人不得以其债权抵销其对合伙企业无关的债务。 ( )

5. 有限合伙人可以按照合伙协议的约定向合伙人以外的人转让其在有限合伙企业中的财产份额,但应提前30日通知其他合伙人。 ( )

6. 甲是某普通合伙企业的合伙人,该合伙企业需要购买一批生产用原材料,甲正好有同样一批原材料想出售,甲在其他合伙人一致同意的情况下,可以进行此笔交易。 ( )

以法论案

案例一 普通合伙企业

2018年1月,甲、乙、丙共同投资设立一家普通合伙企业。合伙协议约定:甲以货币资金8万元出资,乙以劳务作价2万元出资,丙以房屋作价10万元出资;各合伙人按出资比例分配利润,承担亏损。合伙企业成立后,为扩大经营,于2018年4月向银行贷款8万元,期限为1年。2018年5月,甲提出退伙,鉴于当时合伙企业赢利,乙、丙表示同意,同月,甲办理了退伙结算手续。2018年7月,丁入伙。丁入伙后不久,由于经营环境变化,企业严重亏损。2019年3月,乙、丙、丁决定解散企业,并将企业现有财产计4万元予以分配,但对未到期的银行债务没有清偿。2019年4月,银行贷款到期后,找合伙企业清偿债务,发现该企业已经解散,遂分别向甲、乙、丙、丁要求清偿全部债务。甲称自己早已退伙,不负责清偿;乙表示自己是以劳务出资的,不承担偿债义务;丙表示只按照合伙协议约定的比例清偿;丁以自己是在该笔债务发生后入伙为由拒绝偿还。

讨论:

1. 合伙企业合伙协议关于出资方式及损益分担的约定是否符合规定?

2. 合伙企业决定解散时,应该如何清算?

3. 甲、乙、丙、丁各自的主张能否成立,为什么?

4. 合伙企业所欠银行的贷款应该如何清偿?

案例二　有限合伙企业

A 有限合伙企业(以下简称 A 企业)有 5 名合伙人,其中甲、乙、丙为普通合伙人,丁、戊为有限合伙人。发生以下事务:①A 企业拟聘请一家会计师事务所承办审计业务,丁为 B 会计师事务所的合伙人,遂提出聘任 B 会计师事务所;甲、乙以"丁为有限合伙人,不得参与合伙事务执行"为由反对,其他合伙人均同意该提议。②戊成立了一家与 A 企业相竞争的 C 合伙企业,并担任该企业的普通合伙人。甲、乙以戊从事了与 A 企业相竞争的业务为由,要求戊退出 A 企业。

经查,A 企业的合伙协议中对"聘请会计师事务所的决议方式""合伙人能否从事与 A 企业相竞争的业务"等事项未作出明确规定。

讨论:

1. 甲、乙反对丁聘任 B 会计师事务所的提议的理由是否成立,为什么?

2. A 企业能否聘任 B 会计师事务所,为什么?

3. 甲、乙主张戊退出 A 企业的理由是否成立,为什么?

第三章 公司法律制度

知识导航

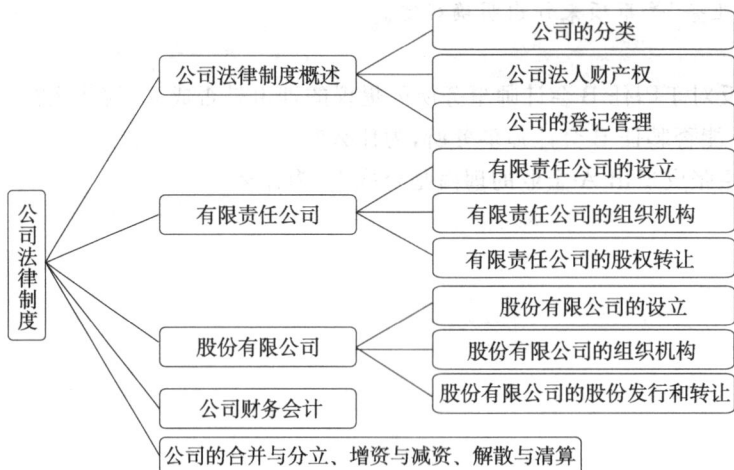

案例导入

某技校学生阿吉因其小丑表演精彩而在市内小有名气。2018年1月,阿吉与朋友阿盛、阿勇决定共同出资成立一个从事小丑、街舞等表演的演艺公司。三人签订了发起人协议,主要内容如下:公司名称为阿吉演艺有限责任公司;注册资本5 000元,其中阿盛、阿勇各出资2 500元,阿吉用自己的姓名和半年的劳务作为出资;公司委托阿吉办理申请登记手续。阿吉在当地工商行政管理部门办理公司设立登记时,被指出存在问题。阿吉等三人协商后予以纠正,2018年3月13日,当地工商部门向阿吉颁发企业法人营业执照。阿吉认为,公司成立应该发布公告,于是在3月15日发出公司成立公告。2018年10月,三人决定将公司的部分资金以及演艺收入存入阿吉的个人账户。2018年12月,阿勇决定退出公司,私下决定将其拥有的公司股权转让给好友阿广。2019年7月,该公司因经营不善而出现经济困难,公司经理阿盛经慎重考虑,决定解散公司。

请思考:该公司在设立、执行财务会计制度、进行股权转让以及解散过程中有哪些不符合规定之处?请简要说明。

第一节 公司法律制度概述

公司是指依法设立的,以营利为目的的,由股东投资形成的企业法人。其特征如下。

(1) 依法设立。公司必须依法定条件、法定程序设立。一方面,要求公司的章程、资本、组织机构、活动原则等必须合法;另一方面,要求公司设立必须经过法定程序,进行工商登记。

(2) 以营利为目的。以营利为目的是指公司设立以经营并获取利润为目的,且股东出资设立公司是为了营利,即从公司经营中获得利润。如果某些公司对经营利润不进行分配,而是用于社会公益等其他目的,则不属于以营利为目的的公司性质。

(3) 以股东投资行为为基础而设立。根据规定,公司设立必须具备的法定条件之一是达到法定的注册资本,而注册资本来源于股东的投资,即由股东按法定和章程约定的出资方式及约定比例出资形成,因此,没有股东的投资行为就不能设立公司。

(4) 具有独立法人资格。公司具有独立法人资格,体现在公司拥有独立的法人财产,有独立的组织机构并能够独立承担民事责任。

公司法的概念有广义和狭义之分。广义的公司法是调整公司组织关系,规范公司在设立、变更与终止过程中的组织行为的法律规范的总称。其表现形式不仅包括《中华人民共和国公司法》(以下简称《公司法》),还包括《中华人民共和国公司登记管理条例》(以下简称《公司登记管理条例》)等。狭义的公司法仅指《公司法》这一形式意义上的规范性文件。本书主要介绍狭义的公司法。现行的《公司法》是 1993 年 12 月 29 日第八届全国人大第五次会议通过,历经 1999 年、2004—2005 年、2013 年、2018 年四次修正,共十三章 218 条。

一、公司的分类

【以案学法 3-1】 甲公司设立了一个名为"红线纺织公司"的子公司。红线纺织公司因经营不善,欠 B 公司债务 8 万元,无力偿还。

问题:B 公司可以要求甲公司承担还款责任吗? 请说明理由。

按照法律的规定及学理的解释,以下介绍两种公司分类标准及分类。

(一) 有限责任公司、股份有限公司、无限公司和两合公司
以公司资本结构和股东对公司债务承担责任的方式为标准,可以将公司分为以下几类。

1. 有限责任公司

有限责任公司是指股东以其认缴的出资额为限对公司承担责任,公司以其全部财产对公司的债务承担责任的公司。

2. 股份有限公司

股份有限公司是指将公司全部资本分为等额股份,股东以其认购的股份为限对公司承担责任,公司以其全部财产对公司的债务承担责任的公司。

3. 无限公司

无限公司是指由两个以上的股东组成,全体股东对公司的债务承担无限连带责任的公司。无限公司与合伙具有基本相同的法律属性,但不同的是,有些国家规定无限公司具有法人资格。

4. 两合公司

两合公司是指由负无限责任的股东和负有限责任的股东组成,无限责任股东对公司债务负无限连带责任,有限责任股东仅就其认缴的出资额为限对公司债务承担责任,其中无限责任股东是公司经营管理者,有限责任股东则是不参与经营管理的出资者。

我国《公司法》规定的公司形式仅为有限责任公司和股份有限公司。

（二）母公司和子公司、总公司与分公司

以公司组织关系为标准,可以将公司分为以下几类。

1. 母公司和子公司

在不同公司之间基于股权而存在控制与依附关系时,因持有其他公司股权而处于控制地位的是母公司,因其股权被持有而处于依附地位的则是子公司。母公司与子公司之间虽然存在控制与被控制的组织关系,但它们都具有法人资格,在法律上是彼此独立的企业。《公司法》规定:公司可以设立子公司,子公司具有法人资格,依法独立承担民事责任。

2. 总公司与分公司

分公司是公司依法设立的以公司名义进行经营活动,其法律后果由本公司承担的分支机构。相对分公司而言,公司称为总公司或本公司。分公司没有独立的公司名称、章程,没有独立的财产,不具有法人资格,但可以领取营业执照,进行经营活动,其民事责任由总公司承担。《公司法》规定:公司可以设立分公司,分公司不具有法人资格,其民事责任由公司承担。

◆ **知识链接**

有限责任公司与股份有限公司的主要区别

①股东人数限制不同。有限责任公司股东人数的上限为50人,无下限规定。股份有限公司股东人数没有上限,只规定应当有2人以上200人以下为发起人。②资本募集方式不同。有限责任公司资本只能由发起人认缴,不允许向社会筹集。股份有限公司可以向社会公开募集或向特定对象募集。③注册资本体现方式不同。有限责任公司的注册资本不划分为等额股份。股份有限公司的注册资本划分为等额股份,股东一般依其所持股份数额行使权利。④股权的表现形式不同。有限责任公司的股权表现形式为出资证明书。股份有限公司的股权表现形式为股票。⑤股权转让方式不同。有限责任公司股东转让其股权受到一定法律限制。股份有限公司的股票一般可以依法自由转让,还可以依法在证券交易所上市交易。⑥公司的组织机构不同。有限责任公司的组织机构设置较为灵活。如公司股东人数较少或者规模较小,可以不设董事会,只设一名执行董事。股份有限公司的组织机构必须依法设置股东大会、董事会、监事会。⑦公司所有权与经营权分离程度不同。有限责任公司的两权分离程度较低,股东大多通过出任经营职务直接参与公司的经营管理,决定公司事务。股份有限公司尤其是向社会公众发行股票的股份有限公司,两权分离程度较高。⑧信息披露义务不同。股份有限公司具有开放性,尤其是向社会募股的公司,负有法定的信息披露义务,其财务状况和经营情况等要依法进行公开披露。有限责任公司具有封闭性,不受此限制。

二、公司法人财产权

【以案学法 3-2】　甲公司是由张某出资20万元、王某出资60万元、钱某出资40万元、李某出资90万元共同设立的有限责任公司,李某申请甲公司为其银行贷款做担保,为此,甲公司召开股东会,张某、王某、钱某、李某均出席会议,王某明确表示不同意。

问题:根据《公司法》的规定,该决议能否通过?

《公司法》规定,公司作为企业法人享有法人财产权。公司的财产虽然源于股东的投资,但股东一旦将财产投入公司,便丧失对该财产直接支配的权利,只享有公司的股权,由公司享有对该财产的支配权利,即法人财产权。法人财产权是指公司拥有由股东投资形成的法人财产,并依法对该财产行使占有、使用、受益、处分的权利。因此,股东投资于公司的财产需要通过对资本的注册与股东的其他财产明确分开,在公司成立后股东不得抽逃投资,或者占用、转移和支配公司的法人财产。公司的法人财产权既是公司作为法人对外承担责任的基础,也是公司对股东履行责任的基础,为了维持公司资本充足,保障公司债权人的利益,《公司法》对公司行使法人财产权作出如下限制性规定。

(1) 对外投资的限制。《公司法》第十五条规定,公司可以向其他企业投资;但是,除法律另有规定外,不得成为对所投资企业的债务承担连带责任的出资人。同时,《公司法》第十六条还规定,公司向其他企业投资,按照公司章程的规定由董事会或者股东会、股东大会决议;公司章程对投资的总额及单项投资的数额有限额规定的,不得超过规定的限额。

(2) 担保的限制。根据《公司法》第十六条的规定,公司为他人提供担保,按照公司章程的规定由董事会或者股东会、股东大会决议;公司章程对担保的总额或者单项担保的数额有限额规定的,不得超过规定的限额。公司为公司股东或者实际控制人提供担保的,必须经股东会或者股东大会决议。接受担保的股东或者受实际控制人支配的股东不得参加表决。该项表决由出席会议的其他股东所持表决权的过半数通过。

(3) 借款的限制。一般情况下,除非公司章程有特别规定或经过股东会、股东大会或董事会的批准同意,公司董事、经理不得擅自将公司资金借贷给他人。公司(股份有限)不得直接或者通过子公司向董事、监事、高级管理人员提供借款。这是因为股份公司往往由董事、监事和高级管理人员直接负责经营,当他们控制下的公司向自己提供借款时,这往往构成关联交易,利益冲突明显,存在侵害公司利益的可能,《公司法》便直接禁止了股份有限公司中的此类借款交易,甚至明确不允许股份有限公司通过子公司从事此类交易。

◆ **知识链接**

上市公司应当经股东大会审议批准的担保

上市公司的下列担保行为应当经股东大会审议批准:①本公司及本公司控股子公司的对外担保总额,达到或超过最近一期经审计"净资产的50%"以后提供的任何担保;②公司对外担保总额,超过最近一期经审计"总资产的30%"以后提供的任何担保;③为"资产负债率超过70%"的担保对象提供的担保;④单笔担保额超过最近一期经审计"净资产10%"的担保;⑤对"股东、实际控制人及其关联方"提供的担保;⑥上市公司董事会拟决议公司担保事项,而出席董事会的无关联关系董事人数"不足3人",应将该事项提交上市公司股东大会审议;⑦章程规定的其他事项。

三、公司的登记管理

【以案学法3-3】　甲、乙、丙拟分别用现金、劳务、设定了抵押权的房屋共同出资200万元设立一家有限责任公司。但对设立登记要求及登记事项不太清楚。

问题：你能利用所学知识指导他们完成登记吗？

公司登记是国家赋予公司法人资格与企业经营资格，并对公司的设立、变更、注销加以规范、公示的法律行为。《公司法》规定，设立公司，应当依法向公司登记机关申请设立登记。符合规定的设立条件的，由公司登记机关分别登记为有限责任公司或股份有限公司。公司经公司登记机关依法登记，领取企业法人营业执照，方取得企业法人资格。未经公司登记机关登记的，不得以公司名义从事经营活动。

（一）登记事项

根据《公司登记管理条例》的规定，公司的登记事项包括：名称、住所、法定代表人姓名、注册资本、公司类型、经营范围、营业期限、有限责任公司股东或者股份有限公司发起人的姓名或名称。

根据规定，公司的法定代表人依照公司章程的规定，由董事长、执行董事或经理担任，并依法登记。公司登记的类型包括有限责任公司和股份有限公司。一人有限责任公司应当在公司登记中注明自然人独资或者法人独资，并在公司营业执照中载明。股东出资应当符合《公司法》的规定。股东以货币、实物、知识产权、土地使用权以外的其他财产出资的，其登记办法由国家工商行政管理总局会同国务院有关部门规定。股东不得以劳务、信用、自然人姓名、商誉、特许经营权或设定担保的财产等作价出资。

（二）设立登记

公司登记通常包括公司设立登记、公司变更登记、公司解散登记及分公司的登记等。以下重点介绍设立登记。

公司设立登记是公司的设立人依照《公司法》规定的设立条件与程序向公司登记机关提出设立申请，并提交法定登记事项文件，公司登记机关审核后对符合法律规定的准予登记，并发给企业法人营业执照的活动。

1. 公司名称预先核准

设立公司应当申请名称预先核准。预先核准的公司名称保留期为 6 个月。预先核准的公司名称在保留期内，不得用于从事经营活动，不得转让。

2. 设立登记的要求

申请设立有限责任公司，应当由全体股东指定的代表或者共同委托的代理人向公司登记机关申请设立登记。设立国有独资公司，应当由国务院或者地方人民政府授权的本级人民政府国有资产监督管理机构作为申请人，申请设立登记。法律、行政法规或者国务院决定规定设立有限责任公司必须报经批准的，应当自批准之日起 90 日内向公司登记机关申请设立登记；逾期申请设立登记的，申请人应当报批准机关确认原批准文件的效力或者另行报批。

申请设立股份有限公司，应当由董事会向公司登记机关申请设立登记。以募集方式设立股份有限公司的，应当于创立大会结束后 30 日内向公司登记机关申请设立登记。以募集方式设立股份有限公司公开发行股票的，还应当提交国务院证券监督管理机构的核准文件。法律、行政法规或者国务院决定规定设立股份有限公司必须报经批准的，还应当提交有关批准文件。

依法设立的公司,由公司登记机关发给企业法人营业执照。公司营业执照签发日期为公司成立日期。公司凭公司登记机关核发的企业法人营业执照刻制印章,开立银行账户,申请纳税登记。

◆ **知识链接** ··

年度报告公示与证照管理

公司应当于每年1月1日至6月30日通过企业信用信息公示系统向公司登记机关报送上一年度的年度报告,并向社会公示。年度报告公示的内容以及监督检查办法由国务院制定。

企业法人营业执照、营业执照分为正本和副本,正本和副本具有同等法律效力。企业法人营业执照正本或者营业执照正本应当置于公司住所或者分公司营业场所的醒目位置。公司可以根据业务需要向公司登记机关申请核发营业执照若干副本。任何单位和个人不得伪造、涂改、出租、出借、转让营业执照。营业执照遗失或者毁坏的,公司应当在公司登记机关指定的报刊上声明作废,申请补领。公司登记机关依法作出变更登记、注销登记、撤销变更登记决定,公司拒不缴回或者无法缴回营业执照的,由公司登记机关公告营业执照作废。公司登记机关需要认定的营业执照,可以临时扣留,扣留期限不得超过10日,国家推行电子营业执照。电子营业执照与纸质营业执照具有同等法律效力。

··

第二节　有限责任公司

一、有限责任公司的设立

(一) 有限责任公司设立的条件

【以案学法 3-4】 甲、乙、丙、丁四家公司与张某、李某拟共同出资设立一家注册资本为400万元的有限责任公司。甲公司以其所有的商誉作价50万元出资,乙公司以其所有的特许经营权作价50万元出资,丙公司以其所有的非专利技术作价50万元出资,丁公司以其设定了抵押担保的房屋作价100万元出资。张某以50万元现金出资,李某以自有的经评估作价100万元的机器出资。

问题:

(1) 本案中有关股东资格和人数是否符合有限责任公司设立的相关条款?

(2) 本案中有哪些出资方式? 试分析各种出资方式是否符合规定。

根据《公司法》规定,设立有限责任公司应当具备以下条件。

1. 股东符合法定人数

有限责任公司由50个以下股东出资设立。股东可以是自然人,也可以是法人。

2. 有符合公司章程规定的全体股东认缴的出资额

(1) 注册资本。有限责任公司的注册资本为在公司登记机关登记的全体股东认缴的出资额。法律、法规以及国务院决定对有限责任公司注册资本实缴、注册资本最低限额另有规定的,从其规定。

(2) 出资方式。股东可以用货币出资,也可以用实物、知识产权、土地使用权等可以用货币估价并可以依法转让的非货币财产作价出资;但是,法律、行政法规规定不得作为出资的财产除外。对作为出资的非货币财产应当评估作价,核实财产,不得高估或者低估作价。

3. 股东共同制定公司章程

公司章程是记载公司组织、活动基本准则的公开性法律文件。设立有限责任公司必须由股东共同依法制定公司章程。股东应当在公司章程上签名、盖章。公司章程对公司、股东、董事、监事、高级管理人员具有约束力。

4. 有公司名称,建立符合有限责任公司要求的组织机构

公司注册自己的名称时,必须符合法律、法规的规定,并应当经过公司登记管理机关进行预先核准登记。公司应当设立符合有限责任公司要求的组织机构,即股东会、董事会或执行董事、监事会或者监事等。

5. 有公司住所

设立公司必须有住所,公司以其主要办事机构所在地为住所。

(二) 有限责任公司设立的程序

【以案学法 3-5】　2018 年 7 月 8 日,许文、刘芳、林青拟共同出资设立一家有限责任公司,并制定了公司章程:①公司注册资本总额为 400 万元;②许文、林青各以货币 100 万元出资;刘芳以房屋作价出资 200 万元,公司成立后一周内办理房屋产权转移手续。10 月 8 日,公司成立,10 月 12 日,刘芳将房屋产权依约转移给公司。2019 年 1 月,许文、刘芳、林青就公司利润分配发生争执,经查,刘芳作价出资的房屋实际价值仅为 100 万元。

问题:依照我国《公司法》的规定,对于刘芳的出资,应如何处理?

1. 订立公司章程

股东设立有限责任公司,必须先订立公司章程,将拟设立公司的基本情况以及各方面的权利义务加以明确规定。

2. 股东缴纳出资

股东应当按期足额缴纳公司章程中规定的各自所认缴的出资额。股东以货币出资的,应当将货币出资足额存入为设立有限责任公司而在银行开设的账户;以非货币财产出资的,应当依法办理其财产权的转移手续,该转移手续一般在 6 个月内办理完毕。股东不按照规定缴纳出资的,除应当向公司足额缴纳外,还应当向已按期足额缴纳出资的股东承担违约责任。该违约责任除出资部分外,还包括未出资的利息。

有限责任公司成立后,发现作为设立公司出资的非货币财产的实际价额显著低于公司章程所定价额的,应当由交付该出资的股东补足其差额,公司设立时的其他股东承担连带责任。

此外,有限责任公司的股东未履行或未全面履行出资义务即转让股权,受让人对此知道或应当知道,公司请求该股东履行出资义务、受让人对此承担连带责任的,人民法院应予支持;受让人根据上述规定承担责任后,向该未履行或未全面履行出资义务的股东追偿的,人民法院应予支持。但当事人另有约定的除外。

此外,我国《公司法》还规定,有限责任公司成立后,股东不得抽逃出资。股东未履行或未全面履行出资义务或抽逃出资,公司根据公司章程或股东会决议对其利润分配请求权、新

股优先认购权、剩余财产分配请求权等股东权利作出相应的合理限制,该股东请求认定该限制无效的,人民法院不予支持。股东未履行出资义务或抽逃全部出资,经公司催告缴纳或者返还,其在合理期间内仍未缴纳或者返还出资,公司以股东会决议解除该股东的股东资格,该股东请求确认该解除行为无效的,人民法院不予支持。

3. 申请设立登记

股东认足公司章程规定的出资后,由全体股东指定的代表或者共同委托的代理人向公司登记机关报送公司登记申请书、公司章程等文件,申请设立登记。公司经公司登记机关核准登记后,领取企业法人营业执照。公司营业执照签发日期为公司成立日期。

有限责任公司成立后,应当向股东签发出资证明书,应当置备股东名册。

◆ 知识链接

国有独资公司

国有独资公司是指国家单独出资、由国务院或者地方人民政府委托本级人民政府国有资产监督管理机构履行出资人职责的有限责任公司。与一般意义上的有限责任公司相比较,国有独资公司具有以下特征:①公司股东的单一性。国有独资公司的股东只有 1 个。②单一股东的特定性。国有独资公司的股东只能是国有资产监督管理机构。

二、有限责任公司的组织机构

(一)股东会

【以案学法 3-6】 鼎盛有限责任公司由甲、乙、丙、丁四个股东共同出资设立,丙提议召开临时股东会,提议将公司变更为股份有限公司,在表决时,甲、丙两股东表示同意,丙占出资比例 20%,甲占出资比例 40%。

问题:丙是否能依法提议召开临时股东会?变更公司形式的决议是否有效?请说明理由。

1. 股东会的职权

有限责任公司股东会由全体股东组成,是公司的权力机构,依《公司法》规定行使下列职权:

(1)决定公司的经营方针和投资计划;

(2)选举和更换非由职工代表担任的董事、监事,决定有关董事、监事的报酬事项;

(3)审议批准董事会的报告;

(4)审议批准监事会或者监事的报告;

(5)审议批准公司的年度财务预算方案、决算方案;

(6)审议批准公司的利润分配方案和弥补亏损方案;

(7)对公司增加或者减少注册资本作出决议;

(8)对发行公司债券作出决议;

(9)对公司合并、分立、解散、清算或者变更公司形式作出决议;

(10)修改公司章程;

(11)公司章程规定的其他职权。

对上述事项股东以书面形式一致表示同意的,可以不召开股东会会议,直接作出决定,并由全体股东在决定文件上签名、盖章。

2. 股东会的形式与召开

(1) 股东会的形式。股东会会议分为定期会议和临时会议。定期会议应当依照公司章程的规定按时召开。代表 1/10 以上表决权的股东、1/3 以上的董事、监事会或者不设监事会的公司的监事提议召开临时会议的,应当召开临时会议。

(2) 股东会的召开。首次股东会会议由出资最多的股东召集和主持。以后的股东会会议,设立董事会的,由董事会召集、董事长主持;董事长不能履行职务或者不履行职务的,由副董事长主持;副董事长不能履行职务或者不履行职务的,由半数以上董事共同推举 1 名董事主持。不设董事会的,股东会会议由执行董事召集和主持;董事会或者执行董事不能履行或者不履行召集股东会会议职责的,由监事会或者不设监事会的公司的监事召集和主持;监事会或者监事不召集和主持的,代表 1/10 以上表决权的股东可以自行召集和主持。召开股东会会议,应当于会议召开 15 日前通知全体股东;但是,公司章程另有规定或者全体股东另有约定的除外。股东会应当对所议事项的决定作成会议记录,出席会议的股东应当在会议记录上签名。

3. 股东会的决议

股东会会议由股东按照出资比例行使表决权,但公司章程另有规定的除外。股东会的议事方式和表决程序,除《公司法》另有规定外,由公司章程规定。股东会会议作出修改公司章程、增加或者减少注册资本的决议,以及公司合并、分立、解散或者变更公司形式的决议,必须经代表 2/3 以上表决权的股东通过。

(二) 董事会与经理

【以案学法 3-7】 高山、刘水、洪梅拟共同出资设立美景有限责任公司,并共同制订了公司章程草案。章程草案中关于董事会、经理的规定主要如下:公司设董事会,成员 5 人,其中应当有公司职工代表 1 人;董事长由高山委派,副董事长由刘水委派,经理由洪梅委派;董事会会议由董事长召集和主持;董事长不能履行职务或者不履行职务的,由副董事长召集和主持;副董事长不能履行职务或者不履行职务的,必须由全体董事共同推举 1 名董事召集和主持。

问题:分别指出上述关于董事会、经理的内容中符合和不符合规定之处,并说明理由。

董事会是公司的执行机构,对股东负责。

1. 董事会的组成和形成办法

有限责任公司设董事会(依法不设董事会的除外),其成员为 3～13 人。两个以上的国有企业或者其他两个以上的国有投资主体投资所设立的有限责任公司,其董事会成员中应当有公司职工代表;其他有限责任公司董事会成员中可以有公司职工代表。董事会中的职工代表由公司职工通过职工代表大会、职工大会或者其他形式民主选举产生。董事会设董事长 1 人,可以设副董事长。董事长、副董事长的产生办法由公司章程规定。董事任期由公司章程规定,但每届任期不得超过 3 年。董事任期届满,连选可以连任。董事任期届满未及时改选或者董事会在任期内辞职导致董事会成员低于法定人数的,在改选出的董事就任前,原董事仍应当依照法律、行政法规和公司章程的规定,履行董事职务。

2．董事会的职权

（1）召集股东会会议，并向股东会报告工作；

（2）执行股东会的决议；

（3）决定公司的经营计划和投资方案；

（4）制订公司的年度财务预算方案、决算方案；

（5）制订公司的利润分配方案和弥补亏损方案；

（6）制订公司增加或者减少注册资本以及发行公司债券的方案；

（7）制订公司合并、分立、解散或者变更公司形式的方案；

（8）决定公司内部管理机构的设置；

（9）决定聘任或者解聘公司经理及其报酬事项，并根据经理的提名决定聘任或者解聘公司副经理、财务负责人及其报酬事项；

（10）制定公司的基本管理制度；

（11）公司章程规定的其他职权。

3．董事会的召开与决议

董事会会议由董事长召集和主持；董事长不能履行职务或者不履行职务的，由副董事长召集和主持；副董事长不能履行职务或者不履行职务的，由半数以上董事共同推举1名董事召集和主持。

董事会的议事方式和表决程序，除《公司法》另有规定外，由公司章程规定。董事会应当对所议事项的决定作成会议记录，出席会议的董事应当在会议记录上签名。董事会决议的表决，实行一人一票。

4．经理

有限责任公司可以设经理，由董事会决定聘任或者解聘。经理对董事会负责，行使下列职权：

（1）主持公司的生产经营管理工作，组织实施董事会决议；

（2）组织实施公司年度经营计划和投资方案；

（3）拟订公司内部管理机构设置方案；

（4）拟订公司的基本管理制度；

（5）制定公司的具体规章；

（6）提请聘任或者解聘公司副经理、财务负责人；

（7）决定聘任或者解聘除应由董事会决定聘任或解聘以外的负责管理人员；

（8）董事会授予的其他职权。

公司章程对经理职权另有规定的，从其规定。经理列席董事会会议。

有限责任公司股东人数较少或者规模较小的，可以设1名执行董事，不设董事会。执行董事可以兼任公司经理。执行董事的职权由公司章程规定。

（三）监事会

【以案学法3-8】　甲、乙、丙是星辰有限责任公司的股东，甲为公司董事长，乙为公司财务负责人。现公司拟成立监事会，监事候选人有：甲、乙、丙、丁（公司经理）、戊（公司副经理）、己（职工代表）。

问题：根据规定，上述哪些人员不能担任监事？

监事会是公司的监督机构。

1. 监事会的组成

有限责任公司设立监事会，其成员不得少于3人。股东人数较少或者规模较小的有限责任公司，可以设1至2名监事，不设立监事会。监事会应当包括股东代表和适当比例的公司职工代表，其中职工代表的比例不得低于1/3，具体比例由公司章程规定。监事会中的职工代表由公司职工通过职工代表大会或其他形式民主选举产生。监事会设主席1人，由全体监事过半数的监事选举产生。监事会主席召集和主持监事会会议；监事会主席不能履行或不履行职务的，由半数以上监事共同推举1名监事召集和主持监事会会议。董事、高级管理人员不得兼任监事。监事任期每届为3年。任期届满，连选可以连任。监事任期届满未及时改选，或者监事在任期内辞职导致监事会成员低于法定人数的，在改选出的监事就任前，原监事仍应当依照法律、行政法规和公司章程的规定，履行监事职务。

2. 监事会的职权

(1) 检查公司财务；

(2) 对董事、高级管理人员执行公司职务的行为进行监督，对违反法律、行政法规、公司章程或者股东会决议的董事、高级管理人员提出罢免的建议；

(3) 当董事、高级管理人员的行为损害公司的利益时，要求董事、高级管理人员予以纠正；

(4) 提议召开临时股东会会议，在董事会不履行法律规定的召集和主持股东会会议职责时召集和主持股东会会议；

(5) 向股东会会议提出提案；

(6) 依照《公司法》的规定，对董事、高级管理人员提起诉讼；

(7) 公司章程规定的其他职权。

监事可以列席董事会会议，并对董事会决议事项提出质询或者建议。监事会、不设监事会的公司的监事发现公司经营情况异常，可以进行调查；必要时，可以聘请会计师事务所等协助其工作。监事会、监事行使职权所必需的费用，由公司承担。

3. 监事会的决议

监事会每年度至少召开一次会议，监事可以提议召开临时监事会会议。监事会的议事方式和表决程序，除《公司法》有规定外，由公司章程规定。监事会决议应当经半数以上监事通过。监事会应当对所议事项的决定作成会议记录，出席会议的监事应当在会议记录上签名。

三、有限责任公司的股权转让

【以案学法3-9】 甲、乙、丙、丁四人共同出资成立某有限责任公司。公司经营一段时间后，丁与戊达成协议，将丁在该公司拥有的股权全部转让给戊。对于丁的转让，甲、乙、丙均不同意。随后，该公司经股东会决议，拟与另一家企业进行合并。丙对此坚决反对，并请求公司收购其股权。

问题：

(1) 甲、乙、丙均不同意的情况下，丁是否还能将股权转让给戊？请说明理由。

(2) 丙请求公司收购其股权的做法是否符合规定？

（一）有限责任公司的一般股权转让

1. 股东之间转让股权

有限责任公司的股东之间可以相互转让其全部或部分股权。

2. 股东向股东以外的人转让股权

股东向股东以外的人转让股权,应当经其他股东过半数同意。股东应就其股权转让事项书面通知其他股东征求同意,其他股东自接到书面通知之日起满 30 日未答复的,视为同意转让。其他股东半数以上不同意转让的,不同意的股东应当购买该转让的股权;不购买的,视为同意转让。

经股东同意转让的股权,在同等条件下,其他股东有优先购买权。两个以上股东主张行使优先购买权的,协商确定各自的购买比例;协商不成的,按照转让时各自的出资比例行使优先购买权。但公司章程对股权转让另有规定的,从其规定。

3. 人民法院强制转让股东的股权

人民法院依照法律规定的强制执行程序转让股东的股权时,应当通知公司及全体股东,其他股东在同等条件下有优先购买权。其他股东自人民法院通知之日起满 20 日不行使优先购买权的,视为放弃优先购买权。

（二）有限责任公司的股东请求公司收购其股权

有下列情形之一的,对股东会的该项决议投反对票的股东可请求公司按合理价格收购其股权:

（1）公司连续 5 年不向股东分配利润,而公司该 5 年连续盈利,并且符合《公司法》规定的分配利润条件的;

（2）公司合并、分立、转让主要财产的;

（3）公司章程规定的营业期限届满或章程规定的其他解散事由出现,股东会会议通过决议修改章程使公司存续的。

自股东会会议决议通过之日起 60 日内,股东与公司不能达成股权收购协议的,股东可以自股东会会议决议通过之日起 90 日内向人民法院提起诉讼。

自然人股东死亡后,其合法继承人可以继承股东资格;但公司章程另有规定的除外。

◆ 知识链接

一人有限责任公司的特别规定

一人有限责任公司是指只有一个自然人股东或一个法人股东的有限责任公司。一人有限责任公司的设立和组织机构适用特别规定;没有特别规定的,适用有限责任公司的相关规定。特别规定主要包括:①一个自然人只能投资设立一个一人有限责任公司,该一人有限责任公司不能投资设立新的一人有限责任公司。②应当在公司登记中注明自然人独资或者法人独资,并在公司营业执照中载明。③一人有限责任公司不设股东会。股东行使职权作出决定时,应当采用书面形式,并由股东签名后置备于公司。④应当在每一会计年度终了时编制财务会计报告,并经会计师事务所审计。⑤一人有限责任公司的股东不能证明公司财产独立于股东自己的财产的,应当对公司债务承担连带责任。

第三节　股份有限公司

一、股份有限公司的设立

(一)股份有限公司的设立方式

股份有限公司的设立可以采取发起设立或募集设立的方式。发起设立是指由发起人认购公司应发行的全部股份而设立公司。募集设立是指由发起人认购公司应发行股份的一部分,其余股份向社会公开募集或者向特定对象募集而设立公司。

(二)股份有限公司的设立条件

设立股份有限公司,应当具备下列条件:

(1)发起人符合法定人数。发起人是指依法筹办创立股份有限公司事务的人。发起人可以是自然人,也可以是法人;可以是中国公民,也可以是外国公民。设立股份有限公司,应当有2人以上200人以下作为发起人,其中须有半数以上的发起人在中国境内有住所。股份有限公司发起人承担公司筹办事务。

(2)有符合公司章程规定的全体发起人认购的股本总额或者募集的实收股本总额。采取发起方式设立的,注册资本为在公司登记机关登记的全体发起人认购的股本总额。在发起人认购的股份缴足前,不得向他人募集股份。采取募集方式设立的,注册资本为在公司登记机关登记的实收股本总额。法律、法规以及国务院决定对股份有限公司注册资本实缴、注册资本最低限额另有规定的,从其规定。发起人出资方式与有限责任公司股东出资方式基本相同。

(3)股份发行、筹办事项符合法律规定。

(4)发起人制定公司章程,采用募集方式设立的经创立大会通过。设立公司必须依法制定公司章程。公司章程对公司、股东、董事、监事、高级管理人员具有约束力。发起设立的股份有限公司,由全体发起人共同制定公司章程;募集设立的股份有限公司,由发起人制定公司章程,还应当召开有其他认股人参加的创立大会,并经出席会议的认股人所持表决权的半数以上通过,方为有效。

(5)有公司名称,建立符合股份有限公司要求的组织机构。

(6)有公司住所。

(三)股份有限公司的设立程序

【以案学法3-10】　发起人赵某、周某经批准向社会公开募集股份设立永隆股份有限公司,公告的招股说明书中列明本次募股的截止日期为2019年3月15日。但到期只募集到所发行股份的98%。得知情况后,认股人吴某要求返还所缴股款并加算银行同期存款利息。赵某、周某觉得已募集到绝大部分股份,剩下的股份由两人于3月16日追加认购完毕,不同意吴某抽回股本。所有股款于3月17日缴足,赵某、周某决定于4月15日召开创立大会设立公司。由于筹备工作不到位,创立大会推迟至4月25日召开。吴某再次要求返还所缴股款并加算银行同期存款利息,赵某、周某同意返还股款,但不愿另外支付银行同期存款利息。

问题:在这次募集设立股份有限公司的过程中,哪些做法不符合规定?

1. 发起设立股份有限公司的程序

(1)发起人书面认足公司章程规定其认购的股份。

(2)缴纳出资。《公司法》规定,以发起设立方式设立股份有限公司的,发起人应当书面认足公司章程规定其认购的股份,并按照公司章程规定缴纳出资。以非货币财产出资的,应当依法办理其财产权的转移手续。发起人不按照规定缴纳出资的,应当按照发起人协议的约定承担违约责任。

(3)选举董事会和监事会。发起人首次缴纳出资后,应当选举董事会和监事会,建立公司的组织机构。

(4)申请设立登记。发起人在选举董事会和监事会后,董事会应当向公司登记机关报送公司章程、验资证明以及法律、行政法规规定的其他文件,申请设立登记。一旦公司登记机关依法予以登记,发给公司营业执照,公司即告成立。

2. 募集设立股份有限公司的程序

(1)发起人认购股份。发起人认购的股份不得少于公司股份总数的35%;但是法律、行政法规另有规定的,从其规定。

(2)向社会公开募集股份。公开募集股份,必须公告招股说明书,并制作认股书。认股书由认股人填写认购股数、金额、住所,并签名盖章。认股人按照所认购股数缴纳股款。发起人向社会公开募集股份,应当由依法设立的证券公司承销,签订承销协议。发起人向社会公开募集股份,应当同银行签订代收股款协议。代收股款的银行应当按照协议代收和保存股款,向缴纳股款的认股人出具收款单据,并负有向有关部门出具收款证明的义务。根据规定,股份有限公司的认股人未按期缴纳所认股份的股款,经公司发起人催缴后在合理期间内仍未缴纳,公司发起人对该股份另行募集的,人民法院应当认定该募集行为有效。认股人延期缴纳股款给公司造成损失,公司请求该认股人承担赔偿责任的,人民法院应予支持。

(3)召开创立大会。发行股份的股款缴足后,必须经依法设立的验资机构验资并出具证明。发起人应当在股款缴足之日起30日内主持召开公司创立大会,创立大会由发起人、认股人组成。发起人应当在创立大会召开15日前将会议日期通知各认股人或者予以公告。创立大会应有代表股份总数过半数的发起人、认股人出席,方可举行。

创立大会行使下列职权:①审议发起人关于公司筹办情况的报告;②通过公司章程;③选举董事会成员;④选举监事会成员;⑤对公司的设立费用进行审核;⑥对发起人用于抵作股款的财产的作价进行审核;⑦发生不可抗力或者经营条件发生重大变化直接影响公司设立的,可以作出不设立公司的决议。创立大会对上述所列事项作出决议,必须经出席会议的认股人所持表决权过半数通过。

发行的股份超过招股说明书规定的截止期限尚未募足的,或者发行股份的股款缴足后,发起人在30日内未召开创立大会的,或创立大会作出不设立公司决议的,认股人可以按照所缴股款并加算银行同期存款利息,要求发起人返还。发起人、认股人缴纳股款或者交付抵作股款的出资后,除上述情形外不得抽回其股本。

(4)申请设立登记。董事会应于创立大会结束后30日内,向公司登记机关申请设立登记。公司登记机关依法核准登记后,应当发给公司企业法人营业执照。自公司营业执照签发之日起,公司即告成立。

股份有限公司成立后,发起人未按照公司章程的规定缴足出资的,应当补缴;其他发起人承担连带责任。股份有限公司成立后,发现作为设立公司出资的非货币财产的实际价额显著低于公司章程所定出资价额的,应当由交付该出资的发起人补足其差额;其他发起人承担连带责任。股份有限公司应当将公司章程、股东名册、公司债券存根、股东大会会议记录、董事会会议记录、监事会会议记录、财务会计报告置备于本公司,供股东查阅。

▶ **法条链接**

股份有限公司发起人承担的责任与公司设立阶段的合同责任

《公司法》第九十四条　股份有限公司的发起人应当承担下列责任:①公司不能成立时,对设立行为所产生的债务和费用负连带责任;②公司不能成立时,对认股人已缴纳的股款,负返还股款并加算银行同期存款利息的连带责任;③在公司设立过程中,由于发起人的过失致使公司利益受到损害的,应当对公司承担赔偿责任。

《公司法司法解释三》第二条　发起人为设立公司以自己名义对外签订合同,合同相对人请求该发起人承担合同责任的,人民法院应予支持。公司成立后对前款规定的合同予以确认,或者已经实际享有合同权利或者履行合同义务,合同相对人请求公司承担合同责任的,人民法院应予支持。

《公司法司法解释三》第三条　发起人以设立中公司名义对外签订合同,公司成立后合同相对人请求公司承担合同责任的,人民法院应予支持。公司成立后有证据证明发起人利用设立中公司的名义为自己的利益与相对人签订合同,公司以此为由主张不承担合同责任的,人民法院应予支持,但相对人为善意的除外。

二、股份有限公司的组织机构

【以案学法3-11】　锦城股份有限公司因经营管理不善造成亏损,公司未弥补的亏损达股本的1/4,公司董事长黎某决定在2019年4月6日召开临时股东大会,讨论如何解决公司面临的困境。黎某在2019年4月1日发出召开临时股东大会会议的通知。4月6日股东大会如期召开,会议议程为两项:①讨论解决公司经营所遇困难的措施。②更换公司总经理。

问题:根据公司法律制度,本案中存在哪些问题?并说明理由。

股份有限公司的组织机构由股东大会、董事会、经理、监事会等组成。

(一)股东大会

股份有限公司股东大会由全体股东组成。股东大会是公司的权力机构,依《公司法》规定行使职权。《公司法》中关于有限责任公司股东会职权的规定,适用于股份有限公司股东大会。

1. 股东大会的形式

股份有限公司的股东大会分为年会和临时股东大会两种。股东大会应当每年召开1次年会。上市公司的年度股东大会应当于上一会计年度结束后的6个月内举行。有下列情形之一的,应当在2个月内召开临时股东大会:①董事人数不足《公司法》规定人数或者公司章程所规定人数的2/3时;②公司未弥补的亏损达实收股本总额的1/3以上时;③单独或合计持有公司10%以上股份的股东请求召开时;④董事会认为必要时;⑤监事会提议召开时;⑥公司章程规定的其他情形。

2. 股东大会的召开

股东大会会议由董事会召集,董事长主持;董事长不能履行职务或者不履行职务的,由副董事长主持;副董事长不能履行职务或者不履行职务的,由半数以上董事共同推举1名董事主持。董事会不能履行或者不履行召集股东大会会议职责的,监事会应当及时召集和主持;监事会不召集和主持的,连续90日以上单独或者合计持有公司10%以上股份的股东可以自行召集和主持。

召开股东大会会议,应当将会议召开的时间、地点和审议的事项于会议召开20日前通知各股东;临时股东大会应当于会议召开15日前通知各股东;发行无记名股票的,应当于会议召开30日前公告会议召开的时间、地点和审议事项。

单独或者合计持有公司3%以上股份的股东,可以在股东大会召开10日前提出临时提案并书面提交董事会;董事会应当在收到提案后2日内通知其他股东,并将该临时提案提交股东大会审议。临时提案的内容应当属于股东大会职权范围,并有明确议题和具体决议事项。股东大会不得对上述通知中未列明的事项作出决议。无记名股票持有人出席股东大会会议的,应当于会议召开5日前至股东大会闭会时将股票交存于公司。

3. 股东大会的决议

股东出席股东大会会议,所持每一股份有一表决权。但是,公司持有的本公司股份没有表决权。股东可以委托代理人出席股东大会会议,代理人应当向公司提交股东授权委托书,并在授权范围内行使表决权。

股东大会作出决议,必须经出席会议的股东所持表决权过半数通过。但是,股东大会作出修改公司章程、增加或者减少注册资本的决议,以及公司合并、分立、解散或者变更公司形式的决议,必须经出席会议的股东所持表决权的2/3以上通过。

股东大会应当对所议事项的决定作成会议记录,主持人、出席会议的董事应当在会议记录上签名。会议记录应当与出席股东的签名册及代理出席的委托书一并保存。

（二）董事会、经理

【以案学法3-12】　某股份有限公司董事会由11名董事组成。2019年5月10日,公司董事长吕某召集召开并主持董事会会议,出席会议的共有8名董事,另有3名董事因事请假。董事会会议讨论了下列事项并经表决有6名董事同意而通过:①鉴于公司董事会成员工作任务加重,决定给每位董事涨30%工资;②鉴于监事会成员中的职工代表张某生病,决定由本公司职工王某参加监事会;③鉴于公司的财务会计工作日益繁重,拟将财务科升级为财务部,财务科升级为财务部的方案经股东大会通过后实施。

问题:该公司董事会的召开、决议过程是否符合法律规定? 请分别说明理由。

1. 董事会的性质和组成

股份有限公司的董事会是股东大会的执行机构,对股东大会负责。股份有限公司设董事会,其成员为5~19人。董事会成员中可以有公司职工代表,董事会中的职工代表由公司职工通过职工代表大会或其他形式民主选举产生。《公司法》中关于有限责任公司董事会职权及董事任期的规定,适用于股份有限公司董事会及董事。

2. 董事会的召开

董事会设董事长1人,可以设副董事长。董事长和副董事长由董事会以全体董事的过半数选举产生。董事长召集和主持董事会会议,检查董事会决议的实施情况。副董事长协助董事长工作,董事长不能履行职务或者不履行职务的,由副董事长履行职务;副董事长不能履行职务或者不履行职务的,由半数以上董事共同推举1名董事履行职务。董事会每年度至少召开2次会议,每次会议应当于会议召开10日前通知全体董事和监事。代表1/10以上表决权的股东、1/3以上董事或者监事会,可以提议召开董事会临时会议。董事长应当自接到提议后10日内,召集和主持董事会会议。董事会召开临时会议,可以另定召集董事会的通知方式和通知时限。

3．董事会的决议

董事会会议应有过半数的董事出席方可举行。董事会作出决议,必须经全体董事的过半数通过。董事会决议的表决,实行一人一票。董事会会议,应由董事本人出席;董事因故不能出席,可以书面委托其他董事代为出席,委托书中应载明授权范围。董事会应当对会议所议事项的决定作成会议记录,出席会议的董事应当在会议记录上签名。董事应当对董事会的决议承担责任。董事会的决议违反法律法规或者公司章程、股东大会决议,致使公司遭受严重损失的,参与决议的董事对公司负赔偿责任。但经证明在表决时曾表明异议并记载于会议记录的,该董事可以免除责任。

4．经理

股份有限公司设经理,由董事会决定聘任或者解聘。公司董事会可以决定由董事会成员兼任经理。《公司法》中关于有限责任公司经理职权的规定,适用于股份有限公司经理。

（三）监事会

股份有限公司应当依法设立监事会,监事会是公司的监督机构。

1．监事会的组成

股份有限公司监事会成员不得少于3人,应当包括股东代表和适当比例的职工代表,其中,职工代表的比例不得低于1/3,具体比例由公司章程规定。监事会中的职工代表由公司职工通过职工代表大会或其他形式民主选举产生。董事、高级管理人员不得兼任监事。《公司法》中关于有限责任公司监事会职权及监事任期的规定,适用于股份有限公司监事会及监事。

2．监事会的召开

监事会设主席1人,可以设副主席。监事会主席和副主席由全体监事过半数选举产生。监事会主席召集和主持监事会会议;监事会主席不能履行职务或者不履行职务的,由监事会副主席召集和主持监事会会议;监事会副主席不能履行职务或者不履行职务的,由半数以上监事共同推举1名监事召集和主持监事会会议。监事会每6个月至少召开1次会议。监事可以提议召开临时监事会会议。监事会的议事方式和表决程序,除《公司法》有规定外,由公司章程规定。监事会应当对所议事项的决定作成会议记录,出席会议的监事应当在会议记录上签名。

◆ **知识链接** ···

上市公司组织机构的特别规定

①增加股东大会特别决议事项。上市公司在一年内购买、出售重大资产或者担保金额超过公司资产总额30%的,应当由股东大会作出决议,并经出席会议的股东所持表决权的2/3以上通过。②设立独立董事。③设立董事会秘书。④增设关联关系董事的表决权排除制度。上市公司董事与董事会会议决议事项所涉及的企业有关联关系的,不得对该项决议行使表决权,也不得代理其他董事行使表决权。

三、股份有限公司的股份发行和转让

股份是指将股份有限公司的注册资本按相同的金额或比例划分为相等的份额。股份有限公司的股份具有平等性,每一股金额相等,同种类的每一股份具有同等的权利。

股票是指公司签发的证明股东所持股份的凭证,是股份的表现形式。股票具有以下性质:①股票是有价证券。股票是一种具有财产价值的证券,股票记载着股票种类、票面金额及代表的股份数,反映着股票的持有人对公司的权利。②股票是证权证券。股票表现的是股东的权利,任何人只要合法占有股票,就可以依法向公司行使权利,而且公司股票发生转移时,公司股东的权益也即随之转移。③股票是要式证券。股票应当采用纸面形式或国务院证券监督管理机构规定的其他形式,其记载的内容和事项应当符合法律的规定。④股票是流通证券。股票可以在证券交易市场依法进行交易。

(一)股份发行

【以案学法 3-13】 2019 年 1 月,荣华股份有限公司经股东大会决议通过,拟向全体股东增发股票 200 万股(每股面值为 20 元)。股东 A 企业以房地产作价 3 000 万元按照 90% 的折股比例认购 135 万股,股东 B 公司以现金 900 万元认购 45 万股,股东钱某以相关专利技术作价 500 万元按照 80% 的折股比例认购 20 万股。A 企业和钱某折股溢价的 400 万元计入公司的资本公积。

问题:该公司向股东增发股票有关事宜是否符合法律规定?请说明理由。

公司发行的股票,可以为记名股票,也可以为无记名股票。公司向发起人、法人发行的股票,应当为记名股票,并应当记载该发起人、法人的姓名或名称,不得另立户名或者以代表人姓名记名。发行无记名股票的,公司应当记载其股票数量、编号及发行日期。

1. **股份的发行原则**

股份的发行,实行公平、公正的原则,同种类的每一股份应当具有同等权利。股份的发行还应遵守同股同价原则,即同次发行的同种类股票,每股的发行条件和价格应当相同;任何单位或者个人所认购的股份,每股应当支付相同价额。

2. **股票的发行价格**

股票发行价格可以按票面金额,也可以超过票面金额,但不得低于票面金额。

3. **公司发行新股**

公司发行新股,股东大会应当对下列事项作出决议:新股种类及数额;新股发行价格;新股发行的起止日期;向原有股东发行新股的种类及数额。公司经国务院证券监督管理机构核准公开发行新股时,必须公告新股招股说明书和财务会计报告,制作认股书。公司新股是公开发行的,应当由依法设立的证券公司承销,签订承销协议,并同银行签订代收股款协议。公司发行新股,可以根据公司经营情况和财务状况,确定其作价方案。公司发行新股募足股款后,必须向公司登记机关办理变更登记,并公告。

(二)股份转让

股份转让是指股份有限公司的股份持有人依法自愿将自己所拥有的股份转让给他人,使他人取得股份成为股东或增加股份数额的法律行为。股东持有的股份可以依法转让。股东转让其股份,应当在依法设立的证券交易场所进行或者按照国务院规定的其他方式进行。

1. 股份转让的方式

记名股票,由股东以背书方式或法律、法规规定的其他方式转让;转让后由公司将受让人的姓名或名称及住所记载于股东名册。股东大会召开前 20 日内或公司决定分配股利的基准日前 5 日内,不得进行股东名册的变更登记。但是,法律对上市公司股东名册变更登记另有规定的,从其规定。无记名股票的转让,由股东将该股票交付给受让人后即发生转让的效力。

2. 股份转让的限制

(1) 对发起人转让股份的限制。发起人持有的本公司股份,自公司成立之日起 1 年内不得转让。公司公开发行股份前已发行的股份,自公司股票在证券交易所上市交易之日起 1 年内不得转让。

(2) 对公司董事、监事、高级管理人员的限制。公司董事、监事、高级管理人员应当向公司申报所持有的本公司的股份及其变动情况。①所持本公司股份,自公司股票上市交易之日起 1 年内不得转让。②任职期间每年转让的股份不得超过其所持有本公司股份总数的 25％。③离职后 6 个月内,不得转让其所持有的本公司股份。公司章程可以对公司董事、监事、高级管理人员转让其所持有的本公司股份作出其他限制性规定。

上市公司的董事、监事和高级管理人员除了遵守上述规定外,还应遵守《上市公司董事、监事和高级管理人员所持本公司股份及其变动管理规则》(以下简称《管理规则》)的规定。上市公司的董事、监事和高级管理人员在下列期间不得买卖本公司股票:①上市公司定期报告公告前 30 日内;②上市公司业绩预告、业绩快报公告前 10 日内;③自可能对本公司股票交易价格产生重大影响的重大事项发生之日或在决策过程中,至依法披露后 2 个交易日内;④证券交易所规定的其他期间。

(3) 对公司收购自身股份的限制。公司不得收购本公司股份。但是,有下列情形之一的除外:①减少公司注册资本;②与持有本公司股份的其他公司合并;③将股份用于员工持股计划或者股权激励;④股东因对股东大会作出的公司合并、分立决议持异议,要求公司收购其股份;⑤将股份用于转换上市公司发行的可转换为股票的公司债券;⑥上市公司为维护公司价值及股东权益所必需。公司因上述第①、②项规定的情形收购本公司股份的,应当经股东大会决议;公司因上述第③、⑤、⑥项规定的情形收购本公司股份的,可以依照公司章程的规定或者股东大会的授权,经 2/3 以上董事出席的董事会会议决议。公司依照上述规定收购本公司股份后,属于第①项情形的,应当自收购之日起 10 日内注销;属于第②、④项情形的,应当在 6 个月内转让或者注销;属于第③、⑤、⑥项情形的,公司合计持有的本公司股份数不得超过本公司已发行股份总数的 10％,并应当在 3 年内转让或者注销。上市公司收购本公司股份的,应当依照《中华人民共和国证券法》的规定履行信息披露义务。上市公司因上述第③、⑤、⑥项规定的情形收购本公司股票的,应当通过公开的集中交易方式进行。

(4) 对公司股票质押的限制。公司不得接受以本公司的股票作为质押权的标的。

另外,若记名股票被盗、遗失或者灭失,股东可以依照《民事诉讼法》规定的公示催告程序,请求人民法院宣告该股票失效。人民法院宣告该股票失效后,股东可以向公司申请补发股票。上市公司的股票,依照有关法律法规及证券交易所交易规则上市交易。

◆ 知识链接 ⋯⋯⋯

优先股和累积投票制

2014 年 3 月 21 日中国证监会发布《优先股试点管理办法》(以下简称《管理办法》),自公布之日起施行。《管理办法》所称优先股是指依照《公司法》,在一般规定的普通种类股份之外,另行规定的其他种类股份,其股份持有人优先于普通股股东分配公司利润和剩余财产,参与公司决策管理等权利受到限制。

股东大会选举董事、监事,可以依照公司章程的规定或者股东大会的决议,实行累积投票制。这里所称累积投票制,是指股东大会选举董事或者监事时,每一股份拥有与应选董事或者监事人数相同的表决权,股东拥有的表决权可以集中使用。如某股东拥有 100 股,每股 1 票,选出 6 位董事,通常的办法是让该股东给选中的 6 位董事候选人每一位投 100 票,总共 600 票。而累积投票法则可以将这 600 票投给 1 位董事候选人,或根据自己的意愿分投给选中的各候选人。

第四节 公司财务会计

一、公司财务会计的基本要求

【以案学法 3-14】 科华股份有限公司注册资本为人民币 3 000 万元,公司章程规定每年 6 月 1 日召开股东大会年会。因管理混乱,自 2017 年起公司陷入亏损。2018 年 5 月,部分公司股东要求查阅财务会计报表遭拒绝。2019 年股东大会年会召开时,公司财务会计报表仍不向股东公开,理由是股东无须知道公司的商业秘密。经股东强烈要求,公司才提供了资产负债表和利润分配表。2019 年股东大会年会闭会后,不少股东了解到公司向他们提供的财务会计报表与送交工商、税务部门的不一致。公司对此的解释是:送交有关部门的报表是为应付检查的,股东们看到的才是真正的账册。

问题:科华股份有限公司的哪些做法是错误的? 请说明理由。

公司应当依照法律、法规和国务院财政部门的规定建立本公司的财务会计制度。

1. 公司应当依法编制财务会计报告

公司应当在每一会计年度终了时编制财务会计报告,并依法经会计师事务所审计。财务会计报告应当依照法律、法规和国务院财政部门的规定制作。公司财务会计报告主要包括:资产负债表、利润表、现金流量表、所有者权益(或股东权益)变动表等报表及附注。

2. 公司应当依法披露有关财务会计资料

有限责任公司应当依照公司章程规定的期限将财务会计报告送交各股东。股份有限公司的财务会计报告应当在召开股东大会年会的 20 日前置备于本公司,供股东查阅;公开发行股票的股份有限公司必须公告其财务会计报告。

3. 公司应当依法建立账簿、开立账户

公司除法定的会计账簿外,不得另立会计账簿。对公司资产,不得以任何个人名义开立账户存储。

4. 公司应当依法聘用会计师事务所对财务会计报告审查验证

公司聘用、解聘承办公司审计业务的会计师事务所,依照公司章程的规定,由股东会、股东大会或董事会决定。公司股东会、股东大会或董事会就解聘会计师事务所进行表决时,应当允许会计师事务所陈述意见。公司应当向聘用的会计师事务所提供真实、完整的会计凭证、会计账簿、财务会计报告及其他会计资料,不得拒绝、隐匿、谎报。

▶ **法条链接**

公司违反财务会计制度的法律责任

《公司法》第二百零一条 公司违反本法规定,在法定的会计账簿以外另立会计账簿的,由县级以上人民政府财政部门责令改正,处以5万元以上50万元以下的罚款。

《公司法》第二百零二条 公司在依法向有关主管部门提供的财务会计报告等材料上作虚假记载或者隐瞒重要事实的,由有关主管部门对直接负责的主管人员和其他直接责任人员处以3万元以上30万元以下的罚款。

二、公司利润分配

(一)公司利润分配顺序

根据《公司法》及《税法》等相关规定,公司应当按以下顺序进行利润分配:①弥补以前年度的亏损,但不得超过税法规定的弥补期限;②缴纳所得税;③弥补在税前利润弥补亏损之后仍存在的亏损;④提取法定公积金;⑤提取任意公积金;⑥向股东分配利润。

公司弥补亏损和提取公积金后所余税后利润,有限责任公司按照股东实缴的出资比例分配,但全体股东约定不按照出资比例分配的除外;股份有限公司按照股东持有的股份分配,但股份有限公司章程规定不按持股比例分配的除外。

公司股东会、股东大会或董事会违反规定,在公司弥补亏损和提取法定公积金之前向股东分配利润的,股东必须将违反规定分配的利润退还公司。公司持有的本公司股份不得分配利润。

(二)公积金

【以案学法3-15】 昌盛股份有限公司的注册资本为2 000万元,公司现有法定盈余公积金800万元、任意盈余公积金400万元。该公司拟将700万元公积金用以增资扩容,对此,有股东建议将法定盈余公积金、任意盈余公积金各350万元转为公司资本。

问题:股东的该建议是否符合规定? 如不符合,请说明理由并提出符合规定的建议。

公积金是公司在资本之外所保留的资金金额,又称为附加资本或准备金。

1. 公积金的种类

(1) 盈余公积金。盈余公积金是从公司税后利润中提取的公积金,分为法定盈余公积金和任意盈余公积金两种。法定盈余公积金按公司税后利润的10%提取,当公司法定盈余公积金累计额为公司注册资本的50%以上时可以不再提取。任意盈余公积金按照公司股东会或股东大会决议,从公司税后利润中提取。

(2) 资本公积金。资本公积金是直接由资本原因等形成的公积金。如股份有限公司以超过股票票面金额的发行价格发行股份所得的溢价款。

2. 公积金的用途

公司的公积金应当按照规定的用途使用。公司的公积金主要有以下用途。

(1) 弥补公司亏损。公司的亏损按国家税法规定可以用所得税前的利润弥补,超过用所得税前利润弥补期限仍未补足的亏损,可以用公司税后利润弥补;特大亏损,税后利润仍不足弥补的,可以用公司的公积金弥补。但是,资本公积金不得用于弥补公司的亏损。

（2）扩大公司生产经营。公司可以根据生产经营的需要,用公司的公积金来扩大公司的生产经营规模,增强公司实力。

（3）转增公司资本。公司为了实现增加资本的目的,可以将公积金的一部分转为资本。对用任意盈余公积金转增资本的,法律没有限制。但《公司法》规定,法定盈余公积金转为资本时,所留存的该项公积金不得少于转增前公司注册资本的25％。

第五节　公司的合并与分立、增资与减资、解散与清算

一、公司的合并与分立

【以案学法 3-16】 A公司分立为B公司和C公司。在分立过程中,B公司和C公司对A公司所欠甲、乙、丙的债务达成协议:由B公司承担甲、乙的债务,C公司承担丙的债务。后C公司因经营困难而无力承担丙的债务。于是丙向B公司进行追偿。而B公司认为,分立时已经就分立前的债务与C公司签订协议,并且其所承担的债务远远多于C公司,所以B公司拒绝承担丙的债务。

问题:

（1）本案中的分立属于哪种形式?

（2）B公司的做法是否符合规定? 请说明理由。

（一）公司合并

公司合并是指两个以上的公司依法定程序变为一个公司的行为。其形式有吸收合并和新设合并两种。吸收合并是指一个公司吸收其他公司加入本公司,被吸收的公司解散。新设合并是指两个以上公司合并设立一个新的公司,合并后各方解散。公司合并应遵循以下程序。

（1）签订合并协议。

（2）编制资产负债表及财产清单。

（3）作出合并决议。有限责任公司的股东会在公司合并作出决议时,必须经代表2/3以上表决权的股东通过;股份有限公司的股东大会在对公司合并作出决议时,必须经出席会议的股东所持表决权的2/3以上通过。

（4）通知债权人。公司应当自作出合并决议之日起10日内通知债权人,并于30日内在报纸上公告。债权人自接到通知书之日起30日内,未接到通知书的自公告之日起45日内,可以要求公司清偿债务或者提供相应的担保。

（5）依法进行登记。公司合并后,登记事项发生变更的,应当依法向公司登记机关办理变更登记;公司解散的,应当依法办理公司注销登记;设立新公司的,应当依法办理公司设立登记。

公司合并时,合并各方的债权、债务,应当由合并后存续的公司或者新设的公司承继。

（二）公司分立

公司分立是指一个公司依法分为两个或两个以上的公司。《公司法》未明确规定公司分立的形式,一般有两种:一是派生分立,即公司以其部分财产和业务另设一个新的公司,原公司存续;二是新设分立,即公司以其全部财产设立两个以上的新公司,原公司解散。

公司分立的程序与公司合并的程序基本相同,要签订分立协议,编制资产负债表及财产清单,作出分立决议,通知债权人,办理工商登记等。

公司分立前的债务由分立后的公司承担连带责任。但是,公司在分立前与债权人就债务清偿达成的书面协议另有约定的除外。

二、公司的增资与减资

有限责任公司增加注册资本时,股东认缴新增资本的出资,按《公司法》设立有限责任公司缴纳出资的有关规定执行。股份有限公司为增加注册资本发行新股时,股东认购新股,依《公司法》设立股份有限公司缴纳股款的有关规定执行。

公司需要减少注册资本时,必须编制资产负债表及财产清单。公司应当自作出减少注册资本决议之日起 10 日内通知债权人,并于 30 日内在报纸上公告。债权人自接到通知书之日起 30 日内,未接到通知书的自公告之日起 45 日内,有权要求公司清偿债务或者提供相应的担保。

公司增加或减少注册资本,应当依法向公司登记机关办理变更登记。

三、公司的解散与清算

【以案学法 3-17】 利丰公司成立于 2014 年,该公司的章程规定:本公司连续 3 年平均利润不足 5% 时,则公司解散。由于经营不善,在 2018 年年终审计时发现,公司已经连续 3 年平均利润不足 1%。2019 年 1 月 15 日,股东会会议决定解散公司。

股东会作出解散决议后,于 2019 年 2 月 10 日成立了清算组。清算组成立后,对公司财产进行了清理:公司财产总计 120 万元,欠国家税款 60 万元,欠职工工资 20 万元,欠债权人乙公司货款 80 万元。清算组的清算方案是:先把各股东的股份退回,以剩余财产对公司债务承担有限责任。

问题:

(1) 股东会能否根据公司章程的规定解散公司? 请说明理由。

(2) 成立清算组的日期是否正确? 请说明理由。

(3) 清算组的清算方案是否合法? 请说明理由。

(一)公司解散的原因

根据《公司法》规定,公司解散的原因有:①公司章程规定的营业期限届满或公司章程规定的其他解散事由出现;②股东会或股东大会决议解散;③因公司合并或分立需要解散;④依法被吊销营业执照、责令关闭或被撤销;⑤人民法院依法予以解散。

(二)公司解散时的清算

1. 成立清算组

公司解散时,应当依法进行清算。根据《公司法》的规定,公司应当在解散事由出现之日起 15 日内成立清算组。有限责任公司的清算组由股东组成,股份有限公司的清算组由董事或股东大会确定的人员组成。逾期不成立清算组进行清算的,债权人可以申请人民法院指定有关人员组成清算组进行清算。人民法院应当受理该申请,并及时组织清算组进行清算。

公司自行清算的,清算方案应当报股东会或股东大会决议确认;人民法院组织清算的,清算方案应当报人民法院确认。未经确认的清算方案,清算组不得执行。

执行未经确认的清算方案给公司或债权人造成损失,公司、股东或者债权人主张清算组成员承担赔偿责任的,人民法院应依法予以支持。

人民法院组织清算的,清算组应当自成立之日起6个月内清算完毕。因特殊情况无法在6个月内完成清算的,清算组应当向人民法院申请延长。

2. 清算工作程序

(1) 登记债权。清算组应当自成立之日起10日内通知债权人,并于60日内在报纸上公告。债权人应当自接到通知书之日起30日内,未接到通知书的自公告之日起45日内,向清算组申报其债权。在申报债权期间,清算组不得对债权人进行清偿。

(2) 清理公司财产,制订清算方案。清算方案应当报股东会、股东大会或人民法院确认。清算组在清理公司财产、编制资产负债表和财产清单后,发现公司财产不足清偿债务的,应当依法向人民法院申请宣告破产。人民法院指定的清算组在清理公司财产、编制资产负债表和财务清单时,发现公司财产不足清偿债务的,可以与债权人协商制订有关债务清偿方案。

(3) 清偿债务。公司财产在分别支付清算费用、职工的工资、社会保险费用和法定补偿金,缴纳所欠税款,清偿公司债务后的剩余财产,有限责任公司按股东的出资比例分配,股份有限公司按股东持有的股份比例分配。清算期间,公司存续,但不得开展与清算无关的经营活动。公司财产在未按上述顺序清偿前,不得分配给股东。

(4) 公告公司终止。公司清算结束后,清算组应当制作清算报告,报股东会、股东大会或人民法院确认,并报送公司登记机关,申请注销公司登记,公告公司终止。

公司未经清算即办理注销登记,导致公司无法进行清算,债权人有权要求有限责任公司的股东、股份有限公司的董事和控股股东以及公司的实际控制人对公司债务承担清偿责任。

▶ **法条链接**

发起人、股东虚假抽逃出资的法律责任

《公司法》第一百九十九条 公司的发起人、股东虚假出资,未交付或者未按期交付作为出资的货币或者非货币财产的,由公司登记机关责令改正,处以虚假出资金额5%以上15%以下的罚款。

《公司法》第二百条 公司的发起人、股东在公司成立后,抽逃其出资的,由公司登记机关责令改正,处以所抽逃出资金额5%以上15%以下的罚款。

🔍 **知识检测**

一、单项选择题

1.( )是指股东以其认缴的出资额为限对公司承担责任,公司以其全部财产对公司的债务承担责任的公司。

    A. 有限责任公司   B. 股份有限公司

    C. 无限公司   D. 两合公司

2. 根据公司法律制度的规定,下列关于分公司的表述中,不正确的有( )。

    A. 分公司没有独立的财产   B. 分公司不独立承担责任

    C. 分公司有独立的公司名称   D. 分公司可领取营业执照

3. 下列关于有限责任公司股东出资方式的表述中,符合公司法律制度规定的是(　　)。
  A. 以商誉作价出资　　　　　　　　　　B. 以劳务作价出资
  C. 以特许经营权作价出资　　　　　　　D. 以土地使用权作价出资

4. 根据《公司法》的规定,下列各项中,不属于有限责任公司监事会职权的是(　　)。
  A. 检查公司财务　　　　　　　　　　　B. 建议罢免违反公司章程的经理
  C. 提议召开临时股东会会议　　　　　　D. 解聘公司财务负责人

5. 下列关于股份有限公司设立的表述中,不符合公司法律制度规定的是(　　)。
  A. 股份有限公司采取募集设立方式设立的,注册资本为在公司登记机关登记的实收股本总额
  B. 股份有限公司可以采取发起设立或者募集设立的方式设立
  C. 股份有限公司采取发起设立方式的,发起人应当书面认足公司章程规定其认购的股份
  D. 股份有限公司发起人中须有半数以上为中国公民

6. 李元是一家(非上市)股份有限公司的董事长,依公司章程规定,其任期于2019年1月届满。由于股东间的矛盾,公司未能按期改选出新一届董事长。此后对于公司内部管理,董事间彼此推诿,李元也无心公司事务,使得公司随后的一项投资失败,损失300万元。根据公司法律制度的规定,有关本案的下列说法中,正确的是(　　)。
  A. 因已届满,李元已不再是公司的董事长
  B. 虽已届满,董事会成员仍需履行董事职务
  C. 就公司300万元损失,李元应承担全部赔偿责任
  D. 对李元的行为,公司股东有权提起股东代表诉讼

7. 股份有限公司的股东大会对公司合并作出决议时,必须经出席会议的股东所持表决权的(　　)以上通过。
  A. 1/3　　　　　　B. 2/5　　　　　　C. 2/3　　　　　　D. 1/4

8. 根据《公司法》的规定,公司解散时,应当成立清算组对公司进行清算。下列不属于清算组在清算期间行使的职权是(　　)。
  A. 吊销营业执照　　　　　　　　　　　B. 清理公司财产
  C. 通知债权人　　　　　　　　　　　　D. 代表公司参与民事诉讼活动

二、多项选择题

1. 下列各项中,能够依照公司章程的规定担任公司法定代表人的有(　　)。
  A. 董事长　　　　B. 监事会主席　　　　C. 执行董事　　　　D. 经理

2. 甲、乙、丙共同出资设立了一家有限责任公司,一年后,甲拟将其在公司的全部出资转让给丁,乙、丙不同意,下列解决方案中,符合《公司法》规定的有(　　)。
  A. 由乙或丙购买甲拟转让给丁的出资
  B. 乙和丙共同购买甲拟转让给丁的出资
  C. 乙和丙均不愿意购买,甲无权将出资转让给丁
  D. 乙和丙均不愿意购买,甲有权将出资转让给丁

3. 甲股份有限公司拟成立监事会,按照《公司法》规定,下列人员中不能担任监事的是(　　)。

A. 公司董事长张某　　　　　　　　B. 公司聘任的副经理刘某

C. 公司聘任的财务负责人王某　　　D. 公司高级管理人陈某

4. 盛鑫有限责任公司注册资本120万元,股东人数9人,董事会成员5人,监事会成员5人。股东一次交清出资,该公司章程对股东表决权行使事项未作特别规定。根据《公司法》的规定,该公司出现的下列情形中,属于应当召开临时股东会的有(　　)。

A. 出资20万元的某股东提议召开

B. 公司未弥补的亏损达到40万元

C. 2名董事提议召开

D. 2名监事提议召开

5. 根据公司法律制度的规定,下列各项中,属于公司减少注册资本时应当执行的程序有(　　)。

A. 办理工商变更登记　　　　　　　B. 通知债权人并公告

C. 编制资产负债表　　　　　　　　D. 编制财产清单

6. 根据公司法律制度的规定,下列各项中,应当在提取法定公积金之前实施的有(　　)。

A. 向股东分配利润　　　　　　　　B. 缴纳企业所得税

C. 提取任意公积金　　　　　　　　D. 弥补以前年度亏损

7. 因公司章程所规定的营业期限届满,茂陵有限责任公司进入清算程序。根据公司法律制度的规定,下列有关该公司清算的说法中,不正确的有(　　)。

A. 在公司逾期不成立清算组时,公司股东可直接申请法院指定组成清算组

B. 公司在清算期间,由清算组代表公司参加民事诉讼

C. 债权人未在规定期限内申报债权的,则不再清偿

D. 法院指定清算的,清算方案报法院备案后,清算组即可执行

三、判断题

1. 根据公司在控制与被控制关系中所处地位的不同,可分为总公司与分公司。(　　)

2. 有限责任公司的股东之间相互转让其全部或部分股权,应当经其他股东过半数同意。(　　)

3. 股份有限公司创立大会的召开必须有代表股份总数2/3以上的认股人出席。(　　)

4. 股份有限公司股东大会作出修改公司章程的决议,必须经出席会议的2/3以上的股东通过。(　　)

5. 某公司的注册资本为人民币5 000万元,法定公积金累计为1 250万元,该公司可不再提法定公积金。(　　)

6. 公司分立前的债务由分立后的公司承担连带责任,但公司在分立前与债权人就债务清偿达成的书面协议另有约定的除外。(　　)

📓 以法论案

案例一　有限责任公司章程、组织机构决议

甲、乙、丙、丁共同出资设立尚城有限责任公司,拟订的公司章程部分内容如下:公司除每年召开1次会议外,还可以召开临时会议,临时会议须经代表1/2以上表决权的股东或

1/2 以上董事会提议召开。在申请设立登记时,公司登记机关指出了公司章程中存在的问题,经全体股东协商后予以纠正。2017 年 8 月,尚城公司依法成立,注册资本为 3 600 万元,其中,甲以工业产权作价出资 800 万元,乙以现金出资 1 200 万元,丙、丁各以现金出资 800 万元。公司成立后,由甲召集和主持了股东会首次会议,设立了董事会。2017 年 10 月,尚城公司董事发现,甲作为出资的工业产权实际价额仅为 600 万元,为了使公司注册资本达到 3 600 万元,公司董事会提出解决方案,即由甲补足其差额 200 万元,如果甲不能补足,则由其他股东按照出资比例分担该差额。2018 年 5 月,尚城公司董事会制订了一个增资方案,方案提出将公司注册资本增到 5 000 万元,增资方案提交股东会表决时,甲、乙、丙同意,丁不同意。股东会通过了增资决议,并授权董事会执行。2019 年 5 月,尚城公司在广州依法成立了广州子公司。广州子公司在经营过程中,因违反合同约定被诉至法院,原告以尚城公司是广州子公司的母公司为由,要求尚城公司承担违约责任。

讨论:

1. 指出尚城公司拟订的公司章程内容、首次股东会的召集和主持、关于甲出资不足的解决方案、增资决议的表决是否符合《公司法》的规定,并说明理由。

2. 尚城公司是否应为广州子公司承担责任?请说明理由。

案例二　股份有限公司股东大会

甲股份有限公司董事会于 2019 年 4 月 1 日发布公告,甲公司将于 5 月 18 日召开股东大会年会。根据董事会的公告,除例行事项提交本次股东大会年会审议外,还将就下列事项提交本次股东大会以普通决议方式通过:选举和更换 2 名独立董事,修改公司章程。2019 年 5 月 10 日,持有甲公司 4% 股份的 A 企业向董事会提交了临时提案,董事会于 5 月 15 日通知了其他股东,并将该临时提案提交股东大会审议。在 2019 年 5 月 18 日召开的股东大会上,除通过了上述提案外,还根据控股股东 B 企业的提议,临时增加了一项增加注册资本的提案,并经出席股东大会的股东所持表决权的 2/3 以上通过。本次股东大会的会议记录,由出席会议的董事和列席会议的监事签名后存档。

讨论:甲公司召开股东大会的过程中存在哪些不符合规定之处?请说明理由。

案例三　股份有限公司董事会

某股份有限公司于 2019 年 3 月 29 日召开董事会会议,本次会议的召开情况如下:公司董事会由 7 名董事组成。出席本次会议的董事有赵某、钱某、孙某、李某;董事周某、吴某、郑某因事不能出席会议,其中,周某电话委托董事赵某代为出席会议并表决,吴某委托董事会秘书王某代为出席会议并表决。根据总经理提名、出席本次会议的董事讨论并一致同意,聘任冯某为公司财务负责人,并决定给予冯某年薪 10 万元;董事会会议讨论通过了公司内部机构设置的方案,表决时,董事钱某反对,其他董事表示同意。本次董事会会议记录,由出席董事会会议的全体董事和列席会议的监事签名后存档。

讨论:

1. 出席本次董事会会议的董事人数是否符合规定?董事周某、吴某委托他人出席本次董事会会议是否有效?请分别说明理由。

2. 董事会通过的两项决议是否符合规定?请分别说明理由。

3. 指出本次会议召开及所作决议中的不规范之处,并说明理由。

第四章　破产法律制度

知识导航

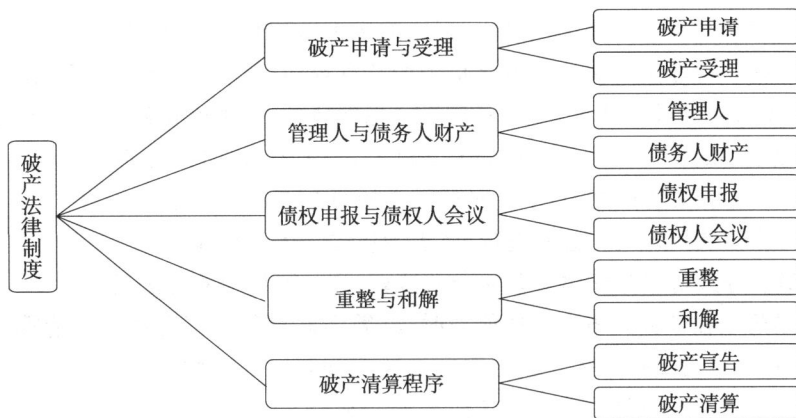

案例导入

桂林广维文华旅游文化产业有限公司破产重整案。

（1）基本案情。桂林广维文华旅游文化产业有限公司（以下简称广维公司）拥有全球第一部山水实景演出、广西旅游活名片、阳朔旅游晴雨表的《印象·刘三姐》剧目。该公司为股东及其关联控制人代偿或担保债务涉及总额超过 15 亿元，导致不能清偿到期债务且资不抵债，据此提出破产重整申请。

（2）审理情况。2017 年 8 月 15 日，广西壮族自治区高级人民法院（以下简称广西高院）裁定受理本案并指定管理人。管理人采取邀请招标方式并经公开开标，从缴纳投标保证金、具体重整方案的细化可行性情况确定北京天创文投演艺有限公司（以下简称"文投公司"）以7.5 亿元出资额成为重整投资方。2017 年 11 月 8 日，第一次债权人会议召开，重整计划草案确定相关债权数额并将出资人权益调整为零，明确文投公司义务。享有担保权的债权组，代表债权金额 275 892 800.36 元，表决通过该草案；普通债权组过半数同意，代表债权金额761 128 974.33 元，占该组债权总额的 77.30%，超过 2/3 以上；出资人组表决未通过该草案。2017 年 12 月 4 日，广西高院裁定批准重整计划草案，终止重整程序。2018 年 1 月，文投公司出资资金到位；1 月 26 日，广西高院裁定确认柳州银行股份有限公司等 15 位债权人债权共计 1 469 526 673.18 元，其受偿金额分配共计 589 207 646.36 元；2 月中旬，文投公司完成股权过户。

（3）典型意义。本案系全国首个直接由高级法院受理的破产重整案件。由于考虑到公司经营项目为国际知名大型实景《印象·刘三姐》剧目,对广西旅游业、地方经济影响较大,且公司所有资产被国内、区内数十家法院查封,涉及职工人数众多且成分复杂等情况,广西高院依据我国《企业破产法》第四条、《民事诉讼法》第三十八条第一款之规定,将本案作为全区重大有影响案件裁定立案受理。为确保《印象·刘三姐》剧目演出不受破产重整影响,本案实行演出相关业务自行经营、管理人监督、法院总协调的模式,确保重整期间公司正常经营,各项收入不减反增。该案历经3个月21天顺利终结并进入重整计划执行阶段,广维公司摆脱债务困境重焕活力,确保800多名演职人员的就业机会,也解决了关联公司548名职工的安置问题,相关产业通过《印象·刘三姐》项目实现升级改造,推动了地方经济发展。

请思考:该案例体现了破产法律制度的哪些条款及立法精神?

破产是指对丧失清偿能力的债务人,经法院审理,强制清算其全部财产,公平、有序地清偿全体债权人的法律制度。破产一般是指破产清算程序,但在谈及破产法律制度时,通常是从广义理解,不仅包括破产清算制度,还包括以挽救债务人、避免其破产为主要目的的重整、和解等法律制度。破产清算是破产法的基本制度,与民事执行制度相比,具有以下特征:

（1）债务人已丧失清偿能力,不能对债权人履行全部清偿义务;

（2）是为全体债权人的利益而进行,属于债权的集体清偿程序;

（3）是对债务人财产等法律关系的全面清算,是一种特殊的诉讼程序。

破产法是规定在债务人丧失清偿能力时,法院强制对其全部财产进行清算分配,公平、有序清偿债权人,或通过债务人与债权人会议达成和解协议清偿债务,或进行企业重整,避免债务人破产的法律规范的总称。破产法有狭义和广义之分。狭义的破产法特指2006年8月27日第十届全国人大第二十三次会议审议通过,并于次年6月1日起施行的《中华人民共和国企业破产法》(以下简称《企业破产法》),共十二章136条。广义的破产法还包括其他有关破产的法律法规、行政规章、司法解释及散见于其他立法中的调整破产关系的法律规范,如最高人民法院2017年发布的《最高人民法院关于执行案件移送破产审查若干问题的指导意见》;《合伙企业法》《公司法》《商业银行法》《保险法》等立法中有关破产的规定等。

2016年最高人民法院开通了"全国企业破产重整案件信息网",用于企业破产重整案件信息的发布,并作为法官、管理人的破产工作平台。

现代意义上的破产法均由破产清算制度与挽救债务人的和解、重整等制度两方面的法律构成。

《企业破产法》适用于所有的企业法人,对债务人在中国领域外的财产发生效力。个人独资企业、合伙企业、农民专业合作社、民办学校的清算,可参照适用该法规定的程序进行。破产案件审理程序,《企业破产法》没有规定的,适用民事诉讼法的有关规定。

第一节　破产申请与受理

一、破产申请

【以案学法4-1】　广州市白云区A贸易有限责任公司于2018年4月由居住于天河区的张三和居住于海珠区的李四分别投资10万元和30万元成立。公司成立后,张三和李四不断扩大规模,吸引顾客,并扩展海外市场。他们以公司名义分别向天河区工商银行、海珠区中国银行贷款1 000万元购置办公设备,打广告做宣传。该公司分别于2018年11月和12月与位于智利的B公司签订了200万元和300万元的服装批发订单,并定于2019年5月发货。然而,天有不测风云,4月,B公司因当地发生泥石流损失惨重,使其与A贸易公司的合同无法履行,而A贸易公司因投入该订单的服装生产资金太多,而生产的服装在国内又无路销售,致使公司因资金周转困难而陷入困境并呈持续状态。

问题:谁有资格对该公司进行破产申请?应向哪家法院申请?

企业法人不能清偿到期债务,且资产不足以清偿全部债务或明显缺乏清偿能力的,相关当事人可以向人民法院提出宣告债务人破产的请求,即破产申请。破产申请是破产申请人请求法院受理破产案件的意思表示,它不是破产程序开始的标志,而是破产程序开始的条件。

(一)破产申请的当事人

1. 债务人

债务人发生破产原因,可以向法院提出重整、和解或破产清算的申请。

2. 债权人

根据《企业破产法》的规定,债务人不能清偿到期债务,债权人可以向人民法院提出对债务人进行重整或者破产清算的申请,即债权人申请债务人破产的条件是"债务人不能清偿到期债务",但法律并不要求债权人在提出破产申请时对债务人的破产原因加以证明。

对破产人的特定财产享有担保权的债权人同样享有破产申请权;税务机关和社会保险机构只享有对债务人的破产清算申请权,但不享有重整申请权;破产企业的职工作为债权人可以申请债务人企业破产,但职工提出破产申请应经职工代表大会或全体职工会议通过。

3. 清算组

清算组在清理公司财产、编制资产负债表和财产清单后,发现公司财产不足以清偿债务的,应当依法向人民法院申请宣告破产。

4. 其他可以提出破产申请的当事人

商业银行、证券公司、保险公司等金融机构具备破产原因的,国务院金融监督管理机构可以向法院提出对该金融机构进行重整或者破产清算的申请。

(二)破产案件的管辖与破产申请的撤回

根据规定,破产案件的地域管辖由债务人住所地(主要办事机构所在地)人民法院管辖。破产案件的级别管辖依破产企业的工商登记情况确定;必要时,可在上下级法院之间移转。在人民法院"受理"破产申请前,申请人可以请求撤回申请。

(三)当事人提出破产申请时的举证责任

当事人向人民法院提出破产申请,应提交破产申请书和有关证据。破产申请书应当载明下列事项:

(1)申请人、被申请人的基本情况;

(2)申请目的;

(3)申请的事实和理由;

(4)人民法院认为应当载明的其他事项。

债务人提出申请的,还应当向人民法院提交企业财产状况说明、债务清册、债权清册、有关财务会计报告、职工安置预案及职工工资的支付和社会保险费用的缴纳情况等。

二、破产受理

破产案件的受理是指人民法院就破产申请进行审查后,对其中符合法定申请条件和要求的案件予以立案的行为。法院裁定受理破产申请,是破产程序开始的标志。

(一)破产申请的受理时限

1. 债务人和依法负有清算责任的人申请的受理时限

人民法院应当自收到破产申请之日起 15 日内裁定是否受理。有特殊情况需要延长受理案件期限的,经上一级法院批准,可以延长 15 日。人民法院裁定受理破产申请的,应将裁定自作出之日起 5 日内送达申请人。

2. 债权人申请的受理时限

债权人提出破产申请的,人民法院应当自收到申请之日起 5 日内通知债务人。债务人对申请有异议的,应当自收到人民法院的通知之日起 7 日内向人民法院提出并提交相关的证明材料。人民法院应当自异议期满之日起 10 日内裁定是否受理,人民法院应当自裁定作出之日起 5 日内送达债务人;债务人应当自裁定送达之日起 15 日内,向法院提交财产状况说明、债务清册、债权清册、有关财务会计报告及职工工资的支付和社会保险费用的缴纳情况。

人民法院裁定受理破产申请的,应当同时指定管理人,在裁定受理破产申请之日起 25 日内通知已知债权人,并予以公告。

(二)破产申请人可以上诉的情形

1. 不予受理

人民法院裁定不受理破产申请的,应将裁定自作出之日起 5 日内送达申请人并说明理由。申请人对裁定不服的,可以自裁定送达之日起 10 日内向上一级人民法院提起上诉。

2. 驳回申请

人民法院受理破产申请后至破产宣告前,经审查发现案件受理时债务人未发生破产原因的,可以裁定驳回申请,申请人对"驳回申请"的裁定不服的,可以自裁定送达之日起 10 日内向上一级人民法院提起上诉。

在整个破产程序中,当事人对人民法院的其他裁定不服的,不能提起上诉。

(三)破产申请受理的效力

【以案学法 4-2】 荣昌公司于 2018 年 12 月 15 日被债权人 A 公司申请破产,广州市白云区人民法院于 12 月 20 日受理了此案,并于同年 12 月 25 日指定管理人接管了该公司,查明下列情况:①荣昌公司欠西友公司 2018 年 10 月 15 日到期货款 50 万元,于 2018 年 12 月 23 日清偿了其中的 30 万元;②荣昌公司欠佛山华天公司 2018 年 9 月 10 日到期货款 120 万元,华天公司经多次催要无效后,于 2018 年 11 月 12 日起诉至佛山市南海区人民法院,广州市白云区人民法院受理荣昌公司破产申请时,此案正在审理中;③荣昌公司欠东海公司 2018 年 10 月 6 日到期货款 90 万元。2018 年 12 月 5 日,东海公司拟向其所在地广州市海珠区人民法院起诉,要求荣昌公司偿还欠款,白云区人民法院受理荣昌公司破产申请后,海珠区人民法院尚未决定是否受理本案。

问题：

（1）荣昌公司于2018年12月23日清偿西友公司的30万元的做法对吗？

（2）华天公司对荣昌公司的起诉有效吗？

（3）广州市海珠区人民法院能否受理东海公司对荣昌公司的民事诉讼？

1. 债务人的有关人员的义务

债务人的有关人员是指企业的法定代表人,经人民法院决定,可以包括企业的财务管理人员和其他经营管理人员,如企业的董事、监事、经理、财务总监等。自人民法院受理破产申请的裁定送达债务人之日起至破产程序终结之日,债务人的有关人员应承担下列义务：

（1）妥善保管其占有和管理的财产、印章和账簿、文书等资料；

（2）根据人民法院、管理人的要求进行工作,并如实回答询问；

（3）列席债权人会议并如实回答债权人的询问；

（4）未经人民法院许可,不得离开住所地；

（5）不得新任其他企业的董事、监事、高级管理人员。

2. 对债务人的法律后果

人民法院受理破产申请后,债务人对个别债权人的债务清偿无效；有关债务人财产的保全措施应当解除,执行程序应当中止；已经开始而尚未终结的有关债务人的民事诉讼或者仲裁应当中止,在管理人接管债务人的财产后,该诉讼或者仲裁继续进行；有关债务人的民事诉讼,只能向受理破产申请的人民法院提起。

3. 对尚未履行的合同的法律后果

（1）尚未履行的一般合同。人民法院受理破产申请后,管理人对破产申请受理前成立而债务人和对方当事人均未履行完毕的合同有权决定解除或者继续履行,并通知对方当事人。

① 继续履行。因管理人请求对方当事人履行双方均未履行完毕的合同所产生的债务,属于共益债务,其清偿顺序优先于普通债权,因此,在第一次债权人会议召开前,管理人决定继续履行双方均未履行完毕的合同的,应当征得人民法院的许可。

② 解除合同。管理人决定继续履行合同的,对方当事人应当履行,但有权要求管理人提供担保；管理人不提供担保的,视为解除合同。管理人自破产申请受理之日起2个月内未通知对方当事人,或自收到对方当事人催告之日起30日内未答复的,视为解除合同。但此后如果双方均自愿履行的,合同仍可继续履行。

（2）尚未履行的特殊合同分为以下几种情况：

① 对于破产企业为他人提供担保的合同,管理人无权选择解除合同。

② 对于破产企业对外出租不动产的合同,管理人未得到对方同意不得任意解除合同。

③ 保险公司破产时,对尚未履行完毕的保险合同特别是寿险合同,管理人无权予以解除。

④ 对于金融衍生品交易的合同,在企业进入破产程序时要提前终止,进行净额结算,管理人无权选择继续履行合同。

4. 对债务人的债务人或者财产持有人的法律后果

法院受理破产申请后,债务人的债务人或财产持有人应向管理人清偿债务或交付财产。

如果当事人故意违反法律规定向债务人清偿债务或者交付财产,使债权人受到损失的,不免除其清偿债务或交付财产的义务。通常,以债务人的债务人或财产持有人接到法院向其发出的通知或法院向社会发布的公告为标准,判断当事人是否明知或应知破产案件已受理。

▶ **法条链接**

企业管理人员的法律责任

《企业破产法》第一百二十五条　企业董事、监事或者高级管理人员违反忠实义务、勤勉义务,致使所在企业破产的,依法承担民事责任。有前款规定情形的人员,自破产程序终结之日起 3 年内不得担任任何企业的董事、监事、高级管理人员。

第二节　管理人与债务人财产

一、管理人

管理人是指破产案件受理后成立的,全面接管破产企业并负责破产财产的保管、清理、估价、处理和分配等破产清算事务的专门机构或人员。《企业破产法》规定,管理人的工作自案件受理开始,横贯破产清算、和解与重整三个程序,即广义管理人概念。

(一) 管理人的指定与资格

【**以案学法 4-3**】　A 企业因经营不善导致资不抵债,于 2019 年 6 月 20 日向法院提出破产申请,人民法院同意其申请。企业为了节约资金请公司员工甲作为本公司的破产管理人。

问题:该公司的做法是否正确? 请说明理由。

1. 管理人的指定

(1) 管理人由人民法院指定;债权人会议可申请法院予以更换。

(2) 人民法院指定社会中介机构或清算组担任管理人的,应同时根据中介机构或清算组的推荐,指定管理人负责人。中介机构或清算组需要更换管理人负责人的,应向法院申请。

(3) 管理人的报酬由法院确定;债权人会议对其报酬有异议的,有权向法院提出。

(4) 管理人向人民法院报告工作,并接受债权人会议和债权人委员会的监督。

(5) 管理人应列席债权人会议,向债权人会议报告职务执行情况,并回答咨询。

(6) 管理人没有正当理由不得辞去职务,如辞去职务应当经人民法院许可。

(7) 管理人未依法勤勉尽职、忠实执行职务的,法院可以依法处以罚款;给债权人、债务人或第三人造成损失的,依法承担赔偿责任。

2. 管理人的资格

管理人可以由有关部门、机构的人员组成的清算组或依法设立的律师事务所、会计师事务所、破产清算事务所等社会中介机构担任。有下列情形之一的,不得担任管理人:

(1) 因故意犯罪受过刑事处罚;

(2) 曾被吊销相关专业执业证书;

(3) 与本案有利害关系;

（4）人民法院认为不宜担任管理人的其他情形。

另外,对于事实清楚、债权债务关系简单、债务人财产相对集中的企业破产案件,人民法院可以指定管理人名册中的个人为管理人。

（二）管理人的职责

（1）接管债务人的财产、印章和账簿、文书等资料;

（2）调查债务人的财产状况,制作财产状况报告;

（3）决定债务人的内部管理事务;

（4）决定债务人的日常开支和其他必要开支;

（5）在第一次债权人会议召开之前,决定继续或者停止债务人的营业;

（6）管理和处分债务人的财产;

（7）代表债务人参加诉讼、仲裁或者其他法律程序;

（8）提议召开债权人会议;

（9）人民法院认为管理人应当履行的其他职责。

▶ **法条链接**
有利害关系的情形认定

《最高人民法院〈关于审理企业破产案件指定管理人的规定〉》第二十三条 社会中介机构、清算组成员有下列情形之一,可能影响其忠实履行管理人职责的,人民法院可以认定为企业破产法第二十四条第三款第三项规定的利害关系:①与债务人、债权人有未了结的债权债务关系;②在人民法院受理破产申请前3年内,曾为债务人提供相对固定的中介服务;③现在是或者在人民法院受理破产申请前3年内曾经是债务人、债权人的控股股东或者实际控制人;④现在担任或者在人民法院受理破产申请前3年内曾经担任债务人、债权人的财务顾问、法律顾问;⑤人民法院认为可能影响其忠实履行管理人职责的其他情形。

《最高人民法院〈关于审理企业破产案件指定管理人的规定〉》第二十四条 清算组成员的派出人员、社会中介机构的派出人员、个人管理人有下列情形之一,可能影响其忠实履行管理人职责的,可以认定为企业破产法第二十四条第三款第三项规定的利害关系:①具有本规定第二十三条规定的情形;②现在担任或者在人民法院受理破产申请前3年内曾经担任债务人、债权人的董事、监事、高级管理人员;③与债权人或者债务人的控股股东、董事、监事、高级管理人员存在夫妻、直系血亲、三代以内旁系血亲或者近姻亲关系;④人民法院认为可能影响其公正履行管理人职责的其他情形。

二、债务人财产

根据《企业破产法》第三十条规定:债务人财产包括申请受理时属于债务人的全部财产,以及破产申请受理后至破产程序终结前债务人取得的财产。

（一）撤销权与无效行为

【以案学法4-4】 甲公司因经营管理不善不能清偿到期债务,2019年6月21日被其债权人乙公司申请破产,人民法院于同年6月28日裁定受理该破产申请,在破产程序进行中,乙公司向管理人提供了甲在上年度8月放弃拥有的对其控股公司丙的20万元债权的证据。

问题: 管理人能否请求人民法院撤销甲公司放弃 20 万元债权的行为? 为什么?

1. 撤销权

(1) 1 年。人民法院受理破产申请前 1 年内,涉及债务人财产的下列行为,管理人有权请求人民法院予以撤销:①无偿转让财产的;②以明显不合理的价格进行交易的;③对没有财产担保的债务提供财产担保的;④对未到期的债务提前清偿的;⑤放弃债权的。

(2) 6 个月。人民法院受理破产申请前 6 个月内,债务人不能清偿到期债务,且资产不足以清偿全部债务或明显缺乏清偿能力,仍对个别无财产担保债权人进行清偿的,管理人有权要求法院予以撤销,但个别清偿使债务人财产受益的除外。债务人为维系正常生产的需要支付的水费、电费、购买原材料价款等,管理人请求撤销的,法院应不予支持。

2. 债务人的无效行为

涉及债务人财产的下列行为无效:

(1) 为逃避债务而隐匿、转移财产的;

(2) 虚构债务或者承认不真实的债务的。

在破产程序终结之日起 2 年内,债权人可以行使破产撤销权或针对债务人的无效行为而追回财产。在此期间追回的财产,应按照破产财产分配方案,对全体债权人进行追加分配。破产程序终结之日起 2 年后追回的财产则用于对追回财产的债权人个别清偿。

(二) 取回权

【以案学法 4-5】 2018 年 10 月甲企业向乙企业租赁一套价值 100 万元的设备,租赁合同部分内容如下:租期为 10 年,租金每年年末支付一次,每次 10 万元。第一次租金支付后 30 日内发货。后甲企业按约于 2018 年 12 月 30 日支付第一次租赁款,乙企业于 2019 年 1 月 20 日发货。2019 年 1 月 25 日甲企业被债权人申请宣告破产,人民法院于 1 月 30 日受理了申请,而乙企业发出的设备尚未到达指定的交货地点。

问题: 乙企业是否可以提前要求取回该套设备?请说明理由。

1. 一般取回权

(1) 一般规定。人民法院受理破产申请后,债务人占有的不属于债务人的财产,该财产的权利人可以通过管理人取回,此为一般取回权。实践中,作为一般取回权的财产主要有:定作人取回定作物、托运人取回托运物、出租人收回出租物、寄存人或存货人取回寄存物或仓储物、信托人取回信托财产等。

(2) 破产前已灭失或被债务人转让。一般取回权的行使通常只限于取回原物。如在破产案件受理前,原物已被债务人卖出或灭失,取回权随之消灭,只能以物价即直接损失额作为普通破产债权要求清偿。但如果转让其财产的对待给付财产尚未支付或存在补偿金,该财产的权利人有权取回代偿物,即代偿取回权。如甲公司将价值 100 万元的设备出租给乙公司,承租人乙破产。如果该设备在破产案件受理前灭失,则甲公司的取回权消灭,甲只能以其直接损失 100 万元申报普通破产债权。但如因设备灭失获得保险赔偿 70 万元,则 70 万元应全部归甲所有,另外的 30 万元甲再申报普通破产债权。

(3) 破产后管理人不得不卖。如果管理人占有他人的财产不及时变现其价值将严重贬损或是鲜活易腐等不易保管的财产,为了保全财产价值,在权利人主张行使取回权前,管理人可将该财产及时变价并提存变价款,该财产的权利人可就该变价款主张行使取回权。

（4）破产后被管理人误卖。在接管债务人财产后，如果管理人误将他人享有取回权的财产转让，受让人又符合善意取得的条件，则受让人基于善意取得制度可依法取回。

2. 出卖人的取回权

人民法院受理破产申请时，出卖人已将买卖标的物向作为买受人的债务人发运，债务人尚未收到且未付清全部价款的，出卖人可以取回在运途中的标的物。但是，管理人可以支付全部价款，请求出卖人交付标的物。

（三）抵销权

【以案学法 4-6】 ①甲公司欠乙公司 100 万元，乙公司欠丙公司 130 万元，法院受理乙公司破产申请后，甲公司以 20 万元的价格取得了丙公司 130 万元的债权。②甲公司欠乙公司 100 万元，乙公司知道甲公司即将破产，于是从甲公司处赊购价值 100 万元的设备，5 个月后，甲公司被提出破产申请。③丙公司欠乙公司 100 万元借款，丙公司知道乙公司即将破产，于是向乙公司销售 100 万元的设备。3 个月后，乙公司提出破产申请。

问题：上述三个案例中的甲公司、乙公司、丙公司能行使抵销权吗？请说明理由。

抵销权是指债权人在破产申请受理前对债务人负有债务的，无论是否已到清偿期限、标的是否相同，均可以向管理人主张抵销。但有下列情形之一的，不得抵销：

（1）债务人的债务人在破产申请受理后取得他人对债务人的债权的。

（2）债权人已知债务人有不能清偿到期债务或者破产申请的事实，对债务人负担债务的；但是，债权人因为法律规定或者有破产申请 1 年前所发生的原因而负担债务的除外。

（3）债务人的债务人已知债务人有不能清偿到期债务或者破产申请的事实，仍对债务人取得债权的；但是，债务人的债务人因为法律规定或者有破产申请 1 年前所发生的原因而取得债权的除外。

（4）股东的破产债权，不得与其欠付的注册资本金相抵销。

（四）破产费用和共益债务

【以案学法 4-7】 2019 年 5 月 1 日，人民法院裁定受理甲公司的破产申请并指定管理人。在 7 月 1 日召开的第一次债权人会议上，管理人将债务人的相关情况汇报如下：①全部财产变现价值为 2 000 万元。其中包括：甲公司综合办公楼价值 800 万元，已用于对所欠乙企业 500 万元货款的抵押担保，货款尚未支付。②欠发职工工资、社会保险费用 200 万元，欠缴税款 100 万元。③管理人于 6 月 15 日解除了甲公司与丙公司所签的一份买卖合同，给丙公司造成了 120 万元的经济损失。④人民法院的诉讼费用 30 万元，管理人报酬 20 万元，为继续营业而支付的职工工资及社会保险费用 40 万元。

问题：哪些属于破产企业的破产费用？哪些属于共益债务？

1. 破产费用

破产费用是在破产程序中为全体债权人共同利益，因程序进行而支付的各项费用的总称。人民法院在受理破产申请后发生的下列费用，为破产费用：

（1）破产案件的诉讼费用。

（2）管理、变价和分配债务人财产的费用。

（3）管理人执行职务的费用、报酬和聘用工作人员的费用。

2. 共益债务

共益债务是指在破产程序中发生的应由债务人财产负担的债务的总称,包括:

(1) 因管理人或者债务人请求对方当事人履行双方均未履行完毕的合同所产生的债务;

(2) 债务人财产受无因管理所产生的债务;

(3) 因债务人不当得利所产生的债务;

(4) 为债务人继续营业而应支付的劳动报酬和社会保险费用以及由此产生的其他债务;

(5) 管理人或相关人员执行职务致人损害所产生的债务;

(6) 在破产程序中,债务人财产致人损害所产生的债务。

3. 破产费用和共益债务的清偿

破产费用和共益债务都是为债权人的公共利益而发生的;都应当从债务人的财产中优先偿付。但二者也有区别:①破产费用为管理、变价和分配债务人财产而必须支出的"成本性"费用;②共益债务是管理人执行破产程序中因合同、侵权、无因管理和不当得利等民事行为而使债务人承担的债务。破产费用和共益债务由债务人财产随时清偿。债务人财产不足以清偿所有破产费用和共益债务的,先清偿破产费用;债务人财产不足以清偿所有破产费用和共益债务的,按比例清偿。如果债务人财产不足以支付破产费用并经法院确认属实后,应受理破产案件,并作出破产宣告,同时作出终结破产程序的裁定,而不应拒绝受理破产案件。

▶ 法条链接

管理人与债务人违反破产法的法律责任

《企业破产法》第一百二十七条　债务人违反本法规定,拒不向人民法院提交或者提交不真实的财产状况说明、债务清册、债权清册、有关财务会计报告以及职工工资的支付情况和社会保险费用的缴纳情况;拒不向管理人移交财产、印章和账簿、文书等资料的,或者伪造、销毁有关财产证据材料而使财产状况不明的,人民法院可以对直接责任人员依法处以罚款。

《企业破产法》第一百三十条　管理人未依照本法规定勤勉尽责,忠实执行职务的,人民法院可以依法处以罚款;给债权人、债务人或者第三人造成损失的,依法承担赔偿责任。

第三节　债权申报与债权人会议

一、债权申报

【以案学法4-8】　某酒店于2019年3月1日与A旅行社签订一份合同,约定2019年A旅行社带团出游的客人将都会到该酒店入住,该酒店也约定将会给予该旅行社一定的优惠条件。合同约定,如果在此期间任何一方违约将支付对方20万元的违约金。2019年4月5日,该酒店经理李某以酒店的名义向B公司借用一辆价值10万元的小轿车供亲属使用,并提出使用期限为2个月。然而,就在这段时间,酒店却因经营不善而无法持续下去,酒店债权人于2019年4月15日向法院提出申请,要求该酒店破产。法院经审查后,认为符合破产申请条件,于2019年4月20日受理此案并于4月27日发布公告。

问题：本案例中的 A 旅行社、B 公司有权向人民法院申报债权吗？对申报期限有何规定？

债权申报是债权人在破产申请受理后依照法定程序主张并证明其债权，以便参加破产程序的法律行为。

（一）债权申报的期限

人民法院受理破产申请后，应当确定债权人申报债权的期限。债权申报期限自法院发布受理破产申请公告之日起计算，最短不得少于 30 日，最长不得超过 3 个月。人民法院对于申报的债权，应指派专人进行登记造册。申报的债权，须经债权人会议审查确认方为确定。

在法院确定的债权申报期限内，债权人未申报的，可以在破产财产最后分配前（破产财产分配方案、重整计划或和解协议草案提交债权人会议表决前）补充申报。但是，此前已进行的分配，不再对其补充分配。

（二）债权申报的要求

破产债权是指破产申请受理时对债务人享有的债权。在债权申报时，应注意以下要求。

（1）债权人申报债权时，应当书面说明债权的数额和有无财产担保，并提交有关证据。申报的债权是连带债权的，应当说明。连带债权人可以由其中一人代表全体连带债权人申报债权，也可以共同申报债权。

（2）未到期的债权，在破产申请受理时视为到期。附利息的债权自破产申请受理时停止计息。无利息的债权，无论是否到期均以本金申报债权。附条件、附期限的债权和诉讼、仲裁未决的债权，债权人也可以申报。

（3）税收债权、社会保障债权以及对债务人特定财产享有担保权的债权均需依法申报。

（4）管理人解除双方均未履行完毕的合同，对方当事人以因合同解除所产生的损害赔偿请求权申报债权。申报的债权以实际损失为限，违约金不得作为破产债权申报。

管理人应当对申报的债权进行审查，并编制债权表，提交第一次债权人会议核查。债务人、债权人等对债权表记载的债权无异议的，由人民法院裁定确认；有异议的，可以向受理破产申请的人民法院提起诉讼。

◆ 知识链接

不必申报的债权——职工债权

债务人所欠职工的工资和医疗、伤残补助、抚恤费用，所欠的应划入职工个人账户的基本养老及医疗保险费及应支付的补偿金等，不必申报。由管理人调查后列出清单公示。职工对清单记载有异议的，可要求管理人更正；管理人不予更正的，职工可向法院提起债权确认诉讼。

（三）被保证人与保证人破产中的债权申报

【以案学法 4-9】 甲公司向 A 银行贷款 100 万元（均不考虑利息，下同），乙公司为连带保证人。债务人甲公司破产，进入债权申报环节，假设清偿率为 20%。

问题：

（1）如果乙公司已替甲公司清偿了 A 银行的 100 万元债务，乙公司如何维护自己的权利？

(2) 如果乙公司尚未履行保证责任,此时 A 银行应如何主张自己的债权?

(3) 假设该案中的破产人是保证人乙公司,A 银行又应如何主张自己的债权?

1. 债务人(被保证人)破产

(1) 连带保证。法院受理债务人破产案件后,对负有连带责任的保证人,债权人有权直接要求保证人承担保证责任,也可以首先向进入破产程序的债务人追偿,然后再以未受清偿的余额向保证人追偿(最迟在破产程序终结之日起 6 个月内提出)。债务人的保证人已经替债务人清偿债务的,以其对债务人的求偿权申报债权。债务人的保证人尚未替债务人清偿债务的,以其对债务人将来求偿权申报债权。但是,债权人已经向管理人申报全部债权的除外。债权人知道或应当知道债务人破产,既未申报债权也未通知保证人,致使保证人不能预先行使追偿权的,保证人在该债权在破产程序中可能受偿的范围内免除保证责任。

(2) 一般保证。人民法院受理债务人破产案件,中止执行程序的,一般保证人不得行使先诉抗辩权。因此,债权人可以直接向一般保证人追偿。破产案件受理时主债务未到期的,一般保证人并无提前履行保证责任的义务,仍应按照原保证合同的约定承担保证责任。

2. 保证人破产

法院受理保证人破产案件后,保证人的保证责任不得因其破产而被免除。连带保证人破产的,不论主债务是否到期,债权人对连带保证人都可以直接申报债权进行追偿。一般保证人破产的,不得行使先诉抗辩权,但只承担补充责任。

二、债权人会议

【以案学法 4-10】 广州市某国有企业,经营服装、鞋帽和文教用品。该公司于 2009 年 5 月成立,注册资金为 80 万元,公司成立前 3 年,经营不错。自 2015 年年底扩大规模后,向银行大量贷款,共计 2 亿元,由于经营管理不善、决策失误等,致使公司大量商品积压,于 2018 年 12 月底向法院申请破产。人民法院于 2019 年 1 月 2 日受理本案后,在 2019 年 1 月 20 日主持召开了第一次债权人会议,并指定最大的债权人甲担任债权人会议主席;在第三次债权人会议上,经半数以上的债权人同意,通过了破产分配方案。

问题: 在债权人会议上法院的做法正确吗?

债权人会议是由所有依法申报债权的债权人组成,以保障债权人共同利益为目的,为实现债权人的破产程序参与权,讨论决定有关破产事宜,表达债权人意志,协调债权人行为的破产议事机构。债权人会议主席由法院从有表决权的债权人中指定。

(一) 表决权

(1) 凡是申报债权者均有权参与第一次债权人会议。以后的债权人会议,只有债权得到确认者才有权行使表决权。因债权存在争议而未被列入债权表者,如果已经提起债权确认诉讼,可以参加债权人会议;但债权尚未确定的债权人,除法院能够为其行使表决权而临时确定债权额者外,不得行使表决权。

(2) 一般情况下,债务人的职工代表和工会代表在债权人会议上没有表决权。但如果职工劳动债权不能从破产财产中获得全额优先受偿,或在重整程序中债权人会议通过影响其清偿利益的重整计划草案等情况时,职工债权人应享有表决权。

(3) 对债权人的特定财产享有担保权的债权人,未放弃优先受偿权的,对通过和解协议和破产财产的分配方案的事项不享有表决权。

（二）债权人会议的召集与职权

1. 债权人会议的召集

第一次债权人会议由人民法院召集，自债权申报期限届满之日起 15 日内召开。以后的债权人会议，在人民法院认为有必要时，或管理人、债权人委员会、占债权总额 1/4 以上的债权人提议时召开。

2. 债权人会议的职权

债权人会议行使下列职权并对所议事项的决议作成会议记录。

（1）核查债权；

（2）申请人民法院更换管理人，审查管理人的费用和报酬；

（3）监督管理人；

（4）选任和更换债权人委员会成员；

（5）决定继续或者停止债务人的营业；

（6）通过重整计划；

（7）和解协议；

（8）债务人财产的管理方案；

（9）通过破产财产的变价方案；

（10）通过破产财产的分配方案；

（11）人民法院认为应当由债权人会议行使的其他职权。

3. 债权人会议的决议方式及效力

（1）决议方式。①和解协议：由出席会议的有表决权的债权人过半数同意，且其所代表的债权额占无财产担保债权总额的 2/3 以上。②重整计划的分组表决：出席会议的同一表决组的债权人过半数同意，且其代表的债权额占该组债权总额的 2/3 以上。③其他决议：由出席会议的有表决权的债权人过半数通过，且其所代表的债权额占无财产担保债权总额的 1/2 以上。

（2）效力。债权人会议的决议，对于在该决议事项上有表决权的全体债权人均有约束力。债权人认为债权人会议的决议违反法律规定，损害其利益的，可以自债权人会议作出决议之日起 15 日内，请求法院裁定撤销该决议，责令债权人会议依法重新作出决议。

（3）决议不能通过的处理。①破产财产的管理、变价等方案，经债权人会议表决不能通过的，由人民法院作出裁定；②对破产财产的分配方案，经债权人会议两次表决仍不能通过的，由人民法院作出裁定。债权人对人民法院作出的裁定不服的，可以依法向作出裁定的人民法院申请复议，但复议期间不影响裁定的执行。

▶ **法条链接**

债务人参加债权人会议的法律责任

《企业破产法》第一百二十六条　有义务列席债权人会议的债务人的有关人员，经人民法院传唤，无正当理由拒不列席债权人会议的，人民法院可以拘传，并依法处以罚款。债务人的有关人员违反本法规定，拒不陈述、回答，或者作虚假陈述、回答的，人民法院可以依法处以罚款。

第四节　重整与和解

一、重整

【以案学法 4-11】　甲企业是一家有限责任公司,于 2016 年 10 月由 A、B、C(出资比例为 1:2:3)三个出资人出资成立。因不能清偿到期债务于 2019 年 6 月 10 日被债权 D 向人民法院申请破产,法院受理了债权人的申请。

问题:在破产申请期间企业有机会进行重整吗? 如果有,哪些当事人可以提出呢?

重整是指当企业法人不能清偿到期债务时,不立即进行破产清算,而是在法院的主持下,由债务人与债权人达成协议,制订重整计划,并在一定期限内全部或部分清偿债务,同时债务人可以继续经营其业务的制度。

(一)重整申请

(1)债务人或债权人可以依法直接向人民法院申请对债务人进行重整。

(2)债权人申请对债务人进行破产清算的,在人民法院受理破产申请后、宣告破产前,债务人或出资额占债务人注册资本 10% 以上的出资人,可以向法院申请重整;其他债权人也可以申请对债务人进行重整。

(二)重整期间

自人民法院裁定债务人重整之日起至重整程序终止,为重整期间。需注意的是,所谓重整期间,仅指重整申请受理至重整计划草案得到债权人会议分组表决通过和人民法院审查批准,或重整计划草案未能得到债权人会议分组表决通过或人民法院不予批准的期间,不包括重整计划得到批准后的执行期间。

(1)重整期间,经债务人申请,人民法院批准,债务人可以在管理人的监督下自行管理财产和营业事务。

(2)重整期间,对债务人的特定财产享有的担保权暂停行使。但是,对企业重整无保留必要的担保财产,经债务人或管理人同意,担保权人可以行使担保权。

(3)重整期间,债务人或管理人为继续营业而借款的,可以为该借款设定担保。

(4)债务人在重整期间为进行重整而发生的费用与债务,性质上相当于共益债务,可以不受重整程序限制而从债务人财产中受偿。

(5)债务人合法占有的他人财产,该财产的权利人在重整期间要求取回的,应当符合事先约定的条件。

(6)重整期间,债务人的出资人不得请求投资收益分配。债务人的董事、监事、高级管理人员不得向第三人转让其持有的债务人的股权。但是,经人民法院同意的除外。

(三)重整计划

债务人或管理人应当自人民法院裁定债务人重整之日起 6 个月内,同时向法院和债权人会议提交重整计划草案。期限届满,经债务人或管理人请求,有正当理由的,法院可以裁定延期 3 个月。未按期提出重整计划草案的,法院应当裁定终止重整程序,并宣告债务人破产。

1. 重整计划草案的内容

(1)债务人的经营方案。

（2）债权分类：①对债务人的特定财产享有担保权的债权；②债务人所欠职工的工资和医疗、伤残补助、抚恤费用，所欠的应当划入职工个人账户的基本养老保险、基本医疗保险费用，以及法律、行政法规规定应当支付给职工的补偿金；③债务人所欠税款；④普通债权。

（3）债权调整方案。

（4）债权受偿方案。

（5）重整计划的执行期限。

（6）重整计划执行的监督期限。

（7）有利于债务人重整的其他方案。

2. 重整计划的批准

人民法院应当自收到重整计划草案之日起 30 日内召开债权人会议，分组对重整计划草案进行表决。出席会议的同一表决组的债权人过半数同意，且其所代表的债权额占该组债权总额的 2/3 以上的，即为该组通过重整计划草案。各表决组均通过重整计划草案时，重整计划即为通过。自重整计划通过之日起 10 日内，债务人或者管理人应当向人民法院提出批准重整计划的申请。人民法院经审查认为符合规定的，应当自收到申请之日起 30 日内裁定批准，终止重整程序，并予以公告。

3. 重整程序终止的情形

重整期间，有下列情形之一的，经管理人或者利害关系人请求，人民法院应当裁定终止重整程序，并宣告债务人破产：

（1）债务人的经营状况和财产状况继续恶化，缺乏挽救的可能性；

（2）债务人有欺诈、恶意减少债务人财产或者其他显著不利于债权人的行为；

（3）由于债务人的行为致使管理人无法执行职务。

4. 重整计划的效力

（1）经人民法院裁定批准的重整计划，对债务人和全体债权人均有约束力。

（2）债权人对债务人的保证人和其他连带债务人所享有的权利，不受重整计划的影响。债权人未依照规定申报债权的，在重整计划执行期间不得行使权利；在重整计划执行完毕后，可按照重整计划规定的同类债权的清偿条件行使权利。按照重整计划减免的债务，自重整计划执行完毕时起，债务人不再承担清偿责任。

（3）重整计划在执行过程中确需变更的，由债务人提出变更方案，经负责监督的管理人审查后向法院提出申请。人民法院决定受理重整计划变更申请的，受重整计划变更影响的利害关系人应当按照原重整计划表决程序重新表决后，由法院依法裁定是否批准变更。

（4）债务人不能执行或不执行重整计划的，人民法院经管理人或利害关系人请求，应当裁定终止重整计划的执行，并宣告债务人破产。

二、和解

【以案学法 4-12】 乙企业是一家股份有限公司，由于经营不善不能偿还债务并呈持续状态，被债权人于 2019 年 3 月 10 日向所在地人民法院提出破产申请。但债务人认为之所以不能偿还债务是由于一部分客户因资金周转问题而给企业带来资金流动性困难，故于 3 月 20 日向人民法院提出和解申请，随即人民法院审查符合规定并将和解协议予以公告，于 4 月 1 日组织债权人会议进行表决。该企业债权人共有 30 人，但参加此次会议的有 25 人，其中 5 人缺席,会议中有 15 人同意和解,其所代表的债权额占无财产担保债权总额的 70%。

问题:乙企业此次和解能通过吗? 为什么?

和解是预防债务人破产的法律制度之一。在发生破产原因时,债务人可以提出和解申请及和解协议草案,由债权人会议表决,如能获得通过,再经人民法院裁定认可后生效执行,可以避免被破产清算。因和解程序只能在债务人发生破产原因后才能提出申请,挽救企业的时机较晚,且不能约束对债务人的特定财产享有担保权的债权人,所以其挽救债务人的强制性效果不如重整程序,主要适用于没有重要财产设置物权担保的企业以及中小企业。

(一) 和解程序

和解申请只能由债务人一方提出,这与破产清算申请和重整申请还可以由债权人等其他主体提出有所不同。债务人可以依法直接向人民法院申请和解,也可以在法院受理破产申请后、宣告债务人破产前向法院申请和解。债务人申请和解,应提出和解协议草案。

人民法院经审查认为和解申请符合规定的,应当受理其申请,裁定和解,予以公告,并召集债权人会议讨论和解协议草案。对债务人的特定财产享有担保权的权利人,自人民法院裁定和解之日起可以行使权利。

债权人会议通过和解协议的决议必须由出席会议的有表决权的债权人过半数同意,且其所代表的债权额必须占无财产担保债权总额的 2/3 以上。

债权人会议通过和解协议的,由人民法院裁定认可,终止和解程序,并予以公告。和解协议草案经债权人会议表决未获得通过,或者已经通过而未获得人民法院认可的,人民法院应当裁定终止和解程序,并宣告债务人破产。

(二) 和解协议的效力

(1) 经人民法院裁定认可的和解协议,对债务人和全体和解债权人均有约束力。

(2) 和解债权人未依照规定申报债权的,在和解协议执行期间不得行使权利;在和解协议执行完毕后,可以按照和解协议规定的清偿条件行使权利。

(3) 按照和解协议减免的债务,自和解协议执行完毕时起,债务人不再承担清偿责任。

(4) 和解债权人对债务人的保证人和其他连带债务人所享有的权利,不受和解协议的影响,即债务人的保证人和其他连带债务人仍按原债务责任承担担保责任和连带清偿责任。

(三) 和解协议的终止

因债务人的欺诈或者其他违法行为而订立的和解协议,人民法院应当裁定无效,并宣告债务人破产。债务人不能执行或不执行和解协议的,人民法院经和解债权人请求,应当裁定终止和解协议的执行,并宣告债务人破产。

人民法院裁定终止和解协议执行的,和解债权人在和解协议中作出的债权调整的承诺失去效力,但债务人方面为和解协议的执行提供的担保继续有效。和解债权人因执行和解协议所受的清偿仍然有效,不予退回,和解债权未受清偿的部分作为破产债权。

◆ **知识链接**

债务人不能执行或者不执行和解协议的情形

①拒不执行或者延迟执行和解协议;②财务状况继续恶化,足以影响执行和解协议;③给个别债权人和解协议以外的特殊利益;④转移财产、隐匿或私分财产;⑤非正常压价出

售财产、放弃自己的债权;⑥对原来没有财产担保的债务提供财产担保、对未到期的债务提前清偿等行为。

第五节　破产清算程序

一、破产宣告

【以案学法 4-13】　A 企业因资不抵债,于 2019 年 4 月 1 日向人民法院提出破产申请,经人民法院审理之后,A 企业于 2019 年 6 月底向社会宣告破产。

问题:A 企业的做法合法吗?

破产宣告是指人民法院依据当事人的申请或法定职权裁定宣告债务人破产以清偿债务的活动。人民法院依法宣告债务人破产的,应当自裁定作出之日起 5 日内送达债务人和管理人,自裁定作出之日起 10 日内通知已知债权人,并予以公告。

债务人被宣告破产后,债务人称为破产人,债务人财产称为破产财产,人民法院受理破产申请时对债务人享有的债权称为破产债权。

破产宣告前,有下列情形之一的,人民法院应当裁定终结破产程序,并予以公告:

(1)第三人为债务人提供足额担保或者为债务人清偿全部到期债务的。

(2)债务人已清偿全部到期债务的。

二、破产清算

【以案学法 4-14】　甲企业因经营管理不善,不能清偿到期债务,依法破产。经查,甲企业现有现金及存货共 100 万元。房地产 500 万元:其中为贷款 150 万元将一处 200 万元的房地产抵押给 A 银行,为贷款 130 万元将另外一处 100 万元的房地产抵押给 B 银行。另有两家企业分别欠甲企业 70 万元、30 万元。甲企业还分别欠乙、丙、丁三家企业 100 万元、200 万元、300 万元,欠国家税款 250 万元,欠职工工资、劳动保险费 50 万元,破产费用 20 万元。

问题:甲企业的破产财产如何清偿相应债务?

破产清算是指宣告债务人破产以后,由清算组接管公司,对破产财产进行清算、评估和处理、分配。

(一)破产财产的清偿顺序

1. 清偿顺序

除有财产担保的债权人就债务人财产实现担保权利外,破产财产按下列顺序进行分配。

(1)破产费用和共益债务。

(2)职工劳动债权。破产人所欠职工的工资和医疗、伤残补助、抚恤费用,所欠的应当划入职工个人账户的基本养老保险、基本医疗保险费用,以及法律、行政法规规定应当支付给职工的补偿金。

(3)破产人欠缴的除前项以外的社会保险费用和破产人所欠的税款。

(4)普通破产债权。其包括无财产担保债权、放弃优先受偿权的债权、行使优先权后未能完全受偿的债权部分。

2. 注意事项

(1)破产财产不足以清偿同一顺序的清偿要求的,按照比例分配。

(2)破产企业的董事、监事和高级管理人员的工资按照该企业职工的平均工资计算。

(3)破产申请受理前拖欠的职工工资属于职工债权,破产申请受理后因管理人或债权人会议决定继续营业,应当向职工支付的工资属于共益债务。破产申请受理前拖欠的无担保的货款属于普通债权,破产申请受理后因管理人或债权人会议决定继续营业,应当向其他企业支付的货款属于共益债务。

(4)破产财产分配方案由管理人拟定,债权人会议以一般决议的方式表决通过,经法院裁定认可后,由管理人执行。无法直接交付的债权人未领受的破产财产分配额,管理人应当提存。债权人自最后分配公告之日起满2个月仍不领取的,视为放弃受领分配的权利,管理人或人民法院应当将提存的分配额分配给其他债权人。

(二)破产程序的终结

1. 破产程序终结的方式

破产程序终结方式主要有以下四种:

(1)因和解、重整程序顺利完成而终结;

(2)因债务人以其他方式解决债务清偿问题(如第三人代为清偿、自行和解)而终结;

(3)因债务人的破产财产不足以支付破产费用而终结;

(4)因破产财产分配完毕而终结。

在破产清算程序中仅涉及后两种情况。破产人无财产可供分配的,管理人应当请求人民法院裁定终结破产程序。在破产人有财产可供分配的情况下,管理人在最后分配完结后,应当及时向人民法院提交破产财产分配报告,并提请人民法院裁定终结破产程序。

2. 遗留事务的处理

通常情况下,管理人应于办理破产人注销登记完毕的次日终止执行职务。但是,破产案件中存在债权诉讼或仲裁未决等情况时,管理人可以在破产程序终结后,继续办理破产案件的遗留事务。

在上述破产程序终结的后两种情况下,自终结之日起2年内,有下列情形之一的,债权人可以申请法院按照破产财产分配方案进行追加分配:

(1)发现在破产案件中有可撤销行为、无效行为或债务人的董事、监事和高级管理人员利用职权从企业获得非正常收入和侵占企业财产的情况,应当追回的财产的;

(2)发现破产人有应当供分配的其他财产的。

有上述情形,但财产数量不足以支付分配费用的,不再进行追加分配,由人民法院将其上缴国库。

破产人的保证人和其他连带债务人,在破产程序终结后,对债权人依照破产清算程序未受清偿的债权,依法继续承担清偿责任。

▶ 法条链接

破产财产分配的特殊情形

《企业破产法》第一百一十七条　对于附生效条件或者解除条件的债权,管理人应当将其分配额提存。管理人依照前款规定提存的分配额,在最后分配公告日,生效条件未成就或者解除条件成就的,应当分配给其他债权人;在最后分配公告日,生效条件成就或者解除条件未成就的,应当交付给债权人。

《企业破产法》第一百一十九条　破产财产分配时,对于诉讼或者仲裁未决的债权,管理人应当将其分配额提存。自破产程序终结之日起满2年仍不能受领分配额的,人民法院应当将提存的分配额分配给其他债权人。

🔍 知识检测

一、单项选择题

1. 在企业破产的债权申报程序中,审查债权的主体是(　　　)。

   A. 人民法院　　　　　　　　　　B. 债务人的上级主管部门

   C. 债权人会议　　　　　　　　　D. 管理人

2. 根据规定,在破产程序中,当事人对法院作出的下列裁定,有权提出上诉的是(　　　)。

   A. 驳回破产的裁定　　　　　　　B. 宣告破产的裁定

   C. 撤销债权人会议决议的裁定　　D. 终结破产程序的裁定

3. 关于和解程序,下列说法中不正确的是(　　　)。

   A. 和解只适用于债权人申请破产的案件

   B. 债务人应当按照和解协议规定的条件清偿债务

   C. 债务人申请和解,应当提出和解协议草案

   D. 经人民法院裁定认可的和解协议,对债务人和全体和解债权人均有约束力

4. 下列财产不属于破产财产的是(　　　)。

   A. 宣告破产时,该企业经营管理的财产

   B. 破产企业的工业产权

   C. 破产程序终结后债务人取得的财产

   D. 破产申请受理后至破产程序终结前债务人取得的财产

5. 债权人会议主席由(　　　)。

   A. 债权最多的债权人担任　　　　B. 人民法院从有表决权的债权人中指定

   C. 债权人民主选举产生　　　　　D. 政府部门委派

二、多项选择题

1. 人民法院受理破产申请前1年内,涉及债务人的财产的行为,管理人有权请求人民法院予以撤销,这些行为包括(　　　)。

   A. 有偿转让财产　　　　　　　　B. 以明显不合理的价格进行交易

   C. 放弃债权　　　　　　　　　　D. 对没有财产担保的债务提供财产担保

2. 根据规定,下列财产属于债务人财产的有(　　　)。

   A. 破产申请受理时属于债务人的房屋

   B. 破产宣告后破产人得到的银行存款利息

   C. 破产申请受理时债务人用于抵押担保的财产

   D. 破产申请受理后至破产程序终结前债务人取得的财产

3. 下列属于破产费用的是(　　　)。

A. 破产案件的诉讼费用

B. 管理、变价和分配债务人财产的费用

C. 管理人执行职务的费用、报酬和聘用工作人员的费用

D. 债务人财产受无因管理所产生的债务

4. 根据《企业破产法》的规定,下列事项中,属于债权人会议职权的有(　　)。

A. 通过和解协议

B. 通过重整计划

C. 对破产企业未履行的合同,决定解除或继续履行

D. 选任和更换债权人委员会成员

5. 下列对于债权人取得的附生效条件的债权,说法正确的是(　　)。

A. 管理人不得对破产企业的财产进行分配

B. 管理人应该依法提存对其的分配额

C. 在最后分配公告日生效条件未成就的,应当分配给其他债权人

D. 在最后分配公告日生效条件成就的,应当将相应财产交付给债权人

三、判断题

1. 某省工商行政管理部门核准登记的国有企业的破产案件由所在地的高级人民法院管辖。　　　　　　　　　　　　　　　　　　　　　　　　　　　　　　(　　)

2. 申请人不服人民法院驳回破产申请裁定的,有权向上一级人民法院提起上诉,上诉期限为 15 日。　　　　　　　　　　　　　　　　　　　　　　　　　　　(　　)

3. 在特殊情况下,人民法院可依职权在无人提出破产申请的情况下宣告债务人破产。

　　　　　　　　　　　　　　　　　　　　　　　　　　　　　　　　　　(　　)

4. 债权人应当在人民法院确定的债权人申报期限内向管理人申报债权。　(　　)

5. 所有债权人均为债权人会议成员并享有表决权。　　　　　　　　　　(　　)

6. 对破产企业未履行的合同,管理人可以决定解除或继续履行。　　　　(　　)

7. 破产财产分配方案经人民法院裁定认可后,由债权人会议执行。　　　(　　)

8. 在重整期间,债务人的出资人可以请求投资收益分配。　　　　　　　(　　)

9. 破产申请受理时属于债务人的全部财产为债务人财产。　　　　　　　(　　)

10. 人民法院受理破产申请前,申请人可以请求撤回申请。　　　　　　　(　　)

以法论案

案例一　破产受理及保证责任

A 公司欠付 B 公司到期货款 2 000 万元,多次催要,A 公司工作人员均以公司法定代表人失踪、公司财产无人有权处分为由拒绝偿还。B 公司无奈,向法院提出对 A 公司的破产清算申请。法院收到申请后通知了 A 公司,A 公司以同样理由表示无法支付欠 B 公司的款项,但并未出现资不抵债的情况并提供了相应证据。法院审查后认定 A 公司异议不成立,于 2019 年 3 月裁定受理破产申请。清算过程中查明下列事实。

① 2018 年 8 月,C 公司向银行贷款 60 万元,期限 1 年,A 公司提供一般保证;银行向清算组申报债权,要求 A 公司承担截至破产受理日已发生的借款本息。

② 2018年9月,A公司向E公司购买设备一台,双方约定设备应于2019年3月送达A公司,送达后10日内付清全部价款。2019年2月底,E公司依约发出设备,3月1日设备送达A公司。3月2日E公司总经理偶然得知A公司已进入破产清算程序,立即电告清算组表示取回该设备。

针对上述事实,A公司投资人提出下列意见。

① 投资人甲认为:C公司贷款尚未到期,银行无权申报债权。

② 投资人乙认为:A公司对银行享有先诉抗辩权,银行无权申报债权。

③ 投资人丙认为:设备已送达A公司,属于债务人财产,E公司无权要求取回。

讨论:

1. 法院受理破产申请的做法是否符合规定?请说明理由。

2. 投资人甲的观点是否正确?请说明理由。

3. 投资人乙的观点是否正确?请说明理由。

4. 投资人丙的观点是否正确?请说明理由。

案例二　破产债权与清算

广州西日贸易有限责任公司(以下简称"贸易公司")由甲公司和乙公司分别出资300万元和200万元设立,贸易公司实际到位的注册资本为400万元,甲公司尚有100万元出资因公司章程规定的出资期限未到期而没有完全履行出资义务。贸易公司在经营中因投资决策发生严重失误,造成重大损失,不能清偿到期债务,向其所在地人民法院申请破产。法院于2019年5月8日受理该破产申请后,指定了管理人全面接管贸易公司。经审理法院于5月14日依法宣告贸易公司破产。管理人对贸易公司的相关事项清理如下:

① 2018年8月20日向丙公司无偿赠与一批价值30万元的物资。

② 2018年1月24日向丁银行借款10万元,期限2年。利息截至2019年5月8日为1万元。

③ 2018年12月16日与甲公司签订一份买卖合同,约定甲公司为贸易公司定制一批特殊规格的服装,合同标的额为68万元,由甲公司于2019年6月上旬交货,货到付款。现双方均尚未履行该合同,管理人决定解除该合同,由此造成甲公司实际经济损失为10万元。

④ 2019年5月10日贸易公司的一幢危房突然倒塌,致路人戊不幸受伤遭受损失3万元。

⑤ 除上述事项外,贸易公司经评估确认尚有资产1 200万元(变现价值);负债2 050万元(其中,应付工资300万元、基本养老保险费用60万元、补充养老保险费用40万元、基本医疗保险费用30万元、补充医疗保险费用20万元、应缴税金400万元、其他流动负债300万元、长期负债900万元);破产费用100万元。

讨论:

1. 甲公司的破产债权是多少?其尚未缴纳的出资是否应补缴?分别说明理由。

2. 贸易公司向丙公司赠与物资的行为是否可以撤销?请说明理由。

3. 计算丁银行享有的破产债权及在清算中能得到清偿的具体数额。(保留2位小数)

第五章 合同法律制度

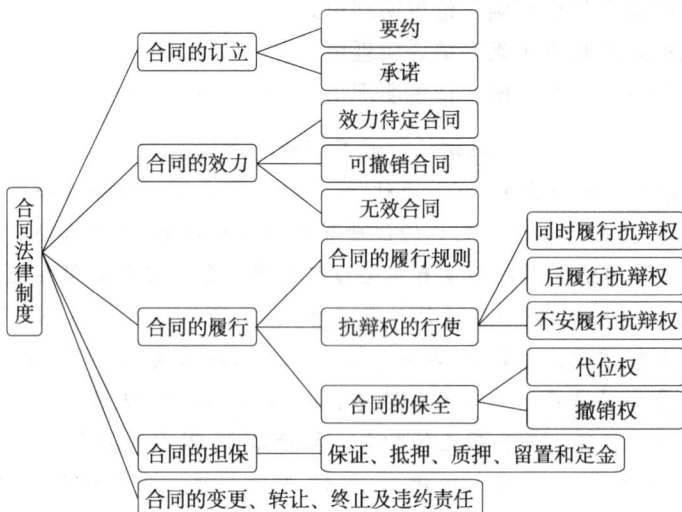

知识导航

合同法律制度
- 合同的订立
  - 要约
  - 承诺
- 合同的效力
  - 效力待定合同
  - 可撤销合同
  - 无效合同
- 合同的履行
  - 合同的履行规则
  - 抗辩权的行使
    - 同时履行抗辩权
    - 后履行抗辩权
    - 不安履行抗辩权
  - 合同的保全
    - 代位权
    - 撤销权
- 合同的担保——保证、抵押、质押、留置和定金
- 合同的变更、转让、终止及违约责任

案例导入

甲公司拟购买一大型生产设备,于 2019 年 1 月 3 日与乙公司签订一份价值 80 万元的设备买卖合同,合同约定:①设备直接由乙公司的特约生产服务商丙机械厂于 6 月 3 日交付。②甲公司于 1 月 12 日向乙公司支付定金 16 万元,并于设备交付之日起 10 日内付清货款。③如发生合同纠纷,向北京市仲裁委员会申请仲裁。随后,甲公司按时支付定金,但丙机械厂未按时交付设备。甲公司多次催告无果,因生产任务紧,于 6 月 20 日购买了功能相同的替代设备,并于当日通知乙公司解除合同,要求双倍返还定金及赔偿其他损失。

请思考:什么是合同?案例中涉及合同法律制度的哪些内容?我国对合同的订立、效力、履行及违约责任等有什么规定?

合同是指平等主体的自然人、法人、其他组织之间设立、变更、终止民事权利义务关系的协议。按照不同的标准,可以将合同划分成不同的类型。

(1) 按法律、法规是否对其名称作出明确规定,分为有名合同和无名合同。《合同法》分则规定了买卖合同、赠与合同等 15 种有名合同。区分两者的法律意义在于法律适用的不同。有名合同可直接适用《合同法》分则中关于该种合同的具体规定;无名合同则只能在适用《合同法》总则中规定的一般规则的同时,参照该法分则或其他法律中最相类似的规定执行。

(2)按照除双方意思表示一致以外,是否还需要交付标的物为标准,分为诺成合同与实践合同。诺成合同是只要当事人的意思表示一致即成立,如买卖合同、赠与合同、质押合同等。实践合同除当事人意思表示一致外,还须交付标的物或完成其他给付才能成立,如保管合同、自然人之间的借贷合同、定金合同等。

(3)按照法律法规是否要求具备特定形式和手续为标准,分为要式合同和不要式合同。

(4)按照双方是否互负给付义务,分为双务合同和单务合同。

(5)以合同相互间的主从关系为标准,分为主合同和从合同。

合同法是调整平等主体之间商品交换关系的法律规范的总称。我国现行的合同法是指1999年3月5日第九届全国人大第二次会议通过,自1999年10月1日起施行的《中华人民共和国合同法》(以下简称《合同法》),包括总则、分则和附则,共二十三章428条。其基本原则包括:平等、自愿、公平、诚实信用、遵守法律、不得损害社会公共利益。

平等主体的自然人、法人、其他组织之间设立、变更、终止民事权利义务关系的协议适用于《合同法》;在政府机关参与的合同中,政府机关作为平等的主体与对方签订合同时适用《合同法》的规定,但涉及婚姻、收养、监护等有关身份关系的协议除外。用人单位与劳动者之间建立劳动关系,订立、履行、变更、解除或终止劳动合同,适用《劳动合同法》(详见本书第八章)。另外,涉外合同的当事人原则上可以选择处理合同争议所适用的法律,但法律另有规定的除外。

第一节 合同的订立

合同的订立是指两个或两个以上的当事人,依法就合同的主要条款经过协商一致达成协议的法律行为。当事人订立合同应当具备相应资格,即应具有相应的民事权利能力和民事行为能力。当事人也可以依法委托代理人订立合同,依据合同性质不能代理的除外。

一、合同的形式与内容

【以案学法5-1】 2019年4月30日,小王在某团购网站上看到某婚纱影楼的一次团购活动,活动写明:只需19.9元,就能拍摄原价399元的全家福写真。其中包含精拍30张照片、提供服装等服务。团购服务有一个限制,就是拍摄限2代人,人数在3至5人,如果超过就得多交钱。小王觉得实惠,加上弟弟、妈妈共3人,符合拍摄全家福的条件,遂缴费预订了全家福照。次日,小王一家到该影楼拍摄全家福时,工作人员告知,影楼定义的"全家福"一定要有父母双方和小孩,小王这种情况不在团购的服务范围。

问题:婚纱影楼关于全家福定义的条款属于什么条款?小王该如何维护自身权益?

(一)合同的形式

《合同法》规定,当事人订立合同有书面形式、口头形式与其他形式。若当事人约定或法规规定应采用书面形式的,则应当采用书面形式。书面形式包括合同书、信件和数据电文(如电报、电传、传真、电子数据交换和电子邮件)。口头形式是指双方就合同内容面对面或以通信设备交谈达成的协议。当事人未以书面或口头形式订立合同,但从双方从事的民事行为能够推定双方有订立合同意愿的,除法律另有规定外,人民法院可以认定是以"其他形式"订立的合同。

（二）合同的内容

1. 主要条款

合同的内容由当事人约定,一般包括以下条款:①当事人的名称或姓名和住所;②标的;③数量;④质量;⑤价款或报酬;⑥履行的期限、地点和方式;⑦违约责任;⑧解决争议的方法。当事人可以参照各类合同的示范文本(见附录B)。

2. 格式条款

格式条款是指一方当事人为了重复使用而预先拟定的,并在订立合同时未与对方协商的条款。如中国电信与用户签订的电话安装使用合同、保险公司与投保人签订的保险合同等。法律规定:提供格式条款的一方应遵循公平原则确定当事人之间的权利和义务,并采取合理方式提请对方注意免除或限制责任的条款,按对方的要求对该条款予以说明。

（1）格式条款无效的情形。①属于无效合同的。②合同中有下列免责条款的:造成对方人身伤害的、因故意或重大过失造成对方财产损失的,免责条款无效。③提供格式条款一方免除其责任、加重对方责任、排除对方主要权利的,该条款无效。

（2）格式条款理解争议的解释。对格式条款的理解发生争议的,应当按照通常理解予以解释。对格式条款有两种以上解释的,应当作出不利于提供格式条款一方的解释。格式条款和非格式条款不一致的,应当采用非格式条款。

二、合同订立的方式

根据《合同法》规定,当事人采取要约、承诺方式订立合同。

（一）要约

【以案学法5-2】　2019年4月8日,甲厂向乙厂发函称其可提供X型号设备,请乙厂报价。4月10日乙厂复函表示愿以5万元购买一台,甲厂4月12日复函称每台价格6万元,4月30日前回复有效。乙厂于5月19日复函称愿以5.5万元购买一台,甲厂收到后未作回复。后乙厂反悔,于5月26日发函称同意甲厂当初6万元的报价。

问题:分别指出甲厂4月8日的发函、乙厂4月10日的复函、甲厂4月12日的复函、乙厂5月26日的发函是否属于要约?并说明理由。

要约是希望和他人订立合同的意思表示。发出要约的当事人称为要约人,要约所指向的对方当事人则称为受要约人。

1. 要约应具备的条件

（1）要约必须向相对人发出。要约必须经过相对人的承诺才能成立合同,因此要约必须是向相对人发出的意思表示。相对人一般是特定的人,特殊情况下也可以是不特定的人。如《合同法》第十五条第二款规定:商业广告的内容符合要约规定的,视为要约。

（2）内容具体确定。要约的内容必须有足以使合同成立的主要条件,包括主要条款,如标的、数量、质量、价款或报酬、履行期限、地点和方式等。一经受要约人承诺,合同即可成立。

（3）表明经受要约人承诺,要约人即受该意思表示约束。要约是一种法律行为,要约人发出的要约内容必须能够表明如果对方接受要约,合同即告成立。

2. 要约邀请

要约邀请是希望他人向自己发出要约的意思表示。要约邀请处于合同的准备阶段,没有法律效力。《合同法》规定,寄送的价目表、拍卖公告、招标公告、招股说明书等都属于要约邀请,商业广告的内容符合要约规定的,则视为要约。

3. 要约生效时间

要约到达受要约人时生效。采用数据电文形式订立合同的,收件人指定特定系统接收数据电文的,该数据电文进入该特定系统的时间,视为到达时间;未指定特定系统的,该数据电文进入收件人的任何系统的首次时间,视为到达时间。

需要注意的是,要约的到达,并不是指要约一定实际送达到受要约人或其代理人手中,要约只要送达到受要约人通常的地址、住所或者能够控制的地方(如信箱或邮箱等)即为送达。反之,即使受要约人在要约送达之前已经知道其内容,要约也不生效。

4. 要约的撤回、撤销与失效

【以案学法 5-3】　2019 年 6 月 2 日,甲公司向乙公司发出要约订购一批楠木,要求乙公司在 6 月 8 日前答复。6 月 4 日,甲公司欲改向丙公司订购楠木,遂向乙公司发出撤销要约的信件,于 6 月 7 日到达乙公司。而 6 月 6 日,甲公司收到乙公司的回复,乙公司表示楠木缺货,问甲公司能否用红木代替。

问题:

(1)甲公司撤销要约的做法是否成立并说明理由。

(2)甲公司的要约失效是什么时间并说明理由。

(1)要约的撤回。要约在发出后、生效前,要约人可以撤回要约。撤回要约的通知应当在要约到达受要约人之前或者与要约同时到达受要约人。

(2)要约的撤销。要约生效后、受要约人承诺前,要约人可以撤销要约。但下列情形要约不得撤销:①要约人确定了承诺期限或以其他形式明示要约不可撤销;②受要约人有理由认为要约是不可撤销的,并已经为履行合同做了准备工作。

(3)要约的失效。要约失效是指要约丧失法律效力,即要约人与受要约人均不再受其约束,要约人不再承担接受承诺的义务,受要约人也不再享有通过承诺使合同得以成立的权利。有下列情形之一的,要约失效:①拒绝要约的通知到达要约人。②要约人依法撤销要约。③承诺期限届满,受要约人未作出承诺。④受要约人对要约的内容作出实质性变更。有关合同标的、数量、质量、价款或者报酬、履行期限、履行地点和方式、违约责任和解决争议方法等的变更,是对要约内容的实质性变更。受要约人由此作出的意思表示为反要约,反要约是一个新的要约。

◆ **知识链接**

要约撤回与撤销的区别

要约撤回与撤销的重要区别在于发生的时间不同:要约的撤回须在要约到达受要约人前或与要约同时到达受要约人,其目的是令未生效的要约不生效;要约的撤销则是在要约到达受要约人而受要约人尚未作出承诺前到达,其目的是消灭已经生效的要约对要约人的拘束力。

（二）承诺

【以案学法 5-4】 甲商场向乙公司发出采购 400 台手机的要约，乙公司于 6 月 2 日寄出承诺信件，6 月 7 日信件到达甲商场，时逢其总经理外出，6 月 8 日才获知该信内容，遂于 6 月 9 日电话告知乙收到承诺。

问题：乙公司发出的承诺于何时生效，合同何时成立？

承诺是受要约人同意要约的意思表示。

1. 承诺应具备的条件

（1）承诺必须由受要约人作出。如由代理人作出承诺，代理人须有合法的委托手续。

（2）承诺必须向要约人作出。

（3）承诺的内容必须与要约的内容一致。①受要约人对要约的内容作出实质性变更的，视为新要约。②受要约人对要约的内容作出非实质性变更的，除要约人及时表示反对或要约表明承诺不得对要约的内容作出任何变更外，该承诺有效，合同内容以承诺的内容为准。

（4）承诺必须在有效期限内作出。承诺应在要约确定的期限内到达要约人。要约以信件或电报作出的，承诺期限自信件载明的日期或电报交发之日开始计算。信件未载明日期的，自投寄该信件的邮戳日期开始计算。要约以电话、传真等快速通信方式作出的，承诺期限自要约到达受要约人时开始计算。要约没有确定承诺期限的，承诺应依下列规定到达：①要约以对话方式作出的，应当即时作出承诺，但当事人另有约定的除外；②要约以非对话方式作出的，承诺应当在合理期限内到达。

2. 承诺的方式

承诺应当以通知的方式作出。通知可以是口头的，也可以是书面的。但根据交易习惯或当事人之间的约定，承诺也可以通过实施一定的行为或以其他方式作出。

3. 承诺的生效

承诺通知到达要约人时生效。承诺不需要通知的，根据交易习惯或要约的要求作出承诺的行为时生效。采用数据电文形式订立合同的，承诺到达时间同上述要约到达的时间规定相同。

（1）承诺的迟延。受要约人超过承诺期限发出承诺的，为迟延承诺。除要约人及时通知受要约人该承诺有效外，迟延的承诺应视为新要约。例如，甲指定 3 月 31 日为承诺的最后期限，乙的承诺于 4 月 3 日送达甲，此为承诺的迟延，视为新要约。但如果甲愿意接受乙的逾期承诺且立即通知了乙，则承诺于 4 月 3 日生效，合同于 4 月 3 日成立。

（2）承诺的迟到。受要约人在承诺期限内发出承诺，按照通常情形能够及时到达要约人，但因其他原因致使承诺到达要约人时超过承诺期限的，为迟到承诺。原则上迟到的承诺为有效承诺，除要约人及时通知要约人因承诺超过期限不接受的除外。

（3）承诺的撤回。承诺人发出承诺后反悔的，可以撤回承诺。撤回承诺的通知应在承诺通知到达要约人之前或与承诺通知同时到达要约人。

承诺生效，合同成立。因此，承诺不存在撤销的问题。

▶ **法条链接**

合同成立的地点

《合同法》第三十四条、第三十五条　承诺生效的地点为合同成立的地点。采用数据电文形式订立合同的,收件人的主营业地为合同成立的地点;没有主营业地的,其经常居住地为合同成立的地点;当事人另有约定的,按照其约定。当事人采用合同书形式订立合同的,双方当事人签字或者盖章的地点为合同成立的地点。

三、缔约过失责任

【以案学法 5-5】 甲登寻租广告出租闲置房屋,乙有租赁意向跟甲联系并约定第二天签订租赁合同。丙跟乙关系不好,知道乙要租房子,就找到甲说,他也想租甲的这个房子且出价比乙高,但要后天才签合同。于是甲就推掉乙的请求,等第三天与丙签合同。丙看到自己的目的已达到,于是在第三天跟甲说又不租这房子了。

问题:丙是否应承担缔约过失责任?请说明理由。

缔约过失责任是指当事人在订立合同过程中,因故意或过失致使合同未成立、未生效、被撤销或无效,给他人造成损失应承担的损害赔偿责任。根据规定,当事人在订立合同过程中有下列情形之一,给对方造成损失的,应当承担损害赔偿责任:

(1) 假借订立合同,恶意进行磋商;

(2) 故意隐瞒与订立合同有关的重要事实或者提供虚假情况;

(3) 当事人泄露或不正当地使用在订立合同过程中知悉的商业秘密;

(4) 有其他违背诚实信用原则的行为。

与违约责任不同的是,缔约过失责任发生在合同成立前,适用于合同未成立、未生效、无效等情况,赔偿的是信赖利益的损失。信赖利益损失,一般以实际损失为限,包括所受损害与所失利益。而违约责任则产生于合同生效后,适用于生效合同,赔偿的是可期待利益的损害。信赖利益的赔偿不得超过合同有效时相对人所可能得到的履行利益。

第二节 合同的效力

一、合同的生效

【以案学法 5-6】 2019 年 5 月 29 日,王某为其摩托车在保险公司投保"交强险",保险公司于当日 8 时 6 分向他签发了"交强险"保单正本一份,保险期限自 2019 年 5 月 30 日 0 时至 2020 年 5 月 29 日 24 时。2019 年 5 月 29 日 20 时,投保车辆发生交通事故,车主赔偿他 13 万元。随后,王某来到保险公司理赔,但保险公司以合同生效时间为 2019 年 5 月 30 日 0 时起,事故发生时合同还未生效为由拒绝理赔。无奈之下,王某将保险公司诉至法院。

问题:保险公司的理由成立吗?请说明理由。法院应如何判决?

合同生效是指已依法成立的合同,发生相应的法律效力。与合同成立不同的是,合同成立是一个事实问题,考察当事人之间是否有要约和承诺。合同生效是一个价值判断,考察当事人之间的合同是否符合法律,能否发生法律所认可的效力。《合同法》根据合同类型的不同,分别规定了不同的合同生效时间。

(1) 依法成立的合同,原则上自成立时生效。如保证合同、抵押合同、质押合同等。

（2）法律、行政法规规定应当办理批准、登记等手续生效的,自批准、登记时生效。

（3）法律、行政法规规定合同应当办理登记手续,但未规定登记后生效的,当事人未办理登记手续不影响合同的效力,但合同的标的所有权及其他物权不能转移。

（4）当事人对合同的效力可以附条件和期限。

二、效力待定合同

【以案学法 5-7】　甲将机器出租给乙,租赁期间为 4 月 1 日～7 月 1 日。6 月 1 日,乙在未获得甲授权的情况下,以甲的名义与丙签订买卖合同,将该机器作价 50 万元卖给丙。双方约定,乙在 7 月 10 日交付机器,丙于当日付款。

问题:机器买卖合同的效力如何? 如果是乙以自己的名义与不知情的丙签订的合同呢?

根据合同效力层次可分为有效合同、效力待定合同、可撤销合同及无效合同。因后两种合同在第一章第二节民事法律行为与代理部分有详细分析,故此处专门探讨效力待定合同。

效力待定合同是指合同订立后尚未生效,须经权利人追认才能生效的合同。追认的意思表示自到达相对人时生效,合同自订立时起生效。主要包括以下几种情形:

（1）限制民事行为能力人独立订立的与其年龄、智力、精神状况不相适应的合同。

（2）表见代理外的无权代理人订立的合同。

上述两种情形下,相对人可以催告法定代理人或被代理人在 1 个月内予以追认。法定代理人或被代理人未作表示的,视为拒绝追认。合同被追认之前,善意相对人有撤销的权利。撤销应当以通知的方式作出。

（3）无处分权人订立的合同。无处分权的人处分他人财产,经权利人追认或者无处分权的人订立合同后取得处分权的,该合同有效。但是,根据《买卖合同解释》,在买卖合同中,当事人一方以出卖人在缔约时对标的物没有所有权或处分权为由主张合同无效的,人民法院不予支持。出卖人因未取得所有权或处分权致使标的物所有权不能转移,买受人要求出卖人承担违约责任或要求解除合同并主张损害赔偿的,人民法院应予支持。据此,出卖人没有所有权或处分权的情况下,买卖合同原则上仍属于有效合同。

▶ **法条链接**

法人超越权限订立的合同效力

《合同法》第五十条　法人或者其他组织的法定代表人、负责人超越权限订立的合同,除相对人知道或者应当知道其超越权限的以外,该代表行为有效。

第三节　合同的履行

一、合同的履行规则

（一）约定不明的履行规则

【以案学法 5-8】　甲乙签订买卖合同,合同约定:甲先发货,乙收到货物后 10 日内付款。双方未约定运费的负担事宜。

问题:对未约定的运费负担,应如何确定由哪方负担?

1. 总原则

合同生效后,当事人就质量、价款或报酬、履行地点等内容没有约定或者约定不明确的,可协议补充;不能达成补充协议的,按照合同有关条款或交易习惯确定。

2. 具体规则

依照上述规定仍不能确定的,适用下列规定:

(1) 质量要求不明确的,按照国家标准、行业标准履行;没有国家标准、行业标准的,按照通常标准或符合合同目的的特定标准履行。

(2) 价款或报酬不明确的,按照订立合同时履行地的市场价格履行;依法应当执行政府定价或政府指导价的,按规定履行。

(3) 履行地点不明确,给付货币的,在接受货币一方所在地履行;交付不动产的,在不动产所在地履行;其他标的,在履行义务一方所在地履行。

(4) 履行期限不明确的,债务人可随时履行,债权人也可随时要求履行,但应当给对方必要的准备时间。

(5) 履行方式不明确的,按照有利于实现合同目的的方式履行。

(6) 履行费用的负担不明确的,由履行义务一方负担。

(二) 涉及第三人的合同履行

【以案学法 5-9】　甲女友乙将于 6 月 5 日过生日,甲遂于 2019 年 6 月 1 日向 A 花店订购价值 100 元的鲜花一束,约定由 A 花店在 6 月 5 日当天送至其女友处。6 月 5 日,A 花店未将鲜花如期送至。

问题:乙在 A 花店未如期送花时,能向 A 花店主张合同权利吗?请说明理由。

1. 向第三人履行的合同

向第三人履行的合同又称利他合同,是指双方当事人约定,由债务人向第三人履行债务,第三人直接取得债权的合同。债务人对第三人负有合同义务,债务人未履行债务或履行债务不符合约定的,应由债务人向债权人承担违约责任。

2. 由第三人履行的合同

由第三人履行的合同又称第三人负担的合同,是指双方当事人约定债务人由第三人履行的合同,该合同必须征得第三人同意。如果第三人不履行或履行不符合约定的,应由债务人向债权人承担违约责任。

由此可见,不管是"向第三人"履行合同,还是"由第三人"履行合同,第三人并不是合同的当事人,应当由"债务人向债权人"承担违约责任,与第三人无关。

二、抗辩权的行使

抗辩权是指在双务合同中,一方当事人在对方不履行或履行不符合约定时,依法对抗对方要求或否认对方权利主张的权利。《合同法》规定了以下三种抗辩权。

(一) 同时履行抗辩

【以案学法 5-10】　甲公司与乙公司签订水泥买卖合同,约定甲公司出售华润 325♯水泥 1 000 吨给乙公司,乙公司支付货款 42 万元。后来甲公司只交付了 900 吨水泥,同时却请求乙公司付款 42 万元。

问题:对于甲公司的请求,乙公司可行使哪种抗辩权?

同时履行抗辩权是指双务合同的当事人应同时履行义务的,一方在对方未履行前,有拒绝对方请求自己履行合同的权利。

同时履行抗辩权只是暂时阻止对方当事人请求权的行使,而不是永久地终止合同。当对方当事人完全履行了合同义务,同时履行抗辩权即告消灭,主张抗辩权的当事人就应当履行自己的义务。当事人因行使同时履行抗辩权致使合同迟延履行的,责任由对方当事人承担。

(二)后履行抗辩权

【以案学法 5-11】　甲(发包方)、乙(承包方)双方于 2019 年 1 月签订某工程开发合同。双方约定:甲方于当年 3 月 31 日前完成"五通一平",乙方于 4 月 1 日进场施工,并于同年12 月 1 日前竣工。4 月 1 日后,甲方仍未完成"五通一平",但却要求乙方立即进场施工,否则要向甲方支付违约金。

问题:乙方可依哪种抗辩权拒绝甲方的请求?请简要说明。

后履行抗辩权是指合同当事人互负债务,有先后履行顺序,先履行的一方未履行的,后履行一方有权拒绝其履行要求;先履行一方履行债务不符合约定的,后履行一方有权拒绝其相应的履行要求。

(三)不安抗辩权

【以案学法 5-12】　甲乙签订一份买卖合同,双方约定由甲向乙提供一批生产用原料,总货款 100 万元,甲最晚于 6 月底前供货,货到付款。6 月中旬,乙的竞争对手告知甲:乙经营状况不佳,将要破产。甲随即暂停了货物发运,并电告乙暂停发货的原因,要求乙提供担保。乙告知甲:本公司经营正常,货款已备齐,请尽快履行合同,否则将追究违约责任。

问题:甲公司暂停发货是否有法律依据?请说明理由。

不安抗辩权是指当事人互负债务,有先后履行顺序的,先履行的一方有确切证据证明另一方丧失履行债务能力时,在对方没有履行或没有提供担保之前,有拒绝自己履行的权利。

1. 不安抗辩权适用的情形

《合同法》规定,应当先履行债务的当事人,有确切证据证明对方有下列情形之一的,可以行使不安抗辩权,中止合同履行:

(1)对方经营状况严重恶化;

(2)对方有转移财产、抽逃资金以逃避债务的情形;

(3)对方丧失商业信誉;

(4)对方有丧失或者可能丧失履行债务能力的其他情形。

先履行合同义务的当事人应当有证据证明对方不能履行合同或有不能履行合同的可能性,没有确切证据而行使不安抗辩权,造成对方损失的,应当承担违约责任。

2. 不安抗辩权的效力

(1)中止履行。应当先履行债务的当事人行使中止权时,应当及时通知对方,以免给对方造成损害,也便于对方在接到通知后,提供相应的担保,使合同得以履行。如果对方当事人恢复了履行能力或提供了相应的担保后,先履行一方当事人"不安"的原因消除,应当恢复合同的履行。

（2）解除合同。中止履行合同后,如果对方在合理期限内未恢复履行能力并且未提供适当担保的,可以解除合同。

三、合同的保全

合同的保全是指法律为防止因债务人的财产不当减少或不增加而给债权人的债权带来损害,允许债权人行使代位权或撤销权,以保护其债权。

（一）代位权

【以案学法5-13】　甲公司向乙银行贷款100万元,到期不能还本,同时甲公司又怠于行使其对丙公司的到期债权200万元(甲不对丙提起诉讼)。于是乙向管辖地人民法院提起代位权诉讼。诉讼费2万元。

问题: 乙是否可以行使代位权? 如何行使? 如果法院判决债权人胜诉,应如何清偿?

《合同法》规定,因债务人怠于行使其到期债权,对债权人造成损害的,债权人可以向人民法院请求以自己的名义代位行使债务人的债权。代位权的行使需满足以下条件:

（1）债务人对第三人享有合法债权,且是非专属于债务人自身的权利;

（2）债务人怠于行使其对第三人的债权,对债权人造成损害;

（3）债务人对第三人的债权已到期。

代位权的行使范围以债权人的债权为限,否则,对超出部分人民法院不予支持。债权人行使代位权的必要费用,由债务人负担。债权人向次债务人(即债务人的债务人)提起代位诉讼,经法院审理后认定代位权成立的,由次债务人向债权人履行清偿义务;债权人胜诉的,诉讼费由次债务人负担,从实现的债权中优先支付。

◆ 知识链接 ....
专属于债务人自身的债权

专属于债务人自身的债权,是指基于扶养、抚养、赡养、继承关系产生的给付请求权和劳动报酬、退休金、养老金、抚恤金、安置费、人寿保险、人身伤害赔偿请求权等权利。
....

（二）撤销权

【以案学法5-14】　甲企业不能清偿乙银行的贷款80万元,乙银行于2019年6月2日经查发现,甲企业曾于2018年1月1日放弃对丙企业100万元的到期债权。

问题: 乙银行应如何维护自己的债权? 该权利应怎样行使? 是否有时间上的限制?

因债务人放弃到期债权、无偿转让财产或以明显不合理的低价转让财产(受让人知道该情形的),对债权人造成损害的,债权人可以请求人民法院撤销债务人的行为。

1. 可撤销的行为

（1）无偿行为。如放弃到期债权、无偿转让财产。不论是第三人善意还是恶意取得,均可撤销。债务人放弃其未到期债权或放弃债权担保以及恶意延长到期债权的履行期,对债权人造成损害,债权人依法提起撤销权诉讼的,人民法院应当支持。

(2) 有偿行为。如以明显不合理的低价转让财产或高价收购他人财产且第三人是恶意的,可以撤销。转让价格达不到交易时交易地的指导价或市场交易价的70%的,一般可视为明显不合理的低价;转让价高于当地指导价或市场交易价的30%的,一般可视为明显不合理的高价。

2. 撤销权的消灭

撤销权自债权人知道或应当知道撤销事由之日起1年内行使。自债务人的行为发生之日起5年内没有行使撤销权的,该撤销权消灭。

3. 撤销权诉讼

债权人行使撤销权应以自己的名义,向被告住所地人民法院提起诉讼,请求法院撤销债务人因处分财产而危害债权的行为。撤销权的行使范围以债权人的债权为限,债权人行使撤销权的必要费用,由债务人承担。债务人、第三人的行为被撤销的,其行为自始无效。第三人应向债务人返还财产或折价补偿。

值得注意的是,在撤销权诉讼中,债权人为原告,债务人为被告;在代位权诉讼中,债权人为原告,次债务人为被告。

▶ **法条链接**

合同无效或被撤销后的责任承担

《合同法》第五十八条 合同无效或者被撤销后,因该合同取得的财产,应当予以返还;不能返还或者没有必要返还的,应当折价补偿。有过错的一方应当赔偿对方因此所受到的损失,双方都有过错的,应当各自承担相应的责任。

第四节 合同的担保

一、合同担保的基本理论

【以案学法 5-15】 甲向 A 银行借款 500 万元,乙作为担保人与 A 银行签订担保合同。

问题:

(1) 若借款合同被法庭宣告无效,则担保合同的效力如何?

(2) 若乙为某市的公立学校,其与 A 银行签订的担保合同效力如何?为什么?

(3) 若 A 银行在提供了首期贷款 300 万元后,发现借款人甲未按照借款合同的约定用途使用贷款,于是 A 银行决定停止发放第二期贷款 200 万元及解除合同,并要求甲提前偿还首期贷款 300 万元。此时,担保合同的效力如何? A 银行是否有权要求乙承担担保责任?

(一)担保的概念及方式

担保是指依照法律规定,或由当事人双方经约定的,为以保障合同债权实现的法律措施。

根据《物权法》和《担保法》的规定,担保的方式包括保证、抵押、质押、留置和定金五种。其中,保证属于人的担保,定金属于金钱担保,其余为物的担保。本部分主要对保证及定金作介绍,有关物的担保,参见第九章第三节担保物权法律制度。

第三人为债务人向债权人提供担保的,可以要求提供反担保。反担保人可以是债务人,也可以是债务人之外的其他人。反担保方式可以是债务人提供的抵押或者质押,也可以是其他人提供的保证、抵押或者质押。

(二)担保合同的性质与范围

担保合同是主债权债务合同的从合同,主债权债务合同有效,担保合同有效;主债权债务合同无效,担保合同无效,但法律另有规定的除外。

担保范围包括主债权及其利息、违约金、损害赔偿金、保管担保财产和实现担保物权的费用。当事人另有约定的,按照约定。

(三)担保合同的无效与法律责任

1. 担保合同无效的情形

(1)国家机关和以公益为目的的事业单位、社会团体违反法律规定提供担保的。

(2)以法律、法规禁止流通或不可转让的财产设定担保的。

2. 担保合同无效的法律责任

《担保法》规定,担保合同被确认无效后,债务人、担保人、债权人有过错的,应根据其过错各自承担相应的民事责任。

(1)主合同有效而担保合同无效:债权人无过错的,由债务人和担保人对主合同债权人的经济损失承担连带赔偿责任;债权人、担保人有过错的,担保人承担民事责任的部分,不应超过债务人不能清偿部分的1/2。

(2)主合同无效而导致担保合同无效:担保人无过错的,担保人不承担民事责任;担保人有过错的,担保人承担民事责任的部分,不应超过债务人不能清偿部分的1/3。

(3)担保人因无效担保合同向债权人承担赔偿责任后,可以向债务人追偿,或者在承担赔偿责任的范围内,要求有过错的反担保人承担赔偿责任。担保人可以根据承担赔偿责任的事实对债务人或反担保人另行提起诉讼。

(4)主合同解除后,担保人对债务人应当承担的民事责任仍应承担担保责任。担保合同另有约定的除外。

(5)法人或者其他组织的法定代表人、负责人超越权限订立的担保合同,除相对人知道或者应当知道其超越权限的以外,该代表行为有效。

二、保证

(一)保证与保证合同

【以案学法5-16】 2019年6月2日,张某因银行转贷需要,要求从林某处暂时挪借资金300万元。张某写下借条后,林某要求提供担保。次日,张某找到其姨丈王某,王某在借条上"保证人"处签了名。林某这才将借款全额汇到张某的银行还贷账户内,帮其还了银行的到期贷款。但是,银行考虑到张某经营的企业已陷入困境,未同意再放贷。林某得知后,经催讨张某还款无果,遂将张某和王某告上法庭,请求判令张某归还借款,并由王某承担连带保证责任。而王某则认为,借条上的"保证人"3个字为原告事后添加,当时其仅以见证人的名义签了名,不应对该借款承担保证责任。

问题:王某的理由是否成立?法院应如何判决?

1. 保证

保证是指第三人为债务人的债务履行作担保,由保证人和债权人约定,当债务人不履行债务时,保证人按照约定履行债务或者承担责任的行为。

2. 保证人

根据《担保法》的规定,具有代为清偿债务能力的法人、其他组织或公民,可以作保证人。不具有完全代偿能力的法人、其他组织或自然人,以保证人身份订立保证合同后,又以自己没有代偿能力要求免除保证责任的,人民法院不予支持。

国家机关、学校、幼儿园、医院等以公益为目的的事业单位、社会团体,企业法人的分支机构、职能部门,不得作保证人。但是,在经国务院批准为使用外国政府或者国际经济组织贷款进行转贷的情况下,国家机关可以作保证人;企业法人的分支机构有法人书面授权的,可以在授权范围内提供保证。

3. 保证合同

保证人与债权人应当以书面形式订立保证合同。保证合同应当包括以下内容:被保证的主债权(即主合同债权,下同)种类、数额;债务人履行债务的期限;保证的方式;保证担保的范围;保证的期间;以及双方认为需要约定的其他事项。根据《担保法》司法解释的规定,以下两种情况,保证合同也成立:

(1) 第三人单方以书面形式向债权人出具担保书,债权人接受且未提出异议的;

(2) 主合同中虽没有保证条款,但保证人在主合同上以保证人身份签字或盖章的。

(二)保证方式

【以案学法 5-17】　2017 年 5 月,甲企业向乙银行借款 100 万元,期限 2 年,由王某和陈某与乙银行签订保证合同,为甲借款提供共同保证,保证方式为一般保证。后甲企业经营不善,亏损严重。王某遂与陈某约定,以 3∶2 的比例分担保证责任。2019 年 6 月,因甲企业提出破产申请,法院受理了该破产案件,故乙银行要求王某与陈某承担连带保证责任。王某认为:保证合同约定的是一般保证责任,乙银行应先要求甲企业承担责任;陈某则宣称自己没有财产,且认为自己与王某已有约定,只需承担 40% 的责任。

问题:

(1) 王某提出的乙银行应先要求甲企业承担责任的主张是否成立? 请简要说明理由。

(2) 陈某提出自己对乙银行的保证责任只需承担 40% 的主张是否成立? 请简要说明理由。

1. 一般保证

一般保证是指当事人在保证合同中约定,债务人不能履行债务时,由保证人承担保证责任的保证。

2. 连带责任保证

连带责任保证是指当事人在保证合同中约定保证人与债务人对债务承担连带责任的保证。当事人对保证方式没有约定或约定不明的,按照连带责任保证承担保证责任。

同一债务有 2 个以上保证人的,保证人应当按照保证合同约定的保证份额,承担保证责任。各保证人与债权人没有约定保证份额的,应当认定为连带共同保证。连带共同保证的保证人以其相互之间约定各自承担的份额对抗债权人的,人民法院不予支持。

（三）保证期间

【以案学法 5-18】 2019 年 6 月 2 日,甲与乙签订借款合同:甲向乙借款 5 万元,期限 1 年。同日丙作为保证人与乙签订保证合同,约定丙承担保证责任直至甲向乙还清本息为止。

问题: 丙的保证期间起止时间是什么时候?

保证期间是指当事人约定或法律规定的保证人承担保证责任的起止时间。保证期间性质上属于除斥期间,不发生诉讼时效的中止、中断和延长。债权人没有在保证期间主张权利的,保证人免除保证责任。

1. 保证期间的界定

（1）保证人与债权人约定保证期间的,按约定。

（2）当事人未约定保证期间的,保证期间为主债务履行期届满之日起 6 个月。保证合同约定的保证期间早于或等于主债务履行期限的,视为没有约定。

（3）当事人对保证期间约定不明的（如约定保证人承担保证责任直至主债务本息还清时为止等类似内容的）,保证期间为主债务履行期届满之日起 2 年。

2. 保证合同的诉讼时效

（1）一般保证。一般保证的保证人享有先诉抗辩权,即债务人不能履行到期债务时,债权人应当首先对债务人提起诉讼或申请仲裁。在保证期间内,如果债权人未对债务人提起诉讼或申请仲裁的,保证人不再承担保证责任。一般保证的债权人在保证期间内对债务人提起诉讼或申请仲裁的,从判决或仲裁裁决生效之日起,开始计算保证合同的诉讼时效。

（2）连带责任保证。在连带责任保证中,债务人不能履行到期债务时,债权人可以要求债务人履行债务,也可以直接要求保证人承担保证责任。债权人在保证期间内要求连带保证人承担保证责任的,从债权人要求保证人承担保证责任之日起,开始计算保证合同的诉讼时效。保证人对债务人行使追偿权的诉讼时效,自保证人向债权人承担保证责任之日起计算。

◆ 知识链接 ⋯⋯⋯⋯⋯⋯⋯⋯⋯⋯⋯⋯⋯⋯⋯⋯⋯⋯⋯⋯⋯⋯⋯⋯⋯⋯⋯⋯⋯⋯⋯⋯⋯⋯

一般保证人不得行使先诉抗辩权的情形

一般保证与连带责任保证二者最大的区别在于保证人是否享有先诉抗辩权。一般保证的保证人享有先诉抗辩权,连带责任保证的保证人则不享有。但有下列情形之一的,一般保证人不得行使先诉抗辩权:①债务人的住所变更,致使债权人要求其履行债务发生重大困难的。②人民法院受理债务人破产案件,中止执行程序的。③保证人以书面形式放弃先诉抗辩权的。

⋯⋯

（四）保证责任

【以案学法 5-19】 甲企业与 A 银行签订借款合同,借款金额为 10 万元,期限为 1 年。乙企业为保证人。合同签订 3 个月后,甲因扩大规模急需资金,遂与 A 银行协商将贷款额增加到 15 万元,甲和 A 通知了乙,乙未予答复。后甲企业到期不能偿还债务。

问题:A银行能否要求乙企业承担15万元的保证责任,为什么?

1. 保证责任的范围

保证人在约定的保证担保范围内承担保证责任。当事人对保证担保的范围没有约定或者约定不明确的,保证人应当对全部债务承担责任。全部债务包括主债权及利息、违约金、损害赔偿金和实现债权的费用。

2. 主合同变更与保证责任承担

(1) 主债权转让。债权人依法将主债权转让给第三人的,保证人在原保证范围内对受让人承担保证责任。但保证人与债权人事先约定仅对特定的债权人承担保证责任或禁止债权转让的除外。

(2) 主债务转让。债权人许可债务人转让债务未经保证人书面同意的,保证人对未经其同意转让部分的债务,不再承担保证责任。

(3) 主合同内容(数量、价款、币种、利率等)变更,未经保证人同意的,如果减轻债务人债务的,保证人仍应当对变更后的合同承担保证责任;如果加重债务人债务的,保证人对加重的部分不承担保证责任。变更主合同履行期限的未经保证人书面同意的,保证期间为原合同约定的或者法律规定的期间。

3. 保证责任的免除

《担保法》规定,有下列情形之一的,保证人不承担民事责任:

(1) 主合同当事人双方串通,骗取保证人提供保证的。

(2) 主合同债权人采取欺诈、胁迫等手段,使保证人在违背真实意思的情况下提供保证的。

(3) 主合同债务人采取欺诈、胁迫等手段,使保证人在违背真实意思的情况下提供保证的,债权人知道或者应当知道欺诈、胁迫事实的。但债务人与保证人共同欺骗债权人订立主合同和保证合同的,债权人可以请求人民法院予以撤销。

保证人承担保证责任后,有权向债务人追偿。

三、定金

【以案学法5-20】 2019年6月2日,甲、乙签订买卖合同,约定甲于6月8日前向乙交付货物,乙收到货后3天内支付货款50万元,合同还约定由乙向甲交付定金15万元,任何一方违约均需承担定金罚则。合同签订后,乙只向甲交付了4万元定金,甲未提出异议。

问题:如何看待甲、乙的定金合同?

定金是指合同当事人约定一方向对方给付一定数额的货币(即定金)作为债权的担保。债务人履行债务后,定金抵作价款或收回。

(一) 定金合同

定金应当以书面形式约定。定金合同是实践性合同,从实际交付定金之日起生效。定金的数额由当事人约定,但不得超过主合同标的额的20%,若超过20%的,超过部分人民法院不予支持。若实际交付的定金与约定的金额不一致的,视为变更定金合同,收受定金一方提出异议并拒绝接受定金的,定金合同不生效。

定金交付后,交付定金的一方可以按照合同约定以丧失定金为代价而解除主合同,收受定金的一方可以双倍返还定金为代价而解除主合同。

（二）定金罚则的适用

（1）给付定金方不履行约定债务的,无权要求返还定金;收受定金方不履行约定债务的,应当双倍返还定金。

（2）合同部分履行的,应当按照未履行部分所占合同约定内容的比例,适用定金罚则。

（3）因当事人一方延迟履行或其他违约行为,致使合同目的不能实现的,可适用定金罚则。但法律另有规定或当事人另有约定的除外。

（4）因第三人原因而致违约的,适用定金罚则,受定金处罚的一方可向第三人追偿。

（5）因不可抗力、意外事件致使主合同不能履行的,不适用定金罚则。

第五节　合同的变更、转让、终止及违约责任

一、合同的变更

【以案学法 5-21】　2019 年 6 月 2 日,甲、乙双方签订 2 万支显像管买卖合同,约定甲应于 6 月 30 日前交付。合同签订后,甲因条件发生变化预计在 6 月 30 日前无法生产出 2 万支显像管,于是经与乙协商将 2 万支显像管减少到 1.5 万支。

问题:

（1）甲与乙协商将 2 万支显像管减少到 1.5 万支的约定,是否属于合同的变更?

（2）如果甲并未要求减少供应数量,而是与同样生产该产品的丙达成协议,由丙供应其余的 5 000 支显像管,这是否属于合同的变更? 请说明理由。

合同变更,此处仅指合同内容的变更,是指合同成立后,当事人双方根据客观情况的变化,依照法律规定的条件和程序,经协商一致,对原合同内容进行修改、补充或完善。

（一）合同变更的条件

（1）当事人之间已存在合同关系。

（2）合同内容发生了变化。

（3）须遵守法律的规定和当事人的约定。

依据法律的规定变更合同,包括:①基于法律的直接规定而变更。如遇有不可抗力导致债务不能履行时,合同可以延期履行。②根据法院或仲裁机关的裁决而变更。如对因重大误解或显失公平而订立的合同,当事人一方有权请求法院或仲裁机构变更或撤销。

当事人约定变更的情形,包括:①由当事人达成变更合同的协议。②当事人可以在订立合同时即约定,当某种情况出现时,当事人有权变更合同。

（二）合同变更的表现

合同变更可表现为:①合同标的的变更。如买东芝牌手提电脑变更为买联想台式电脑。②合同标的数量和质量的变更。如租赁三辆普通面包车变更为租赁五台豪华大巴。③合同履行地点的变更。如由伦敦改为纽约。④合同履行方式的改变。如出卖人送货变更为买受人自己提货。⑤合同价款或者报酬条款的变更。如歌剧院支付给歌星演出费由 10 万元变更为 20 万元。⑥其他合同内容的变更。如合同履行期的提前或者延期;违约责任、合同担

保条款以及解决争议方式等内容的重新约定等。

（三）合同变更的形式和程序

合同变更适用《合同法》关于要约、承诺的规定，双方协商取得一致，并采用书面形式。如原合同是经过公证、鉴证的，变更后的合同应报原公证、鉴证机关备案，必要时应对变更的事实予以公证、鉴证；如原合同是经过有关部门批准、登记的，变更后仍应报原批准机关批准、登记。

合同变更后，当事人应按照变更后的内容履行合同。当事人对合同变更的内容约定不明确的，推定为未变更。合同变更的效力原则上仅对未履行的部分有效，对已履行的部分没有溯及力，但法律另有规定或当事人另有约定的除外。

二、合同的转让

合同的转让是指合同当事人一方将其合同的权利和义务全部或部分转让给第三人的行为。合同转让仅指合同主体的变更，不改变合同约定的权利义务。

（一）合同权利的转让

【以案学法 5-22】　2019 年 6 月 2 日，甲公司以其机器设备作抵押向乙银行贷款 100 万元。乙银行与丙银行于 6 月 6 日签订债权转让协议，并于 6 月 10 日通知了债务人甲。

问题：

(1) 乙银行的债权转让行为是否符合规定？该行为何时对甲公司发生效力？

(2) 丙银行是否取得对该机器设备的抵押权？

《合同法》规定，债权人可以将合同的权利全部或部分转让给第三人。转让权利的人（原债权人）称为让与人，第三人（接受权利的人）称为受让人。

1. 合同权利不得转让的情形

(1) 根据合同性质不得转让。包括：①根据当事人之间的信任关系而发生的债权，如委托合同中委托人对受托人的信任。②以选定的债权人为基础发生的合同权利，如以某个特定演员的演出活动为基础订立的演出合同。③合同内容中包括了针对特定当事人的不作为义务，如禁止某人在转让某项权利后再将该权利转让给他人。

(2) 根据当事人约定不得转让。如果一方当事人违反约定将合同权利转让给善意第三人，则善意第三人可以取得该项权利。

(3) 依照法律规定不得转让。如《担保法》规定，最高额抵押的主合同债权不得转让。

2. 合同权利转让的效力

(1) 债权人转让权利无须经债务人同意，但应通知债务人。未经通知，该转让对债务人不发生效力。债务人接到债权转让通知后，债权让与行为就生效。受让人承继原债权人对债务人享有的主权利和从权利，但该从权利专属于原债权人自身的除外。

(2) 债务人对让与人享有债权，并且债务人的债权先于转让的债权到期或者同时到期的，债务人可以向受让人主张抵销。债务人对让与人的抗辩，可以向受让人主张。

（二）合同义务的转移

【以案学法 5-23】　2019 年 5 月 6 日，甲商场与乙企业签订空调供应合同，约定于 6 月底前由乙一次供应给甲某型号的空调 500 台,合同总价款 100 万元,交货付款。合同签订后,乙企业因临时接到一大笔外贸订单,无暇生产甲所订购型号的空调。于是与丙空调厂签订合同,将其与甲商场的合同义务转让给丙,并随后通知了甲商场。甲商场知道后,立刻拒绝该合同义务的转让,并要求乙企业继续履行合同义务,否则承担违约责任。

问题:甲商场的做法及要求是否有法律依据?请说明理由。

债务人可以将合同的义务全部或部分转移给第三人,但应经债权人同意,否则该行为对债权人不发生效力,债权人有权拒绝第三人向其履行,同时有权要求债务人履行义务并承担不履行或延迟履行合同的法律责任。合同义务转移的法律后果包括:

(1) 新债务人成为合同一方当事人,如不履行或不适当履行合同义务,债权人可以向其请求履行债务或承担违约责任。

(2) 新债务人可以主张原债务人对债权人的抗辩。

(3) 从属于主债务的从债务,随主债务的转移而转移。

(4) 原第三人向债权人提供的担保,若担保人未明确表示继续承担担保责任,则担保责任因债务转移而消灭。

(三) 合同权利义务的一并转让

合同关系的一方当事人可以将权利与义务一并转让给第三人,但应征得另一方当事人的同意,还应遵守《合同法》有关转让权利义务的规定。

当事人订立合同后合并的,由合并后的法人或其他组织行使合同权利,履行合同义务。当事人订立合同后分立的,由分立的法人或其他组织对合同的权利义务享有连带债权,承担连带债务,债权人和债务人另有约定的除外。

三、合同的终止

合同权利义务终止,简称合同的终止,是指依法生效的合同,因具备法定情形和当事人约定的情形,合同债权债务归于消灭,合同当事人双方终止合同关系,合同的效力随之消灭。依据《合同法》第九十一条的规定,债务按约定履行、合同的解除、抵销、提存、免除、混同及其他情形均为合同权利义务终止的情形。

(一) 债务已按约定履行

债务已按约定履行是指债务人已按照约定的标的、质量、数量、价款或报酬、履行期限、履行地点和方式全面履行。以下情况也属于合同按照约定履行:

(1) 当事人约定的第三人按照合同内容履行,产生债务消灭的后果。

(2) 债权人同意以他种给付代替合同原定给付。

(3) 当事人之外的第三人接受履行。

(二) 合同解除

【以案学法 5-24】 甲小学为了"六一"儿童节学生表演节目的需要,向乙服装厂订购 100 套童装,约定在儿童节前一周交付。5 月 28 日,甲向乙催要时却被告知,因布匹供应问题 6 月 3 日才能交付童装,甲小学因此欲单方解除合同。

问题:甲小学是否可以单方解除合同?请说明理由。

合同解除是指合同有效成立后尚未全部履行前,当事人双方达成协议或一方当事人的意思表示提前终止合同效力。当事人一方主张解除合同的,应通知对方,合同自通知到达对方时解除。对方有异议的,可请求法院或仲裁机构确认解除合同的效力。

1. 合同解除的情形

(1)约定解除(双方)。①事先约定解除权。双方事先约定了合同当事人一方解除合同的条件,一旦该条件成就,解除权人就可以通过行使解除权而终止合同。②事后协商一致。

(2)法定解除(单方)。有下列情形之一的,当事人可以解除合同:①因不可抗力致使不能实现合同目的;②在履行期限届满之前,当事人一方明确表示或以自己的行为表明不履行主要债务;③当事人一方迟延履行主要债务,经催告后在合同期限内仍未履行;④当事人一方迟延履行债务或者有其他违约行为致使不能实现合同目的;⑤法律规定的其他情形。

(3)随时解除。主要包括以下几种情况:①在承揽合同中,定作人可以随时解除合同,但应赔偿承揽人因此造成的损失。②在货运合同中,在承运人将货物交付收货人之前,托运人可要求承运人中止运输、返还货物、变更到达地或将货物交给其他收货人,但应赔偿承运人因此所受的损失。③在委托合同中,双方均可以随时解除合同,因解除合同给对方造成损失的应当赔偿,不可归责于该当事人的事由除外。④租赁物危及承租人安全或健康的,即使承租人订立合同时明知该租赁物质量不合格,承租人仍可随时解除合同。

2. 合同解除的效力

合同解除后,尚未履行的,终止履行;已经履行的,根据履行情况当事人有权要求恢复原状、采取其他补救措施,并有权要求赔偿损失。合同权利义务的终止,不影响合同中关于争议解决条款的效力。

(三)抵销

【以案学法 5-25】　甲商场 3 月欲从乙冰箱厂购进冰箱 50 台,每台 2 800 元,计 14 万元。双方约定 4 月货到后先付 4 万元,待销售后付清余下的 10 万元。后乙为打开销路拟在甲商场开设销售专柜,双方遂签订场地租赁合同,约定租期 1 年,月租金 2 万元,自同年 4 月起至次年 3 月止,租金共计 24 万元,由乙冰箱厂每 3 个月付 1 次,分 4 次付清。6 月乙冰箱厂通知甲,称用应收甲商场的 10 万元冰箱货款中的 6 万元抵销其 4～6 月的租金。

问题:乙冰箱厂的做法是否合法?为什么?

1. 法定抵销

当事人互负到期债务,债务标的物种类、品质相同的,任何一方均可主张抵销。当事人主张抵销的,应通知对方,通知自到达对方时生效。抵销不得附加条件或期限。

2. 不得抵销的债务

依照法律规定,下列债务不能抵销:

(1)按合同性质不能抵销。例如,债务标的为劳务的合同,如咨询、培训、医疗合同等。

(2)按照约定应当向第三人给付的债务。

(3)当事人约定不得抵销的债务。

(4)因故意实施侵权行为产生的债务。

(5)法院规定不得抵销的情形。如被人民法院查封、扣押、冻结的财产。

（四）提存

【以案学法 5-26】 甲向乙定制了一套礼服，并预先支付了价款。但礼服做好后，甲迟迟不来取，乙无法找到甲向其交付订货，于是半年后乙将该套礼服变卖，将所得价款扣除报酬和保管费用后，以甲的名义存入银行。

问题：乙的行为属于什么行为？是否合法？

提存是指由于债权人的原因，债务人无法向其交付合同标的物而将该标的物交给提存机关，从而消灭债务、中止合同的制度。标的物不适于提存或提存费用过高的，债务人依法可以拍卖或变卖标的物，提存所得的价款。

1. 债务人可以将标的物提存的情形

（1）债权人无正当理由拒绝领受标的物。

（2）债权人下落不明。

（3）债权人死亡未确定继承人或者丧失民事行为能力未确定监护人。

（4）法律规定的其他情形。

2. 提存的法律效力

标的物提存后，债务人应当及时通知债权人或债权人的继承人、监护人，但债权人下落不明的除外。在提存期间：标的物毁损、灭失的风险由债权人承担；孳息归债权人所有；提存费用由债权人负担。债权人可以随时领取提存物，但债权人对债务人负有到期债务的，在债权人未履行债务或提供担保前，提存部门根据债务人的要求应拒绝其领取。债权人领取提存物的权利，自提存之日起 5 年内不行使而消灭，提存物扣除提存费用后归国家所有。

（五）免除

债务的免除是指合同没有履行完或未完全履行，权利人放弃自己的全部或部分权利，从而使合同义务减轻或使合同终止的一种形式。债权人免除部分或全部债务的，合同的权利义务部分或全部终止。免除债权，债权的从权利，如从属于债权的担保权利、利息权利、违约金请求权等也随之消灭。

（六）混同

混同，即债权债务同归于一人。如由于甲、乙两企业合并，两企业先前订立的合同中的权利义务同归于合并后的企业，债权债务关系自然终止。根据规定，债权债务同归于一人的，合同的权利义务终止，但涉及第三人利益的除外。

（七）法律规定或当事人约定终止的其他情形

除了前述合同的权利义务终止的情形，出现了法律规定的终止的其他情形的，合同的权利义务也可以终止。如代理人死亡、丧失民事行为能力，作为被代理人或代理人的法人终止，委托代理终止。又如，委托人或受托人死亡、丧失行为能力或破产的，委托合同终止。

当事人也可以约定合同的权利义务终止的情形，如当事人订立的附解除条件的合同，当解除条件成就时，债权债务关系消灭，合同的权利义务终止。当事人订立附终止期限的合同，期限届至时，合同的权利义务终止。

四、违约责任

【以案学法 5-27】 甲、乙签订买卖合同，约定甲须在 1 个月内向乙提供 200 台电视机，总价100万元。合同签订后,乙按约定向甲支付了定金20万元。甲依约分两批发运电视机。不料,第一批100台电视机在运输途中遭遇泥石流全部毁损;第二批100台电视机在运输过程中被甲的债权人丙强行扣押变卖。最终,乙未能收到电视机。

问题:甲公司是否应承担违约责任? 如何承担?

违约责任,即违反合同的民事责任,是指合同当事人一方或双方不履行合同义务或履行合同义务不符合约定,依照法规或合同约定所承担的民事责任。当事人一方明确表示或者以自己的行为表明不履行合同义务的,对方可以在履行期限届满之前要求其承担违约责任。

(一)承担违约责任的形式

依据《合同法》规定,承担违约责任的方式有继续履行、采取补救措施或赔偿损失等。

1. 继续履行

继续履行合同既是为了实现合同目的,又是一种承担违约责任的形式。

2. 采取补救措施

当事人一方履行合同义务不符合约定的,应当按照当事人的约定承担违约责任。受损害方可根据受损害的性质及损失的大小,合理选择要求对方适当履行,如采取修理、更换、重做、退货、减少价款或者报酬等措施,也可选择解除合同、中止履行合同、通过提存履行债务、行使担保债权等补救措施。

3. 赔偿损失

当事人一方不履行合同义务或履行合同义务不符合约定的,在履行义务或采取补救措施后,对方还有其他损失的,应当赔偿损失。损失赔偿额应相当于因违约造成的损失,包括合同履行后可以获得的利益,但不得超过违反合同一方订立合同时预见到或应当预见到的因违反合同可能造成的损失。当事人一方违约后,对方应采取适当措施防止损失扩大;没有采取适当措施致使损失扩大的,不得就扩大的损失要求赔偿。当事人因防止损失扩大而支出的合理费用由违约方承担。

4. 支付违约金

违约金是由当事人预先协商确定的一种承担违约责任的方式。约定的违约金低于造成的损失的,当事人可以请求法院或仲裁机构予以增加,增加后的违约金数额以不超过实际损失为限;增加违约金后,当事人又请求对方赔偿损失的,法院不予支持。约定的违约金过分高于(一般认为超过实际损失的30%)造成的损失的,当事人可以请求法院或仲裁机构予以适当减少。当事人就延迟履行约定违约金的,违约方支付违约金后,还应当履行债务。

在同一合同中,当事人既约定违约金,又约定定金的,一方违约时,对方可以选择适用违约金或定金条款。根据规定,在买卖合同中,约定的定金不足以弥补一方违约造成的损失,对方请求赔偿超过定金部分的损失的,人民法院可以并处,但定金和损失赔偿的数额总和不应高于因违约造成的损失。

(二)免责事由

免责事由是指免除违约方承担违约责任的原因和理由。《合同法》规定了三种免责事由。

1. 法定事由

法定事由是指因不可抗力不能履行合同的,根据不可抗力的影响,部分或全部地免除责任,但法律另有规定的除外。当事人一方因不可抗力不能履行合同的,应当及时通知对方不能履行或不能完全履行的情况和理由,并在合理期限内提供有关机关的证明,证明不可抗力及其影响当事人履行合同的具体情况。当事人延迟履行后发生不可抗力的,不能免除责任。

2. 免责条款

免责条款是指合同当事人在合同中约定,当出现一定的事由或条件时,可以免除违约方的违约责任。但造成对方人身伤害的免责条款、因故意或重大过失造成对方财产损失的免责条款无效。

3. 法律的特别规定

在法律有特别规定的情况下,可以免除当事人的违约责任。如在运输合同中,承运人对运输过程中货物的毁损、灭失承担损害赔偿责任。但承运人能证明货物的毁损、灭失是因不可抗力、货物本身的自然性质或合理损耗以及托运人、收货人的过错造成的,不承担损害赔偿责任。

知识检测

一、单项选择题

1. 在下列几种情形中,在当事人之间产生合同法律关系的是(　　　　)。

    A. 甲拾得乙遗失的一块手表

    B. 甲邀请乙看球赛,乙因为有事没有前去赴约

    C. 甲因放暑假,将一台电脑放入乙家

    D. 甲鱼塘之鱼跳入乙鱼塘

2. 下列情形中属于效力待定合同的有(　　　　)。

    A. 10 周岁的少年出售劳力士金表给 40 岁的李某

    B. 5 周岁的儿童因发明创造而接受奖金

    C. 成年人甲误将本为复制品的油画当成真品购买

    D. 出租车司机借抢救重病人急需租车之机将车价提高 10 倍

3. 某商店橱窗内展示的衣服上标明"正在出售",并且标示了价格,则"正在出售"的标示视为(　　　　)。

    A. 要约　　　　　　　　　　　B. 承诺

    C. 要约邀请　　　　　　　　　D. 既是要约又是承诺

4. 下列情形中,构成有效承诺的是(　　　　)。

    A. 受要约人在承诺期内发出承诺,正常情形下可如期到达要约人,但因连日暴雨导致道路冲毁,承诺到达要约人时已超过承诺期限,要约人收到承诺后未作任何表示

    B. 受要约人向要约人发出承诺函后,随即又发出一份函件表示收回承诺,两封邮件同时到达要约人

    C. 受要约人发出表示承诺的函件时已超过要约人规定的承诺期限,要约人收到后未作任何表示

D. 受要约人向要约人回函表示:"若价格下调5%,我司即与贵司签订合同。"

5. 当事人采用合同书形式订立合同的,自(   )。

    A. 双方当事人制作合同书时合同成立

    B. 双方当事人表示受合同约束时合同成立

    C. 双方当事人签字或者盖章时合同成立

    D. 双方当事人达成一致意见时合同成立

6. 甲公司与乙公司签订买卖合同。合同约定甲公司先交货。交货前夕,甲公司派人调查乙公司的偿债能力,有确切材料证明乙公司负债累累,根本不能按时支付货款。甲公司遂暂时不向乙公司交货。甲公司的行为是(   )。

    A. 违约行为   B. 行使同时履行抗辩权

    C. 行使先诉抗辩权   D. 行使不安抗辩权

7. 债务人欲将合同的义务全部或者部分转移给第三人,则(   )。

    A. 应当通知债权人   B. 应当经债权人同意

    C. 不必经债权人同意   D. 不必通知债权人

8. 根据《合同法》的规定,抵销(   )。

    A. 可以附条件   B. 可以附期限

    C. 可以附条件和期限   D. 不得附条件或者期限

二、多项选择题

1. 陈某向李某借款10万元,并签订了借款合同,张某向李某单方面提交了保证书,但未约定保证方式,借款到期后,陈某未清偿借款本息,经查,张某并不具有代偿能力,下列说法不正确的有(   )。

    A. 张某可以以自己不具有代偿能力为由主张保证合同无效

    B. 张某可以以自己未与李某签订保证合同为由主张保证合同不成立

    C. 张某须向李某承担一般保证责任

    D. 张某须向李某承担连带保证责任

2. 要约发出以后,遇有下列情况之一时,即不发生效力,或消灭其效力(   )。

    A. 要约被撤回   B. 要约被拒绝

    C. 要约的有效期限届满   D. 要约人丧失民事行为能力

3. 李某表示要将家中仅有的一头母牛卖给张某,张某以为李某要把这头牛送给自己,某日李某家中无人,张某就将牛牵回了家,从已知的条件看(   )。

    A. 李、张二人之间的合同未成立

    B. 应以重大误解为由撤销李、张之间的合同

    C. 张某的行为是过失侵权

    D. 李、张二人之间的合同是成立未生效的合同

4. 依据《合同法》,出现了下述哪种情况,一方当事人有权解除合同(   )。

    A. 对方当事人有违约行为

    B. 发生不可抗力事件,致使合同不能履行

    C. 对方当事人在合同约定的期限内没有履行合同,经催告仍未履行

    D. 预期非根本性违约

5. 下列合同中,既可以是有偿合同也可以是无偿合同的有(　　　　)。
  A. 保管合同　　　　　　　　　B. 委托合同
  C. 借款合同　　　　　　　　　D. 租赁合同

三、判断题

1. 债权人甲与债务人乙约定由乙向丙履行债务,乙未履行,则乙应向丙承担违约责任。
  (　　)

2. 商业广告都是要约邀请。(　　)

3. 标的物在交付前产生的孳息归出卖人所有,交付后产生的孳息归买受人所有。(　　)

4. 继续履行与解除合同可以并用。(　　)

5. 法人的法定代表人超越权限订立的合同的效力为有效。(　　)

6. 甲让乙去给甲交纳电话费,途中乙被汽车撞伤,乙可以让甲赔偿。(　　)

7. 寄存人寄存货币、有价证券或其他贵重物品的,应当向保管人声明,由保管人验收或封存。寄存人未声明的,该物品毁损、灭失后,保险人可以按一般物品予以赔偿。(　　)

以法论案

案例一　要约邀请、合同订立

某食品加工厂因公司业务扩大,急需包装材料,于是向甲、乙两家包装材料公司发出函电。函电中称:"我司急需 A4 型包装纸,如贵公司有货,请速来函电,我公司愿派人前去购买。"甲、乙两公司在收到函电后,都先后向食品加工厂回复了函电,在函电中告知本公司备有现货,且告知了 A4 型包装纸的价格,而甲公司在发出函电的同时,派车给食品加工厂送去了 5 000 令 A4 型包装纸。在该批货物送达之前,食品加工厂得知乙公司的包装纸质量较好,而且价格合理,因此,向乙公司致电,称:"我公司愿购买贵公司的 10 000 令 A4 型包装纸,盼速发货,运费由我公司承担。"在发出函电的第二天上午,乙公司发函称已准备发货。下午,甲公司将 5 000 令包装纸运到,食品加工厂告知甲公司,他们已决定购买乙公司的货物,因此不能购买甲公司的货物。甲公司认为,食品加工厂的拒收货物行为已构成违约,双方协商不成,甲公司向法院起诉。

讨论:

1. 食品加工厂向甲、乙两公司分别发函的行为,在《合同法》上属于什么行为?
2. 甲、乙两公司的复函行为是什么行为?
3. 食品加工厂第二次向乙公司发函的行为是什么行为?
4. 食品加工厂与乙公司之间的买卖合同是否成立?为什么?
5. 食品加工厂与甲公司之间的买卖合同是否成立?为什么?
6. 食品加工厂有无义务接受甲公司的包装纸?本案中甲公司的损失应由谁承担?

案例二　所有权转移、风险负担、效力未定合同

甲与乙订立了一份卖牛合同,合同约定甲向乙交付 5 头牛,分别为牛 1、牛 2、牛 3、牛 4、牛 5,总价款为 1 万元;乙向甲交付定金 3 000 元,余下款项由乙在半年内付清。双方还约定,在乙向甲付清买牛款之前,甲保留该 5 头牛的所有权。甲订立合同并收取定金后即向乙交付了该 5 头牛。

讨论:

1. 设在买牛款付清之前,牛 1 被雷电击死,该损失由谁承担? 为什么?

2. 设在买牛款付清之前,牛 2 生下一头小牛,该小牛由谁享有所有权? 为什么?

3. 设在买牛款付清之前,丁不知甲保留了此 5 头牛的所有权,乙与丁达成一项转让牛 4 的合同,作价 2 000 元将牛 4 交付丁。丁能否据此取得该牛的所有权? 为什么?

4. 设在买牛款付清之前,乙将牛 5 租给戊,租期为 3 个月,租金 200 元。该租赁协议是否有效? 租金应如何处理?

5. 合同中的定金条款效力如何? 为什么?

案例三　表见代理、不安抗辩权、留置

甲公司因转产致使一台价值 1 000 万元的精密机床闲置。该公司董事长王某与乙公司签订了一份机床转让合同。合同规定,该精密机床作价 950 万元,甲公司于 10 月 31 日之前交货,乙公司在交货后 10 天内付清款项。在交货日前,甲公司发现乙公司的经营状况恶化,通知乙公司中止交货并要求乙公司提供担保,乙公司予以拒绝。又过了 1 个月,甲公司发现乙公司的经营状况进一步恶化,于是提出解除合同。乙公司遂向法院起诉。法院查明: (1)甲公司股东会决议规定,对精密机床的处置应经股东会特别决议;(2)甲公司的机床原由丙公司保管,保管期限至 10 月 31 日,保管费 50 万元。11 月 5 日,甲公司将机床提走并约定 10 天内付保管费,丙公司可对该机床行使留置权。现丙公司要求对该机床行使留置权。

讨论:

1. 甲公司与乙公司之间转让机床的合同是否有效? 为什么?

2. 甲公司中止履行的理由能否成立? 为什么?

3. 甲公司能否解除合同? 为什么?

4. 丙公司能否行使留置权? 为什么?

案例四　合同权利义务转让

乙公司欠甲公司 20 万元,甲公司欠丙公司 18 万元,丁公司欠乙公司 20 万元。现乙、丁两公司达成协议,由丁公司向甲公司清偿乙公司的 20 万元债务,乙、丁间债权债务关系消灭。该协议经甲公司同意。后甲公司又与丙公司达成协议,由丁公司向丙公司清偿 20 万元,甲、丙的 18 万元债权债务消灭。

讨论:

1. 乙、丁间协议的性质是什么? 该协议是否生效?

2. 甲、丙间协议的性质是什么? 丙公司因此获利 2 万元,是否违法? 若甲公司未将此事通知丁公司,该协议是否生效?

3. 若甲公司未将此事通知丁公司,丁公司仍向甲公司清偿债务 20 万元,甲公司接受,该种清偿是否有效? 此时应如何救济丙公司?

4. 若甲公司已通知丁公司,但丁公司忘记此事仍向甲公司清偿债务 20 万元,甲公司接受,该种清偿是否有效? 此时应如何救济丙公司? 甲、丁间为何种法律关系?

5. 如果丁公司不能清偿债务,丙公司能否要求乙公司承担连带责任?

第六章　市场管理法律制度

知识导航

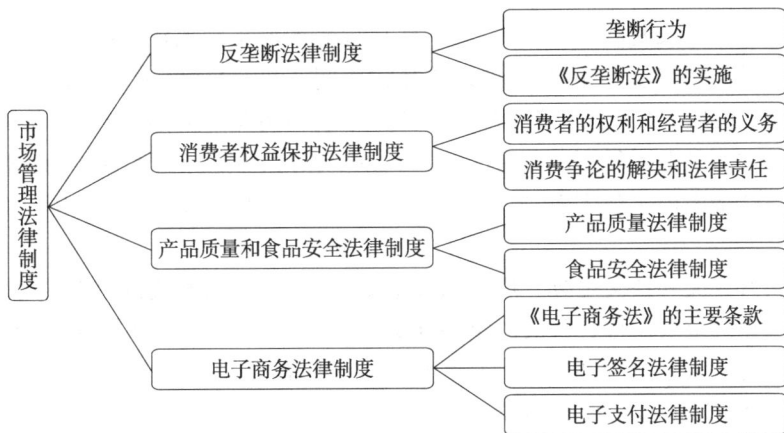

案例导入

中国互联网反垄断第一案——2013年11月26日上午9点,备受瞩目的奇虎360诉腾讯垄断一案的二审在最高人民法院开庭。这是迄今为止我国互联网领域诉讼标的额最大的垄断案件,被称为中国"互联网反垄断第一案"。该案源于2010年的"3Q大战",腾讯宣布用户必须卸载360软件才可登录QQ,要求用户"二选一",导致大量用户被迫删除360软件。2012年11月,奇虎360向广东省高级人民法院起诉,请求判令腾讯立即停止滥用市场支配地位的垄断行为,赔礼道歉,连带赔偿奇虎360经济损失1.5亿元及合理开支100万元。2013年3月20日,广东省高级人民法院作出一审判决,驳回奇虎公司全部诉讼请求,并被判承担全部诉讼费用,但并未明确界定本案相关商品市场的具体范围。奇虎公司不服,向最高人民法院提出上诉。2013年6月24日,最高人民法院受理了该案。最高人民法院二审判决驳回上诉、维持原判。最高人民法院认为,并非在任何滥用市场支配地位的案件中均必须明确而清楚地界定相关市场;即使不明确界定相关市场,也可以通过排除或者妨碍竞争的直接证据对被诉经营者的市场地位及被诉垄断行为可能的市场影响进行评估。

广东省消委会起诉广州长隆——2019年2月18日,广东省消费者委员会(以下简称广东省消委会)就广州长隆集团有限公司(以下简称广州长隆集团)多个场所存在以身高作为未成年人优惠票标准的问题,代表消费者提起了消费民事公益诉讼。广东省消委会认为,从法律上看,《未成年人保护法》是按照年龄标准定义未成年人。从国际上看,大部分游乐场所的通行做法是按照年龄标准划分未成年人。但国内很多景区、公园等一直沿用身高标准,并且标准上限设置普遍偏低(大部分在1.4米以下,少数提高到1.5米)。针对此次对广州长隆集团的诉讼,广东省消委会表示,该案虽然以广州长隆集团作为诉讼对象,但出发点是推动长期普遍存在的侵害未成年消费者合法权益的行规惯例得到纠正整改,营造安全放心的消费环境和良好的营商环境,促进形成保护未成年人合法权益的良好社会氛围。

请思考:上述两个案件反映了市场经济活动中的哪些问题?国家在这方面出台了哪些法律、法规来规范?消费者应该如何维护自己的权益?

第一节　反垄断法律制度

垄断是指经营者或其利益代表者,滥用已具备的市场支配地位,或通过协议、合并以及其他方式谋求并滥用市场支配地位,借以排除或限制竞争,牟取超额利益,依法应予规制的行为。简言之,垄断指经营者或其利益代表者排除或限制竞争的违法行为,具有以下特征:①垄断的客观方面是垄断行为而非垄断结构;②垄断的主体是经营者或其利益代表者(如各种行业协会);③垄断的主观方面是牟取超额利益;④垄断的后果是排除或限制竞争;⑤垄断具有违法性。

反垄断法有广义和狭义之分。广义的反垄断法,是调整国家规制垄断过程中所发生的社会关系的法律规范的总称。狭义的反垄断法,仅指2007年8月30日,由第十届全国人大常委会第二十九次会议通过的《中华人民共和国反垄断法》(以下简称《反垄断法》),并于2008年8月1日起施行,共八章57条。

一、垄断行为

垄断行为表现为四大类型:滥用市场支配地位、联合限制竞争(我国称为"垄断协议")、经营者集中和行政性垄断。

(一)滥用市场支配地位

【以案学法6-1】　2012年1月,国家工商总局根据相关企业投诉,对利乐公司涉嫌滥用市场支配地位行为立案调查。经调查分析,国家工商总局认定利乐案相关商品市场为液体食品纸基无菌包装设备市场、纸基无菌包装设备技术服务市场和纸基无菌包装材料市场,相关地域市场为中国大陆市场。2009—2013年,利乐在前述相关市场均具有市场支配地位。

2009—2013年,利乐在提供设备和技术服务过程中,借助其市场支配地位,以多种方式对用户使用包装材料施加限制和影响,加深客户对利乐包装材料依赖程度或延续对其使用习惯,进而实施无正当理由的搭售行为。利乐上述行为限制了设备用户的选择权,影响了其他包材厂商的销售,提高了其他经营者的竞争成本,损害了包材市场的竞争秩序。

2011年,利乐利用其作为红塔牛底纸产品唯一客户的优势,与红塔达成排他性约定,限制红塔与其他包材厂商就牛底纸项目进行合作。2012年3月,利乐限制红塔使用非利乐专有技术信息,对红塔向其竞争对手提供牛底纸构成影响。利乐上述行为实质上是凭借其在包材市场上的支配地位,排除、限制包材市场的竞争。

2009—2013年,利乐利用忠诚折扣将客户不可竞争部分需求捆绑可竞争部分需求,与其他折扣叠加运用,短期内对竞争对手造成封锁。利乐的行为导致竞争对手长期内无法与其在相同或相似的成本上竞争,其实质是凭借在包材市场的支配地位排除、限制竞争。

2016 年 11 月 16 日,国家工商总局公布了对利乐集团滥用市场支配地位案件的处罚决定书,责令其停止违法行为,罚款人民币 667 724 176.88 元,标志着利乐案终于尘埃落定。作为国家工商总局处罚的第一起滥用市场支配地位案件,利乐案具有非常特殊的地位和标杆作用。

问题:如何认定利乐公司在无菌软包装市场具有市场支配地位? 利乐公司有哪些滥用市场支配地位的行为?

市场支配地位是指经营者在相关市场内具有能够控制商品价格、数量或者其他交易条件,或者能够阻碍、影响其他经营者进入相关市场能力的市场地位。

1. **市场支配地位的认定依据**

《反垄断法》规定,认定经营者具有市场支配地位,应当依据下列因素:

(1) 经营者在相关市场的市场份额,以及相关市场的竞争状况。市场份额是反映经营者在相关市场中所处地位的结构性指标,是可量化标准。相关市场的竞争状况主要是指市场中的竞争者的多寡及他们之间的竞争程度。一般而言,若一个相关市场中的竞争者众多,且竞争者之间存在实质性竞争,则该市场是一个有效竞争的市场,少数竞争者对商品价格、供应数量及潜在竞争者的市场进入等进行控制和阻碍的局面很难形成,也就很难出现具有市场支配地位的经营者。

(2) 经营者控制产品销售市场或者原材料采购市场的能力。原材料供给和产品销售是企业经营中至关重要的上下游环节。若经营者拥有控制产品销售市场的能力,就很大程度上具有了产品的定价自由和决定其他交易条件的权力。同理,若经营者拥有控制原材料采购市场的能力,便在很大程度上对原材料采购价格和其他交易条件具有了谈判能力。因此,经营者控制产品销售市场或原材料采购市场的能力是判断其是否具有市场支配地位的重要参考标准。

(3) 经营者的财力和技术条件。财力和技术是决定经营者实力的重要物质条件。经营者的财力是其经济实力的最直接体现。通常情况下,经营者的财力越大,其在市场中的竞争力越强,控制市场竞争的能力也越大。在知识经济时代,技术特别是包括专利权在内的垄断性技术,往往是一个企业取得竞争优势并对其他潜在竞争者形成市场进入障碍的先天条件。但根据《关于禁止滥用知识产权排除、限制竞争行为的规定》第六条第二款规定,经营者拥有知识产权可以构成认定其市场支配地位的因素之一,但不能仅根据经营者拥有知识产权推定其在相关市场上具有市场支配地位。

(4) 其他经营者对该经营者在交易上的依赖程度。其他经营者的交易依赖可表现为买方对卖方的依赖,如经销商对某种名牌产品生产商的依赖;也可表现为卖方对买方的依赖,如产品生产商对某些大型销售商的依赖。其他经营者在交易上的依赖,可以使受到依赖的经营者在相关市场上具有明显的优势。这种情况实际上是反映了相关市场上的结构及竞争状况。依赖越甚,受依赖的经营者具有市场支配地位的可能性就越大。

(5) 其他经营者进入相关市场的难易程度。一般来说,市场进入的障碍可能来自以下几个方面:①资金门槛;②技术门槛;③国家法令;④市场中已有的市场支配地位企业所采取的特殊市场策略,如频繁地开发和推出新产品并辅以大规模广告投入、控制分销渠道等。

(6) 与认定该经营者市场支配地位有关的其他因素。

2. **经营者市场支配地位的推定标准**

《反垄断法》规定了以市场份额为基础的经营者市场支配地位推定标准。根据该标准,有下列情形之一的,可以推定经营者具有市场支配地位:

(1) 一个经营者在相关市场的市场份额达到 1/2 的;

(2) 两个经营者在相关市场的市场份额合计达到 2/3 的;

(3) 三个经营者在相关市场的市场份额合计达到 3/4 的。

有前款第(2)、(3)项规定的情形,其中有的经营者市场份额不足 1/10 的,不应当推定该经营者具有市场支配地位。被推定具有市场支配地位的经营者,有证据证明不具有市场支配地位的,不应当认定其具有市场支配地位。

3. **《反垄断法》禁止的滥用市场支配地位行为**

滥用市场支配地位行为是指具有市场支配地位的经营者凭借其市场支配地位实施的排挤竞争对手或不公平交易行为。滥用市场支配地位行为分为两个基本类型,即排他性滥用和剥夺性滥用。排他性滥用是指寻求损害竞争者的竞争地位,或从根本上将它们排除出市场的行为,主要表现形式包括掠夺定价、搭售、价格歧视和拒绝交易等。剥夺性滥用是指具有市场支配地位的经营者凭借其市场支配地位对交易对方进行剥夺的行为,主要表现为不公平定价行为。具体如下:

(1) 垄断高价和垄断低价。以不公平的高价销售商品或以不公平的低价购买商品。根据《反价格垄断规定》,认定"不公平的高价"和"不公平的低价",应当主要考虑下列因素:①销售价格或购买价格是否明显高于或低于其他经营者销售或购买同种商品的价格;②在成本基本稳定的情况下,是否超过正常幅度提高销售价格或降低购买价格;③销售商品的提价幅度是否明显高于成本增长幅度,或购买商品的降价幅度是否明显高于交易相对人成本降低幅度。易于实施该种行为的行业,如电信、邮政、电力、交通、城市自来水、管道燃气等。

(2) 掠夺性定价。没有正当理由,以低于成本的价格销售商品。正当理由,包括降价处理鲜活商品、季节性商品、处理积压或有效期将至的商品的;因清偿债务、转产、歇业降价销售的;为推广新产品进行促销的;其他有正当理由的情形。掠夺性定价的目的是排挤竞争对手,进一步强化自己的市场支配地位。当具有市场支配地位的企业通过掠夺性定价将竞争对手逐出市场后,再恢复垄断价格,将掠夺战中的损失捞回来。

(3) 拒绝交易。没有正当理由,拒绝与交易相对人进行交易,其目的往往是排除竞争对手,或者推高价格、牟取暴利。比如生产商可以拒绝供货为要挟,强迫经销商按其规定的价格销售商品,从而限制经销商之间在该种商品上进行价格竞争;具有市场支配地位的经营者作为原材料供应者时,通过拒绝向下游需求方供货,可实现将该下游企业排挤出市场的效果等。

(4) 限定交易。没有正当理由,限定交易相对人只能与其进行交易或者只能与其指定的经营者进行交易的行为,又称强制交易行为。实践中,限定交易还可表现为具有市场支配地位的经营者限定交易相对人不得与其竞争对手进行交易。通过限定交易,可以达到抑制竞争者甚至将其逐出市场或者阻碍竞争者市场进入的目的或效果。

限定交易的经济效果也并非绝对,只有经营者无正当理由地实施该行为时才为非法。根据《反价格垄断规定》,限定交易的"正当理由"包括:①为了保证产品质量和安全的;②为了维护品牌形象或提供服务水平的；③能够显著降低成本、提高效率，并能使消费者分享由此产生的利益的；④能证明行为具有正当性的其他理由。

(5) 搭售。没有正当理由搭售商品，或在交易时附加其他不合理的交易条件。经营者利用其市场支配地位，在销售某种产品时强迫交易相对人购买其不愿购买的其他商品或接受其他不合理条件。应该指出的是，被搭售的商品与第一种商品须是两个独立的商品。如果两个商品从交易习惯或功能上看必须搭配使用，则不属于独立商品，如鞋和鞋带。搭售及附加不合理交易条件行为并不当然违法。经常被用作合理理由的有维护商品的品质和信誉，以及降低成本、增进效率等。

(6) 差别待遇。没有正当理由，对条件相同的交易相对人在交易价格等交易条件上实行差别待遇或歧视待遇。差别待遇的核心是价格歧视，尤其不利于中小企业获得公平竞争的机会。差别待遇的反竞争效果并非绝对，《反垄断法》只禁止无正当理由的差别待遇行为。实践中，就差别待遇可能出现的合理抗辩理由主要包括：①回应竞争对手的竞争；②成本抗辩。

(7) 国务院反垄断执法机构认定的其他滥用市场支配地位的行为。

经营者因实施滥用市场支配地位行为给他人造成损失的，依法承担民事责任。经营者违反《反垄断法》规定，滥用市场支配地位的，由反垄断执法机构责令停止违法行为，没收违法所得，并处以上一年度销售额1%以上10%以下的罚款。

◆ 知识链接
与知识产权行使有关的滥用市场支配地位行为的特别规定

知识产权的正当行使行为不适用《反垄断法》，但经营者不得滥用知识产权，排除、限制竞争。实践中，滥用知识产权排除、限制竞争行为既可以表现为垄断协议行为，也可以表现为滥用市场支配地位行为，其中，与知识产权行使有关的滥用市场支配地位行为中，有其专属性的行为类型。根据《关于禁止滥用知识产权排除、限制竞争行为的规定》，这些专属性的滥用市场支配地位行为主要包括：拒绝许可、附加不合理限制条件、专利联营中的滥用行为、标准必要专利滥用行为。

(二)垄断协议(联合限制竞争)

【以案学法 6-2】　海南省裕泰科技饲料公司(以下简称裕泰公司)，是一家经营生产鱼饲料产品的公司。它在2014—2015年与其经销商签订统一格式文本的《饲料产品销售合同》，约定"乙方(经销商)应为甲方(裕泰公司)保密让利标准，且销售价服从甲方的指导价。否则，甲方有权减少其让利"。对此，省物价局对裕泰公司展开反垄断调查，并最终认定：这种规定"让利标准"的行为，排除限制了经销商销售同一品牌"裕泰"鱼饲料之间的价格竞争，违反了《反垄断法》第十四条第一款的规定，构成了与交易相对人达成"固定向第三人转售商品价格"的垄断协议行为。但鉴于经销商并未按指导价销售、裕泰公司在调查过程中积极配合，主动整改等情节，2017年2月28日，省物价局最终决定对其作出责令其立即停止违法行为，并处20万元的行政处罚决定，开具了《行政处罚决定书》。

裕泰公司不服，认为省物价局主张裕泰公司与经销商所达成的《饲料产品销售合同》具有排除、限制竞争的效果无事实依据，为此裕泰公司向海南省海口市中级人民法院提起行政诉讼,状告海南省物价局处罚决定违法。在一审审理当中,海口中院认为,省物价局作出的行政处罚决定是否合法,关键问题是看法律适用是否正确。对于《反垄断法》禁止的"垄断协议"的认定,不能仅以经营者与交易相对人是否达成了固定或者限定转售价格协议为依据,还需要进一步综合考虑相关价格协议是否具有排除、限制竞争效果。一审法院认为,本案中,裕泰公司与经销商签订的"让利标准"约定,是否属于《反垄断法》禁止的"固定向第三人转售商品的价格"的情形,需要综合考虑裕泰公司的经营规模、与经销商签订合同项下的鱼饲料在相关市场所占份额、鱼饲料在市场上的竞争水平、该约定对产品供给数量和价格的影响程度、该约定对市场行情的影响等因素。现有证据表明,裕泰公司的经营规模、市场所占份额等上述因素不具有排除、限制竞争效果,不构成垄断协议。为此,一审法院认为海南省物价局适用法律错误,判决撤销行政处罚决定。

对于一审判决结果,省物价局认为一审法院是错误解释法律。根据《反垄断法》第十四条第一款关于纵向垄断协议的规定,该协议因目的违法而被法律明文禁止,此类协议一经签订即构成垄断协议,不需要再根据是否存在排除、限制竞争效果来确定是否构成垄断协议。为此,省物价局向海南省高级人民法院提起上诉。省物价局提出,反观我国《反垄断法》的立法背景及全世界反垄断法实践,该法第十三条第二款的"排除、限制竞争"既包括旨在排除、限制竞争的协议,也包括具有排除、限制竞争效果的协议。"旨在排除、限制竞争的协议"是指根据长期反垄断实践证明,本身就必然排除、限制竞争的协议,无须具体效果分析即可判定其违法性。欧盟将该类协议称为"目的违法"的垄断协议。本案中,裕泰公司通过与经销商达成的价格限制性条款要求经销商按照其制定的价格销售其商品,事实上限制了经销商自主定价的权利,一旦有效实施将影响市场机制的正常运转,阻碍市场在资源配置中决定性作用的发挥。《饲料产品销售合同》约定经销商随时面临被减少让利的惩罚,所以协议排除、限制裕泰公司的经销商之间的价格竞争作用是明显存在的,该合同显然属于排除、限制竞争的行为,构成垄断协议。作为鱼饲料行业链条下游的消费者(养殖户)本可通过经销商价格竞争,享受到更为低廉的价格,却由于涉案合同条款的规定,使得消费者无法享受该部分的福利。虽然本案所涉的仅仅是裕泰公司一家企业,但是海南省物价局当时调查并处罚了七家企业,基本涵盖了海南省范围内主要鱼饲料生产厂家,可见厂家对于经销商转售价格限制系普遍现象,如不能有效进行规制,则会导致经销商销售的绝大多数鱼饲料价格均由生产厂家限定,事实上严重排除、限制了大量经销商之间的价格竞争,大大减少了竞争主体,对消费者福利的负面影响将无法避免。

二审中,海南省高级人民法院指出,此案双方争议的焦点在于《反垄断法》第十四条所规定限制固定转售价格的垄断协议是否以该法第十三条第二款规定的"排除、限制竞争"为构成要件。2018年2月底,海南省高级人民法院下达二审判决书,二审判决认定,纵向价格垄断协议本身已经属于《反垄断法》禁止的"垄断协议",无须再进行"是否具有排除、限制竞争效果"的二次验证。海南省物价局作出的《行政处罚决定书》程序合法,认定事实清楚,适用法律正确。一审判决适用法律错误,海南省物价局的上诉理由成立。撤销一审判决,驳回裕泰公司诉讼请求。由此,全国首例纵向垄断协议行政案审结,无须考察垄断效果。

问题: 什么是垄断协议行为?具体表现形式有哪些?该案在反垄断执法领域有什么意义?

垄断协议也称限制竞争协议、联合限制竞争行为,是指两个以上经营者排除、限制竞争的协议、决定或者其他协同一致的行为。根据参与联合的经营者所处的产业链环节是相同还是相续,可分为横向垄断协议行为和纵向垄断协议行为。

1. 横向垄断协议行为

横向垄断协议也称卡特尔。生产或销售同类商品的经营者通过垄断协议相约不竞争,事实上结为一体,可使市场出现独占的效果,进而使经营者获得垄断利润。因此,横向垄断协议被认为是最原始、最直接、危害最大的垄断行为。被《反垄断法》禁止的具有竞争关系的经营者达成的垄断协议主要包括:

(1)固定或者变更商品价格的协议是指经营者通过协议锁定、维持或改变商品价格的协议。它还可以表现为对经营者定价过程设定统一的限制条件,从而实现固定价格、限制竞争的目的。根据《反价格垄断规定》,上述限制条件主要包括:①固定或变更价格变动幅度;②固定或者变更对价格有影响的手续费、折扣或其他费用;③使用约定的价格作为与第三方交易的基础;④约定采用据以计算价格的标准公式;⑤约定未经参加协议的其他经营者同意不得变更价格等。

(2)限制商品的生产数量或者销售数量的协议,统称为限制数量协议,是指参与垄断协议的经营者通过限制相关市场上商品的生产或销售数量,间接控制商品价格的垄断协议。根据《工商行政管理机关禁止垄断协议行为的规定》,竞争者之间达成的数量限制协议可具体表现为:①以限制产量、固定产量、停止生产等方式限制商品的生产数量或者限制商品特定品种、型号的生产数量;②以拒绝供货、限制商品投放量等方式限制商品的销售数量或者限制商品特定品种、型号的销售数量。

(3)分割销售市场或者原材料采购市场的协议,也称划分市场协议。划分市场可以通过划分地域、客户及产品等形式实现。根据《工商行政管理机关禁止垄断协议行为的规定》,划分市场协议可具体表现为:①划分商品销售地域、销售对象或者销售商品的种类、数量;②划分原料、半成品、零部件、相关设备等原材料的采购区域、种类、数量;③划分原料、半成品、零部件、相关设备等原材料的供应商。

(4)限制购买新技术、新设备或者限制开发新技术、新产品的协议。根据《工商行政管理机关禁止垄断协议行为的规定》,限制购买新技术、新设备或者限制开发新技术、新产品的协议的表现形式有:①限制购买、使用新技术、新工艺;②限制购买、租赁、使用新设备;③限制投资、研发新技术、新工艺、新产品;④拒绝使用新技术、新工艺、新设备;⑤拒绝采用新的技术标准。

(5)联合抵制交易是指具有竞争关系的经营者联合起来,共同拒绝与其他的特定经营者进行交易的行为。联合抵制交易行为具有限制竞争、减少消费者选择机会、抬高商品价格等反竞争效果,应予禁止。根据《工商行政管理机关禁止垄断协议行为的规定》,联合抵制交易协议的具体表现包括:①联合拒绝向特定经营者供货或者销售商品;②联合拒绝采购或者销售特定经营者的商品;③联合限定特定经营者不得与其具有竞争关系的经营者进行交易。

(6)国务院反垄断执法机构认定的其他垄断协议。

2. 纵向垄断协议行为

与横向垄断协议发生在处于生产或者销售链条中的同一环节的经营者之间不同,纵向垄断协议发生在处于不同的生产经营阶段或者环节的经营者之间,即上下游经营者之间。《反垄断法》将其表述为"经营者与交易相对人"达成的垄断协议。

纵向垄断协议的经济效果比较模糊,《反垄断法》对其规制比较审慎,只有那些对竞争和效率的消极效果明确大于积极效果的纵向垄断协议才被法律认定为非法。我国《反垄断法》列举了三种受到禁止的纵向垄断协议形式：

(1) 固定向第三人转售商品的价格；

(2) 限定向第三人转售商品的最低价格；

(3) 国务院反垄断执法机构认定的其他垄断协议。

可见，《反垄断法》明确禁止的是价格性纵向垄断协议，此外，国务院反垄断执法机构还可认定其他类型的非法纵向垄断协议。

3. 垄断协议行为的豁免

经营者能够证明所达成的协议属于下列情形之一的，可以免于处罚：

(1) 为改进技术、研究开发新产品的；

(2) 为提高产品质量、降低成本、提高效率，统一产品规格、标准或者实行专业化分工的；

(3) 为提高中小经营者经营效率，增强中小经营者竞争力的；

(4) 为实现节约能源、保护环境、救灾救助等社会公共利益的；

(5) 因经济不景气，为缓解销售量严重下降或者生产明显过剩的；

(6) 为保障对外贸易和对外经济合作中的正当利益的；

(7) 法律和国务院规定的其他情形。

对于符合上述第(1)～(5)项情形的垄断协议，《反垄断法》还要求经营者应当证明所达成的协议不会严重限制相关市场的竞争，并且能够使消费者分享由此产生的利益。否则，也不能获得豁免。

经营者违反规定，达成并实施垄断协议的，由反垄断执法机构责令停止违法行为，没收违法所得，并处以上一年度销售额1%以上10%以下的罚款；尚未实施所达成的垄断协议的，可处以50万元以下的罚款。行业协会违反规定，组织本行业的经营者达成垄断协议的，反垄断执法机构可处以50万元以下的罚款；情节严重的，社会团体登记管理机关可以依法撤销登记。

(三) 经营者集中

【以案学法 6-3】 2009年3月18日，商务部宣布，根据中国《反垄断法》禁止可口可乐收购汇源，至此各方争议了近半年的可口可乐收购汇源案终于画上了句号。这是《反垄断法》自2008年8月1日实施以来涉及外资并购金额最大、影响最大的案子，同时也是首个未获通过的经营者集中的案例，引起国内外高度关注。据悉，2008年9月，可口可乐宣布以179.2亿港元的价格，收购朱新礼在中国香港的上市公司汇源果汁全部已发行股本。汇源是中国最大的果蔬汁生产商，可口可乐拥有中国软饮市场15.5%的份额，是百事可乐的2倍，汇源在中国果汁市场占10.3%的份额，在所有果汁品牌中市场占有率第一，可口可乐占有中国果汁市场9.7%的份额，若并购之后，外资在果汁市场的份额将突破70%。

问题：查阅相关资料，分析商务部禁止可口可乐收购汇源的理由。

经营者集中是指经营者之间通过合并、取得股份或资产、委托经营或联营及人事兼任等方式形成的控制与被控制状态。经营者集中主要包括三种情形：合并；通过取得股权或者资产的方式取得对其他经营者的控制权；通过合同等方式取得对其他经营者的控制权或者能够对其他经营者施加决定性影响。

1. 经营者集中的分类

根据参与集中的经营者在产业中的位置和相互关系,可将经营者集中分为横向集中、纵向集中和混合集中。横向集中是指因生产或销售同类产品,或提供同种服务而具有相互直接竞争关系的经营者之间的集中。纵向集中是指同一产业中处于不同阶段,彼此间不存在竞争关系,但有买卖关系的经营者之间的集中,即某种产品的卖方和买方之间的集中或上下游经营者间的集中。混合集中是指生产经营的产品或服务在彼此没有关联的经营者之间的集中,参与混合集中的经营者之间既不存在竞争关系,也不存在买卖关系,即跨行业的经营者集中,如一个房地产商与一个移动电话制造商之间的集中。

2. 经营者集中申报标准与申报豁免

经营者集中具有积极和消极的两面性效果,决定了《反垄断法》对它的规制在于"控制",而不在于"禁止"。这种控制制度体现为经营者集中申报制度。经营者集中申报制度主要分为三种模式:强制的事前申报强制的事后申报和自愿申报。目前,绝大多数国家采取的是强制的事前申报模式,我国也如此。强制的事前申报是指法律要求当事人在实施集中前必须先向反垄断执法机构申报,待其审查批准后才可实施集中的制度。

(1) 集中申报标准。经营者集中申报制度并不要求所有的集中都应申报,而是达到一定法定标准的集中才申报,经营者集中达到下列标准之一的,应事先向商务部申报,未申报的不得实施集中:①参与集中的所有经营者上一会计年度在全球范围内的营业额合计超过100亿元人民币,且其中至少两个经营者上一会计年度在中国境内的营业额均超过4亿元人民币;②参与集中的所有经营者上一会计年度在中国境内的营业额合计超过20亿元人民币,且其中至少两个经营者上一会计年度在中国境内的营业额均超过4亿元人民币。营业额的计算,应当考虑银行、保险、证券、期货等特殊行业、领域的实际情况等。

(2) 申报豁免。为了提高效率,节约国家执法资源,对于虽已达申报标准,但属于关系极为紧密的关联企业之间的集中,可以免于申报。其道理在于,这些企业间集中前本来就已具有控制与被控制关系,集中不会产生或加强其市场地位。我国《反垄断法》规定,经营者集中有下列情形之一的,可以不向国务院反垄断执法机构申报:①参与集中的一个经营者拥有其他每个经营者50%以上有表决权的股份或资产的;②参与集中的每个经营者50%以上有表决权的股份或资产被同一个未参与集中的经营者拥有的。

3. 经营者集中审查的实体标准

经营者集中反垄断审查的实体标准是相对于申报标准这一程序性标准而言的,是指反垄断执法机构据以判断一个经营者集中案是否应依法予以禁止的标准。

(1) 一般标准。《反垄断法》第二十八条规定,经营者集中具有或者可能具有排除、限制竞争效果的,国务院反垄断执法机构应当作出禁止经营者集中的决定。可见,我国《反垄断法》是将"具有或可能具有排除、限制竞争效果"作为经营者集中审查的一般标准。

(2) 经济分析中应考虑的因素。《反垄断法》第二十七条规定,审查经营者集中,应当考虑下列因素:①参与集中的经营者在相关市场的市场份额及其对市场的控制力;②相关市场的市场集中度;③经营者集中对市场进入、技术进步的影响;④经营者集中对消费者和其他有关经营者的影响;⑤经营者集中对国民经济发展的影响;⑥国务院反垄断执法机构认为应当考虑的影响市场竞争的其他因素。

(3) 附加限制性条件。经营者集中附加限制性条件,也称经营者集中的救济措施,是指在经营者集中反垄断审查中,为了消除集中对竞争造成的不利影响,由参与集中的经营者向执法机构提出消除不利影响的解决办法,执法机构附条件批准该项集中的制度。《反垄断法》第二十九条规定,对不予禁止的经营者集中,国务院反垄断执法机构可以决定附加减少集中对竞争产生不利影响的限制性条件。

经营者违反本法规定实施集中的,由国务院反垄断执法机构责令停止实施集中、限期处分股份或资产、限期转让营业以及采取其他必要措施恢复到集中前的状态,可处以50万元以下的罚款。但是,经营者能够证明该集中对竞争产生的有利影响明显大于不利影响,或者符合社会公共利益的,国务院反垄断执法机构可以作出对经营者集中不予禁止的决定。

(四)行政性垄断

【以案学法 6-4】　某市政府作出如下规定:"本市车辆必须购买 A 企业生产的保险带,否则不予年检";"外地品牌牛奶必须在本市获得许可证后方可销售";"要求外地房产开发商具有比本市企业明显高的资质,以限制外地房产开发商参与本市房产开发招投标活动";"强制要求 W 企业与 G 企业合并,以实现新设企业具有市场支配地位"。

问题:该市政府的这些规定是否合理? 请说明理由。

行政性垄断是指行政机关和法律、法规授权的具有管理公共事务职能的组织滥用行政权力,排除、限制竞争。《反垄断法》禁止的滥用行政权力排除、限制竞争行为包括以下几点。

1. 行政性强制交易

行政性强制交易是指行政机关滥用行政权力,违反法律规定,限定或变相限定经营者、消费者经营、购买、使用其指定的经营者提供的商品。如某县政府要求县属所有机关、事业单位购买某品牌的啤酒并下达具体的购买任务。

2. 行政性限制市场准入

行政性限制市场准入是指行政机关滥用行政权力,违反法律规定,妨碍商品和服务在地区之间的自由流通,排除或限制市场竞争的行为。有以下情形之一的,属于行政性限制市场准入:

(1)对外地商品设定歧视性收费项目、收费标准,或规定歧视性价格;

(2)对外地商品规定与本地同类商品不同的技术要求、检验标准,或对外地商品采取重复检验、重复认证等歧视性技术措施,限制外地商品进入本地市场;

(3)采取专门针对外地商品的行政许可,限制外地商品进入本地市场;

(4)设置关卡或采取其他手段,阻碍外地商品进入或本地商品运出;

(5)滥用行政权力,以设定歧视性资质要求、评审标准或不依法发布信息等方式,排斥或限制外地经营者参加本地的招标投标活动;

(6)妨碍商品和服务在地区之间自由流通的其他行为;

(7)滥用行政权力,采取与本地经营者不平等待遇等方式,排斥或限制外地经营者在本地投资或设立分支机构。

3. 行政性强制经营者限制竞争

行政性强制经营者限制竞争是指行政机关滥用行政权力,违反法律规定,强制经营者从事《反垄断法》所禁止的排除或者限制市场竞争的行为。如强制本地区、本部门的企业合并,或通过经营者控制组建企业集团;强制经营者通过协议等方式固定价格、划分市场、联合抵制等。

二、《反垄断法》的实施

【以案学法 6-5】 2013 年 1 月 4 日,国家发展和改革委员会(以下简称国家发改委)宣布对韩国三星、LG 和中国台湾地区的奇美、友达、中华映管、瀚宇彩晶六家境外液晶面板企业价格垄断行为的查处结果:责令涉案企业退还国内彩电企业多付价款 1.72 亿元,没收违法所得 3 675 万元,并处罚款 1.44 亿元。这是中国政府第一次处罚境外企业的此类行为。本案查处的价格违法行为,是典型的横向价格垄断行为,也是一次完整的反价格垄断执法实践。整个调查过程完全与反垄断执法一般程序相同。

问题:请结合该案查阅资料谈谈你对《反垄断法》实施过程相关规定的理解。

（一）反垄断行政执法

1. 反垄断机构

反垄断机构是指负责反垄断执法的行政机构及其他相关行政机构。我国并没有设立一个单一的反垄断执法机构,《反垄断法》具体的执法机构主要是指国家发改委、国家工商局和商务部。三家执法机构的职责具体划分为:国家发改委负责依法查处价格垄断行为。而对于滥用市场支配地位的另一些行为,如搭售商品、限定交易及行政垄断等,由国家工商局负责。商务部负责经营集中行为的反垄断审查工作,指导中国企业在国外的反垄断应诉工作及开展多双边竞争政策国际交流与合作。三部委不采用联合执法或部级会商的机制,而是由经营者向三部门负责的机构分别递交材料,然后由三部委各自作出批复。

2. 反垄断调查程序

调查程序包括立案、调查和处理三个阶段。

(1) 立案。反垄断案件分为因垄断行为受害人的申请或控告、其他组织或个人举报和主管机关主动立案三种。

(2) 调查。立案后,反垄断执法机构应对涉嫌垄断的行为展开调查。调查的启动,调查的方式,调查的程序,调查的中断、终止和恢复都应当遵循《反垄断法》的规定。

(3) 处理。反垄断执法机构对涉嫌垄断行为调查核实后,认为构成垄断行为的,应当依法作出处理决定,并可以向社会公布。

如果被制裁人不服该决定的,可以向上级机关提起复议或者向法院提起诉讼。被制裁人不服该决定,又不提起复议或者诉讼的,主管机关可以依法强制执行。

（二）《反垄断法》的适用及域外效力

1. 适用范围

中国境内经济活动中的垄断行为,适用本法;中国境外的垄断行为,对境内市场竞争产生排除、限制影响的,适用本法。

2. 域外效力

《反垄断法》不仅对在国外违反内国《反垄断法》的国内企业和在国内违反内国《反垄断法》的外国企业发生效力,而且可能对在国外违反内国《反垄断法》并影响市场竞争的外国企业发生效力。这种内国《反垄断法》效力范围超越国家领土,适用于对内国市场竞争产生影响的垄断行为的现象,称为《反垄断法》的域外效力。

3. 不适用的情形

经营者依照有关知识产权的法律、行政法规规定行使知识产权的行为,不适用本法;但是,经营者滥用知识产权,排除、限制竞争的行为,适用本法。农业生产者及农村经济组织在农产品生产、加工、销售、运输、储存等经营活动中实施的联合或者协同行为,不适用本法。

◆ **知识链接**

修订后的《反不正当竞争法》关于混淆行为和利用网络经营的相关条款

《反不正当竞争法》第二条 本法所称的不正当竞争行为,是指经营者在生产经营活动中,违反本法规定,扰乱市场竞争秩序,损害其他经营者或者消费者的合法权益的行为。

《反不正当竞争法》第六条 经营者不得实施下列混淆行为,引人误认为是他人商品或者与他人存在特定联系:①擅自使用与他人有一定影响的商品名称、包装、装潢等相同或者近似的标识;②擅自使用他人有一定影响的企业名称(包括简称、字号等)、社会组织名称(包括简称等)、姓名(包括笔名、艺名、译名等);③擅自使用他人有一定影响的域名主体部分、网站名称、网页等;④其他足以引人误认为是他人商品或者与他人存在特定联系的混淆行为。

《反不正当竞争法》第十二条 经营者利用网络从事生产经营活动,应当遵守本法的各项规定。经营者不得利用技术手段,通过影响用户选择或者其他方式,实施下列妨碍、破坏其他经营者合法提供的网络产品或者服务正常运行的行为:①未经其他经营者同意,在其合法提供的网络产品或者服务中,插入链接、强制进行目标跳转;②误导、欺骗、强迫用户修改、关闭、卸载其他经营者合法提供的网络产品或者服务;③恶意对其他经营者合法提供的网络产品或者服务实施不兼容;④其他妨碍、破坏其他经营者合法提供的网络产品或者服务正常运行的行为。

第二节 消费者权益保护法律制度

消费者是为了满足个人生活消费需要而购买、使用商品或者接受服务的居民。基本法律特征为:①消费者的主体原则上仅限于自然人,一般不包括团体或单位。②消费的性质属于生活消费。③消费方式表现在购买、使用商品和接受服务,包括直接消费和间接消费。

消费者权益保护法是调整国家机关、经营者、消费者之间因保护消费者利益而产生的各种社会关系的法律规范的总称。广义的消费者权益保护法还包括《反垄断法》《反不正当竞争法》《产品质量法》等。狭义的消费者权益法是指 1993 年 10 月 31 日经第八届全国人大常委会第四次会议通过的《中华人民共和国消费者权益保护法》(以下简称《消费者权益保护法》),该法于 2013 年 10 月 25 日第十二届全国人大常委会第五次会议二次修正并于 2014 年 3 月 15 日正式实施,共八章 63 条。适用于消费者为生活消费需要购买、使用商品或者接受服务的保护。另外,农民购买、使用直接用于农业生产的生产资料,参照本法。

一、消费者的权利和经营者的义务

(一)消费者的权利

【以案学法 6-6】 2019 年 6 月 10 日,姜先生邀请朋友数人到某火锅餐厅就餐,消费了一瓶自带的五粮液酒。餐厅服务员在姜先生等就餐前及消费自带的五粮液时均未对姜先生进行提示,却在消费完结账时,单方面按照五粮液在店内售价1 000元的20%收取了姜先生酒水服务费200元。

问题:火锅餐厅收取此服务费的行为侵犯了消费者的哪些权利? 请简要说明。

1. 安全保障权

消费者在购买、使用商品和接受服务时享有人身、财产安全不受损害的权利。消费者有权要求经营者提供的商品和服务符合保障人身、财产安全的要求。安全保障权包括人身安全权和财产安全权,是消费者最重要的权利。

2. 知悉真情权

消费者有权根据商品或者服务的不同情况,要求经营者提供商品的价格、产地、生产者、用途、性能、规格、等级、主要成分、生产日期、有效期限、检验合格证明、使用方法说明书、售后服务,或者服务的内容、规格、费用等有关情况。

3. 自主选择权

消费者享有自主选择商品或者服务的权利。主要包括:①有权自主选择提供商品或者服务的经营者;②有权自主选择商品品种或者服务方式;③有权自主决定购买或者不购买任何一种商品、接受或者不接受任何一项服务;④消费者在自主选择商品或者服务时,有权进行比较、鉴别和挑选。

4. 公平交易权

消费者在购买商品或者接受服务时,有权获得质量保障、价格合理、计量正确等公平交易条件,有权拒绝经营者的强制交易行为。其核心是消费者以一定数量的货币换取同等价值的商品或服务。

5. 依法求偿权

消费者在因购买、使用商品或者接受服务受到人身、财产损害时享有依法获得赔偿的权利。它是一项救济性权利。

6. 依法结社权

消费者享有依法成立维护自身合法权益的社会组织的权利。如消费者协会,是由消费者代表组成的,维护广大消费者权益的具有独立法人资格的社会组织。

7. 获得知识权

消费者享有获得有关消费和消费者权益保护方面的知识的权利。消费者应当努力掌握所需商品或者服务的知识和使用技能,正确使用商品,提高自我保护意识。

8. 受尊重权

消费者在购买、使用商品和接受服务时,享有其人格尊严、民族风俗习惯得到尊重的权利,享有个人信息依法得到保护的权利。这是保障和尊重人权的重要体现。消费者在消费过程中不受非法搜查、检查、侮辱、诽谤等。

9. 监督批评权

消费者享有对商品和服务以及保护消费者权益工作进行监督的权利。消费者有权检举、控告侵害消费者权益的行为和国家机关及其工作人员在保护消费者权益工作中的违法失职行为,有权对保护消费者权益工作提出批评、建议。

(二)经营者的义务

【以案学法6-7】 66万奔驰车还没开出4S店就漏油,成功把一个文化人逼成了"泼妇"。近日,一段拍摄于2019年4月9日的维权视频,被不少网友推上了热搜。视频中一位自称研究生毕业的西安女子,坐在一辆红色奔驰轿车引擎盖上哭诉维权。视频显示,涉事的是西安利之星奔驰4S店。据该女子讲述,距离她签单提车才5分钟,发动机就发生了漏油,于是她马上打电话给销售,对方说是发动机没油了,让车主开到店里加油。车开回店后,就一直在店内停了15天。这15天里,女车主和利之星4S店交涉了三次。经多次协商,该店的解决方案从退款、换车变成免费换发动机,女子不接受,无奈之下便坐在店内的轿车引擎盖上要说法,才有了视频中发生的一幕。据了解,这部车是家人为了庆祝该女子30岁生日购置的,价格为66万元,女车主支付了20多万元首付款后,还要偿还月供。

问题:

案例中的4S店是否尽到了经营者应尽的义务?女车主应如何维护自己的权利?

1. 履行法定或约定的义务

经营者向消费者提供商品或者服务,应当恪守社会公德,诚信经营,保障消费者的合法权益;不得设定不公平、不合理的交易条件,不得强制交易。双方有约定的,应当按照约定履行义务,但双方的约定不得违背法律、法规的规定。

2. 听取意见和接受监督的义务

经营者应当听取消费者对其提供的商品或者服务的意见,接受消费者的监督。

3. 保障安全的义务

经营者应当保证其提供的商品或者服务符合保障人身、财产安全的要求。对可能危及人身、财产安全的商品和服务,应当向消费者作出真实的说明和明确的警示,并说明和标明正确使用商品或者接受服务的方法以及防止危害发生的方法。

经营者发现其提供的商品或者服务存在严重缺陷,即使正确使用商品或者接受服务仍然可能对人身、财产安全造成危害的,应当立即向有关行政部门报告和告知消费者,并采取防止危害发生的措施。采取召回措施的,经营者应当承担消费者因商品被召回支出的必要费用。

4. 提供真实信息义务

经营者应当向消费者提供有关商品或者服务的真实信息,不得作引人误解的虚假宣传。经营者对消费者就其提供的商品或者服务的质量和使用方法等问题提出的询问,应当作出真实、明确的答复。商店提供商品应当明码标价。经营者应当标明其真实名称和标记。租赁他人柜台或者场地的经营者,应当标明其真实名称和标记。

5. 出具凭证或单据义务

经营者提供商品或者服务,应当按照国家有关规定或者商业惯例向消费者出具购货凭证或者服务单据;消费者索要购货凭证或者服务单据的,经营者必须出具。

6. 保证产品质量的义务

经营者应当保证在正常使用商品或者接受服务的情况下其提供的商品或者服务应当具有的质量、性能、用途和有效期限;但消费者在购买该商品或者接受该服务前已经知道其存在瑕疵的除外。

经营者以广告、产品说明、实物样品或者其他方式表明商品或者服务的质量状况的，应当保证其提供的商品或者服务的实际质量与表明的质量状况相符。

经营者提供的机动车、计算机、电视机、电冰箱、空调器、洗衣机等耐用商品或者装饰装修等服务，消费者自接受商品或者服务之日起 6 个月内发现瑕疵，发生争议的，由经营者承担有关瑕疵的举证责任。

7. 履行"三包"的义务

经营者提供商品或者服务，按照国家规定或者与消费者的约定，承担包修、包换、包退或者其他责任的，应当按照国家规定或者约定履行，不得故意拖延或者无理拒绝。

经营者采用网络、电视、电话、邮购等方式销售商品的，消费者有权自收到商品之日起 7 日内退货，且无须说明理由，但下列商品除外：①消费者定做的；②鲜活易腐的；③在线下载或者消费者拆封的音像制品、计算机软件等数字化商品；④交付的报纸、期刊。除前款所列商品外，其他根据商品性质并经消费者在购买时确认不宜退货的商品，不适用无理由退货。

8. 不得以格式合同等方式损害消费者权益的义务

经营者不得以格式合同、通知、声明、店堂告示等方式作出对消费者不公平、不合理的规定，或者减轻、免除其损害消费合法权益应当承担的民事责任。格式合同、通知、声明、店堂告示等含有前款所列内容的，其内容无效。

9. 尊重消费者的义务

消费者的人身自由、人格尊严不受侵犯。经营者不得对消费者进行侮辱、诽谤，不得搜查消费者的身体及其携带的物品，不得侵犯消费者的人身自由。

10. 不得泄露、出售或者非法向他人提供消费者的个人信息

经营者收集、使用消费者个人信息，应当遵循合法、正当、必要的原则，明示收集、使用信息的目的、方式和范围，并经消费者同意。经营者收集、使用消费者个人信息，应当公开其收集、使用规则，不得违反法律、法规的规定和双方的约定收集、使用信息。

经营者及其工作人员对收集的消费者个人信息必须严格保密，不得泄露、出售或者非法向他人提供。经营者应当采取技术措施和其他必要措施，确保信息安全，防止消费者个人信息泄露、丢失。在发生或者可能发生信息泄露、丢失的情况时，应当立即采取补救措施。

经营者未经消费者同意或请求，或消费者明确表示拒绝的，不得向其发送商业性信息。

▶ 法条链接

家用汽车产品三包责任规定

《家用汽车产品修理、更换、退货责任规定》第二十条　在家用汽车产品三包有效期内，符合本规定更换、退货条件的，消费者凭三包凭证、购车发票等由销售者更换、退货。家用汽车产品自销售者开具购车发票之日起 60 日内或者行驶里程 3 000 公里之内（以先到者为准），家用汽车产品出现转向系统失效、制动系统失效、车身开裂或燃油泄漏，消费者选择更换家用汽车产品或退货的，销售者应当负责免费更换或退货。

在家用汽车产品三包有效期内，发生下列情况之一，消费者选择更换或退货的，销售者应当负责更换或退货：①因严重安全性能故障累计进行了 2 次修理，严重安全性能故障仍未排除或者又出现新的严重安全性能故障的；②发动机、变速器累计更换 2 次后，或者发动机、

变速器的同一主要零件因其质量问题,累计更换2次后,仍不能正常使用的;发动机、变速器与其主要零件更换次数不重复计算;③转向系统、制动系统、悬架系统、前/后桥、车身的同一主要零件因其质量问题,累计更换2次后,仍不能正常使用的。转向系统、制动系统、悬架系统、前/后桥、车身的主要零件由生产者明示在三包凭证上,其种类范围应当符合国家相关标准或规定,具体要求由国家质检总局另行规定。

二、消费争议的解决和法律责任

(一)消费争议的解决途径

根据《消费者权益保护法》,消费者和经营者发生消费者权益争议的,可通过下列途径解决:①与经营者协商和解;②请求消费者协会或依法成立的其他调解组织调解;③向有关行政部门投诉;④根据与经营者达成的仲裁协议提请仲裁机构仲裁;⑤向人民法院提起诉讼。至于选择哪种途径解决纠纷,消费者可根据具体情况进行理性的选择。

(二)消费者协会

【以案学法6-8】 杜先生请朋友到某餐馆吃饭,结账时发现餐馆多收了24元钱。经询问得知,24元系使用的一次性餐具费用,所有顾客都收了。杜先生认为餐馆这种强制性消费违法,向当地消费者协会投诉。但经调解后,消协也表示爱莫能助,让杜先生到法院起诉。为了24元钱到法院打官司太划不来了,于是杜先生只得作罢。

问题:当地消协是否未尽职履行相应的职责?杜先生能请求当地消协提起公益诉讼吗?

消费者协会是依法成立的对商品和服务进行社会监督的保护消费者合法权益的社会团体。履行下列公益性职责:

(1)向消费者提供消费信息和咨询服务;

(2)参与制定有关消费者权益的法律、法规、规章和强制性标准;

(3)参与有关行政部门对商品和服务的监督、检查;

(4)就有关消费者合法权益的问题,向有关部门反映、查询,提出建议;

(5)受理消费者的投诉,并对投诉事项进行调查、调解;

(6)投诉事项涉及商品和服务质量问题的,可以委托具备资格的鉴定人鉴定,鉴定人应当告知鉴定意见;

(7)就损害消费者合法权益的行为,支持受损害的消费者提起诉讼或依本法提起诉讼;

(8)对损害消费者合法权益的行为,通过大众传播媒介予以揭露、批评。

消费者组织不得从事商品经营和营利性服务,不得以收取费用或者其他牟取利益的方式向消费者推荐商品和服务。

(三)承担赔偿责任的主体的确定

【以案学法6-9】 吴女士在某大型网购平台的一家手表网店中购买了一款某知名进口品牌手表。收货后发现并非正品,便联系卖家退货,但通过网店中所留的电话、邮件等均无法联系上。于是吴女士向网购平台工作人员反映,对方在核实后回复:手表店当时提供验证的身份证系假冒,目前平台能做的只能是将这家网店关闭,吴女士所遭受的损失只能自己承担。

问题：网购平台的理由是否成立？吴女士应如何维护自己的权益？

1. 由销售者、生产者、服务者承担

消费者在购买、使用商品时，其合法权益受到损害的，可以向销售者要求赔偿。销售者赔偿后，属于生产者的责任或者属于向销售者提供商品的其他销售者的责任的，销售者有权向生产者或者其他销售者追偿。

消费者或者其他受害人因商品缺陷造成人身、财产损害的，可以向销售者要求赔偿，也可以向生产者要求赔偿。属于生产者责任的，销售者赔偿后，有权向生产者追偿。属于销售者责任的，生产者赔偿后，有权向销售者追偿。

消费者在接受服务时，其合法权益受到损害的，可以向服务者要求赔偿。

2. 由变更后的企业承担

消费者在购买、使用商品或者接受服务时，其合法权益受到损害，因原企业分立、合并的，可以向变更后承受其权利义务的企业要求赔偿。

3. 由营业执照的使用人或持有人承担

使用他人营业执照的违法经营者提供商品或者服务，损害消费者合法权益的，消费者可以向其要求赔偿，也可以向营业执照的持有人要求赔偿。

4. 由展销会的举办者与参展单位及柜台的出租者承担

消费者在展览会、租赁柜台购买商品或接受服务，其合法权益受到损害的，可以向销售者或服务者要求赔偿。展览会结束或者柜台租赁期满后，也可以向展览会的举办者、柜台的出租者要求赔偿。展览会的举办者、柜台的出租者赔偿后，有权向销售者或服务者追偿。

5. 由网络交易平台的卖家与网络交易平台的提供者承担

消费者通过网络交易平台购买商品或者接受服务，其合法权益受到损害的，可以向销售者或服务者要求赔偿。网络交易平台提供者不能提供销售者或者服务者的真实名称、地址和有效联系方式的，消费者也可以向网络交易平台提供者要求赔偿；网络交易平台提供者作出更有利于消费者的承诺的，应当履行承诺。网络交易平台提供者赔偿后，有权向销售者或者服务者追偿。网络交易平台提供者明知或应知销售者或服务者利用其平台侵害消费者合法权益未采取必要措施的，依法与该销售者或者服务者承担连带责任。

6. 由从事虚假广告行为的经营者及宣传者和广告的经营者及发布者承担

消费者因经营者利用虚假广告或其他虚假宣传方式提供商品或服务，其合法权益受到损害的，可向经营者要求赔偿。广告经营者、发布者发布虚假广告的，消费者可请求行政主管部门予以惩处。广告经营者、发布者不能提供经营者的真实名称、地址和有效联系方式的，应当承担赔偿责任。广告经营者和发布者设计、制作、发布关系消费者生命健康商品或服务的虚假广告，造成消费者损害的，应与提供该商品或服务的经营者承担连带责任。社会团体或其他组织、个人在关系消费者生命健康的商品或服务的虚假广告或其他虚假宣传中向消费者推荐商品或服务，造成消费者损害的，应与提供该商品或者服务的经营者承担连带责任。

（四）法律责任的确定

根据侵害消费者合法权益行为的性质、情节及社会危害性等因素，《消费者权益保护法》规定了经营者应分别或同时承担民事责任、行政责任和刑事责任。

▶ **法条链接**

消费欺诈行为赔偿的规定

《消费者权益保护法》第五十五条　经营者提供商品或者服务有欺诈行为的,应当按照消费者的要求增加赔偿其受到的损失,增加赔偿的金额为消费者购买商品的价款或者接受服务的费用的 3 倍;增加赔偿的金额不足 500 元的,为 500 元。法律另有规定的,依照其规定。

第三节　产品质量和食品安全法律制度

一、产品质量法律制度

《中华人民共和国产品质量法》中的产品,是指经过加工、制作,用于销售的产品。但不包括下列产品:

（1）未经加工天然形成的产品以及初级农产品。如天然原矿、小麦。

（2）虽经过加工、制作,但不销售的产品。如自编自用的竹椅。

（3）建设工程如房屋、道路、桥梁等不动产性质的产品。但是建设工程使用的建筑材料、建筑构配件和设备适用本法。

（4）军工产品。军工产品质量监督管理办法,由国务院、中央军事委员会另行制定。

产品质量是指产品所应具有的、满足人们需要的各种特征与特性,如适用性、安全性、可用性、可靠性、可维修性、经济性等。

产品质量法有广义和狭义之分。广义的产品质量法是指调整在生产、流通、消费及监督过程中因产品质量所发生的经济法律关系的法律规范的总称。狭义的产品质量法,即指1993 年 2 月 22 日经第七届全国人大常委会第三十次会议通过,并于 2000 年、2009 年、2018 年三次修正的《中华人民共和国产品质量法》(以下简称《产品质量法》),修正后的《产品质量法》共六章 74 条。

凡是在中华人民共和国境内从事产品生产、销售活动,包括生产出口产品和销售进口产品都适用《产品质量法》。

（一）产品质量监督管理制度

1. 产品质量检验制度

产品质量应当检验合格,不得以不合格产品冒充合格产品。可能危及人体健康和人身、财产安全的工业产品,必须符合保障人体健康和人身、财产安全的国家标准、行业标准;未制定国家标准、行业标准的,必须符合保障人体健康和人身、财产安全的要求。禁止生产、销售不符合保障人体健康和人身、财产安全标准和要求的工业产品。

2. 企业质量体系认证制度

企业质量体系认证是指依据国际通用的《质量管理和质量保证》系列标准,经国家认可的质量体系认证机构对企业的质量体系进行全面审核与评价,对符合条件要求的,通过颁发认证证书的形式,证明企业质量管理和质量保证能力符合相应标准要求的活动。国际通用的质量标准为 ISO 即国际标准化组织推行的 ISO 9000(质量标准)系列标准和 ISO 14000(环境标准)。企业根据自愿原则向相关机构申请企业质量体系认证。

3. 产品质量认证制度

产品质量认证制度是指依据产品标准和相应的技术要求,经认证机构确认并通过颁发证书和认证标志,以证明企业某一产品符合相应技术要求的活动。企业根据自愿原则申请产品质量认证;经认证合格的,由认证机构颁发证书,企业可在自己的产品或其包装上使用认证标志,如真皮标志、纯羊毛标志等。

产品质量认证分为安全认证(多为强制性认证)和合格认证。凡属法律规定的强制性产品认证范围内的产品必须经国家指定的认证机构认证。我国的强制性产品的认证使用统一的标志,即"CCC",简称 3C 认证。比如电线电缆、开关、低压电器、电动工具、家用电器、信息设备、电信终端、机动车辆、医疗器械等产品就需要 3C 认证。

4. 产品质量监督检查制度

国家对产品质量实行以抽查为主要方式的监督检查制度。是指对可能危及人体健康和人身、财产安全的产品,影响国计民生的重要工业产品以及消费者、有关组织反映有质量问题的产品进行抽查。根据监督抽查的需要,可以对产品进行检验,生产者、销售者都不得拒绝。检验抽取样品的数量不得超过检验的合理需要,抽查检验费用不得向被检查人收取。

（二）产品质量责任和义务

【以案学法 6-10】　A 市技术监督局在 2019 年年初接连接到菜农投诉:由于使用了有毒棚膜,造成 1 万平方米的大棚蔬菜绝收,经济损失达 300 余万元。这批有毒棚膜是 A 市某蔬菜供销服务站从 B 市某厂进的货,进货时有相关机构出具的合格证明。自 2018 年 10 月以来,A 市有 6 个乡镇共有 27 户菜农购买并使用了这种有毒的棚膜,菜农朱某购买了这种棚膜,先后栽种了黄瓜、西红柿、芹菜、芸豆等,连栽连种 7 次竟全部死掉。经中国科学院大连化学物理研究所检验,此膜含有国家早已明令禁用于农膜生产的磷苯二甲酸二异丁酯。

问题:生产者违反了哪些义务? 菜农将如何维护自己的合法权益? 请说明理由。

1. 生产者的产品质量责任和义务

生产者应当对其生产的产品质量负责,具体包括作为和不作为两方面的义务。

(1) 对产品质量承担明示和默示担保义务。产品质量应当符合下列要求:①不存在危及人身、财产安全的不合理的危险,有保障人体健康和人身、财产安全的国家标准、行业标准的,应当符合该标准;②具备产品应当具备的使用性能,但是,对产品存在使用性能的瑕疵作出说明的除外;③符合在产品或者其包装上注明采用的产品标准,符合以产品说明、实物样品等方式表明的质量状况。其中,前两条为默示担保义务,第三条为明示担保义务。

(2) 产品或者其包装上的标识义务。产品或者其包装上的标识必须真实,并符合下列要求。①有产品质量检验合格证明。②有中文标明的产品名称、生产厂厂名和厂址。③根据产品的特点和使用要求,需要标明产品规格、等级、所含主要成分的名称和含量的,用中文相应予以标明;需要事先让消费者知晓的,应当在外包装上标明,或者预先向消费者提供有关资料。④限期使用的产品,应当在显著位置清晰地标明生产日期和安全使用期或者失效日期。⑤使用不当,容易造成产品本身损坏或者可能危及人身、财产安全的产品,应当有警示标志或者中文警示说明。裸装的食品和其他根据产品的特点难以附加标识的裸装产品,可以不附加产品标识。

(3) 不作为义务。《产品质量法》以禁止性规范的形式,规定了以下不作为义务:①生产者不得生产国家明令淘汰的产品;②生产者不得伪造产地,不得伪造或者冒用他人的厂名、厂址;③生产者不得伪造或者冒用认证标志等质量标志;④生产者生产产品,不得掺杂、掺假,不得以假充真、以次充好,不得以不合格产品冒充合格产品。

2. 销售者的产品质量责任和义务

销售者的产品质量责任和义务具体包括:①进货检查验收义务,销售者应建立并执行进货检查验收制度,验明产品合格证明和其他标识;②保持销售产品质量的义务;③正确标识的义务,这一义务与生产者相同;④不得有以下行为:销售国家明令淘汰并停止销售的产品和失效、变质的产品;伪造产地,伪造或者冒用他人的厂名、厂址;伪造或者冒用认证标志等质量标志;掺杂、掺假,以假充真、以次充好,以不合格产品冒充合格产品。

(三)产品质量的法律责任

【以案学法 6-11】 某厂家开发一种新型的高效压力锅,先后制造出五件样品,但样品中有两件丢失。一月后,某户居民的压力锅发生爆炸,造成人员受伤。经查明原因是使用某厂丢失的两件样品中的一件,而该压力锅存在重大缺陷。该户居民要求该厂赔偿损失。

问题:该厂是否要赔偿此损失?

产品质量法律责任是指行为人违反《产品质量法》的规定应当承受的法律后果。法律后果包括民事责任、行政责任和刑事责任三种形式。在产品质量事故中,受害人最关心的就是获得赔偿,挽回经济损失,由此可见,民事责任是产品质量责任的主要责任形式,而产品质量的民事责任包括产品瑕疵责任和产品缺陷责任。

1. 产品瑕疵责任

产品瑕疵责任是一种违约责任。售出的产品有瑕疵责任的,销售者应当负责"三包",即负责修理、更换、退货;给购买产品的用户、消费者造成损失的,销售者应当赔偿损失。此外,还应当赔偿用户、消费者在要求销售者进行修理、更换、退货过程中所发生的运输费、交通费、误工费等损失。销售者依照上述要求负责修理、更换、退货、赔偿损失后,属于生产者的责任或者属于向销售者提供产品的其他销售者(即供货者)的责任的,销售者有权向生产者、供货者追偿。

2. 产品缺陷责任

产品缺陷责任是一种侵权责任,是指产品制造者、销售者或提供有缺陷产品导致他人遭受财产、人身损害后所应承担的民事法律后果。

(1)产品缺陷责任的归责原则。

① 生产者的无过错责任又称严格责任,即生产者对于生产的缺陷产品无论有无过错,只要造成了他人的人身或财产损害,都应承担民事责任。但无过错责任并非绝对责任,并不意味着生产者没有抗辩理由。生产者能够证明有下列情形之一的,不承担赔偿责任:未将产品投入流通的;产品投入流通时,引起损害的缺陷尚不存在的;将产品投入流通时的科学技术水平尚不能发现缺陷的存在的。

② 销售者的过错责任是指以行为人主观上有过错为承担民事责任的必要原则的归责原则。根据规定,由于销售者的过错使产品存在缺陷,造成人身、他人财产损害的,销售者应当承担赔偿责任。销售者不能指明缺陷产品的生产者,也不能指明缺陷产品的供货者的,销售者应当承担赔偿责任。

（2）损害赔偿。因产品存在缺陷造成人身、他人财产损害的，受害人可以向产品的生产者要求赔偿，也可以向产品的销售者要求赔偿。属于产品的生产者的责任，产品的销售者赔偿的，销售者有权向产品的生产者追偿。属于产品的销售者的责任，产品的生产者赔偿的，生产者有权向产品的销售者追偿。

（3）诉讼时效与请求权。包括：

① 诉讼时效的规定。因产品存在缺陷造成损害要求赔偿的诉讼时效期间为 2 年，自当事人知道或者应当知道其权益受到损害时起计算。

② 除斥期间的规定。因产品存在缺陷造成损害要求赔偿的请求权，在造成损害的缺陷产品交付最初用户、消费者满 10 年时丧失；但尚未超过明示的安全使用期的除外。

二、食品安全法律制度

食品是指各种供人食用或者饮用的成品和原料以及按照传统既是食品又是药品的物品，但是不包括以治疗为目的的物品。

食品安全是指食品无毒、无害，符合应当有的营养要求，对人体健康不造成任何急性、亚急性或者慢性危害。

食品安全法是调整食品安全关系的法律规范的总称。本节主要介绍 2009 年 2 月 28 日经第十一届全国人大常委会第七次会议通过，并经 2015 年、2018 年两次修正的《中华人民共和国食品安全法》（以下简称《食品安全法》），修正后的《食品安全法》共十章 154 条。其调整对象包括：

（1）食品生产和加工（以下称食品生产），食品流通和餐饮服务（以下称食品经营）；

（2）食品添加剂的生产经营；

（3）用于食品的包装材料、容器、洗涤剂、消毒剂和用于食品生产经营的工具、设备（以下称食品相关产品）的生产经营；

（4）食品生产经营者使用食品添加剂、食品相关产品；

（5）食品的贮存和运输；

（6）对食品、食品添加剂和食品相关产品的安全管理。

需要特别指出的是：①供食用的源于农业的初级产品（以下称食用农产品）的质量安全管理，遵守《中华人民共和国农产品质量安全法》的规定。但是，食用农产品的市场销售、有关质量安全标准的制定、有关安全信息的公布和本法对农业投入品作出规定的，应当遵守本法的规定。②乳品、转基因食品、生猪屠宰、酒类和食盐的食品安全管理，适用本法；法律、行政法规另有规定的，依照其规定。③铁路运营中食品安全的管理办法由国务院卫生行政部门会同国务院有关部门依照本法制定。④军队专用食品和自供食品的食品安全管理办法由中央军事委员会依照本法制定。

（一）食品安全的监管部门

国务院设立食品安全委员会，其职责由国务院规定。国务院食品安全监督管理部门依照本法和国务院规定的职责，对食品生产经营活动实施监督管理。国务院卫生行政部门依照本法和国务院规定的职责，组织开展食品安全风险监测和风险评估，会同国务院食品安全监督管理部门制定并公布食品安全国家标准。国务院其他有关部门依照本法和国务院规定的职责，承担有关食品安全工作。

县级以上地方人民政府对本行政区域的食品安全监督管理工作负责,统一领导、组织、协调本行政区域的食品安全监督管理工作以及食品安全突发事件应对工作,建立健全食品安全全程监督管理工作机制和信息共享机制。

（二）建立食品安全风险监测和评估制度

1. 建立食品安全风险监测制度

国家建立食品安全风险监测制度,对食源性疾病、食品污染以及食品中的有害因素进行监测。国务院卫生行政部门会同国务院食品安全监督管理等部门制定、实施国家食品安全风险监测计划。

2. 建立食品安全风险评估制度

国家建立食品安全风险评估制度,运用科学方法,根据食品安全风险监测信息、科学数据以及有关信息,对食品、食品添加剂、食品相关产品中生物性、化学性和物理性危害因素进行风险评估。食品安全风险评估结果是制定、修订食品安全标准和实施食品安全监督管理的科学依据。

经食品安全风险评估,得出食品、食品添加剂、食品相关产品不安全结论的,国务院食品安全监督管理等部门应当依据各自职责立即向社会公告,告知消费者停止食用或者使用,并采取相应措施,确保该食品、食品添加剂、食品相关产品停止生产经营;需要制定、修订相关食品安全国家标准的,国务院卫生行政部门应当会同国务院食品安全监督管理部门立即制定、修订。

（三）制定统一食品安全标准

食品安全标准是强制执行的标准。除食品安全标准外,不得制定其他的食品强制性标准。食品安全标准应当包括以下内容:

（1）食品、食品添加剂、食品相关产品中的致病性微生物,农药残留、兽药残留、生物毒素、重金属等污染物质以及其他危害人体健康物质的限量规定;

（2）食品添加剂的品种、使用范围、用量;

（3）专供婴幼儿和其他特定人群的主辅食品的营养成分要求;

（4）对与卫生、营养等食品安全要求有关的标签、标志、说明书的要求;

（5）食品生产经营过程的卫生要求;

（6）与食品安全有关的质量要求;

（7）与食品安全有关的食品检验方法与规程;

（8）其他需要制定为食品安全标准的内容。

（四）食品生产经营

【以案学法 6-12】 2019 年 5 月底,某市食品卫生检验局对全市市场、超市的桂花鱼样本进行了抽检,结果发现抽查的 200 个样本中有 68 个样本中含有孔雀石绿。孔雀石绿是一种有毒的化学物,可用作染料,也可杀菌,由于它可致癌,因此已经禁止用于治理鱼类或鱼卵的寄生虫、真菌或细菌感染。

问题:经营者将孔雀石绿这种化学物用于鱼类杀菌是否符合食品生产经营的安全要求?

1. 一般规定

（1）食品生产经营中的安全卫生要求。食品生产经营应当符合食品安全标准,并符合下列要求：①具有与生产经营的食品品种、数量相适应的食品原料处理和食品加工、包装、贮存等场所，保持该场所环境整洁，并与有毒、有害场所以及其他污染源保持规定的距离。②具有与生产经营的食品品种、数量相适应的生产经营设备或者设施，有相应的消毒、更衣、盥洗、采光、照明、通风、防腐、防尘、防蝇、防鼠、防虫、洗涤以及处理废水、存放垃圾和废弃物的设备或者设施。③有专职或者兼职的食品安全专业技术人员、食品安全管理人员和保证食品安全的规章制度。④具有合理的设备布局和工艺流程，防止待加工食品与直接入口食品、原料与成品交叉污染，避免食品接触有毒物、不洁物。⑤餐具、饮具和盛放直接入口食品的容器，使用前应当洗净、消毒，炊具、用具用后应当洗净，保持清洁。⑥贮存、运输和装卸食品的容器、工具和设备应当安全、无害，保持清洁，防止食品污染，并符合保证食品安全所需的温度、湿度等特殊要求，不得将食品与有毒、有害物品一同贮存、运输。⑦直接入口的食品应当使用无毒、清洁的包装材料、餐具、饮具和容器。⑧食品生产经营人员应当保持个人卫生，生产经营食品时，应当将手洗净，穿戴清洁的工作衣、帽等；销售无包装的直接入口食品时，应当使用无毒、清洁的容器、售货工具和设备。⑨用水应当符合国家规定的生活饮用水卫生标准。⑩使用的洗涤剂、消毒剂应当对人体安全、无害。⑪法律、法规规定的其他要求。

（2）禁止生产的食品类别。禁止生产经营下列食品、食品添加剂、食品相关产品：①用非食品原料生产的食品或者添加食品添加剂以外的化学物质和其他可能危害人体健康物质的食品，或者用回收食品作为原料生产的食品；②致病性微生物，农药残留、兽药残留、生物毒素、重金属等污染物质以及其他危害人体健康的物质含量超过食品安全标准限量的食品、食品添加剂、食品相关产品；③用超过保质期的食品原料、食品添加剂生产的食品、食品添加剂；④超范围、超限量使用食品添加剂的食品；⑤营养成分不符合食品安全标准的专供婴幼儿和其他特定人群的主辅食品；⑥腐败变质、油脂酸败、霉变生虫、污秽不洁、混有异物、掺假掺杂或者感官性状异常的食品、食品添加剂；⑦病死、毒死或者死因不明的禽、畜、兽、水产动物肉类及其制品；⑧未按规定进行检疫或者检疫不合格的肉类，或者未经检验或者检验不合格的肉类制品；⑨被包装材料、容器、运输工具等污染的食品、食品添加剂；⑩标注虚假生产日期、保质期或者超过保质期的食品、食品添加剂；⑪无标签的预包装食品、食品添加剂；⑫国家为防病等特殊需要明令禁止生产经营的食品；⑬其他不符合法律、法规或者食品安全标准的食品、食品添加剂、食品相关产品。

（3）食品生产经营的许可制度。

① 国家对食品生产经营实行许可制度。从事食品生产、食品销售、餐饮服务，应当依法取得许可。但是，销售食用农产品，不需要取得许可。食品生产加工小作坊和食品摊贩等从事食品生产经营活动，应当符合本法规定的与其生产经营规模、条件相适应的食品安全要求，保证所生产经营的食品卫生、无毒、无害，食品安全监督管理部门应当对其加强监督管理。

利用新的食品原料生产食品，或者生产食品添加剂新品种、食品相关产品新品种，应当向国务院卫生行政部门提交相关产品的安全性评估材料。国务院卫生行政部门应当自收到申请之日起 60 日内组织审查；对符合食品安全要求的，准予许可并公布；对不符合食品安全要求的，不予许可并书面说明理由。

生产经营的食品中不得添加药品，但是可以添加按照传统既是食品又是中药材的物质。

② 国家对食品添加剂生产实行许可制度。从事食品添加剂生产，应当具有与所生产食品添加剂品种相适应的场所、生产设备或者设施、专业技术人员和管理制度，并依法取得食

品添加剂生产许可。生产食品添加剂应当符合法律、法规和食品安全国家标准。食品添加剂应当在技术上确有必要且经过风险评估证明安全可靠,方可列入允许使用的范围;有关食品安全国家标准应当根据技术必要性和食品安全风险评估结果及时修订。食品生产经营者应当按照食品安全国家标准使用食品添加剂。

(4) 建立食品安全全程追溯制度。食品生产经营者应当依照规定,建立食品安全追溯体系,保证食品可追溯。国家鼓励食品生产经营者采用信息化手段采集、留存生产经营信息,建立食品安全追溯体系。国务院食品安全监督管理部门会同国务院农业行政等有关部门建立食品安全全程追溯协作机制。

地方各级人民政府应当采取措施鼓励食品规模化生产和连锁经营、配送。国家鼓励食品生产经营企业参加食品安全责任保险。

2. 生产经营过程控制

(1) 食品生产经营企业应当建立健全食品安全管理制度,对职工进行食品安全知识培训,加强食品检验工作,依法从事生产经营活动。

(2) 食品生产经营者应当建立并执行从业人员健康管理制度。患有国务院卫生行政部门规定的有碍食品安全疾病的人员,不得从事接触直接入口食品的工作。从事接触直接入口食品工作的食品生产经营人员应当每年进行健康检查,取得健康证明后方可上岗工作。

(3) 食用农产品生产者应当按照食品安全标准和国家有关规定使用农药、肥料、兽药、饲料和饲料添加剂等农业投入品,严格执行农业投入品使用安全间隔期或者休药期的规定,不得使用国家明令禁止的农业投入品。禁止将剧毒、高毒农药用于蔬菜、瓜果、茶叶和中草药材等国家规定的农作物。

(4) 食品生产者采购食品原料、食品添加剂、食品相关产品,应当查验供货者的许可证和产品合格证明;对无法提供合格证明的食品原料,应当按照食品安全标准进行检验;不得采购或者使用不符合食品安全标准的食品原料、食品添加剂、食品相关产品。

食品生产经营企业应当建立食品原料、食品添加剂、食品相关产品进货查验记录制度,如实记录食品原料、食品添加剂、食品相关产品的名称、规格、数量、生产日期或者生产批号、保质期、进货日期以及供货者名称、地址、联系方式等内容,并保存相关凭证。记录和凭证保存期限不得少于产品保质期满后六个月;没有明确保质期的,保存期限不得少于两年。

食品经营者采购食品,应当查验供货者的许可证和食品出厂检验合格证或者其他合格证明(以下称合格证明文件)。

(5) 学校、托幼机构、养老机构、建筑工地等集中用餐单位的食堂应当严格遵守法律、法规和食品安全标准;从供餐单位订餐的,应当从取得食品生产经营许可的企业订购,并按照要求对订购的食品进行查验。供餐单位应当严格遵守法律、法规和食品安全标准,当餐加工,确保食品安全。

(6) 网络食品交易第三方平台提供者应当对入网食品经营者进行实名登记,明确其食品安全管理责任;依法应当取得许可证的,还应当审查其许可证。网络食品交易第三方平台提供者发现入网食品经营者有违反本法规定行为的,应当及时制止并立即报告所在地县级人民政府食品安全监督管理部门;发现严重违法行为的,应当立即停止提供网络交易平台服务。

(7) 国家建立食品召回制度。食品生产者发现其生产的食品不符合食品安全标准或者有证据证明可能危害人体健康的,应当立即停止生产,召回已经上市销售的食品,通知相关生产经营者和消费者,并记录召回和通知情况。食品生产经营者应当对召回的食品采取无害化处理、销毁等措施,防止其再次流入市场。但是,对因标签、标志或者说明书不符合食品安全标准而被召回的食品,食品生产者在采取补救措施且能保证食品安全的情况下可以继续销售;销售时应当向消费者明示补救措施。

3. 特殊食品

（1）国家对保健食品、特殊医学用途配方食品和婴幼儿配方食品等特殊食品实行严格监督管理。保健食品的标签、说明书不得涉及疾病预防、治疗功能,内容应当真实,与注册或者备案的内容相一致,载明适宜人群、不适宜人群、功效成分或者标志性成分及其含量等,并声明"本品不能代替药物"。保健食品的功能和成分应当与标签、说明书相一致。

（2）婴幼儿配方食品生产企业应当实施从原料进厂到成品出厂的全过程质量控制,对出厂的婴幼儿配方食品实施逐批检验,保证食品安全。生产婴幼儿配方食品使用的生鲜乳、辅料等食品原料、食品添加剂等,应当符合法律、行政法规的规定和食品安全国家标准,保证婴幼儿生长发育所需的营养成分。

▶ 法条链接
食品标签、说明书、广告的规定

《食品安全法》第四十二条　预包装食品的包装上应当有标签。标签应当标明下列事项:①名称、规格、净含量、生产日期;②成分或者配料表;③生产者的名称、地址、联系方式;④保质期;⑤产品标准代号;⑥贮存条件;⑦所使用的食品添加剂在国家标准中的通用名称;⑧生产许可证编号;⑨法律、法规或者食品安全标准规定必须标明的其他事项。专供婴幼儿和其他特定人群的主辅食品,其标签还应当标明主要营养成分及其含量。食品安全国家标准对标签标注事项另有规定的,从其规定。

《食品安全法》第六十九条　生产经营转基因食品应当按照规定显著标示。

《食品安全法》第七十一条　食品和食品添加剂的标签、说明书,不得含有虚假内容,不得涉及疾病预防、治疗功能。生产经营者对其提供的标签、说明书的内容负责。食品和食品添加剂的标签、说明书应当清楚、明显,生产日期、保质期等事项应当显著标注,容易辨识。食品和食品添加剂与其标签、说明书的内容不符的,不得上市销售。

《食品安全法》第七十三条　食品广告的内容应当真实合法,不得含有虚假内容,不得涉及疾病预防、治疗功能。食品生产经营者对食品广告内容的真实性、合法性负责。

（五）食品检验

【以案学法6-13】　2019年6月初,广州市H公司从法国进口一批数量5 000箱、金额63 000美元的拉菲红葡萄酒。广州出入境检验检疫局提出需要进行进口食品检验,广州市H公司却以法国拉菲是国际大品牌、品质有保证为由拒绝。

问题:进口食品是否可以免检?

（1）食品检验机构的资质认定。食品检验机构按照国家有关认证认可的规定取得资质认定后,方可从事食品检验活动。但是,法律另有规定的除外。

（2）检验机构与检验人负责制。食品检验实行食品检验机构与检验人负责制。食品检验报告应当加盖食品检验机构公章,并有检验人的签名或者盖章。食品检验机构和检验人对出具的食品检验报告负责。

(3) 取消免检制度。食品安全监督管理部门对食品不得实施免检。

(六) 食品安全事故处置机制

1. 制定食品安全事故应急预案

(1) 国务院组织制定国家食品安全事故应急预案。

(2) 县级以上地方人民政府应当根据有关法律、法规的规定和上级人民政府的食品安全事故应急预案以及本地区的实际情况,制定本行政区域的食品安全事故应急预案,并报上一级人民政府备案。

(3) 食品生产经营企业应当制订食品安全事故处置方案,定期检查本企业各项食品安全防范措施的落实情况,及时消除食品安全事故隐患。

2. 食品安全事故通报要求

发生食品安全事故的单位应当立即采取措施,防止事故扩大。事故单位和接收病人进行治疗的单位应当及时向事故发生地县级人民政府食品安全监督管理、卫生行政部门报告。

发生食品安全事故,接到报告的县级人民政府食品安全监督管理部门应当按照应急预案的规定向本级人民政府和上级人民政府食品安全监督管理部门报告。县级人民政府和上级人民政府食品安全监督管理部门应当按照应急预案的规定上报。

任何单位和个人不得对食品安全事故隐瞒、谎报、缓报,不得隐匿、伪造、毁灭有关证据。

3. 责任的确定与督查

发生食品安全事故,设区的市级以上人民政府食品安全监督管理部门应当立即会同有关部门进行事故责任调查,督促有关部门履行职责,向本级人民政府和上一级人民政府食品安全监督管理部门提出事故责任调查处理报告。

涉及两个以上省、自治区、直辖市的重大食品安全事故由国务院食品安全监督管理部门依照前款规定组织事故责任调查。

(七) 食品安全责任

【以案学法 6-14】 2019 年 5 月 1 日,孙某在甲商场购买"玉兔牌"香肠 20 包,其中价值 585.6 元的 18 包香肠已过保质期。孙某到收银台结账后,即径直到服务台索赔,甲商场提出孙某是明知食品过期而购买,故不予以赔偿,双方协商未果诉至法院。

问题:如果你是法官,你将如何判决?

相关单位或个人违反《食品安全法》,需要承担的责任有民事责任,如赔偿损失、支付赔偿金等;行政责任,如罚款、没收违法所得、责令停产停业、吊销许可证等;情节严重触犯《刑法》的,还要承担刑事责任。以下列举《食品安全法》法律责任的部分条款。

1. 违法生产经营列举情形的责任

违反本法规定,有下列情形之一,尚不构成犯罪的,由县级以上人民政府食品安全监督管理部门没收违法所得和违法生产经营的食品、食品添加剂,并可以没收用于违法生产经营的工具、设备、原料等物品;违法生产经营的食品、食品添加剂货值金额不足一万元的,并处五万元以上十万元以下罚款;货值金额一万元以上的,并处货值金额十倍以上二十倍以下罚款;情节严重的,吊销许可证:

（1）生产经营致病性微生物，农药残留、兽药残留、生物毒素、重金属等污染物质以及其他危害人体健康的物质含量超过食品安全标准限量的食品、食品添加剂；

（2）用超过保质期的食品原料、食品添加剂生产食品、食品添加剂，或者经营上述食品、食品添加剂；

（3）生产经营超范围、超限量使用食品添加剂的食品；

（4）生产经营腐败变质、油脂酸败、霉变生虫、污秽不洁、混有异物、掺假掺杂或者感官性状异常的食品、食品添加剂；

（5）生产经营标注虚假生产日期、保质期或者超过保质期的食品、食品添加剂；

（6）生产经营未按规定注册的保健食品、特殊医学用途配方食品、婴幼儿配方乳粉，或者未按注册的产品配方、生产工艺等技术要求组织生产；

（7）以分装方式生产婴幼儿配方乳粉，或者同一企业以同一配方生产不同品牌的婴幼儿配方乳粉；

（8）利用新的食品原料生产食品，或者生产食品添加剂新品种，未通过安全性评估；

（9）食品生产经营者在食品安全监督管理部门责令其召回或者停止经营后，仍拒不召回或者停止经营。

2. 网络食品交易第三方平台违法责任

违反本法规定，网络食品交易第三方平台提供者未对入网食品经营者进行实名登记、审查许可证，或者未履行报告、停止提供网络交易平台服务等义务的，由县级以上人民政府食品安全监督管理部门责令改正，没收违法所得，并处五万元以上二十万元以下罚款；造成严重后果的，责令停业，直至由原发证部门吊销许可证；使消费者的合法权益受到损害的，应当与食品经营者承担连带责任。

消费者通过网络食品交易第三方平台购买食品，其合法权益受到损害的，可以向入网食品经营者或者食品生产者要求赔偿。网络食品交易第三方平台提供者不能提供入网食品经营者的真实名称、地址和有效联系方式的，由网络食品交易第三方平台提供者赔偿。网络食品交易第三方平台提供者赔偿后，有权向入网食品经营者或者食品生产者追偿。网络食品交易第三方平台提供者作出更有利于消费者承诺的，应当履行其承诺。

3. 食品广告违法责任

违反本法规定，在广告中对食品作虚假宣传，欺骗消费者，或者发布未取得批准文件、广告内容与批准文件不一致的保健食品广告的，依照《中华人民共和国广告法》的规定给予处罚。广告经营者、发布者设计、制作、发布虚假食品广告，使消费者的合法权益受到损害的，应当与食品生产经营者承担连带责任。社会团体或者其他组织、个人在虚假广告或者其他虚假宣传中向消费者推荐食品，使消费者的合法权益受到损害的，应当与食品生产经营者承担连带责任。

◆ 知识链接

《食品安全法》相关用语的含义

①预包装食品是指预先定量包装或者制作在包装材料、容器中的食品。②食品添加剂是指为改善食品品质和色、香、味以及为防腐、保鲜和加工工艺的需要而加入食品中的人工合成或者天然物质，包括营养强化剂。③食品保质期是指食品在标明的贮存条件下保持品质的期限。④食源性疾病是指食品中致病因素进入人体引起的感染性、中毒性等疾病，包括

食物中毒。⑤食品安全事故是指食源性疾病、食品污染等源于食品,对人体健康有危害或者可能有危害的事故。

第四节 电子商务法律制度

电子商务有狭义与广义之分。狭义的电子商务是指通过电子行为进行的商事活动。广义的电子商务是指通过电子行为进行民商事活动。民商事行为不仅包括商事行为,也包括非商事主体之间的民事活动,比如自然人之间的电子商务。

电子商务法是指调整平等主体之间通过电子行为设立、变更和消灭财产关系和人身关系的法律规范的总称;是政府调整、企业和个人以数据电文为交易手段,通过信息网络所产生的,因交易形式所引起的各种商事交易关系,以及与这种商事交易关系密切相关的社会关系、政府关系的法律规范的总称。

目前,我国针对电子商务的相关立法并不少,较具代表性的有:最早关于电子商务的立法是1999年修订的《合同法》,承认了数据电文的书面效力,确定了到达主义的要约和承诺生效时间。2005年4月1日起正式实施的《中华人民共和国电子签名法》(以下简称《电子签名法》)是我国第一部真正电子商务领域的人大立法。2010年7月1日起实施的《中华人民共和国侵权责任法》对网络主体"人肉搜索"信息的民事侵权责任进行规定。与此同时,《互联网著作权行政保护办法》《电子支付指引(第一号)》《电子认证服务管理办法》《网络交易管理办法》等行政法规和部门规章相继出台。2018年8月31日,第十三届全国人大常委会第五次会议通过《中华人民共和国电子商务法》(以下简称《电子商务法》),立法效力层次非常高、涉及面也很广,对电子商务经营主体、经营行为、合同、快递物流、电子支付以及电子商务发展中比较典型的问题都做了比较明确具体的规定,共七章89条,自2019年1月1日施行。

本节就《电子商务法》《电子签名法》、电子支付的主要条款进行介绍。

一、《电子商务法》的主要条款

【以案学法6-15】 ①ofo共享单车退押金排队人数超过1 000万,金额竟然多达14亿元。2018年12月,有报道称ofo已经无法在APP内退押金,"退押金"按钮成灰色,无法点击。多名在APP申请退款的用户表示,自己的申请退款周期已长达三周至1个月,仍未完成。"ofo申请退款一个月了没有回应,之前的酷骑单车299元押金已经不知道跟谁要了,这些企业该管管了。"有用户称。②女子"秒杀价"网购到8张假橡木床维权。2018年年底,陈某因自建房需购买8张床,通过某网站发现江西某家具公司销售的橡木床由其原价2 050元/张,现秒杀价为620元/张。陈某以4 960元一次性购买了8张橡木床。收到货后,陈某发现该床与网页上所宣称的橡木床不符,且有发霉的现象,质量非常低劣。陈某立即与该家具公司客服联系,要求退还货款,但对方以"一分钱,一分货"为由拒绝退还。陈某认为该家具公司实际销售的产品与其网络宣传的产品不符,存在欺骗消费者的嫌疑,故诉至法院,请求法院按照《消费者权益保护法》的规定,"三倍"赔偿损失。

问题:上诉案例反映了电子商务活动中的哪些法律问题?

（一）适用范围与立法精神

1. 适用范围

中华人民共和国境内的电子商务活动,适用本法。本法所称电子商务,是指通过互联网等信息网络销售商品或者提供服务的经营活动。法律、行政法规对销售商品或者提供服务有规定的,适用其规定。金融类产品和服务,利用信息网络提供新闻信息、音视频节目、出版以及文化产品等内容方面的服务,不适用本法。

2. 立法精神

国家鼓励发展电子商务新业态,创新商业模式,促进电子商务技术研发和推广应用。国家平等对待线上线下商务活动,促进线上线下融合发展,各级人民政府和有关部门不得采取歧视性的政策措施,不得滥用行政权力排除、限制市场竞争。电子商务经营者从事经营活动,应当遵循自愿、平等、公平、诚信的原则,遵守法律和商业道德,公平参与市场竞争,履行消费者权益保护、环境保护、知识产权保护、网络安全与个人信息保护等方面的义务,承担产品和服务质量责任,接受政府和社会的监督。国家建立符合电子商务特点的协同管理体系,推动形成有关部门、电子商务行业组织、电子商务经营者、消费者等共同参与的电子商务市场治理体系。

（二）电子商务经营者

1. 一般规定

(1) 电子商务经营者的概念界定。本法所称电子商务经营者,是指通过互联网等信息网络从事销售商品或者提供服务的经营活动的自然人、法人和非法人组织,包括电子商务平台经营者、平台内经营者以及通过自建网站、其他网络服务销售商品或者提供服务的电子商务经营者。

(2) 电子商务经营者的职责义务。①依法办理市场主体登记。但是,个人销售自产农副产品、家庭手工业产品,个人利用自己的技能从事依法无须取得许可的便民劳务活动和零星小额交易活动,以及依照法律、行政法规不需要进行登记的除外。②依法履行纳税义务,并依法享受税收优惠。③依法需要取得相关行政许可的,应当依法取得行政许可。④销售的商品或者提供的服务应当符合保障人身、财产安全的要求和环境保护要求,不得销售或者提供法律、行政法规禁止交易的商品或者服务。⑤销售商品或者提供服务应依法出具纸质发票或者电子发票等购货凭证或者服务单据。电子发票与纸质发票具有同等法律效力。⑥应当在其首页显著位置,持续公示营业执照信息、与其经营业务有关的行政许可信息;信息发生变更的,应当及时更新公示信息。⑦自行终止从事电子商务的,应当提前30日在首页显著位置持续公示有关信息。⑧应当全面、真实、准确、及时地披露商品或者服务信息,保障消费者的知情权和选择权。不得以虚构交易、编造用户评价等方式进行虚假或者引人误解的商业宣传,欺骗、误导消费者。⑨根据消费者的兴趣爱好、消费习惯等特征向其提供商品或者服务的搜索结果的,应当同时向该消费者提供不针对其个人特征的选项,尊重和平等保护消费者合法权益;向消费者发送广告的,应当遵守《广告法》的有关规定。⑩搭售商品或者服务,应当以显著方式提请消费者注意,不得将搭售商品或者服务作为默认同意的选项。⑪应当按照承诺或者与消费者约定的方式、时限向消费者交付商品或者服务,并承担商品运输中的风险和责任。但是,消费者另行选择快递物流服务提供者的除外。⑫按照约定向消费者收取押金的,应当明示押金退还的方式、程序,不得对押金退还设置不合理条件。消费者申请退还押金,符合押金退还条件的,电子商务经营者应当及时退还。⑬因技术优势、用户数量、对相关行业的控制能力以及其他经营者对该电子商务经营者在交易上的依赖程度等因素而具有市场支配地位的,不得滥用市场支配地位,排除、限制竞争。⑭收集、使用其用户的个人信息,应当遵守法律、行政法规有关个人信息保护的规定。⑮应当明示用户信息查询、更正、删除以及用户注销的方式、程序,不得对用户信息查询、更正、删除以及用户注销设置不合理条件。收到用户信息查询或者更正、删除的申请的,应当在核实身份后及时提供查询或者更正、删除用户信息。用户注销的,电子商务经营者应当立即删除该用户的信息;依照法律、行政法规的规定或者双方约定保存的,依照其规定。⑯有关主管部门依照法律、行政法规的规定要求电子商务经营者提供有关电子商务数据信息的,电子商务经营者应当提供。有关主管部门应当采取必要措施保护电子商务经营者提供的数据信息的安全,并对其中的个人信息、隐私和商业秘密严格保密,不得泄露、出售或者非法向他人提供。⑰从事跨境电子商务,应当遵守进出口监督管理的法律、行政法规和国家有关规定。

2. 电子商务平台经营者的特别规定

本法所称电子商务平台经营者,是指在电子商务中为交易双方或者多方提供网络经营场所、交易撮合、信息发布等服务,供交易双方或者多方独立开展交易活动的法人或者非法人组织。本法所称平台内经营者,是指通过电子商务平台销售商品或者提供服务的电子商务经营者。电子商务平台经营者除了履行一般规定的职责义务外,还有如下特别规定:①应当要求申请进入平台销售商品或者提供服务的经营者提交其身份、地址、联系方式、行政许可等真实信息,进行核验、登记,建立登记档案,并定期核验更新。为进入平台销售商品或者提供服务的非经营用户提供服务,应当遵守本节有关规定。②应当按照规定向市场监督管理部门、税务部门报送平台内经营者的身份信息和与纳税有关的信息,提示未办理市场主体登记的经营者依法办理登记,并配合市场监督管理部门,针对电子商务的特点,为应当办理市场主体登记的经营者办理登记提供便利。③应当采取技术措施和其他必要措施保证其网络安全、稳定运行,防范网络违法犯罪活动,有效应对网络安全事件,保障电子商务交易安全。应当制定网络安全事件应急预案。④应当记录、保存平台上发布的商品和服务信息、交易信息,并确保信息的完整性、保密性、可用性。商品和服务信息、交易信息保存时间自交易完成之日起不少于3年;法律、行政法规另有规定的,依照其规定。⑤应当遵循公开、公平、公正的原则,制定平台服务协议和交易规则,明确进入和退出平台、商品和服务质量保障、消费者权益保护、个人信息保护等方面的权利和义务。⑥应当在其首页显著位置持续公示平台服务协议和交易规则信息或者上述信息的链接标识,并保证经营者和消费者能够便利、完整地阅览和下载。修改平台服务协议和交易规则,应当在其首页显著位置公开征求意见,采取合理措施确保有关各方能够及时充分地表达意见。修改内容应当至少在实施前7日予以公示。平台内经营者不接受修改内容,要求退出平台的,电子商务平台经营者不得阻止,并按照修改前的服务协议和交易规则承担相关责任。⑦不得利用服务协议、交易规则以及技术等手段,对平台内经营者在平台内的交易、交易价格以及与其他经营者的交易等进行不合理限制或者附加不合理条件,或者向平台内经营者收取不合理费用。⑧电子商务平台经营者在其平台上开展自营业务的,应当以显著方式区分标记自营业务和平台内经营者开展的业务,不得误导消费者。电子商务平台经营者对其标记为自营的业务依法承担商品销售者或者服务提供者的民事责任。⑨知道或者应当知道平台内经营者销售的商品或者提供的服务不符合保障人身、财产安全的要求，或者有其他侵害消费者合法权益的行为，未采取必要措施的，依法与该平台内经营者承担连带责任。对关系消费者生命健康的商品或者服务，电子商务平台经营者对平台内经营者的资质资格未尽到审核义务，或者对消费者未尽到安全保障义务，造成消费者损害的，依法承担相应的责任。⑩应当建立健全信用评价制度，公示信用评价规则，为消费者提供对平台内销售的商品或者提供的服务进行评价的途径。不得删除消费者对其平台内销售的商品或者提供的服务的评价。⑪应当根据商品或者服务的价格、销量、信用等以多种方式向消费者显示商品或者服务的搜索结果；对于竞价排名的商品或者服务，应当显著标明"广告"。⑫应当建立知识产权保护规则，与知识产权权利人加强合作，依法保护知识产权。知识产权权利人认为其知识产权受到侵害的，有权通知电子商务平台经营者采取删除、屏蔽、断开链接、终止交易和服务等必要措施。通知应当包括构成侵权的初步证据。电子商务平台经营者接到通知后，应当及时采取必要措施，并将该通知转送平台内经营者；未及时采取必要措施的，对损害的扩大部分与平台内经营者承担连带责任。平台内经营者接到转送的通知后，可以向电子商务平台经营者提交不存在侵权行为的声明。声明应当包括不存在侵权行为的初步证据。电子商务平台经营者接到声明后，应当将该声明转送发出通知的知识产权权利人，并告知其可以向有关主管部门投诉或者向人民法院起诉。电子商务平台经营者在转送声明到达知识产权权利人后15日内，未收到权利人已经投诉或者起诉通知的，应当及时终止所采取的措施。电子商务平台经营者知道或者应当知道平台内经营者侵犯知识产权的，应当采取删除、屏蔽、断开链接、终止交易和服务等必要措施；未采取必要措施的，与侵权人承担连带责任。

（三）电子商务合同的订立与履行

1. 一般规定

（1）电子商务当事人订立和履行合同，适用本章和《民法总则》《合同法》《电子签名法》等法律的规定。

（2）电子商务当事人使用自动信息系统订立或者履行合同的行为对使用该系统的当事人具有法律效力。在电子商务中推定当事人具有相应的民事行为能力。但是，有相反证据足以推翻的除外。电子商务经营者应当保证用户在提交订单前可以更正输入错误。

2. 交付方式和时间

（1）合同标的为交付商品并采用快递物流方式交付的，收货人签收时间为交付时间。合同标的为提供服务的，生成的电子凭证或者实物凭证中载明的时间为交付时间；前述凭证没有载明时间或者载明时间与实际提供服务时间不一致的，实际提供服务的时间为交付时间。合同标的为采用在线传输方式交付的，合同标的进入对方当事人指定的特定系统并且能够检索识别的时间为交付时间。合同当事人对交付方式、交付时间另有约定的，从其约定。

（2）电子商务当事人可以约定采用快递物流方式交付商品。快递物流服务提供者为电子商务提供快递物流服务，应当遵守法律、行政法规，并应当符合承诺的服务规范和时限。快递物流服务提供者在交付商品时，应当提示收货人当面查验；交由他人代收的，应当经收货人同意。快递物流服务提供者应当按照规定使用环保包装材料，实现包装材料的减量化和再利用。快递物流服务提供者在提供快递物流服务的同时，可以接受电子商务经营者的委托提供代收货款服务。

3. 货款的支付方式

（1）电子商务当事人可以约定采用电子支付方式支付价款。电子支付服务提供者为电子商务提供电子支付服务，应当遵守国家规定，告知用户电子支付服务的功能、使用方法、注意事项、相关风险和收费标准等事项，不得附加不合理交易条件。电子支付服务提供者应当确保电子支付指令的完整性、一致性、可跟踪稽核和不可篡改。电子支付服务提供者应当向用户免费提供对账服务以及最近 3 年的交易记录。

（2）电子支付服务提供者提供电子支付服务不符合国家有关支付安全管理要求，造成用户损失的，应当承担赔偿责任。用户在发出支付指令前，应当核对支付指令所包含的金额、收款人等完整信息。支付指令发生错误的，电子支付服务提供者应当及时查找原因，并采取相关措施予以纠正。造成用户损失的，电子支付服务提供者应当承担赔偿责任，但能够证明支付错误非自身原因造成的除外。电子支付服务提供者完成电子支付后，应当及时准确地向用户提供符合约定方式的确认支付的信息。

（3）用户应当妥善保管交易密码、电子签名数据等安全工具。用户发现安全工具遗失、被盗用或者未经授权的支付的，应当及时通知电子支付服务提供者。未经授权的支付造成的损失，由电子支付服务提供者承担；电子支付服务提供者能够证明未经授权的支付是因用户的过错造成的，不承担责任。电子支付服务提供者发现支付指令未经授权，或者收到用户支付指令未经授权的通知时，应当立即采取措施防止损失扩大。电子支付服务提供者未及时采取措施导致损失扩大的，对损失扩大部分承担责任。

（四）电子商务争议解决

国家鼓励电子商务平台经营者建立有利于电子商务发展和消费者权益保护的商品、服务质量担保机制。

电子商务平台经营者与平台内经营者协议设立消费者权益保证金的，双方应当就消费者权益保证金的提取数额、管理、使用和退还办法等作出明确约定。消费者要求电子商务平台经营者承担先行赔偿责任以及电子商务平台经营者赔偿后向平台内经营者的追偿，适用《消费者权益保护法》的有关规定。

电子商务经营者应当建立便捷、有效的投诉、举报机制，公开投诉、举报方式等信息，及时受理并处理投诉、举报。

在电子商务争议处理中，电子商务经营者应当提供原始合同和交易记录。因电子商务经营者丢失、伪造、篡改、销毁、隐匿或者拒绝提供前述资料，致使人民法院、仲裁机构或者有关机关无法查明事实的，电子商务经营者应当承担相应的法律责任。

电子商务平台经营者可以建立争议在线解决机制，制定并公示争议解决规则，根据自愿原则，公平、公正地解决当事人的争议。

（五）电子商务促进

国务院和省、自治区、直辖市人民政府应当将电子商务发展纳入国民经济和社会发展规划，制定科学合理的产业政策，促进电子商务创新发展。国务院和县级以上地方人民政府及其有关部门应当采取措施，支持、推动绿色包装、仓储、运输，促进电子商务绿色发展。

国家推动电子商务基础设施和物流网络建设，完善电子商务统计制度，加强电子商务标准体系建设。国家推动电子商务在国民经济各个领域的应用，支持电子商务与各产业融合发展。国家促进农业生产、加工、流通等环节的互联网技术应用,鼓励各类社会资源加强合作,促进农村电子商务发展,发挥电子商务在精准扶贫中的作用。

国家维护电子商务交易安全,保护电子商务用户信息,鼓励电子商务数据开发应用,保障电子商务数据依法有序自由流动。国家采取措施推动建立公共数据共享机制,促进电子商务经营者依法利用公共数据。

国家促进跨境电子商务发展,建立健全适应跨境电子商务特点的海关、税收、进出境检验检疫、支付结算等管理制度,提高跨境电子商务各环节便利化水平,支持跨境电子商务平台经营者等为跨境电子商务提供仓储物流、报关、报检等服务。国家支持小型微型企业从事跨境电子商务。

国家进出口管理部门应当推进跨境电子商务海关申报、纳税、检验检疫等环节的综合服务和监管体系建设。跨境电子商务经营者可以凭电子单证向国家进出口管理部门办理有关手续。

国家推动建立与不同国家、地区之间跨境电子商务的交流合作,参与电子商务国际规则的制定,促进电子签名、电子身份等国际互认。国家推动建立与不同国家、地区之间的跨境电子商务争议解决机制。

◆ **知识链接** ....

《电子商务法》的法律衔接

　　《电子商务法》是电子商务领域的一部基础性的法律,但因为制定得比较晚,所以其中的一些制度在其他法律中都有规定,所以《电子商务法》不能包罗万象。电子商务立法中就针对电子领域特有的矛盾来解决其特殊性的问题,在整体上能够处理好《电子商务法》与已有的一些法律之间的关系,重点规定其他法律没有涉及的问题,弥补现有法律制度的不足。比如在市场准入上与现行的商事法律制度相衔接。在数据文本上与《合同法》和《电子签名法》相衔接。在纠纷解决上,与《消费者权益保护法》相衔接。在电商税收上与《税收征管法》和税收法规相衔接。在跨境电子商务上,与联合国国际贸易法委员会制定的《电子商务示范法》、电子合同公约等国际规范相衔接。

二、电子签名法律制度

【以案学法 6-16】《电子签名法》第一案。2004 年 1 月,杨某结识了女孩韩某。同年 8 月 27 日,韩某发短信给杨某向他借钱应急,短信中说:"我需要 5 000 元,刚回北京做了眼睛手术,不能出门,你汇到我的卡里。"杨某随即将钱汇给了韩某。之后,杨某再次收到韩某的短信,又借给韩某 6 000 元。此后,杨某要求韩某还钱,经几次催要未果后,杨某起诉至北京市海淀区法院并提交了存有韩某借钱短信的手机。韩某代理人否认发送短信的手机号码属于韩某,并质疑短信的真实性。后经法官核实,杨某提供的发送短信的手机号码拨打后接听者是韩某本人。而韩某本人也承认,自己从去年七八月开始使用这个手机号码。随后,韩某代理人表示,短信不能作为证据。而杨某的律师表示,根据 2005 年 4 月 1 日出台的《电子签名法》,手机短信属于法律对"数据电文"的定义,也符合"有形表现所载内容""可以随时调取查用"的认定规则,并要求法院确认短信证据的效力。

　　问题:手机短信能否作为证据? 法院在审查此类证据的真实性时应考虑哪些因素?

电子签名是指数据电文中以电子形式所含、所附用于识别签名人身份并表明签名人认可其中内容的数据。

为了规范电子签名行为,确立电子签名的法律效力,维护有关各方的合法权益,我国于2004年8月28日经第十届全国人大常委会第十一次会议通过,并于2015年修正的《电子签名法》,共五章36条。民事活动中的合同或者其他文件、单证等文书,当事人可以约定使用或者不使用电子签名、数据电文。当事人约定使用电子签名、数据电文的文书,不得仅因为其采用电子签名、数据电文的形式而否定其法律效力。但以下情况例外:①涉及婚姻、收养、继承等人身关系的文书;②涉及土地、房屋等不动产权益转让的文书;③涉及停止供水、供热、供气、供电等公用事业服务的文书;④法律、行政法规规定的不适用电子文书的其他情形。

(一) 数据电文

数据电文是指以电子、光学、磁或者类似手段生成、发送、接收或者储存的信息。

1. 数据电文的法律效力

(1) 关于书面形式。能够有形地表现所载内容,并可以随时调取查用的数据电文,视为符合法律、法规要求的书面形式。

(2) 关于原件形式要求。符合下列条件的数据电文,视为满足法律、法规规定的原件形式要求:①能够有效地表现所载内容并可供随时调取查用;②能够可靠地保证自最终形成时起,内容保持完整、未被更改。但是,在数据电文上增加背书以及数据交换、储存和显示过程中发生的形式变化不影响数据电文的完整性。

(3) 关于文件保存要求。符合下列条件的数据电文,视为满足法律、法规规定的文件保存要求:①能够有效地表现所载内容并可供随时调取查用;②数据电文的格式与其生成、发送或者接收时的格式相同,或者格式不相同但是能够准确表现原来生成、发送或者接收的内容;③能够识别数据电文的发件人、收件人以及发送、接收的时间。

(4) 关于证据效力。数据电文不得仅因为其是以电子、光学、磁或者类似手段生成、发送、接收或者储存的而被拒绝作为证据使用。审查数据电文作为证据的真实性应考虑的因素:①生成、储存或者传递数据电文方法的可靠性;②保持内容完整性方法的可靠性;③用以鉴别发件人方法的可靠性;④其他相关因素。

2. 数据电文的发送及接收

(1) 数据电文的发送。数据电文有下列情形之一的,视为发件人发送:①经发件人授权发送的;②发件人的信息系统自动发送的;③收件人按照发件人认可的方法对数据电文进行验证后结果相符的。当事人另有约定的,从其约定。数据电文进入发件人控制之外的某个信息系统的时间,视为该数据电文的发送时间。

(2) 数据电文的接收。收件人指定特定系统接收数据电文的,数据电文进入该特定系统的时间,视为该数据电文的接收时间;未指定特定系统的,数据电文进入收件人的任何系统的首次时间,视为该数据电文的接收时间。

当事人对数据电文的发送时间、接收时间另有约定的,从其约定。

(二) 电子签名与电子认证

1. 电子签名

可靠的电子签名与手写签名或者盖章具有同等的法律效力。电子签名同时符合下列条件的,视为可靠的电子签名:①电子签名制作数据用于电子签名时,属于电子签名人专有;②签署时电子签名制作数据仅由电子签名人控制;③签署后对电子签名的任何改动能够被发现;④签署后对数据电文内容和形式的任何改动能够被发现。当事人也可以选择使用符合其约定的可靠条件的电子签名。

电子签名人应当妥善保管电子签名制作数据。电子签名人知悉电子签名制作数据已经失密或者可能已经失密时,应当及时告知有关各方,并终止使用该电子签名制作数据。

2. 电子认证

电子签名需要第三方认证的,由依法设立的电子认证服务提供者提供认证服务。

(1) 提供电子认证服务应具备的条件。提供电子认证服务,应当具备下列条件:①取得企业法人资格;②具有与提供电子认证服务相适应的专业技术人员和管理人员;③具有与提供电子认证服务相适应的资金和经营场所;④具有符合国家安全标准的技术和设备;⑤具有国家密码管理机构同意使用密码的证明文件;⑥法律、行政法规规定的其他条件。

(2) 电子认证服务提供者的义务。我国对电子认证服务实行许可制。从事电子认证服务,应首先向国务院信息产业主管部门申领电子认证许可证书,并依法向工商行政管理部门办理企业登记手续。电子认证服务者的义务包括:①应当制定、公布符合国家有关规定的电子认证业务规则,并向国务院信息产业主管部门备案。②应当对电子签名认证申请人的身份进行查验,并对有关材料进行审查。③应当保证电子签名认证证书内容在有效期内完整、准确,并保证电子签名依赖方能够证实或者了解电子签名认证证书所载内容及其他有关事项。④拟暂停或者终止电子认证服务的,应当在暂停或者终止服务90日前,就业务承接及其他有关事项通知有关各方。同时,应当在暂停或者终止服务60日前向国务院信息产业主管部门报告,并与其他电子认证服务提供者就业务承接进行协商,作出妥善安排。⑤应妥善保存与认证相关的信息,时间为电子签名认证证书失效后至少5年。

◆ **知识链接**

《电子签名法》中相关术语解释

①电子签名人是指持有电子签名制作数据并以本人身份或者以其所代表的人的名义实施电子签名的人;②电子签名依赖方是指基于对电子签名认证证书或者电子签名的信赖从事有关活动的人;③电子签名认证证书是指可证实电子签名人与电子签名制作数据有联系的数据电文或者其他电子记录;④电子签名制作数据是指在电子签名过程中使用的,将电子签名与电子签名人可靠地联系起来的字符、编码等数据;⑤电子签名验证数据,是指用于验证电子签名的数据,包括代码、口令、算法或者公钥等。

三、电子支付法律制度

【以案学法6-17】 近日,李某在某购物网站买了一件衣服,几分钟后收到一个自称"店家"的电话,告知因交易失败需要办理退款,并提供了一个"客服QQ"号码,李某加了QQ号与其沟通,并根据其提供的"退款链接"进入一个网站,按照提示输入银行密码、动态验证码等信息,之后李某并未收到退款,却发现银行卡金额被刷,且再也联系不上"客服"。

问题:在电子支付过程中我们应注意什么问题?

（一）电子支付的概念与类型

电子支付是指单位、个人(以下简称客户)直接或授权他人通过电子终端发出支付指令，实现货币支付与资金转移的行为。电子支付的类型按电子支付指令发起方式分为网上支付、电话支付、移动支付、销售点终端交易、自动柜员机交易和其他电子支付。

（二）电子支付有关当事人及法律关系

（1）电子支付有关的当事人。电子支付涉及的当事人有以下四种：①付款人，即电子支付中的付款人，通常为消费者或买方；②收款人，即电子支付中的接收付款的人，通常为商家或卖方；③银行，即电子支付中付款人、收款人之间的中介人，通常为网上银行或金融机构；④认证机构(CA)，即电子支付中的付款人、收款人和银行真实身份的鉴定人，通常为认证中心或验证机构。

（2）当事人之间的法律关系。付款人与收款人之间是买卖合同关系；付款人和收款人与银行之间都是金融服务合同关系；付款人、收款人和银行与认证机构之间均是证书服务合同关系。

（三）电子支付业务的申请

银行应认真审核客户申请办理电子支付业务的基本资料，并以书面或电子方式与客户签订协议。银行为客户办理电子支付业务，应根据客户性质、电子支付类型、支付金额等，与客户约定适当的认证方式，如密码、密钥、数字证书、电子签名等。认证方式的约定和使用应遵循《电子签名法》等法律、法规的规定。客户利用电子支付方式从事违反国家法律、法规活动的，银行应按照有权部门的要求停止为其办理电子支付业务。

（四）电子支付指令的发起和接收

客户应按照其与发起行的协议规定，发起电子支付指令。电子支付指令与纸质支付凭证可以相互转换，二者具有同等效力。

电子支付指令的发起行应建立必要的安全程序，对客户身份和电子支付指令进行确认，并形成日志文件等记录，保存至交易后5年。发起行应采取有效措施，在客户发出电子支付指令前，提示客户对指令的准确性和完整性进行确认。发起行应确保正确执行客户的电子支付指令，对电子支付指令进行确认后，应能够向客户提供纸质或电子交易回单。发起行执行通过安全程序的电子支付指令后，客户不得要求变更或撤销电子支付指令。

发起行、接收行应确保电子支付指令传递的可跟踪稽核和不可篡改。发起行、接收行之间应按照协议规定及时发送、接收和执行电子支付指令，并回复确认。

（五）风险的防范与控制

（1）银行应针对与电子支付业务活动相关的风险，建立有效的管理制度。

（2）银行应根据审慎性原则并针对不同客户，在电子支付类型、单笔支付金额和每日累计支付金额等方面作出合理限制。

（3）银行通过互联网为个人客户办理电子支付业务，除采用数字证书、电子签名等安全认证方式外，单笔金额不应超过1 000元人民币，每日累计金额不应超过5 000元人民币。银行为客户办理电子支付业务，单位客户从其银行结算账户支付给个人银行结算账户的款项，其单笔金额不得超过5万元人民币，但银行与客户通过协议约定，能够事先提供有效付款依据的除外。

（4）银行应确保电子支付业务处理系统的安全性,保证重要交易数据的不可抵赖性、数据存储的完整性、客户身份的真实性,并妥善管理在电子支付业务处理系统中使用的密码、密钥等认证数据。

（5）银行使用客户资料、交易记录等,不得超出法律、法规许可和客户授权的范围。银行应依法对客户的资料信息、交易记录等保密。除国家法律、行政法规另有规定外,银行应当拒绝除客户本人以外的任何单位或个人的查询。

（6）银行应采取必要措施保护电子支付交易数据的完整性和可靠性。具体包括:

① 制定相应的风险控制策略,防止电子支付业务处理系统发生有意或无意的危害数据完整性和可靠性的变化,并具备有效的业务容量、业务连续性计划和应急计划;

② 保证电子支付交易与数据记录程序的设计发生擅自变更时能被有效侦测;

③ 有效防止电子支付交易数据在传送、处理、存储、使用和修改过程中被篡改,任何对电子支付交易数据的篡改能通过交易处理、监测和数据记录功能被侦测;

④ 按照会计档案管理的要求,对电子支付交易数据,以纸介质或磁性介质的方式进行妥善保存,保存期限为 5 年,并方便调阅。

（7）银行应采取必要措施为电子支付交易数据保密,具体包括:

① 对电子支付交易数据的访问须经合理授权和确认;

② 电子支付交易数据须以安全方式保存,并防止其在公共、私人或内部网络上传输时被擅自查看或非法截取;

③ 第三方获取电子支付交易数据必须符合有关法律、法规的规定以及银行关于数据使用和保护的标准与控制制度;

④ 对电子支付交易数据的访问均须登记,并确保该登记不被篡改。

（8）银行采用数字证书或电子签名方式进行客户身份认证和交易授权的,提倡由合法的第三方认证机构提供认证服务。如客户因依据该认证服务进行交易遭受损失,认证服务机构不能证明自己无过错,应依法承担相应责任。

（六）差错处理

（1）总原则。电子支付业务的差错处理应遵守据实、准确和及时的原则。

（2）差错处理细则。

① 银行由于银行保管、使用不当,导致客户资料信息被泄露或篡改的,银行应采取有效措施防止因此造成客户损失,并及时通知和协助客户补救。因银行自身系统、内控制度或为其提供服务的第三方服务机构的原因,造成电子支付指令无法按约定时间传递、传递不完整或被篡改,并造成客户损失的,银行应按约定予以赔偿。因第三方服务机构的原因造成客户损失的,银行应予赔偿,再根据与第三方服务机构的协议进行追偿。银行发现因客户原因造成电子支付指令未执行、未适当执行、延迟执行的,应主动通知客户改正或配合客户采取补救措施。非资金所有人盗取他人存取工具发出电子支付指令,并且其身份认证和交易授权通过发起行的安全程序的,发起行应积极配合客户查找原因,尽量减少客户损失。接收行由于自身系统或内控制度等原因对电子支付指令未执行、未适当执行或迟延执行致使客户款项未准确入账的,应及时纠正。

② 客户应妥善保管、使用电子支付交易存取工具。有关电子支付业务资料、存取工具被盗或遗失,应按约定方式和程序及时通知银行。客户发现自身未按规定操作,或由于自身

其他原因造成电子支付指令未执行、未适当执行、延迟执行的,应在协议约定的时间内,按照约定程序和方式通知银行。银行应积极调查并告知客户调查结果。

③ 因不可抗力造成电子支付指令未执行、未适当执行、延迟执行的,银行应当采取积极措施防止损失扩大。

◆ 知识链接

网上支付基本模式与风险

不管 B2B 还是 B2C 的交易模式,网上支付业务的参与主体除了交易双方之外,通常还有电子商务平台、第三方支付中介机构及商业银行。

网上支付模式大概划分为四种:①银联的模式;②银行网关的模式,电子商务平台链接到银行网银系统,这种模式下面买卖双方只涉及电子商务企业和银行,网上交易实际上直接进入银行的网银系统处理的,电子商务平台只跟银行签约;③第三方支付平台模式,电子商务平台先链接到第三方支付平台,支付平台再和银行链接;④支付平台内部的交易模式。

以上模式的风险应该是不同的。第三方平台模式和平台内部交易这两种模式的风险主要有几个方面:①从事资金吸存,并且有很大资金沉淀,当资金沉淀、资金吸存这种行为出现以后,自然存在着资金安全隐患方面的问题或者支付风险问题。②很多电子支付服务商涉及电子货币的发行。从国际上电子支付发展来看,基于网络发行的电子货币将来是网上支付的一个很重要的工具,但是目前在国内,对电子货币的性质、发行主体、使用范围等这些方面确实在规定上还是空白。③这类支付服务涉及支付结算账户和提供支付结算服务,突破了现有的一些特许经营的限制,开立账户后,在账户里沉淀的资金怎么定性,到底是不是视做存款,非银行机构从事这方面的业务面临着法律上的突破。④网上电子支付可能会成为资金非法转移和套现的工具,由此也会带来一定的金融风险。如有的网上交易实际上并不是进行真正的消费,而是制造一笔虚假交易,通过银行卡支付后,钱进入了支付平台的账户,通过账户转移到银行,从银行取现,实际上是为了套取现金。

知识检测

一、单项选择题

1. 依据《反垄断法》规定,下列必定属于垄断行为的是(　　　)。
   A. 经营者达成垄断协议　　　　B. 经营者利用市场支配地位
   C. 经营者集中　　　　D. 政府利用行政权力实施宏观调控

2. 甲厂生产一种易拉罐装碳酸饮料,消费者丙从乙商场购买这种饮料后,在开启时被罐内的强烈气流炸伤眼部,下列答案中最正确的是(　　　)。
   A. 丙只能向乙索赔
   B. 丙只能向甲索赔
   C. 丙只能向消费者协会投诉,请其确定向谁索赔
   D. 丙可向甲、乙中的一个索赔

3. 下列产品中属于《产品质量法》的调整对象的是(　　　)。
   A. 建房所需要的不锈钢门窗　　　　B. 某科研机构正在研究的一种高清电视

   C. 玉矿石　　　　　　　　　　　　D. 木匠小李将其打造的衣柜赠与朋友

4. 食品广告的内容应当真实合法,不得含有虚假、夸大的内容,不得涉及(　　　)。

   A. 制作成分　　　　　　　　　　　B. 疾病预防、治疗功能

   C. 产品标准代号　　　　　　　　　D. 明星代言

5. 下列情形中,可以采用电子签名的是(　　　)。

   A. 涉及婚姻、收养、继承等人身关系的文书

   B. 涉及土地、房屋等不动产权益转让的文书

   C. 涉及网络商品销售的文书

   D. 涉及停止供水、供热、供气、供电等公用事业服务的文书

二、多项选择题

1. W公司在贵金属市场上占有支配地位,下列它的(　　　)行为应被认为是滥用市场支配地位。

   A. 以不公平的价格高价销售商品　　B. 拒绝与交易相对人进行交易

   C. 以不公平的价格低价购买商品　　D. 以低于成本的价格销售商品

2. 消费者和经营者发生消费者权益争议的,可以通过下列哪几种途径解决(　　　)。

   A. 与经营者协商和解　　　　　　　B. 请求消费者协会调解

   C. 向人民法院提起诉讼　　　　　　D. 向有关行政部门投诉

3. 下列关于产品销售者的说法中正确的是(　　　)。

   A. 销售者不得伪造或冒用认证标志　B. 销售者不得销售失效变质的商品

   C. 销售者应建立进货检查验收制度　D. 销售者负有验明产品质量合格的义务

4. 食品安全标准包括以下(　　　)内容。

   A. 食品、食品添加剂、食品相关产品中的致病性微生物,农药残留、兽药残留、生物毒素、重金属等污染物质以及其他危害人体健康物质的限量规定

   B. 专供婴幼儿和其他特定人群的主辅食品的营养成分要求

   C. 与食品安全有关的食品检验方法与规程

   D. 对与卫生、营养等食品安全要求有关的标签、标志、说明书的要求

5. 电子支付涉及的当事人有(　　　)。

   A. 付款人　　　　B. 认证机构　　　　C. 银行　　　　D. 收款人

三、判断题

1. 经营者不得对消费者进行侮辱、诽谤,不得搜查消费者的身体及其携带的物品,不得侵犯消费者的人身自由。　　　　　　　　　　　　　　　　　　　　　　　(　　)

2. 保护消费者的合法权益是消费者协会的责任。　　　　　　　　　　　　(　　)

3. 《反垄断法》仅适用于中华人民共和国境内经济活动中的垄断行为。　　(　　)

4. 根据《反垄断法》规定,实施垄断行为的主体只能是企业。　　　　　　(　　)

5. 《产品质量法》中所称的产品质量是指产品满足需要的适用性、安全性、可靠性、维修性、经济性和环境所具有的特征、特性的总和。　　　　　　　　　　　　　(　　)

6. 电子签名是指数据电文中以电子形式所含、所附用于识别签名人身份并表明签名人认可其中内容的数据。　　　　　　　　　　　　　　　　　　　　　　　　(　　)

7. 国家对食品生产经营实行许可制度。从事食品生产、食品流通、餐饮服务,应当依法

取得食品生产许可、食品流通许可、餐饮服务许可。　　　　　　　　　　（　　）

8. 食品安全监督管理部门可以根据实际情况对部分食品实施免检。　　　（　　）

以法论案

案例一　行政性垄断行为

2018 年 2 月,根据有关线索,北京市发展和改革委员会对房山区燃气开发中心涉嫌滥用行政权力排除、限制竞争行为进行调查。经查,房山区燃气开发中心负责房山区天然气工程建设、管理和经营等工作,承担着房山区燃气行业管理职能。该中心在开展燃气项目报装审批过程中,以直接委托、指定等形式,要求开发单位签订由房山区燃气开发中心提供的制式合同,限定开发单位选择房山区燃气开发中心下属企业从事施工建设。据调查,房山区内绝大部分燃气工程都未执行招投标程序,直接由房山区燃气开发中心下属企业施工建设。

针对上述情况,北京市发展和改革委员会向房山区政府办、区国资委、区城管委、区燃气开发中心等通报了排除、限制竞争行为的事实,并提出立即全面纠正的建议。房山区燃气开发中心积极配合执法调查,并实施了有效整改,对行使区政府授权的燃气行业管理职能时存在的排除、限制竞争行为予以主动纠正,于 2018 年 4 月通过网站对主动纠正情况予以公示。

讨论:该案例中的违法主体是谁? 违反了《反垄断法》的哪些相关条款? 结合现实谈谈你对该案的看法。

案例二　消费者权益保护

马女士在某知名购物网站上花费近千元购买了一张大闸蟹提蟹券,商家保证 8 只 4 两以上的正宗阳澄湖大闸蟹。马女士于当月 2 日要求商家发货,直到 6 日上午收到顺丰快递邮包,验货发现 8 只大闸蟹死亡 5 只,同时个头大小远未达到商家的承诺。于是马女士要求商家更换补发,但遭到拒绝。

讨论:马女士将如何维护自己的合法权益呢?

案例三　食品安全

2019 年 3 月,接消费者王某举报,江苏省扬州市高邮菱塘某学校附近经营一家包子店的刘某制作包子时为了让包子卖相好使用含铝泡打粉,高邮市市场监督管理局对刘某制作的包子实施抽样送检,检测出包子中铝含量超标。执法部门立即查扣了刘某店里还没有使用完的 49 袋含铝泡打粉。经检测,包子中铝的残量和面团中铝的残量均不符合国家食品安全标准。

讨论:刘某违反了《食品安全法》的哪些规定,应该受到怎样的处罚?

案例四　电子商务平台

①平台的安全保障义务——滴滴打车空姐遇害案。2018 年 5 月,一位年仅 21 岁的空姐搭乘滴滴顺风车时被害身亡。嫌犯是一名滴滴顺风车司机,作案后弃车跳河身亡。②网购中的行为能力认定——"熊孩子"网络购物打赏案。16 岁女孩打赏男主播 65 万元,母亲起诉映客要求退钱败诉。

讨论:详查资料后讨论上述案例反映了电子商务平台经营者的哪些义务? 消费者在电子商务活动中应注意什么?

第七章　税收金融对外贸易法律制度

知识导航

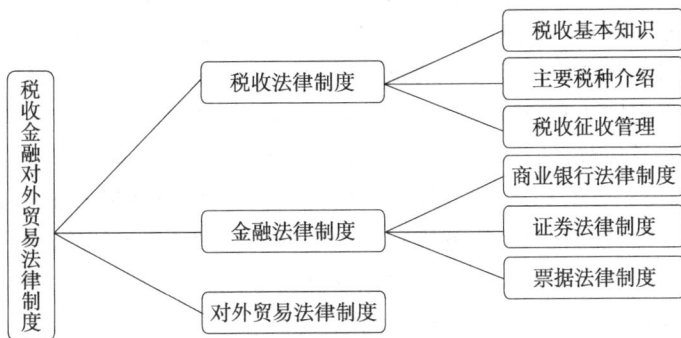

税收金融对外贸易法律制度
- 税收法律制度
  - 税收基本知识
  - 主要税种介绍
  - 税收征收管理
- 金融法律制度
  - 商业银行法律制度
  - 证券法律制度
  - 票据法律制度
- 对外贸易法律制度

案例导入

张某、王某、李某、赵某四位股东欲成立天地股份有限公司,注册资本为1亿元。按规定取得了营业执照,经营范围是铁矿石、钢铁产品的生产经营和进出口业务,法定代表人为持股最多的股东赵某。该公司在规定的时间内取得了税务登记证件和进出口货物许可证等证件。公司经营中向A商业银行贷款200万元,随后向A银行所在地分支机构预申请贷款100万元,被银行拒绝。该公司成立5年后,股东们欲申请公司在上海证券交易所上市,审核资料显示,该公司的股本总额为人民币10亿元;公开发行的股份达到公司股份总数的30%;公司最近3年无重大违法行为,财务会计报告无虚假记载。证监会通过审核,允许上市。上市半年后,原始股东张某欲转让自己持有的部分股权,却发现自己无法正常转让该股份。经营中公司收到一张商业汇票,但背书未记载日期,该公司财务人员认为该票据背书无效,拒绝接受该商业汇票。在进出口业务中,美国对该公司提起反倾销诉讼,理由是该钢铁企业接受了政府大量的补贴,伤害了竞争对手,包括美国的钢铁企业和工人。

请思考:

1. 公司取得营业执照后,应在多长时间内办理税务登记证?

2. 你认为该公司经营中会涉及缴纳哪些税费?

3. A银行的分支机构拒绝为该公司提供贷款是否正确?

4. 公司申请上市的条件是什么?该公司符合吗?

5. 该公司财务人员拒绝接受该商业汇票的理由是否正确?

6. 美国是否有理由提出反倾销诉讼?

第一节 税收法律制度

一、税收基本知识

【以案学法 7-1】 美嘉去本地某知名汽车制造企业应聘税务岗位。财务经理问了如下问题:请简要说说税法的构成要素,本企业主要需要缴纳哪些税种及基本计算方法如何?

问题: 如果你是美嘉,应该如何回答?

(一)税收和税法

税收是指以国家为主体,为实现其职能,凭借其政治权力,按照法定标准,无偿取得财政收入的一种特定分配形式。税收具有强制性、无偿性、固定性三大特点。

税法是调整国家与纳税人之间征纳税关系的法律规范的总称,是经济法的重要组成部分。税法分为税收实体法和税收程序法。税收实体法是规定每一具体税种的纳税义务人、征税对象、税率、纳税环节、纳税期限等内容的法律规范的总称,如《企业所得税法》《个人所得税法》等。税收程序法主要是为了保障税收实体法的实施而规定的征税程序上的问题,主要内容包括税务管理、税款征收、税务检查与法律责任等,如《税收征管法》。简单地说,税收实体法规定了哪些行为应该纳税以及怎样计算税额等问题;税收程序法规定了按照怎样的程序来交税以及税收征管中的日常管理等问题。

(二)税法的构成要素

税法的构成要素包括纳税义务人、征税对象、税目、税率、计税依据、纳税环节、纳税期限、减免税、罚则等。其中,纳税义务人、征税对象、税率构成了税法的三大基本要素。

(1)纳税义务人又叫纳税主体,简称纳税人。它是指税法规定的直接负有纳税义务的单位或个人。

(2)征税对象,即对什么征税,它是区别一种税与另一种税的重要标志。按性质不同,征税对象可划分为流转额、所得额、财产、资源、特定行为五大类。

(3)税目是征税对象的具体化,是征税的具体品目。如消费税中的烟、酒及酒精等税目。不是所有的税种都规定税目,有些征税对象具有简单明确的税种,没有另行规定税目的必要,如房产税等。

(4)税率是应纳税额与征税对象的比例,是计算应纳税额的尺度,也是衡量税负轻重的重要标志。我国现行的税率种类如表 7-1 所示。

表 7-1 我国现行税率种类表

税率种类	含　义	形　式	举　例
比例税率	对同一征税对象,不论其数额大小,均按同一个比例征收	单一比例税率	增值税税率、车辆购置税税率
		差别比例税率	城市维护建设税税率
		幅度比例税率	契税税率
累进税率	根据征税对象数额的大小,规定不同等级的税率,即征税对象数额越大,税率越高	超额累进税率	工资薪金所得税率
		超率累进税率	土地增值税税率
定额税率	按征税对象的计量单位直接规定固定的税额		车船税税率

（5）计税依据是指计算应纳税额的依据或标准，即根据什么来计算纳税人应缴纳的税款。计税依据的基本类型有三种：一是从价计征，即根据计税金额来计税。大多数税种采用此方法计税，如增值税、所得税等。二是从量计征，是以征税对象的重量、体积、数量等为计税依据。如资源税中除原油、天然气之外的其他征税资源，消费税中的黄酒、啤酒、汽油、柴油等。三是从价从量复合计征。征税对象的价格和数量均为其计税依据，如消费税中的白酒。

（6）纳税环节是指税法规定的征税对象从生产到最终消费的整个流转过程中应当缴纳税款的环节。比如消费税大多在产制环节纳税，而增值税在各个环节纳税。

（7）纳税期限是指纳税人按照税法规定缴纳税款的期限。我国现行税制的纳税期限有三种：①按期纳税。如增值税法规定，按期纳税的纳税间隔期分为1日、3日、5日、10日、15日和1个月，或者一个季度。以1个月或者一个季度为纳税期的，自期满之日起15日内申报；以其他间隔期为纳税期的，自期满之日起5日内预缴，于次月1日起15日内申报缴纳并结清上月税款。②按次纳税。如车辆购置税等。③按年计征，分期预缴或缴纳。如企业所得税按规定的期限预缴税款，年终汇算清缴，多退少补；房产税、城镇土地使用税实行按年计算、分期缴纳。

（8）减免税是指从应征税额中减征部分税款或免征全部税款。减免税可分为固定减免税、定期减免税和临时减免税三种。

（9）罚则是对有违反税法行为的纳税人采取的惩罚措施，包括加收滞纳金、罚款、送交司法机关依法处理等。

二、主要税种介绍

（一）增值税

【以案学法7-2】　甲公司为增值税一般纳税人，生产销售计算机。2019年6月发生如下业务：生产销售计算机500台，取得不含增值税价款100万元。向乙公司（小规模纳税人）支付运输费用取得代开的增值税专用发票上注明的金额为10万元。另外还向丙公司（小规模纳税人）购买计算机零配件取得代开的增值税专用发票上注明的价款为20万元。

问题：分别计算甲、乙、丙公司就各自的业务应纳的增值税。

1. 概念

增值税是对在我国境内销售货物，提供加工、修理修配劳务，进口货物以及销售服务、无形资产或者不动产的单位和个人取得的以增值额为计税依据的一种流转税。

2. 纳税人和征税对象

只要在我国境内销售货物或提供加工、修理修配劳务，进口货物以及销售服务、无形资产或者不动产的单位和个人，都是增值税的纳税人。增值税的纳税人根据其经营规模以及会计核算健全程度不同可分为一般纳税人和小规模纳税人。一般情况下，达到规定标准的，应申请一般纳税人资格认定。增值税的征税对象为增值额。

3. 税率

（1）基本税率13%。适用于除实行低税率和零税率以外的所有销售或进口货物；提供加工、修理修配劳务以及提供有形动产租赁服务。

(2) 低税率 9% 和 6%。

① 纳税人销售或者进口下列货物,适用 9% 税率。

A. 粮食等农产品、食用植物油、鲜奶、食用盐。

B. 自来水、暖气、冷气、热水、煤气、石油液化气、天然气、沼气、居民用煤炭制品、二甲醚。

C. 图书、报纸、杂志;音像制品、电子出版物。

D. 饲料、化肥、农药、农机、农膜。

E. 国务院规定的其他货物。

② 提供交通运输服务、邮政服务、基础电信服务、建筑服务、不动产租赁服务,销售不动产,转让土地使用权,适用 9% 税率。

③ 提供现代服务(租赁服务除外)、增值电信服务、金融服务、生活服务,销售无形资产(转让土地使用权外),适用 6% 税率。

(3) 零税率。①除国务院另有规定外,纳税人出口货物适用零税率。②境内单位和个人跨境销售国务院规定范围内的服务、无形资产,税率为零。③其他零税率政策。

以上税率适用一般纳税人,自 2019 年 4 月 1 日起施行。另外,由于小规模纳税人会计核算不健全,无法准确核算进项税额和销项税额,在征收管理中,采用简易办法征收增值税,按其销售额与规定的征收率计算缴纳增值税,不允许抵扣进项税,也不允许使用增值税专用发票,法定征收率为 3%。选择简易计税的一般纳税人计算税款时也适用 3% 的征收率。要注意的是小规模纳税人以及选择简易计税的一般纳税人在销售不动产时征收率为 5%。

4. 应纳税额的计算

(1) 一般纳税人采取税款抵扣的方法,计算公式:

$$应纳税额＝当期销项税额－当期进项税额$$

① 销项税额是纳税人销售货物、提供应税劳物或者发生应税行为,按照销售额和适用税率计算并向购买方收取的增值税税额。计算公式:

$$销项税额＝不含税销售额×税率$$

不含税销售额是指纳税人销售货物、提供应税劳物或者发生应税行为向购买方收取的全部价款和价外费用,但不包括收取的销项增值税税额。

② 进项税额是指纳税人购进货物或者接受应税劳务、服务所支付的增值税税额。销售方收取的销项税额,就是购买方支付的进项税额。纳税人购进货物或者接受应税劳务、服务,取得的增值税扣税凭证不符合有关规定的,其进项税额不得从销项税额中抵扣。

(2) 小规模纳税人计算公式:

$$应纳税额＝不含税销售额×征收率$$

(二) 消费税

【以案学法 7-3】　①某酒厂为一般纳税人。2019 年 3 月销售自己生产的粮食白酒 30 吨,向购买方收取的不含税销售额共计 165 万元。已知白酒的消费税税率是 20% 加 0.5 元/500 克。②某汽车制造商为一般纳税人。2019 年 6 月生产销售小汽车 50 辆,每辆小汽车不含税单价为 30 万元。已知该小汽车消费税税率为 25%。

问题:分别计算酒厂和汽车制造商应纳消费税税额。

1. 概念

消费税是对在我国境内从事生产、委托加工及进口应税消费品的单位和个人,就其销售额或销售数量,在特定环节征收的一种税。它是在普遍征收增值税的基础上,选择了少数消费品再征收的一个税种。因此,消费税的纳税人也是增值税的纳税人。而且,对同一纳税人同一环节既征收消费税又征收增值税的,消费税与增值税的计税销售额一般情况下是相同的。

2. 纳税人和税目

(1) 消费税的纳税人具体包括:①生产、进口、委托加工应税销售品的单位和个人;②零售金银首饰、铂金首饰、钻石及钻石饰品的单位和个人;③零售超豪华小汽车的单位和个人;④从事卷烟批发业务的单位和个人。

(2) 税目。消费税税目采用列举的方式,列入应税范围的消费品共 15 类:①烟(包括卷烟、雪茄烟、烟丝);②酒(包括白酒、黄酒、啤酒及其他酒);③高档化妆品(包括高档护肤类化妆品和成套化妆品);④贵重首饰及珠宝玉石(包括翡翠、珍珠、宝石、宝石坯等);⑤鞭炮、焰火(体育上用的发令纸、鞭炮引线不属于应税消费品);⑥成品油(包括汽油、柴油等 7 个子目);⑦摩托车;⑧小汽车;⑨高尔夫球及球具;⑩高档手表;⑪游艇;⑫木制一次性筷子;⑬实木地板;⑭电池;⑮涂料。

3. 税率

消费税税率采取比例税率和定额税率两种。除后述列举的外,其他应税消费品都采取比例税率,比例税率最高为 56%,最低为 1%。定额税率即单位税额,如黄酒、啤酒和成品油的全部。另外,卷烟和白酒的税率为比例税率与定额税率相结合的方法。

4. 应纳税额的计算

(1) 从价计征计算公式:

$$应纳税额＝应税消费品的销售额×比例税率$$

其中,应税消费品的销售额是指纳税人销售应税消费品向购买方收取的全部价款和价外费用,但不包括应向购买方收取的增值税税款。

(2) 从量计征计算公式:

$$应纳税额＝应税消费品的销售数量×单位税额$$

(3) 复合计征计算公式:

$$应纳税额＝应税消费品的销售额×比例税率＋应税消费品的销售数量×单位税额$$

(三) 企业所得税

【以案学法 7-4】　某居民企业 2018 年度企业所得税应纳税所得额为 500 万元,减免税额为 10 万元,抵免税额为 20 万元,上一年度亏损 20 万元。

问题:计算该企业 2018 年应纳企业所得税税额。

1. 概念

企业所得税是对我国境内的企业和其他取得收入的组织的生产经营所得和其他所得征收的一种税。

2. 纳税人和征税对象

我国境内的企业和其他取得收入的组织(以下统称企业)为企业所得税的纳税人,除个人独资企业和合伙企业外。企业所得税的纳税人分为居民企业和非居民企业；征税对象是企业取得的生产经营所得、其他所得和清算所得。其中,居民企业就其来源于中国境内、境外的所得纳税;非居民企业一般仅就来源于中国境内的所得纳税。

3. 税率

我国企业所得税实行比例税率。

(1) 基本税率为25%。

(2) 低税率20%。①居民企业中符合条件的小型微利企业减按20%的税率征税。②未在中国境内设立机构、场所的,或虽设立机构、场所但取得的所得与机构、场所没有实际联系的非居民企业就其来源于中国境内所得。但在实际征收时减按10%的税率。③国家重点扶持的高新技术企业、经认定的技术先进型服务企业减按15%税率。

此外,现行税法对企业所得税还规定了许多税收优惠。包括免税收入、可以减免税的所得、优惠税率、减免税额、加计扣除、加速折旧、减计收入、税额抵免等。

4. 应纳税额的计算

企业所得税应纳税额的计算公式:

应纳税额＝应纳税所得额×适用税率－减免税额－抵免税额

其中,应纳税所得额的计算方法有以下两种。

(1) 直接计算法:

应纳税所得额＝收入总额－不征税收入－免税收入－各项扣除额－亏损弥补

(2) 间接计算法:

应纳税所得额＝税前会计利润＋纳税调整增加额－纳税调整减少额

一般来说,纳税人每一纳税年度的收入总额减去准予扣除项目后的余额为应纳税所得额。企业纳税年度发生的亏损,准予向以后年度结转,用以后年度的所得弥补,但结转年限最长不得超过5年,自亏损年度报告的下一个年度起连续不间断地计算。企业的税前会计利润与应纳税所得额不一致的,需要调整。比如,国债利息收入就免征所得税,不计入应纳税所得额;再如,超标准的业务招待费、广告费等,不可以所得税前扣除。

另外,直接计算法计算企业所得税应纳税所得额风险较大,建议采用间接法计算。

◆ 知识链接

小型微利企业的条件

①工业企业,年度应纳税所得额不超过100万元,从业人数不超过100人,资产总额不超过3 000万元;②其他企业,年度应纳税所得额不超过100万元,从业人数不超过80人,资产总额不超过1 000万元。

(四) 个人所得税

【以案学法7-5】 小王为某企业员工,在2019年全年取得工资薪金收入240 000元。三险一金专项扣除32 400元。小王已婚,2个孩子分别上初三和高二。另外,小王还是独生子,其父母已过60岁。小王有首套住房贷款利息支出,但约定由妻子扣除。小王扣除赡养老人支出和子女教育支出。

问题：计算小王 2019 年应缴纳的个人所得税。

1. 概念

个人所得税是以个人（自然人）取得的各项应税所得为征税对象所征收的一种税。

2. 纳税人和征税对象

按照住所和居住时间两个标准，我国将个人所得税纳税人划分为居民纳税人和非居民纳税人。在中国境内有住所或者无住所但在境内居住累计满 183 天的个人，属于居民纳税人，居民纳税人承担无限纳税义务。在境内无住所又不居住，或者无住所而在境内累计居住不满 183 天的个人，属于非居民纳税人，非居民纳税人承担有限纳税义务。

个人所得税的征税对象是个人取得的应税所得，具体包括：①工资、薪金所得；②劳务报酬所得；③稿酬所得；④特许权使用费所得；⑤经营所得；⑥利息、股息、红利所得；⑦财产租赁所得；⑧财产转让所得；⑨偶然所得；⑩其他所得。其中前四项合称综合所得。

3. 税率

个人所得税根据不同所得项目，规定了超额累进税率和比例税率两种形式。

（1）综合所得，适用 3%～45% 的七级超额累进税率（见表 7-2 和表 7-3）。

表 7-2　工资薪金所得税率表（按月预缴）

级数	全月应纳税所得额	税率（%）	速算扣除数
1	不超过 3 000 元的	3	0
2	超过 3 000 至 12 000 元的部分	10	210
3	超过 12 000 至 25 000 元的部分	20	1 410
4	超过 25 000 至 35 000 元的部分	25	2 660
5	超过 35 000 至 55 000 元的部分	30	4 410
6	超过 55 000 至 80 000 元的部分	35	7 160
7	超过 80 000 元的部分	45	15 160

表 7-3　综合所得税率表（按年计征累计预缴）

级数	累计预扣预缴应纳税所得额	预扣率（%）	速算扣除数
1	不超过 36 000 元的	3	0
2	超过 36 000 至 144 000 元的部分	10	2 520
3	超过 144 000 至 300 000 元的部分	20	16 920
4	超过 300 000 至 420 000 元的部分	25	31 920
5	超过 420 000 至 660 000 元的部分	30	52 920
6	超过 660 000 至 960 000 元的部分	35	85 920
7	超过 960 000 元的部分	45	181 920

（2）经营所得适用 5%～35% 的五级超额累进税率。

（3）利息、股息、红利所得，财产租赁所得，财产转让所得和偶然所得，适用 20% 的比例税率。

◆ **知识链接**

个人所得税改革

2018 年 8 月 31 日，第十三届全国人大常委第五次会议表决通过了关于修改《个人所得税法》的决定，决定自 2019 年 1 月 1 日起施行。此次个税修改的亮点包括：①增加了综合所得概念。所谓综合所得,包括工资薪金所得、劳务报酬所得、稿酬所得、特许权使用费所得四大类收入,这四类收入将合并计算个人所得税。②综合所得改为按年计算,即月度预缴、年度汇算清缴的方式。在取得所得的次年 3 月 1 日到 6 月 30 日内办理汇算清缴。③扩大了减除费用扣除范围。综合所得的费用扣除额由原来的月 3 500 元,扩大为年 6 万元;除了原来税法规定的社保、公积金扣除项以外,还设立子女教育、继续教育、大病医疗、住房贷款利息、住房租金、赡养老人六项专项附加扣除。④优化调整个人所得税税率结构。以现行工薪所得 3%～45% 七级超额累进税率为基础,扩大 3%、10%、20% 三档较低税率的级距,25% 税率级距相应缩小,30%、35%、45% 三档较高税率级距保持不变。

4. 应纳税额的计算

由于个人所得税采取分项计税的办法,每项个人收入的扣除范围和扣除标准不尽相同,应纳所得税额的计算方法存在差异,本书主要介绍综合所得应纳税额的计算。计算公式:

$$应纳税额 = 应纳税所得额 \times 适用税率 - 速算扣除数$$
$$= [每一纳税年度的综合所得额 - 60\,000(起征点) - 专项扣除(缴纳的三险一金)$$
$$- 专项附加扣除 - 依法确定的其他扣除] \times 适用税率 - 速算扣除数$$

值得注意的是 2018 年新个税中,外籍人士每月减除费用标准,即起征点,与中国人一样都是 5 000 元。

◆ 知识链接

六项专项附加扣除

1. 子女教育支出

(1) 享受条件:①子女年满 3 周岁以上至小学前,不论是否在幼儿园学习;②子女正在接受全日制学历教育。上述受教育地点,包括在中国境内和在境外接受教育。

(2) 扣除标准方式:每个子女,每月扣除 1 000 元。多个符合扣除条件的子女,每个子女均可享受扣除。扣除人由父母双方选择确定。既可以由父母一方全额扣除,也可以父母分别扣除 500 元。扣除方式确定后,一个纳税年度内不能变更。

2. 继续教育支出

(1) 享受条件:①学历(学位)继续教育;②技能人员职业资格继续教育;③专业技术人员职业资格继续教育。职业资格具体范围,以人力资源和社会保障部公布的国家职业资格目录为准。

(2) 扣除标准方式:学历(学位)继续教育每月 400 元,同一学历(学位)继续教育的扣除期限不能超过 48 个月;职业资格继续教育 3 600 元/年。

3. 大病医疗支出

(1) 享受条件:医保目录范围内的医药费用支出,医保报销后的个人自付部分。

(2) 扣除标准方式:累计超过 15 000 元的部分,由纳税人在办理年度汇算清缴时,在80 000 元限额内据实扣除。新税法实施首年发生的大病医疗支出,要在 2020 年才能办理。

4. 住房贷款利息支出

(1) 享受条件:本人或者配偶,单独或者共同使用商业银行或住房公积金个人住房贷款,为本人或配偶购买中国境内住房,而发生的首套住房贷款利息支出。

(2) 扣除标准方式:每月 1 000 元,扣除期限最长不超过 240 个月。夫妻双方约定,可以选择由其中一方扣除。确定后,一个纳税年度内不变。

5. 住房租金支出

(1) 享受条件:在主要工作城市租房,且同时符合以下条件:①本人及配偶在主要工作的城市没有自有住房;②已经实际发生了住房租金支出;③本人及配偶在同一纳税年度内,没有享受住房贷款利息专项附加扣除政策。即住房贷款利息与住房租金两项,只能享受其中一项,不能同时享受。

(2) 扣除标准方式:①直辖市、省会(首府)城市、计划单列市以及国务院确定的其他城市,1 500元/月;②除上述城市以外的市辖区户籍人口超过100万人的城市,1 100元/月;③除上述城市以外的,市辖区户籍人口不超过100万人(含)的城市,800元/月。如夫妻双方主要工作城市相同的,只能由一方扣除,且为签订租赁住房合同的承租人来扣除;如夫妻双方主要工作城市不同且无房的,可按规定标准分别进行扣除。

6. 赡养老人支出

(1) 享受条件:被赡养人年满60周岁(含);被赡养人父母(生父母、继父母、养父母),以及子女均已去世的祖父母、外祖父母。

(2) 扣除标准方式:纳税人为独生子女,2 000元/月;纳税人为非独生子女,可以兄弟姐妹分摊每月2 000元的扣除额度,但每人分摊的额度不能超过1 000元/月。具体分摊的方式包括均摊、约定、指定分摊;约定或指定分摊的,需签订书面分摊协议。具体分摊方式和额度确定后,一个纳税年度不变。

(五) 其他税费

【以案学法7-6】 ①2019年6月,某化妆品生产企业,本月实际缴纳增值税50万元、消费税10万元。已知该企业适用的城市维护建设税税率为7%,教育费附加征收率为3%。②甲企业2018年度自有房产10栋,其中的6栋用于生产经营,房产原值是3 000万元。另有4栋出租给乙企业做办公楼和厂房用,每月收取租金10万元。已知当地政府规定的计算房产余值的扣除比例为20%,从价计征房产税税率是1.2%,从租计征房产税税率是12%。

问题:

(1) 计算化妆品生产企业本月应纳的城市维护建设税、教育费附加。

(2) 计算甲企业2018年度应纳的房产税。

除了上述几个主要税种外,还有其他税费,如城市维护建设税与教育费附加、环境保护税、车辆购置税、房产税、契税、印花税、耕地占用税、城镇土地使用税、车船税、土地增值税、资源税、关税等。以下简要介绍其中的几种。

1. 城市维护建设税和教育费附加

城市维护建设税和教育费附加是以单位或个人实际缴纳的增值税、消费税税额为计税依据的一种税或附加费。城市维护建设税实行地区差别比例税率。具体为:纳税人所在地为城市市区的,税率为7%;在县城、建制镇的,税率为5%;其他地方的,税率为1%。教育费附加的征收比率为3%。计算公式:

应纳城市维护建设税或教育费附加=(实际缴纳的增值税+实际缴纳的消费税)
×适用税率或征收比率

2. 环境保护税

环境保护税是为了保护和改善环境,减少污染物排放,推进生态文明建设而征收的一种税。环境保护税的纳税人为在我国领域和我国管辖的其他海域,直接向环境排放应税污染物的企业事业单位和其他生产经营者。环境保护税的征税范围是大气污染物、水污染物、固体废物和噪声。环境保护税实行定额税率,其计算公式:

应税大气污染物的应纳税额=污染当量数×具体适用税额

应税水污染物的应纳税额=污染当量数×具体适用税额

应税固体废物的应纳税额=固体废物排放量×具体适用税额

应税噪声的应纳税额=超过国家规定标准的分贝数对应的具体适用税额

3. 车辆购置税

车辆购置税是以在中国境内购置规定的车辆为征税对象,在特定环节向车辆购置者征收的一种税。2018 年 12 月 29 日第十三届全国人大第七次会议通过《中华人民共和国车辆购置税法》(以下简称《车辆购置税法》),共 19 条,自 2019 年 7 月 1 日起施行。

车辆购置税的纳税人为在我国境内购置应税车辆的单位和个人。征收范围包汽车、有轨电车、汽车挂车、排气量超过 150 毫升的摩托车,实行一次性征收,统一比例税率 10%。车辆购置税计算公式:

应纳税额=计税价格×税率

计税价格为纳税人购置应税车辆而支付给销售者的全部价款和价外费用,不包括增值税税款。

4. 房产税

房产税是以房屋为征税对象,以房屋的计税余值或租金收入为计税依据,向房屋产权所有人征收的一种税。房产税的纳税人为在征税范围内的房屋产权所有人或管理人等,征税范围为在我国城市、县城、建制镇和工矿区的房屋。

房产税采取比例税率:从价计征的,税率为 1.2%;从租计征的,税率为 12%。2008 年 3 月 1 日起,对个人出租住房的,不区分用途,按 4% 的税率征收房产税。企事业单位、社会团体以及其他组织按市场价格向个人出租用于居住的住房按 4% 的税率征收房产税。房产税计算公式:

应纳税额=房产计税余值(或租金收入)×适用税率

其中,房产计税余值=房产原值×(1−原值减除比例)。对原值减除的具体比例,由各省、自治区、直辖市和计划单列市财政和地方税务部门在国家规定的幅度范围内自行确定。

5. 契税

契税是指国家在土地、房屋权属转移时,按照当事人双方签订的合同以及所确定价格的一定比例,向权属承受人征收的一种税。契税的纳税人是在我国境内承受土地、房屋权属转移的单位和个人。契税的征税范围包括国有土地使用权的出让,土地使用权的转让,房屋买卖、赠与和交换。契税实行 3% ~5% 的幅度税率。契税计算公式:

应纳税额=计税依据×适用税率

其中,计税依据是指国有土地使用权的出让、土地使用权的转让、房屋买卖的成交价格。如果是土地使用权、房屋赠与的可以参照相应的市场价。

6.印花税

印花税是对经济活动和经济交往中书立、领受、使用具有法律效力的应税经济凭证的行为所征收的一种税。因采用在应税凭证上粘贴印花税票作为完税的标志而得名。印花税的纳税人包括在中国境内书立、领受规定的经济凭证的单位和个人。具体包括：立合同人、立据人、立账簿人、领受人、使用人。印花税的征税范围包括经济合同、产权转移数据、权利许可证照、营业账簿、证券交易五类。印花税的税率有比例税率和定额税率两种形式。

印花税以应纳税凭证所记载的金额、费用、收入额和凭证的件数为计税依据，按照适用税率或者税额标准计算应纳税额。应纳税额计算公式：

应纳税额＝应纳税凭证记载的金额（费用、收入额、成交金额）×适用税率

应纳税额＝应纳税凭证的件数×适用税额标准

7.船舶吨税

船舶吨税是对自中国境外港口进入境内港口的船舶征收的一种税。2017年12月27日第十二届全国人大第三十一次会议通过了《中华人民共和国船舶吨税法》（以下简称《船舶吨税法》），自2018年7月1日起施行。船舶吨税的纳税人为应税船舶负责人；计税依据为船舶净吨位；税率采用定额税率，分为30日、90日和1年三种不同的税率。计算公式：

应纳税额＝应税船舶净吨位×适用税率

三、税收征收管理

（一）税务管理

【以案学法7-7】　2018年9月，魏某与赵某共同投资20万元，设立一家有限责任公司，并依法领取了工商营业执照。该企业按照国家规定享受3年内免缴企业所得税的优惠待遇。

问题：该企业是否需要办理税务登记？是否需要办理企业所得税的纳税申报？

1.税务登记

税务登记又称纳税登记，是税务机关根据税法规定，对纳税人的生产、经营活动进行登记管理的一项法定制度，也是纳税人依法履行纳税义务的法定手续。

根据规定，凡有法律、法规规定的应税收入、应税财产或应税行为的各类纳税人，均应办理税务登记；扣缴义务人应当在发生扣缴义务时，到税务机关申报登记，领取扣缴税款凭证。税务登记包括：开业登记、变更登记、停业复业登记、注销登记和外出经营报验登记等。

从事生产、经营的纳税人应当自领取营业执照之日起30日内，向生产经营地或者纳税义务发生地主管税务机关申报办理税务登记，如实填写税务登记表并按照税务机关的要求提供有关证件、资料。纳税登记内容发生变化以及有其他需要改变税务登记情形的，如改变单位名称、注册类型、经营地址、经营方式、经营范围等，自在工商行政管理机关或者其他机关办理变更之日起30日内，持有关证件向原税务登记机关申请办理变更税务登记。纳税人发生解散、破产、撤销以及其他情形，依法终止纳税义务的，应当在向工商行政管理机关办理注销登记前，持有关证件向原税务登记机关申报办理注销税务登记；纳税人被工商行政管理机关吊销营业执照的，应当自营业执照被吊销之日起15日内，向原税务登记机关申报办理注销税务登记；其他类型的税务登记按规定时间进行。

2. 账簿、凭证管理

纳税人、扣缴义务人按照规定依法设置账簿,根据合法有效的凭证进行记账核算。按照规定的保管期限保管账簿、凭证以及其他有关资料,不得伪造、变造或擅自损毁。单位、个人在购销商品、提供或者接受经营服务以及从事其他经营活动中,应按照规定开具、使用、取得发票,发票的管理办法由国务院规定。国家根据税收征管的需要,积极推广使用税控装置。纳税人应当按照规定安装、使用税控装置,不得损毁或者擅自改动。

3. 纳税申报

纳税人、扣缴义务人必须依照法规或税务机关依照法规的规定确定的申报期限、申报内容如实办理纳税申报,报送纳税申报表、财务会计报表、代扣代缴、代收代缴税款报告表以及税务机关根据实际需要要求报送的其他纳税资料。纳税申报的方式包括直接申报、邮寄申报、数据电文申报以及其他方式申报。不能按期办理纳税申报的,经税务机关核准,可以延期申报。纳税人享受减税、免税待遇的,在减税、免税期间也应当按照规定办理纳税申报。

(二)税款征收

【以案学法 7-8】 某家具制造企业纳税期限为 1 个月。在此期间,该企业采用隐匿销售收入的手段,在 2019 年 2 月少计家具销售收入 408 万元,造成 2019 年 2 月少缴增值税 69 万元。其主管税务机关经核查发现属实,责令该纳税人 5 天内缴纳税款;在限期 5 天内,该纳税人仍然不纳税,而将其应纳税收入从原开户银行转入其他银行;税务机关责成其提供纳税担保,该纳税人仍置之不理。税务机关申请县税务局局长批准到该纳税人的经营场所扣押、查封了该纳税人价值相当于应缴税款的家具。

问题:

(1)该企业的行为是何种行为?

(2)判断该税务机关采取的是何种措施?该税务机关是否有权采取此措施?

1. 税款征收含义

税款征收是指税务机关按照规定将纳税人应纳的税款以及扣缴义务人代扣代缴、代收代缴的税款通过不同的方式组织征收入库的活动。它是税收征收管理的核心内容和中心环节,是实现税收职能的最关键环节。

2. 税款征收方式

根据《税收征管法》及其实施细则,我国的税款征收方式主要有:查账征收、查定征收、查验征收、定期定额征收、代扣代缴、代收代缴、委托代征等。纳税人有某些特定情形的,税务机关有权核定其应纳税额。

3. 税收保全与强制执行

(1)税收保全。税务机关有根据认为从事生产、经营的纳税人有逃避纳税义务行为的,可以在规定的纳税期之前,责令限期缴纳应纳税款;在限期内发现纳税人有明显的转移、隐匿其应纳税的商品、货物以及其他财产或者应纳税的收入迹象的,税务机关可以责成纳税人提供纳税担保。如果纳税人不能提供纳税担保,经县以上税务局(分局)局长批准,税务机关可以采取下列税收保全措施:①书面通知纳税人开户银行或者其他金融机构冻结纳税人的金额相当于应纳税款的存款;②扣押、查封纳税人的价值相当于应纳税款的商品、货物或者其他财产。纳税人在规定的限期内缴纳税款的,税务机关必须立即解除税收保全措施;限期期满仍未缴纳税款的,经县以上税务局(分局)局长批准,税务机关可以书面通知纳税人开户银行或者其他金融机构从其冻结的存款中扣缴税款,或者依法拍卖或者变卖所扣押、查封的商品、货物或者其他财产,以拍卖或者变卖所得抵缴税款。税务机关采取税收保全措施的期限一般不得超过 6 个月。

(2)强制执行。是在纳税人未按期履行纳税义务的情况下,对纳税人的资产予以强制执行的一种特别措施。经县以上税务局(分局)局长批准,税务机关可以采取下列强制执行措施:①书面通知其开户银行或其他金融机构从其存款中扣缴税款;②扣押、查封、依法拍卖或变卖其价值相当于应纳税款的商品、货物或其他财产,以拍卖或变卖所得抵缴税款。

税务机关采取税收保全措施和强制执行措施必须依照法定权限和法定程序,不得查封、扣押纳税人个人及其所扶养家属维持生活必需的住房和用品。税务机关滥用职权违法采取税收保全措施、强制执行措施,或者采取税收保全措施、强制执行措施不当,使纳税人、扣缴义务人或者纳税担保人的合法权益遭受损失的,应当依法承担赔偿责任。

▶ **法条链接**

税款的补征与追征

《税收征管法》第五十二条　因税务机关的责任,致使纳税人、扣缴义务人未缴或者少缴税款的,税务机关在 3 年内可以要求纳税人、扣缴义务人补缴税款,但是不得加收滞纳金。因纳税人、扣缴义务人计算错误等失误,未缴或者少缴税款的,税务机关在 3 年内可以追征税款、滞纳金;有特殊情况的,追征期可以延长到 5 年。对偷税、抗税、骗税的,税务机关追征其未缴或者少缴的税款、滞纳金或者所骗取的税款,不受前款规定期限的限制。

第二节　金融法律制度

金融法律制度是调整金融关系的各种法律规范的总称。我国的金融法律制度主要包括以下内容。

(1)银行法。银行法是指调整银行的组织和活动的法律规范的总称。

(2)证券法。证券法是指调整证券发行、交易过程中发生的经济关系的法律规范的总称。

(3)票据法。票据法是指调整票据关系、规定票据规则、规范票据行为的法律规范的总称。

(4)保险法。保险法是指调整保险关系的法律规范的总称。

(5)信托法。信托法是指调整信托关系的法律规范的总称。

(6)外汇管理法。外汇管理法是指调整外汇收支、管理监督关系的法律规范的总称。

本节主要介绍商业银行法律制度、证券法律制度、票据法律制度的基本内容。

一、商业银行法律制度

(一)商业银行的设立、变更、接管和终止

【以案学法 7-9】　某城市商业银行依照符合《商业银行法》和《公司法》规定的章程设立。注册时注册资本为 2 亿元,现因业务发展需要增加注册资本,并修改章程。

问题：

(1) 该商业银行可以经营的业务范围包括哪些？

(2) 该商业银行增加注册资本、修改章程需要经过什么程序？

1. 商业银行与商业银行法

商业银行是以金融资产和负债为经营对象,以获取利润为经营目的的信用中介机构。

商业银行法是调整商业银行在其设立、经营、管理和终止等过程中所发生的各种社会关系的法律规范的总称。我国现行的商业银行法是指 1995 年 5 月 10 日第八届全国人大第十三次会议通过,历经 2003 年、2015 年两次修订的《中华人民共和国商业银行法》(以下简称《商业银行法》),共九章 95 条。我国的商业银行是依照本法和《公司法》设立的吸收公众存款、发放贷款、办理结算等业务的企业法人。

2. 商业银行的设立

(1) 注册资本。设立商业银行,应经国务院银监会审查批准,且有符合《商业银行法》规定的注册资本最低限额。其中:全国性商业银行为 10 亿元人民币;城市商业银行为 1 亿元人民币;农村商业银行为 5 000 万元人民币。注册资本应当是实缴资本。

(2) 分支机构。①商业银行可以根据需要在中国境内外设立分支机构,且须经中国银监会审查批准。②分支机构不具有法人资格,在总行授权范围内依法开展业务,其民事责任由总行承担。商业银行对其分支机构实行全行统一核算、统一调度资金、分级管理的财务制度。③在中国境内设立分支机构,不按行政区划设立。商业银行总行拨付给各分支机构营运资金额的总和,不得超过总行资本金总额的 60%。

(3) 商业银行的业务范围。按资金来源和用途可把商业银行的业务归纳为三类:①负债业务。其主要方式是吸收存款、发行金融债券、借款(同业拆借、向央行借款、向国内外货币市场借款)、应付款等。②资产业务。其主要方式是发放贷款、票据承兑与贴现、买卖外汇等。③中间业务。其主要方式是办理国内外结算、代理发行、代理兑付、承销政府债券等。三类业务中,负债业务与资产业务构成其业务的基本内容。

3. 商业银行重大事项的变更

有下列变更事项之一的,应当经中国银监会批准:

(1) 变更名称;

(2) 变更注册资本;

(3) 变更总行或者分支行所在地;

(4) 调整业务范围;

(5) 变更持有资本总额或者股份总额 5% 以上的股东;

(6) 修改章程;

(7) 中国银监会规定的其他变更事项。

更换董事、高级管理人员时,应当报经中国银监会审查其任职资格。

4. 商业银行的接管

商业银行"已经或者可能"发生信用危机,严重影响存款人的利益时,中国银监会可以对该银行实行接管;被接管的商业银行的债权关系不因接管而变化;接管期限最长不得超过 2 年。

5. 商业银行的终止

(1) 商业银行因解散而终止。商业银行因合并、分立或出现公司章程规定的解散事由需要解散的,应向中国银监会提出申请,并附解散的理由和支付存款的本金和利息等债务清偿计划,经中国银监会批准后解散。因公司章程规定的解散事由而引起的解散称为绝对终止。

(2) 商业银行因被撤销而终止。商业银行及其分支机构自取得营业执照之日起无正当理由超过6个月未开业的,或者开业后自行停业连续6个月以上的,由中国银监会吊销其经营许可证,并予以公告。因被撤销而引起的终止称为强制终止。

(3) 商业银行因被宣告破产而终止。商业银行不能支付到期债务,经中国银监会同意,由人民法院依法宣告其破产。商业银行破产清算时,在支付清算费用、所欠职工工资和劳动保险费用后,应当优先支付个人储蓄存款的本金和利息。因破产引起的终止属于强制终止的范畴。

(二) 个人储蓄存款业务

【以案学法7-10】 某企业主欠债260万元不还,被债权人起诉至法院。法院判决后,该企业主仍然不还钱,于是债权人申请法院强制执行。法院查封了该企业主的相关银行账户,并冻结银行存款300万元,通知该企业主限期之内缴纳税款及罚金,否则将直接划款。

问题:判断法院是否有权采取此措施?

1. 定期储蓄存款

定期储蓄存款包括整存整取、零存整取、整存零取、整存取息等存款方式。

(1) 未到期的定期储蓄存款,提前支取的部分按"支取日"活期储蓄存款利率计息。

(2) 逾期支取的,其超过原定存期的部分,除约定自动转存的外,按"支取日"挂牌公告的活期储蓄存款利率计付利息。

(3) 定期存款在存期内遇有利率调整,按存单"开户日"的利率计息。

2. 活期储蓄存款

个人活期储蓄存款是指没有存期约束,存取金额不限,客户随时可以存取的一种储蓄存款。个人活期储蓄存款以存折、一本通及银行卡作为交易载体,每年6月30日为结息日,结算利息一次,并入本金起息,元以下尾数不计利息。活期存款在存期内遇有利率调整,按结息日活期存款利率计息。

3. 挂失规则

如储户不能办理书面挂失手续,而用电话、电报、信函挂失,则必须在挂失5天之内补办书面挂失手续,否则挂失失效。储蓄机构受理挂失后,必须立即停止对该账户的存取、转账结算、消费等业务。

4. 个人储蓄存款的查询、冻结和扣划

根据规定,有权依法采取查询、冻结和扣划措施的只有人民法院、税务机关和海关。有权查询和冻结的机关有:人民检察院、公安机关、国家安全机关、军队保卫部门、中国证监会、反洗钱行政主管部门、监狱、走私犯罪侦查机关。只有权查询的机关是:审计机关、监察机关、价格主管部门、反垄断执法机构、中国银监会、中国保监会、财政部门、外汇管理机关、期货监督管理机构、工商行政管理部门。

（三）贷款业务

【以案学法 7-11】 某贸易公司资金周转出现了问题,为了能够得到银行的贷款,该公司编制虚假的合同向银行申请贷款,并承诺给银行很大的收益,而银行工作人员因为疏忽大意,在没有查明真相的情况下,给贸易公司发放了巨额贷款。

问题:该贸易公司的做法是否违法? 并说明理由。

贷款又称放款,是金融机构将其所吸收的资金,按一定的利率贷放给客户并约期归还的业务。贷款人又称为债权人,是金融机构,借款人又称为债务人,是客户。

1. 贷款的种类

(1) 按照贷款期限划分,贷款可分为短期贷款($\leqslant 1$ 年)、中期贷款(> 1 年至 $\leqslant 5$ 年)和长期贷款(> 5 年)。

(2) 按照有无担保及担保方式划分,贷款可分为信用贷款、担保贷款和票据贴现。

(3) 按贷款主体经济性质划分,贷款可分为国有及国家控股企业贷款、集体企业贷款、私营企业贷款、个体工商业者贷款。

2. 对贷款人的限制

(1) 对同一借款人的贷款余额与商业银行"资本余额"的比例不得超过 10%。

(2) 商业银行不得向关系人发放信用贷款;向关系人发放担保贷款的条件不得优于其他借款人同类贷款的条件。"关系人"是指商业银行的董事、监事、管理人员、信贷人员及其近亲属以及上述人员投资或者担任高级管理职务的公司、企业和其他经济组织。

3. 对借款人的限制

不得在一个贷款人同一辖区内的两个或两个以上同级分支机构取得贷款。

借款人有下列情形之一的,不得对其发放贷款:

(1) 不具备法律、法规规定的借款人资质和条件的;

(2) 生产、经营或投资国家明文禁止的产品、项目的;

(3) 建设项目贷款按国家规定应当报经有关部门批准而未取得批准文件的;

(4) 生产、经营或投资项目贷款按照国家规定应取得环境保护部门许可而未取得许可的;

(5) 借款人实行承包、租赁、联营、合并(兼并)、合作、分立、股权转让、股份制改造过程中,未清偿或落实贷款人原有贷款债务的;

(6) 不具有法人资格的分支机构未经借款授权的;

(7) 国家明确规定不得贷款的。

4. 贷款发放

根据《固定资产贷款管理暂行办法》的规定,单笔金额超过项目总投资 5% 或者超过 500 万元人民币的贷款资金支付,应采用贷款人受托支付方式。

5. 贷款归还

贷款人在短期贷款到期 1 个星期之前、中长期贷款到期 1 个月之前,应当向借款人发送还本付息通知单。贷款人对逾期贷款要及时发出催收通知单,对不能按合同约定期限归还贷款的,应当按规定加收罚息。

6. 贷款利率

(1) 根据国家政策,为了促进某些产业和地区经济的发展,有关部门可以对贷款补贴利息。对有关部门贴息的贷款,承办银行应自主审查发放,并根据有关规定严格管理。

(2)除国务院决定外,任何单位和个人无权决定贷款停息、减息、缓息和免息。

◆ 知识链接

贷款发放程序

①贷款的申请与审批。借款人需要借款,应向主办银行或者其他银行的经办机构提出申请,填写借款申请书。内容应包括借款金额、借款用途、偿还能力及方式等。②贷款申请评估。评估内容包括:借款人的领导者素质、经济实力、资金结构、履约情况、经营效益和发展前景等因素,在此基础上来评定借款人的信用等级。③贷款调查。贷款人应当对借款人的信用等级以及借款的合法性、安全性、盈利性等情况进行调查,核实抵押物、质物、保证人情况,测定贷款的风险度,以便保证贷款的安全与信贷资产的较高质量。④贷款审批。贷款应当实行"审贷分离、分级审批"的贷款管理制度进行贷款审批。⑤签订书面借款合同。⑥贷款发放。贷款人要按借款合同约定按期发放贷款,借款人按合同约定用款。⑦贷后检查。贷款发放后,贷款人应定期或不定期对借款人的履约情况及借款人的经营情况进行现场检查或非现场检查。⑧贷款归还。借款人应按借款合同的规定按时足额归还贷款本息。

二、证券法律制度

证券是以证明或设定权利为目的所做成的一种书面凭证。证券有广义和狭义之分。广义的证券包括资本证券(如股票、债券、证券衍生品等)、货币证券(如汇票、本票、支票等)、商品证券(如提货单、货运单、仓库栈单等)。狭义的证券仅指资本证券,即证券法所指的证券,主要包括股票、债券、债券投资基金份额、认证股权和期货五种。

证券法也有广义和狭义之分。广义的证券法是指一切与证券有关的法律规范的总称。狭义的证券法专指《中华人民共和国证券法》(以下简称《证券法》),是 1998 年 12 月 29 日第九届全国人大第六次会议通过,自 1999 年 7 月 1 日起实施,经 2004 年、2005 年、2013 年、2014 年、2015 年三次修正、两次修订的《证券法》。修订后的《证券法》共十二章 240 条。它对我国证券的发行、交易、中介机构和监督管理等内容作出了详细规定。

(一)证券市场

证券市场是指证券发行与交易的场所。证券发行市场一般被称为一级市场,证券交易市场也相应被称为二级市杨。证券交易市场可以按照不同标准,再区分为不同的市场,如在传统上可以区分为场内交易市场与场外交易市场。

1. 证券市场的结构

(1)交易所市场。目前我国的交易所市场主要由两个交易所(上海证券交易所和深圳证券交易所)、三个板块(主板市场、中小企业板、创业板)构成,在交易模式上又区分为集中竞价的交易模式和大宗交易模式。

(2)全国中小企业股份转让系统。全国中小企业股份转让系统是经国务院批准,依据《证券法》设立的全国性证券交易所,2012 年 9 月正式注册成立,是继上海证券交易所、深圳证券交易所之后第三家全国性证券交易场所,俗称"新三板"。

(3)产权交易所。

2. 证券市场的主体

证券市场的主体是指参与证券市场的各类法律主体,包括证券发行人、投资者、中介机构、交易场所以及自律性组织和监管机构等。

3. 证券发行、交易及监管的原则

(1) 公开、公平、公正原则;

(2) 自愿、有偿、诚实信用原则;

(3) 守法原则;

(4) 保护投资者合法权益原则;

(5) 监督管理与自律管理相结合原则。

(二) 证券的发行

【以案学法 7-12】　某上市公司为扩大股本,欲增发股票。该公司目前运行良好,财务状况良好,连续 3 年财务方面的制度健全,无违法行为;连续几年持续盈利,且具有未来盈利能力。公司最近 3 个会计年度加权平均净资产收益率平均为 7%;公告招股意向书前 1 个交易日的公司股票均价为 25 元。公司发行价格拟定 20 元。

问题:该公司是否符合公开增发的条件?

证券发行是发行人、上市公司筹集资金的基本途径。依据发行的证券品种不同,证券发行分为股票发行、公司债券发行与投资基金份额发售。本部分主要介绍前两种。

1. 上市公司公开增发新股的条件

(1) 公开发行新股的一般条件(6 条)。①具备健全且运行良好的组织机构;②具有持续盈利能力;③财务状况良好;④最近 36 个月内财务会计文件无虚假记载,无其他重大违法行为;⑤募集资金的数额和使用应当符合规定;⑥不存在不得公开发行证券的情形。

(2) 配股条件(6+3 条)。上市公司向原股东配股,除符合公开发行新股的一般条件外,还应符合下列条件:①拟配售股份数量不超过本次配售股份前股本总额的 30%;②控股股东应当在股东大会召开前公开承诺认配股份的数量;③采用代销方式发行。

控股股东不履行认配股份的承诺,或者代销期限届满,原股东认购股票的数量未达到拟配售数量 70% 的,发行人应当按照发行价并加算银行同期存款利息返还已经认购的股东。

(3) 公开增发(6+3 条)。上市公司向不特定对象公开募集股份的,除符合公开发行新股的一般条件外,还应符合下列条件:①最近 3 个会计年度加权平均净资产收益率平均不低于 6%;②除金融类企业外,最近一期期末不存在持有金额较大的交易性金融资产和可供出售的金融资产、借予他人款项、委托理财等财务性投资的情形;③发行价格应不低于公告招股意向书前 20 个交易日公司股票均价或前 1 个交易日的均价。

2. 公司债券发行的条件

公开发行公司债券,应当符合下列条件:①股份有限公司的净资产额不低于人民币 3 000 万元,有限责任公司的净资产额不低于人民币 6 000 万元;②累计债券余额不超过公司净资产的 40%;③最近 3 年平均可分配利润足以支付公司债券 1 年的利息;④筹集的资金投向符合国家产业政策;⑤债券的利率不得超过国务院限定的利率水平;⑥国务院规定的其他条件。

有下列情形之一的,不得再次公开发行公司债券:①前一次发行的公司债券尚未募足的;②对已发行的公司债券或者其债务有违约或延迟支付本息的事实且仍处于继续状态的;

③违反本法规定,改变公开发行公司债券所募资金用途的。

◆ 知识链接

上市公司不得公开发行证券的情形

上市公司存在下列情形之一的,不得公开发行证券:①本次发行申请文件有虚假记载、误导性陈述或重大遗漏;②擅自改变前次公开发行证券募集资金的用途而未作纠正;③上市公司最近12个月内受到过证券交易所的公开谴责;④上市公司及其控股股东或实际控制人最近12个月内存在未履行向投资者作出的公开承诺的行为;⑤上市公司或其现任董事、高级管理人员因涉嫌犯罪被司法机关立案侦查或涉嫌违法违规被中国证监会立案调查;⑥严重损害投资者的合法权益和社会公共利益的其他情形。

(三)证券交易与上市

【以案学法7-13】　A公司是国内一家大型电商网站,股本为400亿元,公开发行股份的比例为15%。该公司近3年财务状况良好,无违法违纪行为。公司股票经中国证监会审核核准已公开发行。

问题:你认为A公司股票满足上市的条件吗?

证券交易主要是指证券买卖,是指已经发行的证券在不同的证券投资者之间进行的有偿转让的行为。

证券上市是指公开发行的证券依照法定条件和程序到证券交易所挂牌交易。

1. 证券交易中对特定主体交易的限制

(1)对发起人的限制。参见第三章第三节股份转让的限制部分。

(2)对公司董事、监事、高级管理人员(经理、副经理、财务负责人、董事会秘书)的限制。参见第三章第二节股份转让的限制部分。

(3)对公司的限制。参见第三章第三节股份转让的限制部分。

(4)对中介机构的限制。①为股票发行(首发、增发)出具审计报告、资产评估报告或者法律意见书等文件的证券服务机构和人员,在该股票承销期内和期满后6个月内,不得买卖该种股票。②为上市公司出具审计报告、资产评估报告或者法律意见书等文件的证券服务机构和人员,自接受上市公司委托之日起至上述文件公开后5日内,不得买卖该种股票。

(5)证券从业人员。证券交易所、证券公司和证券登记结算机构的从业人员、证券监督管理机构的工作人员以及法律、行政法规禁止参与股票交易的其他人员,在任期或者法定限期内,不得直接或者以化名、借他人名义持有、买卖股票,也不得收受他人赠送的股票。任何人在成为前款所列人员时,其原已持有的股票,必须依法转让。

2. 股票的上市

(1)上市条件。①股票经中国证监会核准已公开发行。②公司股本总额不少于人民币3 000万元。③公开发行的股份达到公司股份总数的25%以上;公司股本总额超过人民币4亿元的,公开发行股份的比例为10%以上。④公司最近3年无重大违法行为,财务会计报告无虚假记载。国家鼓励符合产业政策并符合上市条件的公司股票上市交易。

(2)暂停上市情形。上市公司有下列情形之一的,由证券交易所决定暂停其股票上市交易:①公司股本总额、股权分布等发生变化不再具备上市条件;②公司不按规定公开其财务状况或者对财务会计报告作虚假记载,可能误导投资者;③公司有重大违法行为;④公司最近3年连续亏损;⑤证券交易所上市规则规定的其他情形。

(3)终止上市情形。上市公司有下列情形之一的,由证券交易所决定终止其股票上市交易:①公司股本总额、股权分布等发生变化不再具备上市条件,在证券交易所规定的期限内仍不能达到上市条件;②公司不按照规定公开其财务状况,或者对财务会计报告作虚假记载,且拒绝纠正;③公司最近3年连续亏损,在其后一个年度内未能恢复盈利;④公司解散或者被宣告破产;⑤证券交易所上市规则规定的其他情形。

3. 债券的上市

(1)上市的条件。①公司债券的期限为1年以上;②公司债券实际发行额不少于人民币5 000万元;③公司申请债券上市时仍符合法定的公司债券发行条件。

(2)暂停上市的情形。公司债券上市交易后,有下列情形之一的,由证券交易所决定暂停其公司债券上市交易:①公司有重大违法行为;②公司情况发生重大变化不符合公司债券上市条件;③公司债券所募集资金不按照核准的用途使用;④未按照公司债券募集办法履行义务;⑤公司最近2年连续亏损。

(3)终止上市的情形。公司有上述暂停上市第①、④项所列情形之一,经查实后果严重的;或者有上述第②、③、⑤项所列情形之一,在限期内未能消除的;或者公司解散、依法被责令关闭或者被宣告破产的,由证券交易所终止其公司债券上市。

(四)禁止的交易行为

【以案学法7-14】   2018年9月30日,任某收到中国证监会对其作出的第〔2018〕95号行政处罚决定书,这是他三年内收到的第三份证监会行政处罚决定书。2015年12月至2016年4月,任某与其亲属利用11个证券账户在近半年时间操纵6只个股,通过大宗交易平台影响股票的交易价格和交易量,误导投资者购买该6只股票,随后以高价卖出前期买入的股票,获利700多万元。据券商中国记者统计显示,任某自2015年至今,已先后通过大宗交易平台操纵个股39只,累计动用资金超过37亿元,三次处罚,仅罚没款项就超过了3.6亿元。

问题:任某及其亲属的行为属于哪种禁止的交易行为?

根据规定,禁止的交易行为主要包括内幕交易行为、操纵证券市场行为、制造虚假信息行为和欺诈客户行为。

(1)内幕交易行为是指证券交易内幕信息的知情人员利用内幕信息进行证券交易的行为。

(2)操纵证券市场行为是指单位或个人以获取利益或减少损失为目的,利用其资金、信息等优势或滥用职权影响证券市场价格,制造证券市场假象,诱导或致使投资者在不了解事实真相的情况下作出买卖证券的决定,扰乱证券市场秩序的行为。

(3)虚假陈述行为是指行为人在提交和公布的信息披露文件中作出的虚假记载、误导性陈述和重大遗漏的行为。

(4)欺诈客户行为是指证券公司及其从业人员在证券交易及相关活动中,违背客户真实意愿,侵害客户利益的行为。

因进行禁止交易的行为给他人造成损失的,应承担民事赔偿责任。证监会可单独或会同其他有关部门对违法者实施行政处罚。

▶ **法条链接**

证券交易内幕信息的知情人

《证券法》第七十四条　证券交易内幕信息的知情人包括：①发行人的董事、监事、高级管理人员；②持有公司5%以上股份的股东及其董事、监事、高级管理人员，公司的实际控制人及其董事、监事、高级管理人员；③发行人控股的公司及其董事、监事、高级管理人员；④由于所任公司职务可以获取公司有关内幕信息的人员；⑤证券监督管理机构工作人员以及由于法定职责对证券的发行、交易进行管理的其他人员；⑥保荐人、承销的证券公司、证券交易所、证券登记结算机构、证券服务机构的有关人员；⑦国务院证券监督管理机构规定的其他人。

三、票据法律制度

(一)票据和票据法

票据的概念有广义和狭义之分。广义的票据包括各种有价证券和凭证，如股票、国库券、企业债券、发票、提单等；狭义的票据，即我国《票据法》中规定的"票据"，包括汇票、本票和支票，是指由出票人依法签发的，约定自己或委托付款人在见票时或指定的日期向收款人或持票人无条件支付一定金额的有价证券。

票据法也有广义和狭义之分。广义的票据法是指各种法律规范中有关票据规定的总称，如《刑法》中有关伪造有价证券罪的规定；《民事诉讼法》中有关票据诉讼、公示催告等的规定。狭义的票据法则仅指票据的专门立法，也是本节主要介绍的内容，即1995年5月10日经第八届全国人大常委会第十三次会议通过的《中华人民共和国票据法》(以下简称《票据法》)，并于2004年8月28日第十届全国人大常委会第十一次会议修订，共七章110条，修订后的《票据法》自2004年8月28日起施行。另外，我国的票据法律制度还包括：中国人民银行于1997年8月21日发布的《票据管理实施办法》、1997年9月19日发布的《支付结算办法》、2000年2月24日最高人民法院通过的《关于审理票据纠纷案件若干问题的规定》等。

(二)票据当事人

【以案学法7-15】　A公司为支付货款，签发一张商业汇票给B公司，承兑人是甲银行。B公司将汇票背书转让给C公司，C公司又背书转让给D公司，D公司是最后的持票人。

问题：A、B、C、D公司及甲银行分别属于哪类票据当事人？

票据当事人是指票据法律关系中享有票据权利、承担票据义务的当事人。票据当事人分为基本当事人和非基本当事人。

1. 基本当事人

基本当事人是指在票据作成和交付时就已存在的当事人，是构成票据法律关系的必要主体。包括：

(1)出票人是指依法定方式签发票据并将票据交付给收款人的人。

(2)付款人是指受出票人委托付款或自行承担付款责任的人，付款人付款后，票据上的一切债务责任解除。

(3)收款人是指票据到期后有权收取票据所载金额的人，又称票据权利人。

2. 非基本当事人

非基本当事人是指在票据作成并交付后，通过一定的票据行为加入票据关系而享有一定权利义务的当事人,主要包括以下内容。

(1)承兑人是指接受汇票出票人的付款委托,同意承担支付票款义务的人,是汇票主债务人。

(2)背书人与被背书人。背书人是指在转让票据时,在票据背面或粘单上签字或盖章,并将该票据交付给受让人的票据收款人或持有人(称为前手)。被背书人是指被记名受让票据或接受票据转让的人。背书后,被背书人成为票据新的持有人(称为后手)。

(3)保证人是指为票据债务提供担保的人,由票据债务人以外的第三人担当。

(三)票据行为

【以案学法 7-16】 甲公司签发一张汇票给乙公司,乙公司将汇票背书转让给丙公司,并在票据背面注明"如依约履行合同,则取得票据的权利",其后丙公司延期交货。丙公司取得票据后又背书转让给了丁公司,但因疏忽大意只在票据背面签"背书转让"字样,却没有签章。

问题:

(1)乙公司与丙公司之间的背书转让有效吗?

(2)丙公司与丁公司之间的背书转让有效吗?

票据行为是指票据当事人以发生票据债务为目的、以在票据上签名或签章为权利义务成立要件的法律行为。票据行为包括出票、背书、承兑和保证。其中,出票是主票据行为;其余为从票据行为。

1. 票据行为种类

(1)出票是指出票人签发票据并将其交付给收款人的票据行为。①出票包括两个行为:一是出票人依法作成票据并加以签章;二是将票据交付给收款人。②出票后,票据法律关系成立:出票人应承担该票据承兑和付款的责任;收款人拥有付款请求权和追索权。

(2)背书是在票据背面或粘单上记载有关事项并签章的行为。①背书包括两个行为:一是持票人在票据背面签章;二是把票据交付给受让人。②背书由背书人签章并记载背书日期。背书未记载日期的,视为在票据到期日前背书,超过提示付款期限的票据不得背书。③汇票、本票、支票都可以背书转让,但出票人记载"不得转让"的,票据不得背书转让;背书人在票据上记载"不得转让"字样,其后手再背书转让的,原背书人对后手的被背书人不承担保证责任。

(3)承兑是指汇票付款人承诺在汇票到期日支付汇票金额并签章的票据行为,是商业汇票特有的行为。付款人承兑汇票的,应当在汇票正面记载"承兑"字样和承兑日期并签章。①定日付款或出票后定期付款的汇票,持票人应在汇票到期日前向付款人提示承兑。②见票后定期付款的汇票,持票人应当自出票日起1个月内向付款人提示承兑。③如果持票人超过法定期限提示承兑的,即丧失对其前手的追索权。

(4)保证是指票据债务人以外的人,为担保特定债务人履行票据债务而在票据上记载有关事项并签章的行为。①保证人未在票据或者粘单上记载"保证"字样而另行签订保证合同或者保证条款的,不属于票据保证。②保证人对合法取得票据的持票人所享有的票据权利承担保证责任。但是,被保证人的债务因票据记载事项欠缺而无效的除外。③保证人清偿票据债务后,可以行使持票人对被保证人及其前手的追索权。

2. 票据行为的相关规定

(1)票据的出票日期必须使用中文大写;票据金额以中文大写和阿拉伯数字同时记载,

二者必须一致,否则票据无效;票据的出票日期、出票金额和收款人名称不得更改,否则票据无效。

（2）签章不符合规定时的效力界定。①票据上的签章,为签名、盖章或者签名加盖章。②单位票据上的签章为单位盖章加法定代表人或者授权代理人的签名或盖章;个人票据上的签章为该个人本人的签名或盖章。③出票人的签章不符合规定的,票据无效。④承兑人、保证人、背书人在票据上的签章不符合规定的,其签章无效,但不影响其他符合规定签章的效力。⑤无民事行为能力、限制民事行为能力人在票据上签章的,其签章无效,但不影响其他符合规定签章的效力。

◆ **知识链接**

附条件的票据行为的法律效力

①背书:背书应当连续且不得附有条件;背书附条件的,条件无效,背书有效。②保证:票据保证不能附条件;保证附条件的,条件无效,保证有效。③承兑:承兑不能附条件;附条件的,视为拒绝承兑。

（四）票据权利

【以案学法7-17】　2019年3月5日,甲公司为支付货款签发一张汇票交付给乙公司。收款人乙公司,承兑人Q银行已承兑并在汇票上记载"承兑"字样,汇票到期日是6月5日。乙公司将汇票背书转让给丙公司,丙公司又将汇票背书转让给丁公司。丁公司在2019年6月25日向Q银行请求付款,不获付款。

问题:

（1）丁公司可以向哪些人行使追索权?追索的内容有哪些?

（2）丁公司票据权利的消灭时间是何时?

票据权利包括付款请求权和追索权,持票人应首先行使付款请求权（第一顺序权利）,得不到付款时,才可以行使追索权（第二顺序权利）。

1. **票据权利的取得**

（1）取得方式。包括:①出票取得;②背书转让取得;③依税收、继承、赠与、企业合并等方式取得。

（2）票据权利取得的限制。①票据的取得,必须给付对价。凡无对价或无相当对价取得的,如属于善意取得,仍享有票据权利,但必须承受其前手的权利瑕疵,即该票据权利不得优于其前手。②因税收、继承、赠与依法无偿取得票据的,不受给付对价的限制,但所享有的票据权利也不得优于其前手。

2. **票据权利丧失的补救**

票据丧失是指票据因灭失、遗失或被盗等原因而使票据权利人脱离其对票据的占有。票据丧失后,可以采取挂失止付、公示催告、普通诉讼三种形式进行补救。

（1）挂失止付。挂失止付并不是票据丧失后票据权利补救的必经程序,而只是一种暂时的预防措施,以防止票据被冒领或骗取。失票人应在通知挂失止付后3日内,依法向法院申请公示催告或提起普通诉讼。付款人或者代理付款人自收到挂失止付通知书之日起

12 日内没有收到人民法院的止付通知书的,自第 13 日起,挂失止付通知书失效。可以挂失止付的票据有:已承兑的商业汇票、支票、填明"现金"字样和代理付款人的银行汇票以及填明"现金"字样的银行本票四种。付款人或者代理付款人在收到挂失止付通知书前已向持票人付款的,不再承担责任。但是,付款人或者代理付款人以恶意或者重大过失付款的除外。

(2) 公示催告。公示催告是指在票据丧失后,由失票人向人民法院提出申请,请求法院以公告方式通知不确定的利害关系人限期申报权利,逾期未申报者,由法院通过除权判决宣告所丧失的票据无效的一种制度。公示催告的期间,国内票据自公告发布之日起 60 日,涉外票据可以根据具体情况适当延长,但最长不得超过 90 日。

(3) 普通诉讼。普通诉讼是指失票人向人民法院提起民事诉讼,要求法院判定付款人或其他票据债务人(出票人、背书人、保证人等)向其支付票据金额的活动。

3. 票据权利的时效

票据权利的时效是指在时效期间内不行使即引起票据权利丧失。票据权利在下列期限内不行使而消灭。

(1) 持票人对票据的出票人和承兑人的权利(包括付款请求权和追索权)自票据到期日起 2 年。见票即付的汇票、本票自出票日起 2 年。

(2) 持票人对支票出票人的权利(包括付款请求权和追索权),自出票日起 6 个月。

(3) 持票人对前手的追索权,自被拒绝承兑或被拒绝付款之日起 6 个月。

(4) 持票人对前手的再追索权,自清偿日或者被提起诉讼之日起 3 个月。

▶ 法条链接

票据的伪造、变造

《票据法》第十四条　票据上的记载事项应当真实,不得伪造、变造。票据上有伪造、变造的签章的,不影响票据上其他真实签章的效力。票据上其他记载事项被变造的,在变造之前签章的人,对原记载事项负责;在变造之后签章的人,对变造之后的记载事项负责;不能辨别是在票据被变造之前或者之后签章的,视同在变造之前签章。

(五)汇票、本票及支票简介

汇票、本票及支票的含义、适用范围、提示付款期限、记载事项等比较如表 7-4 所示。

表 7-4　汇票、本票、支票比较一览表

类别	含义	适用范围	提示付款期限	绝对应记载事项	相对应记载事项
银行汇票	是出票银行签发的,由其在见票时按照实际结算金额无条件支付给收款人或持票人的票据	同城异地	见票即付的,出票日起 1 个月	① 表明"汇票"的字样; ② 无条件支付的委托; ③ 确定的金额; ④ 付款人名称; ⑤ 收款人名称; ⑥ 出票日期; ⑦ 出票人签章	① 付款日期,未记载为见票即付; ② 付款地,未记载的,为付款人的营业场所、住所或经常居住地; ③ 出票地,未记载的,为出票人的营业场所、住所或经常居住地
商业汇票	是出票人签发的,委托付款人在指定日期无条件支付确定的金额给收款人或者持票人的票据。根据承兑人不同,分为银行承兑汇票和商业承兑汇票	同城异地	见票即付的,出票日起 1 个月;定日付款、出票/见票后定期付款的,到期日起 10 日		

续表

类别	含　义	适用范围	提示付款期限	绝对应记载事项	相对应记载事项
银行本票	是银行签发的,承诺自己在见票时无条件支付确定金额给收款人或者持票人的票据。分为定额和不定额两种	同一票据交换区域	见票即付的,自出票日起不得超过2个月	见汇票绝对应记载事项①～⑦,④除外	① 付款地,未记载的,为出票人的营业场所;② 出票地,未记载的,为出票人的营业场所
支票	是出票人签发的,委托办理支票存款业务的银行或其他金融机构在见票时无条件支付确定的金额给收款人或持票人的票据。包括现金支票、转账支票、普通支票三种	同一票据交换区域	自出票日起10日内	见汇票绝对应记载事项①～⑦。其中,③、⑤可以通过授权补记的方式记载;出票人可以在支票上记载自己为收款人	① 付款地,未记载的,为付款人的营业场所;② 出票地,未记载的,为出票人的营业场所、住所或经常居住地

◆ 知识链接

票据记载事项的规定

票据记载事项包括三种:①必须记载事项,如不记载,票据无效。各类票据有具体的必须记载事项。②相对记载事项,如未记载,由法律另做相应规定予以明确,并不影响票据的效力。如背书日期、承兑日期、保证日期等。③任意记载事项,不记载时不影响票据效力,记载时则产生票据效力。如记载"不得转让"字样。

第三节　对外贸易法律制度

一、对外贸易法律制度概述

(一)对外贸易和对外贸易法

中国对外贸易是国际贸易的组成部分,是指中国同其他国家或地区之间发生的贸易活动,包括货物进出口贸易、技术进出口贸易和国际服务贸易。

我国于1994年制定的《中华人民共和国对外贸易法》(以下简称《对外贸易法》),是我国调整对外贸易的基本法律依据。2001年,我国加入世贸组织,世贸组织诸协定及《中华人民共和国加入世界贸易组织议定书》和《中国加入世界贸易组织工作报告》成为对中国具有约束力的法律文件。为适应形势发展,特别是履行"入世"承诺,我国于2004年对《对外贸易法》进行了全面修订,2016年修正,修订后的《对外贸易法》共十一章70条。

◆ 知识链接

世界贸易组织

世界贸易组织(World Trade Organization,WTO),中文简称是世贸组织,是当代最重要的国际经济组织之一。截至 2017 年 7 月,世贸组织拥有 164 个成员,成员贸易总额达到全球的 98%,有"经济联合国"之称。该组织负责管理世界经济和贸易秩序,总部设在瑞士日内瓦莱蒙湖畔。其基本原则是通过实施市场开放、非歧视和公平贸易等原则,来实现世界贸易自由化的目标。世贸组织是具有法人地位的国际组织,在调解成员争端方面具有更高的权威性。2001 年 12 月 11 日中国正式加入 WTO,标志着中国的产业对外开放进入了一个全新的阶段。

(二)适用范围及原则

1. 适用范围

从对象上看,我国对外贸易法律制度适用于货物进出口、技术进出口、国际服务贸易以及与此相关的知识产权保护。从地域范围看,我国《对外贸易法》仅适用于中国内地;我国的单独关税区(包括中国香港、中国澳门和中国台北)不适用本法。

2.《对外贸易法》的原则

(1)统一管理原则。商务部主管全国的对外贸易工作,其他有关政府部门根据分工不同程度地参与对外贸易管理。

(2)公平自由原则。致力于减少乃至消除关税和非关税贸易壁垒,反对和打击倾销、补贴等不公平贸易行为。

(3)平等互利原则。平等互利发展与世界其他国家或地区的贸易是我国一贯奉行的原则,也是国家对外政策的重要组成部分。

(4)区域合作原则。自由贸易区和关税同盟是世贸组织所允许的区域经济合作方式,区域内国家之间相互给予的特殊优惠待遇,不违反世贸组织国民待遇和最惠国待遇原则。

(5)非歧视原则。包括最惠国待遇原则和国民待遇原则。前者指一国(给惠国)给予另一国(受惠国)的个人、企业、商品等的待遇不低于给惠国给予任何第三国(最惠国)的相应待遇;后者指一国给予他国国民(包括个人和企业)与本国国民相同的待遇。

(6)互惠对等原则。其是指我国给予另一国某种待遇或对其采取某种措施,以该国给予我国相应待遇或对我国采取相应措施为前提。

(三)对外贸易经营者

对外贸易经营者是指依法办理工商登记或其他执业手续,依照本法和其他有关法律、法规的规定从事对外贸易经营活动的法人、其他组织或个人。

对外贸易经营无须专门许可。从事货物进出口或技术进出口的对外贸易经营者,应向商务部或其委托的机构办理备案登记;但法律、行政法规和商务部规定不需要备案登记的除外。

我国对部分货物的进出口实行国营贸易管理,且此类货物应当是明确和公开的,通过目录的方式让公众周知。目前,实行"进口"国营贸易管理的货物涉及粮食、植物油、糖、烟草、原油、成品油、化肥和棉花等类别,而实行"出口"国营贸易管理的货物主要是烟草专卖品。国营贸易是世贸组织明文允许的贸易制度。

◆ 知识链接 ·····

中国采取切实行动主动扩大进口

博鳌亚洲论坛 2018 年年会于 2018 年 4 月举行,中国在会上宣布将主动扩大进口。此后,中国立即采取了一系列措施切实扩大进口。自 2018 年 5 月 1 日起,将包括抗癌药在内的所有普通药品、具有抗癌作用的生物碱类药品及有实际进口的中成药进口关税降至零。此次降税后,中国实际进口的全部抗癌药实现零关税。自 2018 年 7 月 1 日起,将汽车整车最惠国税率从 25％和 20％降至 15％,将汽车零部件最惠国税率从最高 25％降至 6％。此次降税后,中国汽车整车最惠国平均税率 13.8％,零部件最惠国平均税率 6％。自 2018 年 7 月 1 日起,将较大范围降低部分日用消费品进口关税,涉及 1 449 个税目,最惠国平均税率从 15.7％降至 6.9％,平均降幅 55.99％。为满足人民不断增长的消费需求和促进高质量经济发展,中国还将大量增加购买全球商品和服务。这也有利于各国各地区经济增长和就业。上述降低关税、扩大进口的具体举措,不仅将带动中国进口增长,丰富国内市场供给,满足人民群众多样化需求,同时也将推动中国供给侧结构性改革,促进产业结构调整和转型升级。

二、货物与技术进出口

(一) 货物和技术进出口的一般原则

《对外贸易法》规定,国家准许货物与技术的自由进出口,但法律、法规另有规定的除外。

(二) 货物和技术自由进出口的例外情形

国家基于下列原因,可以限制或者禁止有关货物、技术的进出口的情形:

(1) 为维护国家安全、社会公共利益或者公共道德,需要限制或者禁止进口或者出口的;

(2) 为保护人的健康或者安全,保护动物、植物的生命或者健康,保护环境,需要限制或者禁止进口或者出口的;

(3) 为实施与黄金或者白银进出口有关的措施,需要限制或者禁止进口或者出口的;

(4) 国内供应短缺或者为有效保护可能用竭的自然资源,需要限制或者禁止出口的;

(5) 输往国家或者地区的市场容量有限,需要限制出口的;

(6) 出口经营秩序出现严重混乱,需要限制出口的;

(7) 为建立或者加快建立国内特定产业,需要限制进口的;

(8) 对任何形式的农业、牧业、渔业产品有必要限制进口的;

(9) 为保障国家国际金融地位和国际收支平衡,需要限制进口的;

(10) 依照法律、行政法规的规定,其他需要限制或者禁止进口或者出口的;

(11) 根据我国缔结或者参加的国际条约、协定的规定,其他需要限制或者禁止进口或者出口的。

《对外贸易法》规定,国家对与裂变、聚变物质或者衍生此类物质的物质有关的货物、技术进出口,以及与武器、弹药或者其他军用物资有关的进出口,可以采取任何必要措施,维护国家安全;在战时或者为维护国际和平与安全,国家在货物、技术进出口方面可以采取任何必要措施。

(三) 货物和技术进出口的管理制度

1. 货物进出口自动许可制度

(1)《对外贸易法》规定,商务部基于监测进出口情况的需要,可以对部分自由进出口的货物实行进出口自动许可并公布其目录。实行自动许可的进出口货物,收货人、发货人在办理海关报关手续前提出自动许可申请的,商务部应当予以许可;未办理自动许可手续的,海关不予放行。

(2) 商务部对《自动进口许可证》项下货物原则上实行"一批一证"管理,同一份《自动进口许可证》不得分批次累计报关使用,但同一进口合同项下收货人可以申请并领取多份《自动进口许可证》;对部分货物也可实行"非一批一证"管理,同一份《自动进口许可证》在有效期内可以分批次累计报关使用,但累计使用不得超过 6 次。国家对自动进口许可管理货物采取临时禁止进口或者进口数量限制措施的,自临时措施生效之日起,停止签发《自动进口许可证》。

2. 技术进出口备案登记制度

《对外贸易法》规定,进出口属于自由进出口的技术,应当向商务部或其委托的机构办理合同备案登记。据此,我国对自由进出口技术的进出口实行合同登记制度。但需要指出的是,此种合同登记仅具有备案意义,合同自依法成立时生效,不以登记作为合同生效的条件。

3. 关于技术进口合同的特别规定

根据《技术进出口条例》,技术进口合同的让与人应当保证自己是所提供技术的合法拥有者或者有权转让、许可者。技术进口合同中不得含有下列限制性条款:

(1) 要求受让人接受并非技术进口必不可少的附带条件,包括购买非必需的技术、原材料、产品、设备或者服务;

(2) 要求受让人为专利权有效期限届满或者专利权被宣布无效的技术支付使用费或者承担相关义务;

(3) 限制受让人改进让与人提供的技术或者限制受让人使用所改进的技术;

(4) 限制受让人从其他来源获得与让与人提供的技术类似的技术或与其竞争的技术;

(5) 不合理地限制受让人购买原材料、零部件、产品或者设备的渠道或者来源;

(6) 不合理地限制受让人产品的生产数量、品种或者销售价格;

(7) 不合理地限制受让人利用进口技术生产产品的出口渠道。

4. 配额和许可证制度

(1) 货物进出口配额和许可证。根据《货物进出口条例》的规定有数量限制的限制进(出)口货物,实行配额管理;其他限制进(出)口货物,实行许可证管理。

(2) 技术进出口许可证制度。我国对属于限制进(出)口的技术实行许可证管理,未经许可不得进(出)口。

三、对外贸易秩序

(一) 维护对外贸易秩序的意义

对外贸易秩序是指国家运用法律措施规范对外贸易竞争行为,制止不正当竞争和不公平交易,维护本国经济利益,从而形成对外贸易有序的发展局面。其意义在于:①维护国家宏观经济利益,促进对外贸易的健康发展;②合理调节进出口贸易,避免对外贸易损失;③适应国际发展贸易关系的需要,维护国际经济贸易新秩序。

(二) 对外贸易经营者的经营活动准则

在对外贸易经营活动中,不得违反有关反垄断的法律、行政法规的规定实施垄断行为;

不得实施以不正当的低价销售商品、串通投标、发布虚假广告、进行商业贿赂等不正当竞争行为;应当遵守国家有关外汇管理的规定。

(三)对外贸易禁止的行为

①伪造、编造进出口货物原产地标记,伪造、编造或者买卖进出口货物原产地证书、进出口许可证、进出口配额证明或者其他进出口证明文件;②骗取出口退税;③走私;④逃避法律、行政法规规定的认证、检验、检疫;⑤违反法律、行政法规规定的其他行为。

四、对外贸易救济

【以案学法 7-18】 2018 年 6 月 16 日,商务部发布 2018 年第 50 号公告,公布对原产于美国、沙特阿拉伯、马来西亚和泰国的进口乙醇胺反倾销调查的初步裁定。根据裁定,自 2018 年 6 月 23 日起,进口经营者在进口原产于美国、沙特阿拉伯、马来西亚和泰国的乙醇胺产品时,应依据裁定所确定的各公司倾销幅度向中华人民共和国海关提供相应的保证金。

问题:反倾销立案调查由哪个部门执行? 临时反倾销措施有哪些?

对外贸易救济是指对在对外贸易领域或在对外贸易过程中,国内产业由于受到不公平进口行为或过量进口的冲击,造成了不同程度的损害,各国政府给予它们的帮助或救助。对外贸易救济主要措施包括:反倾销措施、反补贴措施和保障措施。

(一)反倾销措施

其他国家或者地区的产品以低于正常价值的倾销方式进入我国市场,对已建立的国内产业造成实质损害或者产生实质损害威胁,或者对建立国内产业造成实质阻碍的,国家可以采取反倾销措施,消除或者减轻这种损害、损害的威胁或者阻碍。

1. 基本概念

(1)倾销。倾销是指在正常贸易过程中进口产品以低于其正常价值的出口价格进入中国市场。

(2)损害。损害是指倾销对已经建立的国内产业造成实质损害或者产生实质损害威胁,或者对建立国内产业造成实质阻碍。

(3)国内产业。国内产业是指中国国内同类产品的全部生产者,或者其总产量占国内同类产品全部总产量的主要部分的生产者;但是,国内生产者与出口经营者或者进口经营者有关联的,或者其本身为倾销进口产品的进口经营者的,可以排除在国内产业之外。

(4)同类产品。同类产品是指与倾销进口产品相同的产品;没有相同产品的,以与倾销进口产品的特性最相似的产品为同类产品。

2. 反倾销调查

(1)国内产业或代表国内产业的自然人、法人或有关组织(统称"申请人"),可以依照《反倾销条例》的规定向商务部提出反倾销调查的书面申请。商务部应当自收到申请书及有关证据之日起 60 日内,决定立案调查或者不立案调查。

(2)在表示支持申请或者反对申请的国内产业中,支持者的产量占支持者和反对者的总产量的 50% 以上的,应当认定申请是由国内产业或者代表国内产业提出,可以启动反倾销调查;但是,表示支持申请的国内生产者的产量不足国内同类产品总产量的 25% 的,不得启动反倾销调查。

（3）在特殊情形下，商务部虽未收到反倾销调查的书面申请，但有充分证据认为存在倾销和损害以及二者之间有因果关系的，可以自行决定立案调查。

（4）立案调查决定由商务部予以公告，并通知申请人、已知的出口经营者和进口经营者、出口国（地区）政府以及其他有利害关系的组织、个人。立案调查的决定一经公告，商务部应当将申请书文本提供给已知的出口经营者和出口国（地区）政府。

（5）商务部根据调查结果，就倾销、损害和二者之间的因果关系是否成立作出初裁决定，并予以公告。初裁决定确定倾销、损害以及二者之间的因果关系成立的，商务部应当对倾销及倾销幅度、损害及损害程度继续进行调查，并根据调查结果作出终裁决定，予以公告。在作出终裁决定前，应当由商务部将终裁决定所依据的基本事实通知所有已知的利害关系方。反倾销调查应当自立案调查决定公告之日起 12 个月内结束；特殊情况下可以延长，但延长期不得超过 6 个月。

（6）有下列情形之一的，反倾销调查应当终止，并由商务部予以公告：①申请人撤销申请的；②没有足够证据证明存在倾销、损害或者二者之间有因果关系的；③倾销幅度低于 2％的；④倾销进口产品实际或者潜在的进口量或者损害属于可忽略不计的；⑤商务部认为不适宜继续进行反倾销调查的。

3. **反倾销措施**

（1）临时反倾销措施。初裁决定确定倾销成立，并由此对国内产业造成损害的，可以采取以下临时反倾销措施：征收临时反倾销税；要求提供保证金、保函或其他形式的担保。

（2）价格承诺。倾销进口产品的出口经营者在反倾销调查期间，可以向商务部作出改变价格或停止以倾销价格出口的价格承诺。商务部可以向出口经营者提出价格承诺的建议，但不得强迫其作出价格承诺。商务部对倾销以及由倾销造成的损害作出肯定的初裁决定前，不得寻求或接受价格承诺。出口经营者违反其价格承诺的，商务部可以立即决定恢复反倾销调查；根据可获得的最佳信息，可以决定采取临时反倾销措施，并可以对实施临时反倾销措施前 90 天内进口的产品追溯征收反倾销税，但违反价格承诺前进口的产品除外。

（3）反倾销税。终裁决定确定倾销成立，并由此对国内产业造成损害的，可以征收反倾销税。反倾销税原则上仅适用于终裁决定公告之日以后进口的产品，征收期限不超过 5 年，但经商务部复审确定终止反倾销税有可能导致倾销和损害的继续或者再度发生的，征收期限可以适当延长。

（二）反补贴措施

进口的产品直接或者间接地接受出口国家或者地区给予的任何形式的专项性补贴，对已建立的国内产业造成实质损害或者产生实质损害威胁，或者对建立国内产业造成实质阻碍的，国家可以采取反补贴措施，消除或者减轻这种损害或者损害的威胁或者阻碍。

反补贴调查在申请、启动、实施、终止等方面的条件和程序与反倾销调查基本相同。略有差异的是，《反补贴条例》规定的终止情形之一是"补贴金额为微量补贴"，而不是"幅度低于 2％"；还有一种终止情形是"通过与有关国家（地区）政府磋商达成协议，不需要继续进行反补贴调查"，该终止情形是反倾销调查终止情形所没有的。

反补贴措施包括：临时反补贴措施；取消、限制补贴或其他有关措施的承诺；反补贴税。其具体内容和实施程序与反倾销措施基本相同。略有差异的是，临时反补贴措施实施的期限，自临时反补贴措施决定公告规定实施之日起不超过 4 个月，不得延长。

（三）保障措施

因进口产品数量大量增加,对生产同类产品或与直接竞争的产品的国内产业造成严重损害或严重损害威胁的,国家可以采取必要的保障措施,消除或减轻这种损害或损害威胁,并可以对该产业提供必要的支持,此为保障措施的基本含义。从性质上说,保障措施与反倾销、反补贴措施有所不同,后者针对的是倾销和补贴这样的不公平贸易行为,而保障措施针对的是公平贸易条件下的特殊情形。保障措施包括以下内容。

(1) 临时保障措施为提高关税。临时保障措施的实施期限,自临时保障措施决定公告规定实施之日起,不超过 200 天。

(2) 保障措施的形式有提高关税和数量限制等。保障措施的实施期限不得超过 4 年,特殊情况可适当延长,但在任何情况下,一项保障措施的实施期限及其延长期限不得超过 10 年。

知识检测

一、单项选择题

1. 下列不属于计算个人所得税应纳税额专项附加扣除的项目是(　　)。
    A. 继续教育　　　B. 赡养老人　　　C. 子女学历教育　　D. 住房公积金
2. 甲建筑施工企业 2019 年 5 月经依法监测,噪声超标 11 分贝。已知,工业噪声超标10~12 分贝的,环境保护税税额为每月 2 800 元。甲建筑施工企业 2019 年 5 月应当缴纳环境保护税(　　)元。
    A. 0　　　　　　B. 2 800　　　　C. 28 000　　　　D. 33 600
3. 设立全国性商业银行的注册资本最低限额为(　　)亿元人民币。
    A. 10　　　　　B. 15　　　　　C. 20　　　　　D. 100
4. 以下不属于公司可以收购本公司股份的情形的是(　　)。
    A. 增加公司注册资本
    B. 与持有本公司股份的其他公司合并
    C. 将股份奖励给本公司职工
    D. 股东因对股东大会作出的公司合并决议持异议,要求公司收购其股份的
5. 甲公司持有一张商业汇票,到期委托开户银行向承兑人收取票款。甲公司行使的票据权利属于(　　)。
    A. 付款请求权　　　　　　　　　B. 利益返还请求权
    C. 票据追索权　　　　　　　　　D. 票据返还请求权
6. 票据权利在下列期限内不行使而消灭的说法不正确的是(　　)。
    A. 见票即付的汇票自出票日起 2 年
    B. 见票即付的本票自出票日起 2 年
    C. 持票人对支票出票人的权利(包括付款请求权和追索权),自出票日起 1 年
    D. 持票人对前手(不包括出票人)的再追索权,自清偿日或者被提起诉讼之日起
        3 个月
7. 下列不属于《对外贸易法》原则的是(　　)。
    A. 统一管理原则　　　　　　　　B. 公平自由原则

C. 平等互利原则　　　　　　　　　　　　D. 歧视原则

8. 反倾销调查中,商务部应自收到申请书及有关证据之日起(　　)日内,决定立案调查或不立案调查。

A. 30　　　　　　B. 60　　　　　　C. 90　　　　　　D. 120

二、多项选择题

1. 税法的三大基本要素是(　　)。

A. 纳税义务人　　B. 征税对象　　C. 税率　　　　D. 计税依据

2. 城市维护建设税和教育费附加是以单位或个人实际缴纳的(　　)税额为计税依据的一种税或者附加费。

A. 企业所得税　　B. 增值税　　C. 消费税　　D. 关税

3. 根据商业银行法律制度的规定,对于个人储蓄存款,下列机关中,有权依法采取查询、冻结措施的有(　　)。

A. 工商行政管理部门　　　　　　　　B. 人民检察院

C. 中国证监会　　　　　　　　　　　D. 监狱

4. 下列属于债券暂停上市的情形有(　　)。

A. 公司有重大违法行为

B. 公司最近3年连续亏损

C. 公司债券所募集资金不按照核准的用途使用

D. 公司情况发生重大变化不符合公司债券上市条件

5. 下列属于票据基本当事人的是(　　)。

A. 出票人　　　　B. 付款人　　　　C. 承兑人　　　　D. 收款人

6. 政府采取的反倾销措施包括(　　)。

A. 临时反倾销措施　　　　　　　　B. 价格承诺

C. 反倾销税　　　　　　　　　　　D. 反补贴

三、判断题

1. 亏损弥补期限是自亏损年度报告的下一个年度起连续5年不间断地计算。(　　)

2. 某公司预申请股票上市,该公司股本总额为人民币5 000万元,公开发行的股份达到公司股份总数的30%,近3年公司财务报告无虚假记载,则该公司可以申请上市。(　　)

3. 内幕交易行为是指证券交易内幕信息的知情人员在证券交易及相关活动中,违背客户真实意愿,侵害客户利益的行为。(　　)

4. 银行本票是出票银行签发的,由其在见票时按照实际结算金额无条件支付给收款人或持票人的票据。(　　)

5. 付款人承兑汇票的,应当在汇票背面记载"承兑"字样和承兑日期并签章。(　　)

6. 进口的产品接受出口国家或地区给予的任何形式的专项性补贴,对已建立的国内产业造成实质损害或产生实质损害威胁,国家可以采取反补贴措施,消除或减轻这种损害或损害的威胁或阻碍。(　　)

7. 对外贸易救济是指对在对外贸易领域或在对外贸易过程中,国内产业由于受到不公平进口行为或过量进口的冲击,造成了不同程度的损害,各国政府给予它们的帮助或救助。(　　)

以法论案

案例一 税收法律制度

A市某生产销售化妆品企业(增值税一般纳税人),2018年度有关经营业务如下:①生产销售化妆品取得不含税收入 8 600 万元,购进原材料共计 3 000 万元,已计算出增值税应纳税额为 900 万元;②出租房产取得租金收入 200 万元;③会计上的利润总额为 1 100 万元,有去年未弥补亏损 100 万元,前 3 个季度已经预缴所得税 200 万元。无其他纳税调整事项。消费税税率15%。(单位:万元,保留到小数点后 2 位)

讨论:

1. 根据题意,判断甲企业应该缴纳哪些税种。
2. 分别计算各税种的应纳税额。

案例二 个人所得税法律制度

中国公民刘某是国内某大学教授。2019年全年有关收支情况如下:①每月工资、薪金收入 10 000 元,单位代扣代缴社会保险费共 840 元,住房公积金 960 元。②到其他学院开设讲座取得报酬 5 000 元。③出版专著取得稿酬收入 25 000 元。④取得国债利息 3 000 元。⑤参加有奖竞赛活动获得奖金 5 000 元。已知:刘某为独生子,其父母均已年过 60 岁;刘某的独生子正在就读大学 3 年级;刘某夫妻约定由刘某扣除子女教育费支出。

讨论:计算刘某 2019 年度应缴纳的个税税额。

案例三 票据法律制度

甲企业(以下简称甲)从乙企业(以下简称乙)购进一批设备,价款为 80 万元。甲开出一张付款期限为 6 个月的已承兑商业汇票给乙,丙企业(以下简称丙)在该汇票的正面记载了保证事项。乙取得汇票后,将该汇票背书转让给了丁企业(以下简称丁)。汇票到期,丁委托银行收款时才得知甲的存款账户不足以支付。银行将付款人未付款通知书和该商业承兑汇票一同交给丁。丁遂向乙要求付款。

讨论:

1. 丁在票据未获付款的情况下是否有权向乙要求付款?
2. 丁在乙拒绝付款的情况下是否可向甲、丙要求付款?
3. 如果丙代为履行票据付款义务,则丙可向谁行使追索权?

案例四 对外贸易法律制度

2013 年 7 月 1 日,商务部开始对原产于欧盟的进口葡萄酒进行反倾销调查和反补贴调查。对被调查产品是否存在倾销和倾销幅度、补贴和补贴金额,以及是否对国内产业造成损害和损害程度进行了调查。2014 年 3 月 19 日,本案申请人中国酒业协会代表提出申请,请求终止反倾销调查和反补贴调查。根据有关法律规定,商务部决定自 3 月 24 日起终止对原产于欧盟的进口葡萄酒的反倾销调查和反补贴调查并发布公告公布此决定。

讨论:

1. 反倾销调查的程序是什么?
2. 为什么商务部同意中国酒业协会代表国内葡萄产业提出撤销原产于欧盟的进口葡萄酒反倾销调查和反补贴调查的申请?

第八章 劳动合同和社会保险法律制度

知识导航

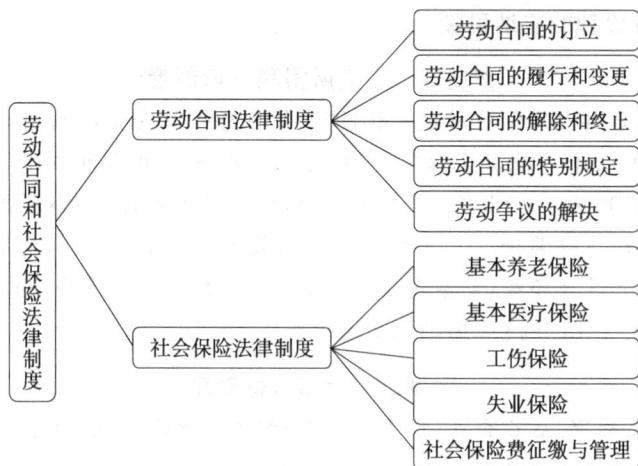

案例导入

2019 年 1 月,周莉从河北到广东打工,被广州一家餐馆(个人独资企业)招为厨房勤杂工,双方口头约定报酬为 2 800 元/月,免费提供食宿,如发生其他费用,餐馆概不负责。6 月,由于连日加班,周莉在切菜时不小心切断左手手指,为此花费医药费 2 万元。同乡告诉周莉,这属于工伤,可以要求老板支付相关费用。于是周莉向老板提出医疗费和营养费请求。餐馆老板以私营小企业无须缴纳社保和承担工伤责任为由,拒绝了周莉的请求。

请思考:

1. 周莉与该餐馆是否构成劳动关系?

2. 该餐馆的做法是否合法?周莉可以通过哪些途径维护自己的合法权益?

劳动关系是指劳动者与用人单位依法签订劳动合同而在劳动者与用人单位之间产生的法律关系。劳动者接受用人单位的管理,从事用人单位安排的工作,成为用人单位的成员,从用人单位领取劳动报酬和受劳动保护。

为规范劳动关系,国家陆续颁布了一系列相关法律、法规和规章,如《中华人民共和国劳动法》(简称《劳动法》)、《中华人民共和国劳动合同法》(简称《劳动合同法》)、《中华人民共和国社会保险法》(简称《社会保险法》)、《中华人民共和国劳动争议调解仲裁法》(简称《调解仲裁法》)、《中华人民共和国劳动合同法实施条例》(简称《劳动合同法实施条例》)、《职工带薪年休假条例》《失业保险条例》《工伤保险条例》《生育保险和职工基本医疗保险合并实施试点方案》等。这些法律、法规构成了我国劳动与社会保险法律制度的主要内容。

第一节　劳动合同法律制度

劳动合同是劳动者与用人单位之间确立劳动关系,明确双方权利和义务的书面协议。

现行的《劳动合同法》是 2007 年 6 月 29 日第十届全国人大第二十八次会议通过,2012 年 12 月修正,修正后的《劳动合同法》自 2013 年 7 月 1 日起施行,共八章 98 条。中华人民共和国境内的企业、个体经济组织、民办非企业单位等组织(以下称用人单位)与劳动者建立劳动关系,订立、履行、变更、解除或者终止劳动合同,适用本法。依法成立的会计师事务所、律师事务所等合伙组织和基金会,也属于本法规定的用人单位。

国家机关、事业单位、社会团体和与其建立劳动关系的劳动者,订立、履行、变更、解除或者终止劳动合同,依照本法执行。

地方各级人民政府及县级以上人民政府有关部门为安置就业困难人员提供的给予岗位补贴和社会保险补贴的公益性岗位,其劳动合同不适用《劳动合同法》有关无固定期限劳动合同的规定及支付经济补偿的规定。

一、劳动合同的订立

劳动合同的订立是指劳动者和用人单位经过相互选择与平等协商,就劳动合同的各项条款达成一致意见,并以书面形式明确规定双方权利和义务的内容,从而确定劳动关系的法律行为。

(一)劳动合同订立的主体

【以案学法 8-1】　2019 年 4 月 8 日,甲公司与王某签订劳动合同,约定合同期限为 2 年,试用期 1 个月,每月 10 日发放工资。4 月 11 日王某上岗工作。上班的第一天,公司以试用期间为由扣押了王某的身份证,同时以统一着装为由收取了 800 元押金。

问题:

(1)甲公司扣押王某的身份证和收取押金的行为是否合法? 应承担怎样的责任?

(2)甲公司与王某建立劳动关系的起始时间是什么时间?

1. **劳动合同订立主体的资格要求**

(1)劳动者需要有劳动权利能力和行为能力。禁止用人单位招用未满 16 周岁的未成年人。文艺、体育和特种工艺单位招用未满 16 周岁的未成年人,必须依照国家有关规定,履行审批手续,并保障其接受义务教育的权利。

(2)用人单位有用人权利能力和行为能力。

2. **劳动合同订立主体的义务**

(1)用人单位的义务和责任。用人单位招用劳动者时,应如实告知劳动者工作内容、工作条件、工作地点、职业危害、安全生产状况、劳动报酬,以及劳动者要求了解的其他情况。用人单位招用劳动者,不得扣押劳动者的居民身份证和其他证件,不得要求劳动者提供担保或者以其他名义向劳动者收取财物。

用人单位违反《劳动合同法》规定,扣押劳动者居民身份证等证件的,由劳动行政部门责令限期退还劳动者本人,并依照有关法律规定给予处罚。用人单位以担保或者其他名义向劳动者收取财物的,由劳动行政部门责令限期退还劳动者本人,并以每人500元以上2 000元以下的标准处以罚款;给劳动者造成损害的,应当承担赔偿责任。

(2)劳动者的义务。用人单位有权了解劳动者与劳动合同直接相关的基本情况,劳动者应当如实说明。

用人单位自用工之日起即与劳动者建立劳动关系。用人单位与劳动者在用工前订立劳动合同的,劳动关系自用工之日起建立。

◆ 知识链接
不适用《劳动合同法》的情形

公务员和比照实行公务员制度的事业组织和社会团体的工作人员,以及农村劳动者(乡镇企业职工和进城务工、经商的农民除外)、现役军人和家庭保姆等不适用《劳动合同法》。国家机关录用公务员和聘任制公务员,适用《公务员法》;现役军人适用现役军官法;家庭保姆与雇主之间是劳务关系,适用《民法》调整。在校生利用业余时间勤工俭学,不视为就业,可以不签订劳动合同。

(二)劳动合同订立的种类

【以案学法8-2】　小李托关系进了一家公司,于2018年6月1日正式上班,没有签订劳动合同,工作岗位不固定,每个月的工资也不一样。一年后,他多次与公司协商签订劳动合同,想把工作岗位、内容、工资等固定下来,可公司总是以各种理由推托。

问题:

(1)该公司不与小李签订书面劳动合同的做法是否合法?应作出怎样的工资支付?

(2)小李与用工单位之间属于哪种类型的劳动合同?

用人单位与劳动者建立劳动关系,应当订立书面劳动合同。《劳动合同法》规定:已建立劳动关系,未同时订立书面劳动合同的,应当自用工之日起1个月内订立书面劳动合同。用人单位自用工之日起超过1个月不满1年未与劳动者订立书面劳动合同的,应当向劳动者每月支付2倍的工资。《劳动合同法》以合同期限为标准将劳动合同划分为以下三类。

1. 固定期限劳动合同

固定期限劳动合同是指用人单位与劳动者约定合同终止时间的劳动合同。合同期限由双方当事人根据工作需要和各自的实际情况协商确定,可以是长期的,如5年或10年等;也可以是短期的,如6个月、1年等。

2. 无固定期限劳动合同

无固定期限劳动合同是指用人单位与劳动者约定无确定终止时间的劳动合同。在不出现法律、法规规定的或者当事人约定的变更、解除劳动合同的条件或法定终止情形时,无固定期限劳动合同可持续到劳动者法定退休年龄为止。用人单位与劳动者协商一致,可以订立无固定期限劳动合同。有下列情形之一,劳动者提出或者同意续订、订立劳动合同的,除劳动者提出订立固定期限劳动合同外,应当订立无固定期限劳动合同:

（1）劳动者在该用人单位连续工作满 10 年的。

（2）用人单位初次实行劳动合同制度或者国有企业改制重新订立劳动合同时，劳动者在该用人单位连续工作满 10 年且距法定退休年龄不足 10 年的。

（3）连续订立 2 次固定期限劳动合同，且劳动者没有劳动合同法规定的过错性辞退和非过错性辞退情形，续订劳动合同的。

（4）用人单位自用工之日起满 1 年不与劳动者订立书面劳动合同的，视为用人单位与劳动者已订立无固定期限劳动合同。

无固定期限劳动合同的目的在于保护劳动者的"黄金年龄"，保护劳动者的职业稳定性，解决劳动合同短期化问题。为保证劳动者签订无固定期限劳动合同选择权的实现，《劳动法》规定，用人单位违反规定不与劳动者订立无固定期限劳动合同的，自应当订立无固定期限劳动合同之日起向劳动者每月支付 2 倍的工资。

3. 以完成一定工作任务为期限的劳动合同

以完成一定工作任务为期限的劳动合同是指用人单位与劳动者约定以某项工作的完成为合同期限的劳动合同。此类合同适用于建筑业、临时性、季节性的工作任务，或者由于工作性质可以采取此类合同的工作。它便于用人单位根据工作性质、工作任务的完成情况，灵活确定劳动合同开始和结束的时间。

（三）劳动合同的主要内容

【以案学法 8-3】　①甲公司与钱某签订劳动合同，约定合同期限为 1 年，月工资 2 800 元，试用期 3 个月，试用期工资为月工资的 70%，当地最低工资标准 2 100 元。②崔某原是乙公司技术总监，公司与其签订了竞业限制协议，约定劳动合同解除或终止后 3 年内，崔某不得在本行业从事相关业务，公司每月支付其补偿金 3 万元。崔某离职后的半年内公司每月按时支付了补偿金，此后一直没有支付。于是崔某在离职一年后到乙公司的竞争对手丙公司上班。乙公司得知后要求崔某支付违约金。崔某要求乙公司支付未支付的经济补偿，解除竞业限制协议。

问题：

（1）案例①中的劳动合同约定条款是否有效？

（2）案例②中崔某与乙公司的纠纷应如何解决？

劳动合同的内容，即劳动合同的条款，一般分为必备条款和约定条款。

1. 必备条款

必备条款不完善，会导致劳动合同不能成立。必备条款包括以下内容。

（1）用人单位的名称、住所和法定代表人或者主要负责人。

（2）劳动者的姓名、住址和居民身份证或者其他有效身份证件号码。

（3）劳动合同期限。见前述劳动合同的种类。

（4）工作内容和工作地点。

（5）工作时间和休息休假。

（6）劳动报酬。根据规定，工资应当以法定货币支付，不得以实物及有价证券代替货币支付。用人单位在劳动者完成劳动定额或规定的工作任务后，根据实际需要安排劳动者在法定标准工作时间以外工作的，应当按照下列标准支付高于劳动者正常工作时间工资的工资报酬:①用人单位依法安排劳动者在日法定标准工作时间以外延长工作时间的,按照不低于劳动合同规定的劳动者本人小时工资标准的150%支付劳动者工资;②用人单位依法安排劳动者在休息日工作,而又不能安排补休的,按照不低于劳动合同规定的劳动者本人日或小时工资标准的200%支付劳动者工资;③用人单位依法安排劳动者在法定休假节日工作的,按照不低于劳动合同规定的劳动者本人日或小时工资标准的300%支付劳动者工资。《劳动法》规定:国家实行最低工资保障制度。最低工资的具体标准由省、自治区、直辖市人民政府规定,报国务院备案。用人单位支付劳动者的工资不得低于当地最低工资标准。因劳动者本人原因给用人单位造成经济损失的,用人单位可按照劳动合同的约定要求其赔偿经济损失。经济损失的赔偿,可从劳动者本人的工资中扣除。但每月扣除的部分不得超过劳动者当月工资的20%。若扣除后的剩余工资部分低于当地月最低工资标准,则按最低工资标准支付。

(7) 社会保险。社会保险包括基本养老保险、基本医疗保险、失业保险、工伤保险等。参加社会保险、缴纳社会保险费是用人单位与劳动者的法定义务,双方都必须履行。具体内容在本章第二节介绍。

(8) 劳动保护、劳动条件和职业危害防护。

(9) 法律、法规规定应当纳入劳动合同的其他事项。

2. 约定条款

用人单位与劳动者可以约定试用期、服务期限、保守秘密、竞业限制等其他事项。但约定条款不得违反法律、法规的强制性、禁止性规定,否则该约定无效。

(1) 试用期。试用期是指用人单位与劳动者之间为相互了解、选择而约定的考察期。试用期满,劳动者即成为正式员工。我国《劳动合同法》对试用期作出了如下规定。

① 试用期的长短。根据劳动合同的期限规定了不同的试用期时间:劳动合同期限3个月以上不满1年的,试用期不得超过1个月;劳动合同期限1年以上不满3年的,试用期不得超过2个月;3年以上固定期限和无固定期限的劳动合同,试用期不得超过6个月。以完成一定工作任务为期限的劳动合同或者劳动合同期限不满3个月的,不得约定试用期。试用期包含在劳动合同期限内。劳动合同仅约定试用期的,试用期不成立,该期限为劳动合同期限。

② 试用期的次数。同一用人单位与同一劳动者只能约定1次试用期。

③ 试用期的劳动报酬。劳动者在试用期的工资不得低于本单位相同岗位最低档工资或者劳动合同约定工资的80%,并不得低于用人单位所在地的最低工资标准。

④ 试用期间解除劳动合同。在试用期中,除劳动者被证明不符合录用条件、劳动者有违规违纪违法行为、不能胜任工作等情形外,用人单位不得解除劳动合同。用人单位在试用期解除劳动合同的,应当向劳动者说明理由。劳动者在试用期内提前3日通知用人单位,可以解除劳动合同。

(2) 服务期。服务期是指劳动者因享受用人单位给予的特殊待遇而作出的关于劳动履行期限的承诺。用人单位为劳动者提供专项培训费用,对其进行专业技术培训的,可与该劳动者订立协议,约定服务期。劳动者违反服务期约定的,应当按照约定向用人单位支付违约金。违约金的数额不得超过用人单位提供的培训费用。对已经履行部分服务期限的,用人单位要求劳动者支付的违约金不得超过服务期尚未履行部分所应分摊的培训费用。

（3）保守商业秘密和竞业限制。对负有保密义务的劳动者,用人单位可以在劳动合同或者保密协议中与劳动者约定竞业限制条款,并约定在解除或者终止劳动合同后,在竞业限制期限内按月给予劳动者经济补偿。劳动者违反竞业限制约定的,应当按照约定向用人单位支付违约金。

在解除或者终止劳动合同后,上述人员到与本单位生产或者经营同类产品、从事同类业务的有竞争关系的其他用人单位,或者自己开业生产或者经营同类产品、从事同类业务的竞业限制期限,不得超过 2 年。

当事人在劳动合同或者保密协议中约定了竞业限制和经济补偿,劳动合同解除或者终止后,因用人单位的原因导致 3 个月未支付经济补偿,劳动者请求解除竞业限制经济补偿的,人民法院应予支持。

◆ 知识链接

劳动者带薪休假的规定

《职工带薪年休假条例》规定:机关、团体、企业、事业单位、民办非企业单位、有雇工的个体工商户等单位的职工连续工作 1 年以上的,享受带薪年休假(简称年休假)。职工在年休假期间享受与正常工作期间相同的工资收入。职工累计工作已满 1 年不满 10 年的,年休假 5 天;已满 10 年不满 20 年的,年休假 10 天;已满 20 年的,年休假 15 天。国家法定休假日、休息日不计入年休假的假期。年休假在 1 个年度内可以集中安排,也可以分段安排,一般不跨年安排。单位因生产、工作特点确有必要跨年安排职工年休假的,可以跨 1 个年度安排。但当职工有下列情形之一时,不享受当年的年休假:①职工依法享受寒暑假,其休假天数多于年休假天数的;②职工请事假累计 20 天以上且单位按照规定不扣工资的;③累计工作满 1 年不满 10 年的职工,请病假累计 2 个月以上的;④累计工作满 10 年不满 20 年的职工,请病假累计 3 个月以上的;⑤累计工作满 20 年以上的职工,请病假累计 4 个月以上的。另外,《企业职工带薪年休假实施办法》规定,职工新进用人单位且符合享受带薪年休假条件的,当年度年休假天数按照在本单位剩余日历天数折算确定,折算后不足 1 整天的部分不享受年休假。

二、劳动合同的履行和变更

【以案学法 8-4】　张华 2016 年 6 月与海林饲料有限公司签订了 5 年的劳动合同,职位为销售经理。2019 年 6 月,海林饲料有限公司被瑞天农资有限公司(以下简称瑞天农资)吸收合并。张华来到瑞天农资上班时,该公司以海林饲料有限公司被合并,原公司已注销为由,否定了与张华的劳动关系,也未支付张华 5 月的工资。对此,张华表示不服,向仲裁部门提出申请,要求瑞天农资履行合同义务。

问题:

(1)公司合并后,合并前签订的劳动合同是否有效?

(2)如果瑞天农资提出将原劳动合同期限变更为 4 年,是否需要与张华协商?

(一)劳动合同的履行

用人单位与劳动者应当按照劳动合同的约定,全面履行各自的义务。

用人单位应当依法建立和完善劳动规章制度,保障劳动者享有劳动权利、履行劳动义务,应当按照劳动合同约定和国家规定,向劳动者及时足额支付劳动报酬;如拖欠或者未足额支付的,劳动者可以依法向当地人民法院申请支付令,人民法院应当依法发出支付令。用人单位应当严格执行劳动定额标准,不得强迫或者变相强迫劳动者加班;安排加班的,应当按照国家有关规定向劳动者支付加班费。用人单位变更名称、法定代表人、主要负责人或者投资人等事项,不影响劳动合同的履行。用人单位发生合并或者分立等情况,原劳动合同继续有效,劳动合同由承继其权利和义务的用人单位继续履行。

劳动者拒绝用人单位管理人员违章指挥、强令冒险作业的,不视为违反劳动合同。劳动者对危害生命安全和身体健康的劳动条件,有权对用人单位提出批评、检举和控告。

（二）劳动合同的变更

劳动合同的变更是指劳动合同依法订立后,在合同尚未履行或者尚未履行完毕之前,经用人单位和劳动者双方当事人协商同意,对劳动合同内容作部分修改、补充或者删减的法律行为。

用人单位与劳动者协商一致,可以变更劳动合同约定的内容,并应当采用书面形式。变更后的劳动合同文本由用人单位和劳动者各执一份。

变更劳动合同未采用书面形式,但已经实际履行了口头变更的劳动合同超过1个月,且变更后的劳动合同内容不违反法律、行政法规、国家政策以及公序良俗,当事人以未采用书面形式为由主张劳动合同无效的,人民法院不予支持。

三、劳动合同的解除和终止

（一）劳动合同的解除

【以案学法 8-5】 王某于 2014 年 6 月 1 日到甲公司工作。月工资为 5 000 元,合同期限为 5 年。由于王某工作表现良好,2015 年 1 月 1 日起,其工资调整为每月 10 000 元。2019 年 1 月初,甲公司因经营困难,进行经济性裁员,王某的名字出现在裁员名单内。公司表示会依法对裁减的员工进行经济补偿。该地区上年度职工月平均工资为 3 000 元。

问题:

(1) 用人单位在什么情况下可以单方解除劳动合同?

(2) 甲公司应向王某支付多少经济补偿金?

劳动合同的解除是指在订立劳动合同后,劳动合同期限届满前,因双方协商提前结束劳动关系,或因出现法定情形,一方单方通知对方结束劳动关系的法律行为。劳动合同解除分为协商解除和法定解除两种情况。

1. 协商解除

协商解除又称合意解除,是指双方当事人因为某种原因,在完全自愿的基础上协商一致,提前终止劳动合同,结束劳动关系。

由用人单位提出解除劳动合同且与劳动者协商一致的,必须依法向劳动者支付经济补偿;由劳动者主动辞职且与用人单位协商一致的,用人单位无须支付经济补偿。

2. 法定解除

法定解除是指在出现国家法律、法规或劳动合同规定的可以解除劳动合同的情形时,不需当事人协商一致,一方当事人即可决定解除劳动合同,劳动合同可以自然终止,也可以由单方提前终止。这种情形下,主动解除方一般负有义务主动通知对方。法定解除又可以分为用人单位的单方解除和劳动者的单方解除。

用人单位可单方解除的情形有以下几种。

(1) 过错性解除。劳动者有下列情形之一的,用人单位可随时通知劳动者解除劳动关系,不需向劳动者支付经济补偿:①在试用期间被证明不符合录用条件的;②严重违反用人单位的规章制度的;③严重失职,营私舞弊,给用人单位造成重大损害的;④劳动者同时与其他用人单位建立劳动关系,对完成本单位的工作任务造成严重影响,或者经用人单位提出,拒不改正的;⑤因以欺诈、胁迫的手段或者乘人之危,使对方在违背真实意思的情况下订立或者变更劳动合同致使劳动合同无效的;⑥被依法追究刑事责任的。

(2) 非过错性解除。有下列情形之一的,用人单位提前 30 日以书面形式通知劳动者本人或者额外支付劳动者 1 个月工资后,可以解除劳动合同:①劳动者患病或者非因工负伤,在规定的医疗期满后不能从事原工作,也不能从事由用人单位另行安排的工作的;②劳动者不能胜任工作,经过培训或者调整工作岗位,仍不能胜任工作的;③劳动合同订立时所依据的客观情况发生重大变化,致使劳动合同无法履行,经用人单位与劳动者协商,未能就变更劳动合同内容达成协议的。用人单位应向非过错性解除劳动合同的劳动者支付经济补偿。

(3) 经济性裁员。裁员分为经济性裁员、结构性裁员和优化性裁员。我国《劳动法》规定的裁员专指经济性裁员,是指用人单位在法定的特定期间依法进行的集中辞退员工的行为。根据规定,有下列情形之一,用人单位可以裁减人员:①依照《企业破产法》规定进行重整的;②生产经营发生严重困难的;③企业转产、重大技术革新或者经营方式调整,经变更劳动合同后,仍需裁减人员的;④其他因劳动合同订立时所依据的客观经济情况发生重大变化,致使劳动合同无法履行的。用人单位裁员时,应向被裁减的员工支付经济补偿金。

劳动者可单方解除的情形有以下几种。

(1) 通知性解除。劳动者在试用期内提前 3 日通知用人单位的;或者提前 30 日以书面形式通知用人单位,可以解除劳动合同。上述两种情形下,劳动者不能获得经济补偿。如果劳动者没有履行通知程序,则属于违法解除,因此给用人单位造成损失的,劳动者应对损失承担赔偿责任。

(2) 违法性解除。用人单位存在以下违法行为之一的,劳动者有权利单方解除合同:①未按照劳动合同约定提供劳动保护或者劳动条件的;②未及时足额支付劳动报酬的;③未依法为劳动者缴纳社会保险费的;④用人单位的规章制度违反法律、法规的规定,损害劳动者权益的;⑤因用人单位以欺诈、胁迫的手段或乘人之危,使劳动者在违背真实意思的情况下订立或变更劳动合同的;⑥用人单位在劳动合同中免除自己的法定责任、排除劳动者权利的;⑦用人单位违反法律、法规强制性规定的。上述 7 种情形下,劳动者可随时通知用人单位解除劳动合同,且用人单位需向劳动者支付经济补偿。

(3) 立即解除。用人单位以暴力、威胁或者非法限制人身自由的手段强迫劳动者劳动的;用人单位违章指挥、强令冒险作业危及劳动者人身安全的。当劳动者的人身安全和人身自由受到威胁时,劳动者可以立即解除劳动合同,不需事先告知用人单位,且用人单位需向劳动者支付经济补偿。

(二)劳动合同终止

劳动合同终止是指劳动合同订立后,因出现某种法定的事由,导致用人单位与劳动者之间形成的劳动关系自动归于消灭,或导致双方劳动关系的继续履行成为不可能而不得不消灭的情形。有以下情形之一的,劳动合同终止:①劳动合同期满的;②劳动者开始依法享受基本养老保险待遇的;③劳动者达到法定退休年龄的;④劳动者死亡,或者被人民法院宣告死亡或者宣告失踪的;⑤用人单位被依法宣告破产的;⑥用人单位被吊销营业执照、责令关闭、撤销或者用人单位决定提前解散的;⑦法律、行政法规规定的其他情形。

(三)对劳动合同解除和终止的限制性规定

一般劳动合同期满,劳动合同即终止,但也有例外。根据规定,劳动者有下列情形之一的,用人单位不得解除劳动合同,也不得终止,劳动合同应当续延至相应的情形消失时终止:①从事接触职业病危害作业的劳动者未进行离岗前职业健康检查,或者疑似职业病病人在诊断或者医学观察期间的;②在本单位患职业病或者因工负伤并被确认丧失或者部分丧失劳动能力的;③患病或者非因工负伤,在规定的医疗期内的;④女职工在孕期、产期、哺乳期的;⑤在本单位连续工作满 15 年,且距法定退休年龄不足 5 年的;⑥法律、行政法规规定的其他情形。其中,第②项"丧失或者部分丧失劳动能力"劳动者的劳动合同的终止,按照国家有关工伤保险的规定执行。

(四)劳动合同解除和终止的经济补偿

劳动合同法律中的经济补偿是指按照劳动合同法律制度的规定,在劳动者无过错的情况下,用人单位与劳动者解除或者终止劳动合同时,应给予劳动者经济上的补助,也称经济补偿金。

经济补偿,根据劳动者在用人单位的工作年限和工资标准来计算具体金额,并以货币形式支付给劳动者。经济补偿金的计算公式:

$$经济补偿金=\frac{劳动合同解除或终止前}{劳动者在本单位的工作年限}\times 每工作 1 年应得的经济补偿$$

或者简写为

$$经济补偿金=工作年限\times 月工资$$

经济补偿按劳动者在本单位工作的年限,每满 1 年支付 1 个月工资的标准向劳动者支付;6 个月以上不满 1 年的,按 1 年计算;不满 6 个月的,向劳动者支付半个月工资的经济补偿。这里所称月工资是指劳动者在劳动合同解除或者终止前 12 个月的平均工资。劳动者在劳动合同解除或者终止前 12 个月的平均工资低于当地最低工资标准的,按照当地最低工资标准计算。劳动者月工资高于用人单位所在直辖市、设区的市级人民政府公布的本地区上年度职工月平均工资 3 倍的,向其支付经济补偿的标准按职工月平均工资 3 倍的数额支付,向其支付经济补偿的年限最高不超过 12 年。

◆ **知识链接**

经济补偿金、违约金及赔偿金的区分

经济补偿金是法定的,主要针对劳动关系的解除和终止,如果劳动者无过错,用人单位则应给予劳动者一定数额的经济上的补偿。违约金是约定的,是指劳动者违反了服务期和竞业禁止的约定而向用人单位支付的违约补偿。赔偿金是指用人单位和劳动者由于自己的

过错给对方造成损害时所应承担的不利的法律后果。经济补偿金的支付主体是用人单位；违约金的支付主体是劳动者；赔偿金的支付主体可能是用人单位，也可能是劳动者。

四、劳动合同的特别规定

【以案学法 8-6】　张某与甲劳务派遣公司签订了为期 3 年的劳动合同，张某被派遣到乙公司工作，每月工资 3 000 元。1 年后，因乙公司业务萎缩，结束了与甲派遣公司之间的派遣协议。此间的 3 个月，甲劳务派遣公司并没有派遣张某到其他公司上班，张某处于无工作状态，只能到各大超市当兼职促销员，每小时按 12 元计酬。

问题：

(1) 劳务派遣与一般的劳动关系有何不同？

(2) 在劳动者无工作期间，劳务派遣公司是否应该支付工资？

(3) 张某到超市做兼职，是否需要和超市签订劳动合同？

《劳动合同法》对劳动合同的特别规定有集体合同、劳务派遣和非全日制用工三种。

(一) 集体合同

集体合同是指工会代表企业职工一方与用人单位通过平等协商，就劳动报酬、工作时间、休息休假、劳动安全卫生、保险福利等为主要内容订立的书面协议。尚未建立工会的用人单位，由上级工会指导劳动者推举的代表与用人单位订立。

集体合同草案应提交职工代表大会或全体职工讨论通过。集体合同订立后，应当报送劳动行政部门；劳动行政部门自收到集体合同文本之日起 15 日内未提出异议的，集体合同即行生效。依法订立的集体合同对用人单位和劳动者具有约束力。行业性、区域性集体合同对当地本行业、本区域的用人单位和劳动者具有约束力。集体合同中劳动报酬和劳动条件等标准不得低于当地人民政府规定的最低标准；用人单位与劳动者订立的劳动合同中劳动报酬和劳动条件等标准不得低于集体合同规定的标准。

(二) 劳务派遣

1. 劳务派遣含义

劳务派遣是指劳务派遣单位与劳动者订立劳动合同，与用工单位订立劳务派遣协议，由被派遣劳动者向用工单位给付劳务。劳务派遣单位与被派遣劳动者建立劳动关系，负责其工资支付及保险缴纳等日常管理工作，用工单位则实际使用劳动者，并向劳动派遣单位支付服务费用。劳务派遣的最显著特征就是劳动力的雇用和使用分离，是典型的"有关系无劳动，有劳动无关系"用工行为。我国《劳动合同法》规定，劳动合同用工是我国企业的基本用工形式。劳务派遣用工是补充形式，只能在临时性、辅助性或者替代性的工作岗位上实施。

2. 劳务派遣单位

劳务派遣单位是劳动合同法所称的用人单位，应当履行用人单位对劳动者的义务。劳务派遣单位应当与被派遣劳动者订立 2 年以上的固定期限劳动合同，按月支付劳动报酬；被派遣劳动者在无工作期间，劳务派遣单位应当按照所在地人民政府规定的最低工资标准，向其按月支付报酬。劳务派遣单位不得克扣用工单位按照劳务派遣协议支付给被派遣劳动者的劳动报酬。劳务派遣单位和用工单位不得向被派遣劳动者收取费用。

3. 派遣协议

派遣协议是劳务派遣单位与实际用工单位就劳务派遣事项签订的书面协议。劳务派遣协议应当约定派遣岗位和人员数量、派遣期限、劳动报酬和社会保险费的数额与支付方式以及违反协议的责任。劳务派遣单位应当将劳务派遣协议的内容告知被派遣劳动者。用工单位应当根据工作岗位的实际需要与劳务派遣单位确定派遣期限,不得将连续用工期限分割订立数个短期劳务派遣协议。

4. 劳动者的权利

(1) 同工同酬的权利。被派遣劳动者享有与用工单位的劳动者同工同酬的权利。用工单位无同类岗位劳动者的,参照用工单位所在地相同或者相近岗位劳动者的劳动报酬确定。

(2) 参加和组织工会的权利。被派遣劳动者有权在劳务派遣单位或者用工单位依法参加或者组织工会,维护自身的合法权益。

(3) 解除劳动合同的权利。被派遣劳动者同样享有在法定情况下单方解除劳动合同的权利。

(三) 非全日制用工

非全日制用工是指以小时计酬为主,劳动者在同一用人单位一般平均每日工作时间不超过 4 小时、每周累计不超过 24 小时的用工形式。非全日制用工双方当事人可以订立口头协议,不得约定试用期。从事非全日制用工的劳动者可以与一个或者一个以上用人单位订立劳动合同;但是,后订立的劳动合同不得影响先订立的劳动合同的履行。

非全日制用工小时计酬标准不得低于用人单位所在地政府规定的最低小时工资标准。并且劳动报酬结算支付周期最长不得超过 15 日。非全日制用工双方当事人任何一方都可以随时通知对方终止用工。终止用工,用人单位不向劳动者支付经济补偿。

五、劳动争议的解决

【以案学法 8-7】 2019 年 5 月 30 日,田某从甲公司辞职,但是该公司尚未支付他 1~5 月共计 25 000 元的工资。田某多次前往公司索要都没有结果。

问题:

(1) 面对劳动争议,田某可以通过哪些途径来解决。

(2) 如果田某想申请劳动仲裁,应该在哪个时间段内向当地的劳动争议仲裁委员会提出?

劳动争议是指劳动关系双方当事人之间因执行劳动法律、法规或履行劳动合同发生的争议,又称劳动纠纷。包括:①因确认劳动关系发生的争议;②因订立、履行、变更、解除和终止劳动合同发生的争议;③因除名、辞退和辞职、离职发生的争议;④因工作时间、休息休假、社会保险、福利、培训以及劳动保护发生的争议;⑤因劳动报酬、工伤医疗费、经济补偿或者赔偿金等发生的争议;⑥法律、法规规定的其他劳动争议。

解决劳动争议,应根据事实,遵循合法、公正、及时、着重调解的原则,依法保护当事人的合法权益。解决方式包括协商、调解、仲裁和诉讼。下面主要介绍后面三种。

(一) 劳动调解

当事人申请劳动争议调解可以书面申请,也可以口头申请。口头申请的,调解组织应当当场记录申请人的基本情况,申请调解的争议事项、理由和时间。

经调解达成协议的,应当制作调解协议书。调解协议书由双方当事人签名或者盖章,经调解员签名并加盖调解组织印章后生效,对双方当事人具有约束力,当事人应当履行。

自劳动争议调解组织收到调解申请之日起15日内未达成调解协议的;或达成调解协议后,一方当事人在协议约定期限内不履行调解协议的,另一方当事人可以依法申请仲裁。

因支付拖欠劳动报酬、工伤医疗费、经济补偿或者赔偿金事项达成调解协议,用人单位在协议约定期限内不履行的,劳动者可以持调解协议书依法向人民法院申请支付令。人民法院应当依法发出支付令。调解不是解决劳动争议的必经程序。

（二）劳动仲裁

劳动仲裁是指由劳动争议仲裁委员会对当事人申请仲裁的劳动争议居中公断与裁决。需要注意的是,劳动仲裁与本书第一章讲到的仲裁不同。劳动仲裁的法律依据是2007年12月29日第十届全国人大常委会第三十一次会议通过,自2008年5月1日施行的《劳动争议调解仲裁法》,共四章54条。劳动争议仲裁不收费。

1. 劳动仲裁的参加人

（1）当事人。发生劳动争议的劳动者和用人单位为劳动争议仲裁案件的双方当事人。劳务派遣单位或用工单位与劳动者发生劳动争议的,劳务派遣单位和用工单位为共同当事人。劳动者与个人承包经营者发生争议,依法向仲裁委员会申请仲裁的,应将发包的组织和个人承包经营者作为当事人。发生争议的用人单位被吊销营业执照、责令关闭、撤销以及用人单位决定提前解散、歇业,不能承担相关责任的,依法将其出资人、开办单位或主管部门作为共同当事人。

（2）当事人代表。发生争议的劳动者一方在10人以上并有共同请求的,劳动者可推举3~5名代表人参加仲裁活动。代表人参加仲裁的行为对其所代表的当事人发生效力。但代表人变更、放弃仲裁请求或承认对方当事人的仲裁请求,进行和解的,须经被代表的当事人同意。

（3）第三人。与劳动争议案件处理结果有利害关系的第三人,可申请参加仲裁活动或由劳动争议仲裁委员会通知其参加仲裁活动。如用人单位招用尚未解除劳动合同的劳动者,对原用人单位造成经济损失的,原用人单位与劳动者发生的劳动争议,处理过程中可以列新用人单位为第三人,而不能是被诉人。

（4）代理人。当事人可以委托代理人参加仲裁活动。

2. 劳动仲裁机构及管辖

劳动仲裁机构是劳动争议仲裁委员会,其不按行政区域层层设立。劳动争议仲裁委员会由劳动行政部门代表、工会代表和企业方面代表组成,组成人员应当是单数。

劳动争议仲裁委员会负责管辖本区域内发生的劳动争议。劳动争议由劳动合同履行地或者用人单位所在地的劳动争议仲裁委员会管辖。双方当事人分别向劳动合同履行地和用人单位所在地的劳动争议仲裁委员会申请仲裁的,由劳动合同履行地的劳动争议仲裁委员会管辖。案件受理后,劳动合同履行地和用人单位所在地有变化的,不改变争议仲裁的管辖。多个仲裁委员会都有管辖权的,由先受理的仲裁委员会管辖。

3. 主要仲裁程序

劳动仲裁是我国劳动争议当事人向人民法院提起诉讼的必经程序。主要仲裁程序如下。

（1）申请和受理。申请人申请仲裁应当提交书面仲裁申请,并按照被申请人人数提交副本。书写仲裁申请确有困难的,可以口头申请,由劳动争议仲裁委员会记入笔录,并告知对方当事人。劳动争议申请仲裁的时效期间为1年。从当事人知道或者应当知道其权利被侵害之日起计算。劳动关系存续期间因拖欠劳动报酬发生争议的,不受1年仲裁时效期间的限制,但劳动关系终止的,应自劳动关系终止之日起1年内提出。

劳动争议仲裁委员会收到仲裁申请之日起5日内,认为符合条件的,应当受理,并通知当事人;认为不符合条件的,应书面通知申请人不予受理,并说明理由。对劳动争议仲裁委员会不予受理或逾期未作出决定的,申请人可以就该劳动争议向人民法院提起诉讼。

(2) 开庭和裁决。劳动争议仲裁委员会裁决劳动争议案件实行仲裁庭制。仲裁庭应在开庭5日前,将开庭日期、地点书面通知双方当事人。申请人收到书面通知无正当理由拒不到庭或未经仲裁庭同意中途退庭的,可视为撤回仲裁申请。

当事人申请劳动争议仲裁后,可自行和解。达成和解协议的,可以撤回仲裁申请,也可以请求仲裁庭根据和解协议制作调解书。仲裁庭在作出裁决前,应当先行调解。调解达成协议的,仲裁庭应当制作调解书。调解书经双方当事人签收后,发生法律效力。调解不成或调解书送达前,一方当事人反悔的,仲裁庭应当及时作出裁决。

裁决应当按照多数仲裁员的意见作出;不能形成多数意见时,裁决应当按照首席仲裁员的意见作出。下列劳动争议,除法律另有规定外,仲裁裁决为终局裁决,裁决书自作出之日起发生法律效力:①追索劳动报酬、工伤医疗费、经济补偿或赔偿金,不超过当地月最低工资标准12个月金额的争议;②因执行国家的劳动标准在工作时间、休息休假、社会保险等方面发生的争议。当事人对上述终局裁决情形之外的其他劳动争议案件的仲裁裁决不服的,可自收到裁决书之日起15日内提起诉讼。期满不起诉的,裁决书发生法律效力。

仲裁庭对追索劳动报酬、工伤医疗费、经济补偿或者赔偿金的案件,根据当事人的申请,可以裁决先予执行的,移送人民法院执行。

(三) 劳动诉讼

劳动诉讼申请的范围包括:①对劳动争议仲裁委员会不予受理或逾期未作出决定的;②劳动者对劳动争议的终局裁决不服的;③当事人对终局裁决决定情形之外的其他劳动争议案件的仲裁裁决不服的;④终局裁决被人民法院裁定撤销的。其中,后三种情形的当事人可以自收到仲裁裁决书或裁定书之日起15日内提起诉讼。劳动诉讼依照《民事诉讼法》的规定执行。

◆ 知识链接

劳动仲裁与一般经济纠纷仲裁的区别

劳动仲裁不同于第一章讲的一般经济纠纷的仲裁,除法律依据和适用范围不同外,还有以下区别:①申请程序不同。一般经济纠纷的仲裁,当事人必须在事先或事后达成仲裁协议,才能据此向仲裁机构提出仲裁申请;而劳动争议的仲裁,则不要求当事人达成仲裁协议,只要一方当事人提出,有关仲裁机构即可受理。②裁决的效力不同。一般经济纠纷的仲裁实行"一裁终局"制度,即仲裁裁决作出后,当事人就同一纠纷再申请仲裁或向人民法院起诉的,仲裁委员会或者人民法院不予受理;而劳动争议仲裁,当事人对裁决不服的,除《调解仲裁法》规定的几类特殊劳动争议外,可以向人民法院起诉。因此,劳动争议的裁决一般不是终局的。

第二节　社会保险法律制度

社会保险是国家依法建立的,由国家、用人单位和个人共同筹集资金、建立基金,使个人在年老(退休)、患病、工伤(因工伤残或患职业病)、失业、生育等情况下获得物质帮助和补偿的一种社会保障制度。这种保障是依靠国家立法强制实行的社会化保险。

《劳动法》规定,国家发展社会保险,建立社会保险制度,设立社会保险基金。2010年10月28日第十一届全国人大第十七次会议审议通过,2018年12月修正的《中华人民共和国社会保险法》(简称《社会保险法》),1999年1月22日国务院令第258号发布的《失业保险条例》,2003年4月27日国务院令第375号发布,2010年12月修订的《工伤保险条例》,2011年6月29日人力资源和社会保障部令第13号发布的《实施〈中华人民共和国社会保险法〉若干规定》等。这些构成了我国社会保险法律制度的主要内容。

目前我国的社会保险项目主要有基本养老保险、基本医疗保险、工伤保险、失业保险和生育保险五类,简称"五险"。2017年1月19日国务院办公厅印发了《生育保险和职工基本医疗保险合并实施试点方案》,在2017年6月底前启动生育保险和职工基本医疗保险合并实施试点工作,该项工作在12个试点城市行政区域开展,期限为1年左右。

一、基本养老保险

基本养老保险制度是指缴费达到法定期限并且个人达到法定退休年龄后,国家和社会提供物质帮助以保证因年老而退出劳动领域者稳定、可靠的生活来源的社会保险制度。基本养老保险是社会保险体系中最重要、实施最广泛的一项制度。

【以案学法8-8】　刘某为甲公司员工,2018年度从公司取得的总收入为16万元,其中包括福利费1万元。已知2018年度当地职工月平均工资为3 000元。

问题:

(1) 计算刘某2019年度个人每月应缴纳的基本养老保险费。

(2) 刘某符合哪些条件时,可以享受基本养老保险待遇?

(一)覆盖范围

1. 基本养老保险制度的组成

根据《社会保险法》的规定,基本养老保险制度由三个部分组成:职工基本养老保险制度、新型农村社会养老保险制度(简称新农保)、城镇居民社会养老保险制度(简称城居保)。国务院于2014年2月26日发布了《关于建立统一的城乡居民基本养老保险制度的意见》,决定将新农保和城居保两项制度合并实施,在全国范围内建立统一的城乡居民基本养老保险制度。年满16周岁(不含在校学生),非国家机关和事业单位工作人员及不属于职工基本养老保险制度覆盖范围的城乡居民,可以在户籍地参加城乡居民养老保险。本章除特别说明外,基本养老保险均指职工基本养老保险。

2. 职工基本养老保险

职工基本养老保险费的征缴范围:国有企业、城镇集体企业、外商投资企业、城镇私营企业和其他城镇企业及其职工,实行企业化管理的事业单位及其职工。这是基本养老保险的主体部分。由用人单位和职工共同缴纳基本养老保险费。

无雇工的个体户、未在用人单位参加基本养老保险的非全日制从业人员以及其他灵活就业人员可以参加基本养老保险,由个人缴纳基本养老保险费。

公务员和参照公务员管理的工作人员养老保险的办法由国务院规定。国务院于2015年1月14日发布了《关于机关事业单位工作人员养老保险制度改革的决定》,改革现行机关事业单位工作人员退休保障制度,逐步建立独立于机关事业单位之外、资金来源多渠道、保障方式多层次、管理服务社会化的养老保险体系。对于按照《公务员法》管理的单位,参照《公务员法》管理的机关(单位)、事业单位及其编制内的工作人员,实行社会统筹与个人账户相结合的基本养老保险制度。

（二）职工养老保险基金的组成来源及缴纳计算

基本养老保险基金由用人单位和个人缴费以及政府补贴等组成。基本养老保险实行社会统筹与个人账户相结合。基本养老金由统筹养老金和个人账户养老金组成。

1. 单位缴费

按照现行政策,自2018年5月1日起,企业职工基本养老保险单位缴费比例超过19%的省(区、市),以及按照人力资源和社会保障部、财政部《关于阶段性降低社会保险费率的通知》(人社部发〔2016〕36号)单位缴费比例降至19%的省(区、市),基金累计结余可支付月数(截至2017年年底)高于9个月的,可阶段性执行19%的单位缴费比例至2019年4月30日。具体方案由各省(区、市)研究决定。

2. 个人缴费

按照现行政策,职工个人按照本人缴费工资的8%缴费,记入个人账户。缴费工资也称缴费工资基数,一般为职工本人上一年度月平均工资(有条件的地区也可以本人上月工资收入为个人缴费工资基数)。月平均工资按照国家统计局规定列入工资总额统计的项目计算,包括工资、奖金、津贴、补贴等收入,不包括用人单位承担或支付给员工的社会保险费、劳动保护费、福利费、用人单位与员工解除劳动关系时支付的一次性补偿及计划生育费用等其他不属于工资的费用。新招职工以起薪当月工资收入作为缴费工资基数;从第二年起,按上一年实发工资的月平均工资作为缴费工资基数。即

$$个人养老账户月存储额＝本人月缴费工资×8\%$$

本人月平均工资低于当地职工月平均工资60%的,按当地职工月平均工资的60%作为缴费基数。本人月平均工资高于当地职工月平均工资300%的,按当地职工月平均工资的300%作为缴费基数,超过部分不计入缴费工资基数,也不计发养老金的基数。

个人缴费不计征个人所得税。在计算个人所得税的应税收入时,应当扣除个人缴纳的养老保险费。

城镇个体工商户和灵活就业人员的缴费基数为当地上年度在岗职工月平均工资,缴费比例为20%,其中8%记入个人账户。

（三）职工基本养老保险享受条件与待遇

1. 职工基本养老保险享受条件

（1）年龄条件:达到法定退休年龄。目前国家实行的法定退休年龄为:男年满60周岁,女工人年满50周岁,女干部年满55周岁。从事井下、高温、高空、特别繁重体力劳动或其他

有害身体健康工作的,退休年龄为男年满 55 周岁,女年满 45 周岁。因病或非因工致残,由医院证明并经劳动鉴定委员会确认完全丧失劳动能力的,退休年龄为男年满 50 周岁,女年满 45 周岁。

(2) 缴费条件:累计缴费满 15 年。若累计缴费不足 15 年的,可以缴费至满 15 年。

2. 职工基本养老保险待遇

(1) 支付职工基本养老金。对符合享受条件的人员国家按月支付基本养老金。基本养老保险金根据个人累计缴费年限、缴费工资、当地职工平均工资、个人账户金额、城镇人口平均预期寿命等因素确定。

(2) 丧葬补助金和遗属抚恤金。参加基本养老保险的个人,因病或非因工死亡的,其遗属可以领取丧葬补助金和抚恤金。但如果个人死亡同时符合领取基本养老保险丧葬补助金、工伤保险丧葬补助金和失业保险丧葬补助金条件的,其遗属只能选择领取其中一项。参加职工基本养老保险的个人死亡后,其个人账户中的余额可以全部依法继承。

(3) 病残津贴。参加基本养老保险的个人,在未达到法定退休年龄时因病或非因工致残完全丧失劳动能力的,可以领取病残津贴,所需资金从基本养老保险基金中支付。

◆ 知识链接

社会化保险

所谓社会化保险,一是指资金来源的社会化,社会保险基金中既有用人单位和个人缴纳的保险费,也有国家财政给予的补助;二是指管理的社会化,国家设置专门机构,实行统一规划和管理,统一承担保险金的发放职能。

二、基本医疗保险

基本医疗保险是针对公民的医疗风险,通过参保人缴费和政府补贴建立医疗保险基金,为成员分担基本医疗费用,保障公民能享受基本医疗服务的社会保障项目。一般包括提供医疗服务(治疗疾病)和分担医疗成本(报销医疗费用)两个方面。基本医疗保险的覆盖范围参见基本养老保险的覆盖范围。

【以案学法 8-9】　2016 年 7 月 1 日,刘某到 A 企业工作,双方签订了 3 年期的劳动合同,月工资 6 000 元。2019 年 5 月 20 日,刘某患病住院。住院期间,共花费医疗费 20 万元,其中在规定医疗目录内的费用为 16 万元,目录以外费用 4 万元。此时,用人单位停发刘某的全部工资,并以不能适应工作为由,解除与刘某的劳动合同。已知:当地规定的基本医疗保险单位缴费率为 6%,个人缴费率为 2%,单位缴费划入个人医疗保险账户的比例为 30%。当地职工平均工资水平为 2 000 元/月,起付标准为当地职工年平均工资的 10%,最高支付限额为当地职工年平均工资的 6 倍,保险比例为 90%。

问题:

(1) 计算刘某个人医疗保险账户每月的储存额。

(2) 分析哪些费用可以从统筹账户中报销,哪些费用需由刘某自己负担?

(3) A 企业的做法是否符合规定? 刘某应享有的权益有哪些?

（一）职工基本医疗保险费的缴纳

根据规定,基本医疗保险也和基本养老保险一样采用"统账结合"模式,即分别设立社会统筹基金和个人账户基金。基本医疗费用全部由用人单位和职工共同承担。

1. 单位缴费

由统筹地区统一确定适合当地经济发展水平的基本医疗保险单位缴费率,一般为职工工资总额的 6％左右。用人单位缴纳的基本医疗保险费分为两部分,一部分用于建立统筹基金,另一部分划入个人账户。

2. 基本医疗保险个人账户的资金来源

（1）个人缴费部分及个人账户存储额利息。个人缴费部分由统筹地区统一确定适合当地职工负担水平的基本医疗保险单位缴费率,一般为本人工资收入的 2％左右。

（2）用人单位强制性缴费的划入部分。由统筹地区根据个人医疗账户的支付范围和职工年龄等因素确定用人单位所缴医疗保险费划入个人账户的具体比例,一般为 30％左右。

3. 退休人员基本医疗保险费的缴纳

参加职工基本医疗保险的个人,达到法定退休年龄时累计缴费达到国家规定年限的,退休后不再缴纳基本医疗保险费;未达到国家规定缴费年限的,可以缴费至国家规定年限。目前对于国家规定年限没有统一规定,由各统筹地区根据本地情况确定。

（二）职工基本医疗费用的结算

参保人员在协议医疗机构发生的医疗费用,符合基本医疗保险药品目录、诊疗项目、医疗服务设施标准的,按照国家规定从基本医疗保险基金中支付。参保人员确需急诊、抢救的,可在非协议医疗机构就医;因抢救必须使用的药品可以适当放宽范围。参保人员医疗费用中应当由基本医疗保险基金支付的部分,由社会保险经办机构与医疗机构、药品经营单位直接计算。

参保人员符合基本医疗保险支付范围的医疗费用中,在社会医疗统筹基金起付线以下的费用部分,由个人账户资金支付或个人自付。起付线以上至封顶线以下的费用部分,由社会医疗统筹基金按一定比例支付;个人也要承担一定比例,一般为 10％,可由个人账户支付也可自付。封顶线以上的医疗费用部分,可以通过单位补充医疗保险或参加商业保险等途径解决。起付线又称起付标准,一般为当地职工年平均工资的 10％左右。封顶线又称最高支付限额,一般为当地职工年平均工资的 6 倍左右。支付比例一般为 90％。

下列医疗费用不纳入基本医疗保险基金支付范围:①应当从工伤保险基金中支付的;②应当由第三人支付的;③应当由公共卫生负担的;④在境外就医的。

（三）医疗期

医疗期是指企业职工因患病或非因工负伤停止工作,治病休息,但不得解除劳动合同的期限。根据本人实际参加工作年限和在本单位工作年限,给予 3～24 个月的医疗期。病休期间,公休、假日和法定节日包括在内。对某些患特殊病(如癌症、精神病、瘫痪等)的职工,在 24 个月内尚不能痊愈的,经企业和劳动主管部门批准,可以适当延长医疗期。

企业职工在医疗期内,其病假工资、疾病救济费和医疗待遇按照有关规定执行。病假工资或疾病救济费可低于当地最低工资标准支付,但不得低于最低工资标准的 80％。医疗期内不得解除劳动合同。如医疗期内合同期满,合同必须延续至医疗期满,职工在此期间仍享受医疗期内待遇。对医疗期满尚未痊愈者或医疗期满后不能从事原工作,也不能从事用人单位另行安排的工作,被解除劳动合同的,用人单位需按经济补偿规定给予经济补偿。

三、工伤保险

工伤保险是指劳动者在职业工作中或规定的特殊情况下遭遇意外伤害或职业病,导致暂时或永久丧失劳动能力以及死亡时,劳动者或其遗属能够从国家和社会获得物质帮助的社会保险制度。

【以案学法 8-10】　姜某与甲公司签订了为期 3 年的合同,2019 年 2 月合同期满后,双方未续订,但公司继续安排姜某在原岗位工作,并向其支付相应的劳动报酬。2019 年"五一"放假期间被单位通知回去加班,在下班的路上被一辆超速的出租车撞倒,被送到医院抢救,双腿粉碎性骨折,经鉴定为六级伤残。姜某要求公司支付工伤待遇,公司认为与姜某的劳动合同已期满终止,并且姜某是在下班时间出的车祸,公司不用再为其缴纳工伤保险费,也无须支付工伤待遇。

问题:甲公司的观点是否符合法律规定? 为什么?

(一)工伤保险费的缴纳和工伤保险基金

职工应当参加工伤保险,由用人单位缴纳工伤保险费,职工不缴纳工伤保险费。用人单位应当按照本单位职工工资总额,根据社会保险经办机构确定的费率按时足额缴纳工伤保险费。对难以按照工资总额缴纳的行业,其缴纳工伤保险费的具体方式由国务院社会保险行政部门规定。如建筑施工企业可以实行以建筑施工项目为单位,按照项目工程总造价的一定比例计算缴纳工伤保险费。

工伤保险基金由用人单位缴纳的工伤保险费、工伤保险基金的利息和依法纳入工伤保险基金的其他资金组成。工伤保险基金存入社会保障基金财政专户。

(二)工伤认定与劳动能力鉴定

1. 工伤认定

(1)应当认定工伤的情形。职工有下列情形之一的,应当认定为工伤:①在工作时间和工作场所内,因工作原因受到事故伤害的;②工作时间前后在工作场所内,从事与工作有关的预备性或收尾性工作受到事故伤害的;③在工作时间和工作场所内,因履行工作职责受到暴力等意外伤害的;④患职业病的;⑤因工外出期间,由于工作原因受到伤害或发生事故下落不明的;⑥在上下班途中,受到非本人主要责任的交通事故或城市轨道交通、客运轮渡、火车事故伤害的;⑦法律、法规规定应当认定为工伤的其他情形。

(2)视同工伤的情形。职工有下列情形之一的,视同工伤:①在工作时间和工作岗位,突发疾病死亡或在 48 小时内经抢救无效死亡的;②在抢险救灾等维护国家利益、公共利益活动中受到伤害的;③原在军队服役,因战、因公负伤致残,已取得革命伤残军人证,到用人单位后旧伤复发的。

(3)不认定为工伤的情形。职工因下列情形之一导致本人在工作中伤亡的,不认定为工伤:①故意犯罪;②醉酒或吸毒;③自残或自杀;④法律、法规规定的其他情形。

2. 劳动能力鉴定

劳动能力鉴定是指劳动功能障碍程度和生活自理障碍程度的等级鉴定。劳动功能障碍分为十个伤残等级,最重的为一级,最轻的为十级。生活自理障碍分为三个等级:生活完全不能自理、生活大部分不能自理和生活部分不能自理。

自劳动能力鉴定结论作出之日起 1 年后,工伤职工或者其近亲属、所在单位或者经办机构认为伤残情况发生变化的,可以申请劳动能力复查鉴定。

(三)工伤保险待遇

1. 工伤医疗待遇

职工因工作遭受事故伤害或患职业病进行治疗,享受工伤医疗待遇。符合规定、标准的,相关费用从工伤保险基金支付。

(1)治疗工伤的医疗费用(诊疗费、药费、住院费)。职工治疗工伤应当在签订服务协议的医疗机构就医,情况紧急时可以先到就近的医疗机构急救。

(2)住院伙食补助费、交通食宿费。

(3)康复性治疗费。

(4)停工留薪期工资福利待遇。职工因工作遭受事故伤害或者患职业病需要暂停工作接受工伤医疗的,在停工留薪期内,职工的原工资福利待遇不变,由所在单位按月支付。停工留薪期一般不超过 12 个月。伤情严重或情况特殊,经设区的市级劳动能力鉴定委员会确认,可以适当延长,但延长不得超过 12 个月。工伤职工评定伤残等级后,停止享受停工留薪期待遇,按规定享受伤残待遇。工伤职工在停工留薪期满后仍需治疗的,继续享受工伤医疗待遇。生活不能自理的工伤职工在停工留薪期需要护理的,由所在单位负责。但工伤职工治疗非因工伤引发的疾病,不享受工伤医疗待遇,按照基本医疗保险办法处理。

2. 辅助器具装配

工伤职工因日常生活或者就业需要,经劳动能力鉴定委员会确认,可以安装假肢、矫形器、假眼和配置轮椅等辅助器具,所需费用按照国家规定的标准从工伤保险基金中支付。

3. 伤残待遇

经劳动能力鉴定委员会鉴定,评定伤残等级的工伤职工,享受以下伤残待遇。

(1)生活护理费。

(2)一次性伤残补助金。按照伤残等级支付。

(3)伤残津贴。职工因工致残被鉴定为一级至四级伤残的,保留劳动关系,退出工作岗位,从工伤保险基金按月支付伤残津贴,伤残津贴实际金额低于当地最低工资标准的,由工伤保险基金补足差额。职工因工致残被鉴定为五级、六级伤残的,保留劳动关系,由用人单位安排适当工作。难以安排的,由用人单位按月发放伤残津贴。伤残津贴实际金额低于当地最低工资标准的,由用人单位补足差额。

(4)一次性工伤医疗补助金和一次性伤残就业补助金。五、六级伤残,经工伤职工本人提出,可与用人单位解除或终止劳动关系;七级至十级伤残,劳动、聘用合同期满终止,或职工本人提出解除劳动、聘用合同的,由工伤保险基金支付一次性工伤医疗补助金,由用人单位支付一次性伤残就业补助金。具体标准由省、自治区、直辖市人民政府规定。

4. 工亡待遇

职工因工死亡,或伤残职工在停工留薪期内因工伤导致死亡的,其近亲属按照规定从工伤保险基金中领取丧葬补助金、供养亲属抚恤金和一次性工亡补助金。一至四级伤残职工在停工留薪期满后死亡的,其近亲属可以享受前两项遗属待遇,不享受一次性工亡补助金待遇。

（四）特别规定

工伤职工有下列情形之一的,停止享受工伤保险待遇:①丧失享受待遇条件的;②拒不接受劳动能力鉴定的;③拒绝治疗的。

工伤职工符合领取基本养老金条件的,停发伤残津贴,享受基本养老保险待遇。基本养老保险待遇低于伤残津贴的,由工伤保险基金补足差额。

职工所在用人单位未依法缴纳工伤保险费,发生工伤事故的,由用人单位支付工伤保险待遇。用人单位不支付的,从工伤保险基金中先行支付,由用人单位偿还。用人单位不偿还的,社会保险经办机构可以追偿。

由于第三人的原因造成工伤,第三人不支付工伤医疗费用或者无法确定第三人的,由工伤保险基金先行支付。工伤保险基金先行支付后,有权向第三人追偿。

职工（包括非全日制从业人员）在两个以上用人单位同时就业的,各用人单位应当分别为职工缴纳工伤保险费。职工发生工伤,由职工受到伤害时工作的单位依法承担工伤保险责任。

四、失业保险

【以案学法 8-11】 孙某大学毕业后到甲公司工作,签订了从 2016 年 9 月 1 日至 2019 年 8 月 31 日的 3 年期合同,公司为其办理了失业保险。后因孙某严重违反规定,公司于 2019 年 2 月 1 日解除劳动合同。此后孙某一直未能找到工作,遂于 2019 年 4 月 8 日办理了失业登记。

问题:孙某领取失业保险金的最长期限是什么时间?

失业保险是通过社会集中建立基金,保障因失业而暂时中断生活来源的劳动者的基本生活,并通过职业训练、职业介绍等措施为其重新就业创造条件的社会保险制度。

职工应当参加失业保险,由用人单位和职工共同缴纳。按照规定,城镇企事业单位按照本单位工资总额的 2% 缴纳失业保险费,职工按照本人工资的 1% 缴纳失业保险。为减轻企业负担,促进扩大就业,人力资源和社会保障部、财政部数次发文降低失业保险费率,将用人单位和职工失业保险费比例总和从 3% 阶段性降至 1%,个人费率不得超过单位费率。

失业人员符合下列条件的,可申请领取失业保险金并享受其他失业保险待遇:①失业前用人单位和本人已经缴纳失业保险费满 1 年的。②非因本人意愿中断就业的,包括劳动合同终止;用人单位解除劳动合同;被用人单位开除、除名和辞退;因用人单位过错由劳动者解除劳动合同;法律、法规、规章规定的其他情形。③已经进行失业登记,并有求职要求的。

失业保险金额领取期限自办理失业登记之日起计算。失业人员失业前用人单位和本人累计缴费满 1 年不足 5 年的,领取失业保险金的期限最长为 12 个月;累计缴费满 5 年不足 10 年的,领取失业保险金的期限最长为 18 个月;累计缴费 10 年以上的,领取失业保险金的期限最长为 24 个月。重新就业后,再次失业的,缴费时间重新计算,领取失业保险金的期限与前次失业应当领取而尚未领取的失业保险金的期限合并计算,最长不超过 24 个月。失业人员因当期不符合失业保险金额领取条件的,原有缴费时间予以保留,重新就业并参保的,缴费时间累计计算。

失业保险金的标准,不得低于城市居民最低生活保障标准。一般也不高于当地最低工资标准,具体数额由省、自治区、直辖市人民政府确定。

五、社会保险费征缴与管理

根据国务院办公厅《关于加快推进"多证合一"改革的指导意见》的规定,在全面实施企业、农民专业合作社工商营业执照、组织机构代码证、税务登记证、社会保险登记证、统计登记证"五证合一、一照一码"登记制度改革和个体工商户营业执照、税务登记证"两证整合"的基础上,将涉及企业(包括个体工商户、农民专业合作社)登记、备案等有关事项和各类证照(以下统称涉企证照事项)进一步整合到营业执照上,被整合证照不再发放,实现"多证合一、一照一码"。申请人办理企业注册登记时只需填写"一张表格",向"一个窗口"提交"一套材料",登记部门直接核发加载统一社会信用代码的营业执照。根据国家工商行政管理总局等十三部门《关于推进全国统一"多证合一"改革的意见》,在"五证合一"基础上,将19项涉企证照事项进一步整合到营业执照上,首批实行"二十四证合一"。

国家建立全国统一的个人社会保障号码。个人社会保障号码为公民身份证号码。用人单位应当自行申报、按时足额缴纳社会保险费,非因不可抗力等法定事由不得缓缴、减免。职工应当缴纳的社会保险费由用人单位代扣代缴,用人单位应当按月将缴纳社会保险费的明细情况告知本人。

根据中共中央《深化党和国家机构改革方案》,为提高社会保险费资金征管效率,将基本养老保险费、基本医疗保险费、失业保险费等各项社会保险费交由税务部门统一征收。按照改革相关部署,自2019年1月1日起由税务部门统一征收各项社会保险费和先行划转的非税收入。

社会保险基金存入财政专户,按照统筹层次设立预算,通过预算实现收支平衡。社会保险基金在保证安全的前提下,按照国务院规定投资运营实现保值增值。不得违规投资运营,不得用于平衡其他政府预算,不得用于兴建、改建办公场所和支付人员经费、运行费用、管理费用,或者违反法律、行政法规规定挪作其他用途。

2019年3月5日,国务院总理李克强在第十三届全国人大第二次会议上作政府工作报告指出,2019年政府工作任务之一为明显降低企业社保缴费负担。下调城镇职工基本养老保险单位缴费比例,各地可降至16%。稳定现行征缴方式,各地在征收体制改革过程中不得采取增加小微企业实际缴费负担的做法,不得自行对历史欠费进行集中清缴。继续执行阶段性降低失业和工伤保险费率政策。2019年务必使企业特别是小微企业社保缴费负担有实质性下降。加快推进养老保险省级统筹改革,继续提高企业职工基本养老保险基金中央调剂比例、划转部分国有资本充实社保基金。既要减轻企业缴费负担,又要保障职工社保待遇不受影响、养老金合理增长并按时足额发放,使社保基金可持续、企业与职工同受益。

▶ **法条链接**

违反《社会保险法》的法律责任

《社会保险法》第八十四条 用人单位不办理社会保险登记的,由社会保险行政部门责令限期改正;逾期不改正的,对用人单位处应缴社会保险费数额1倍以上3倍以下的罚款,对其直接负责的主管人员和其他直接责任人员处 500 元以上 3 000 元以下的罚款。

《社会保险法》第八十六条　用人单位未按时足额缴纳社会保险费的,由社会保险费征收机构责令限期缴纳或者补足,并自欠缴之日起,按日加收万分之五的滞纳金;逾期仍不缴纳的,由有关行政部门处欠缴数额 1 倍以上 3 倍以下的罚款。

《社会保险法》第八十八条　以欺诈、伪造证明材料或者其他手段骗取社会保险待遇的,由社会保险行政部门责令退回骗取的社会保险金,处骗取金额 2 倍以上 5 倍以下的罚款。

🔍 知识检测

一、单项选择题

1. 用人单位招用劳动者的下列情形中,符合法律规定的是(　　)。

    A. 甲公司以只招男性为由拒绝录用应聘者张女士从事会计工作

    B. 乙超市与刚满 15 岁的初中毕业生王某签订劳动合同

    C. 丙公司设立的分公司已领取营业执照,该分公司与李某订立劳动合同

    D. 丁公司要求王某提供 3 000 元保证金后才与其订立劳动合同

2. 以下属于劳动合同必备条款的是(　　)。

    A. 劳动报酬　　　　　　　　　B. 试用期

    C. 保守商业秘密　　　　　　　D. 福利待遇

3. 2018 年 3 月 12 日,吴某应聘到甲公司工作,每月领取工资 2 000 元,直至 2019 年 2 月 12 日甲公司方与其订立书面劳动合同。根据劳动合同法律制度规定,甲公司应依法向吴某支付未及时订立书面劳动合同的工资补偿为(　　)元。

    A. 22 000　　　　B. 20 000　　　　C. 44 000　　　　D. 19 000

4. 根据《社会保险法》规定,参加基本养老保险的个人,达到法定退休年龄时累计缴费满(　　)年以上的,按月领取基本养老金。

    A. 10　　　　　　B. 15　　　　　　C. 20　　　　　　D. 30

5. 刘某在甲公司工作 3 年。已知刘某累计工作 18 年且符合享受年休假条件。刘某可享受的当年年休假天数为(　　)天。

    A. 10　　　　　　B. 5　　　　　　C. 15　　　　　　D. 20

6. 王某和公司签订了期限为 2 年的劳动合同,劳动合同满 1 年时,王某因为出国留学需要解除合同。根据规定,下列各项正确的是(　　)。

    A. 不得解除劳动合同

    B. 提前 15 日以书面形式通知用人单位

    C. 用人单位应当支付王某 1 个月补偿金

    D. 提前 30 日以书面形式通知用人单位

二、多项选择题

1. 根据劳动合同法律制度规定,特定用人单位招用未满 16 周岁的未成年人应按规定履行审批手续并保障其接受义务教育的权利。下列用人单位,可招用未满 16 周岁未成年人的有(　　)。

    A. 文艺单位　　　B. 物流配送单位　　　C. 体育单位　　　D. 餐饮单位

2. 有下列情形之一,劳动者提出或者同意续订、订立劳动合同的,除劳动者提出订立固定期限劳动合同外,应当订立无固定期限劳动合同的是( )。

    A. 劳动者在该用人单位连续工作满 10 年的

    B. 用人单位初次实行劳动合同制度时,劳动者在该用人单位连续工作满 10 年且距法定退休年龄不足 10 年的

    C. 用人单位自用工之日起满 2 年不与劳动者订立书面劳动合同的

    D. 连续订立两次固定期限劳动合同,续订劳动合同的

3. 下列( )情形,劳动者可以解除劳动合同。

    A. 劳动者提前 30 日以书面形式通知用人单位

    B. 用人单位未及时足额支付劳动报酬的

    C. 用人单位对劳动者进行工作岗位调动的

    D. 用人单位未依法为劳动者缴纳社会保险费的

4. 根据劳动合同法律制度的规定,因下列情形解除劳动合同的,用人单位应向劳动者支付经济补偿的有( )。

    A. 劳动者不能胜任工作,经过培训或者调整工作岗位,仍不能胜任工作的

    B. 用人单位未按照劳动合同的约定提供劳动保护或者劳动条件的

    C. 劳动者同时与其他用人单位建立劳动关系,经用人单位提出,拒不改正的

    D. 用人单位未及时支付劳动报酬的

5. 根据社会保险法律制度的规定,下列社会保险项目中,应由用人单位和劳动者共同缴纳保险费的有( )。

    A. 职工基本养老保险   B. 职工基本医疗保险

    C. 工伤保险   D. 失业保险

三、判断题

1. 同一用人单位与同一劳动者只能约定一次试用期。 ( )

2. 劳动者不能胜任工作岗位,用人单位应先经过培训或者调整工作岗位,仍不能胜任工作的,方可按程序与其解除劳动合同。 ( )

3. 职工发生工伤事故但所在用人单位未依法缴纳工伤保险费的,不享受工伤保险待遇。 ( )

4. 劳动者开始依法享受基本养老保险待遇的,劳动合同终止。 ( )

5. 2013 年 2 月 1 日,张某到甲公司工作,2019 年 6 月 1 日双方的合同期满,甲公司不再与张某续签。已知劳动合同终止前 12 个月,张某的月平均工资 5 000 元,甲公司所在地职工月平均工资 4 500 元。则劳动合同终止后甲公司应向张某支付的经济补偿为 32 500 元。 ( )

6. 非全日制用工,双方当事人任何一方都可以随时通知对方终止用工;但用人单位提出的,应当向劳动者支付经济补偿。 ( )

以法论案

案例一　劳动合同的解除和终止

2015 年 9 月,罗某到某幼儿园工作,期间签订了劳动合同,从 2015 年 9 月 1 日起至

2018 年 9 月 1 日止。2017 年 6 月中旬,罗某为出国旅游办理签证,申请单位向其出具《在职证明》,之后在微信上向其分管领导请假,未得到相关回复。2017 年 6 月下旬,罗某出国旅游 5 天后回到单位,却收到了单位向其发放的处理决定。因罗某未经单位批准连续旷工 5 个工作日,严重违反了劳动纪律及工作制度,幼儿园决定解除与罗某签订的劳动合同。罗某向当地劳动人事争议仲裁委员会申请仲裁,要求单位向其支付违法解除劳动合同的赔偿金。罗某在仲裁委员会驳回其仲裁请求后向人民法院提起了诉讼。

讨论:

1. 用人单位与罗某解除劳动合同的做法有没有法律依据?

2. 如果你是法官,会如何判决?

案例二　劳 务 派 遣

2018 年 10 月,甲劳务派遣公司与乙公司签订劳务派遣协议,将张某派遣到乙公司工作。2019 年 2 月,张某在乙公司的工作结束。此后甲、乙未给张某安排工作,也未向其支付任何报酬。2019 年 4 月,张某得知自 2018 年 10 月被派遣以来,甲、乙均未为其缴纳社会保险费,遂提出解除劳动合同。

讨论:

1. 甲、乙公司签订的劳务派遣协议中应约定哪些内容?

2. 针对张某无工作期间报酬支付及标准有什么规定?

3. 张某解除劳动合同是否受到法律保护?

案例三　职工医疗费用的报销

假定甲市职工年平均工资为 36 000 元,基本医疗保险起付标准为当地职工年平均工资的 10%,最高支付限额为当地职工年平均工资的 6 倍,医保报销比例为 90%。参保人员张某、王某、李某三人发生的医疗费用分别为 220 000 元、8 000 元、1 000 元,发生医疗费用均在规定的医疗目录内,无其他补充社会保险或商业保险。

讨论:分别计算三人医保负担和个人负担的部分是多少。

第九章　物权法律制度

知识导航

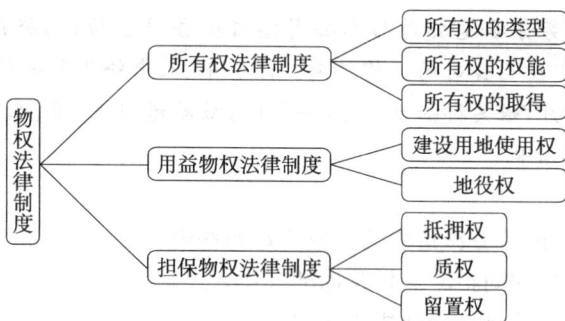

案例导入

小王因开设网店需要筹集资金,向老同学小李借款5 000元,并将新买的智能手机作为质押交付小李占有。质押期间,小李因生活出现困难急需现金,遂将手机卖给了小赵,小赵不知手机是他人所有,且价格与市场相当,便以4 000元成交,把手机带回家中使用。两个月后,小王拿着5 000元归还小李时,得知手机被卖的事情,遂找到了小赵,要求其归还手机,小赵认为手机是自己花钱买来的,属于自己的财产,无须归还。

请思考:

手机的所有权应该归谁? 其中包含哪些物权法律知识?

物权是指权利人依法对特定的物所享有的直接支配和排他的权利。

物是物权的客体,《物权法》第二条第二款规定:本法所称物,包括不动产和动产。法律规定权利作为物权客体的,依照其规定。不动产是指不可移动或如移动将损害其价值的物,如土地、房屋等。动产则是指不动产以外的物,如衣服、鞋子等。区分二者的意义在于:一是物权变动的要求有别。动产一般以交付为原则;不动产则须登记。二是确定诉讼管辖。不动产纠纷由不动产所在地法院管辖。

物权法是调整因物的归属和利用而产生的民事关系的法律,是财产制度的基础。我国物权法律制度最早规定于1986年的《民法通则》,该法第五章第一节规定"财产所有权和与财产所有权有关的财产权"。其中大部分属于物权,初步确立了包括所有权、用益物权与担保物权在内的基本物权法律体系框架。另外,包括国有土地使用权在内的用益物权制度体系主要由《土地管理法》《城市房地产管理法》《农村土地承包法》等单行法律建立;担保物权制度体系则集中规定于《担保法》以及《担保法解释》。2007年3月16日第十届全国人大第五次会议制定《中华人民共和国物权法》(以下简称《物权法》),在上述各单行法及司法解释的基础上,完整系统规定了各项基本物权法律制度。该法自2007年10月1日起施行,共五编十九章247条。国务院于2014年发布《不动产登记暂行条例》,对我国物权法律制度进一步作出具体化规定。物权法具有以下基本原则。

(1) 一物一权原则。一个物上不允许有互不相容的两个以上的物权同时存在。

(2) 物权法定原则。物权的种类、内容均由法律规定,不得由当事人自由创设。

(3) 公示、公信原则。物权的存在与变动均应当具备法定的公示方式(占有、交付或登记)。不公示的,不能发生相应的法律效力。物权的存在与变动因公示而取得法律上的公信力,即使公示的物权名义人不是真正的物权人,善意受让人基于对公示的信赖,仍能取得物权。

本章所阐述的物权法律制度,主要以《物权法》《担保法》《担保法解释》及《物权法解释一》为依据。需要注意的是,如果《物权法》与《担保法》及其司法解释存在冲突,以《物权法》为准。

第一节　所有权法律制度

所有权是指在法律限制范围内,对物为全面支配的权利。即所有人对自己的财产,依法享有占有、使用、收益和处分的权利。

一、所有权的类型

(一)所有权的法定分类

【以案学法9-1】　2013年9月3日,江西九江农民梁财在河道里挖出一根长达24米、胸径1.5米、重达80吨的巨型古木,"刚挖出来时还有香味"。他一家人辛苦挖掘时,镇政府的干部却一直待在岸边看。媒体报道后,当地政府通知梁财,古木归国家所有,劝其放弃,他表示难以接受。

问题:为何村民挖出来的古木却是属于国家的财产?

根据《物权法》规定,依据所有制类型,所有权划分为以下三类。

1. 国家所有权

国家所有权的权利主体是国家,由国务院代表国家行使所有权,并授权各级国家机关和企事业单位行使。国有财产主要包括:矿藏、水流、海域;城市的土地;法律规定属于国家所有的农村和城市郊区的土地;森林、山岭、草原、荒地、滩涂等自然资源,但法律规定属于集体所有的除外;法律规定属于国家所有的野生动植物资源;无线电频谱资源;法律规定属于国家所有的文物;国防资产;依照法律规定为国家所有的铁路、公路、电力设施、电信设施和油气管道等基础设施。

2. 集体所有权

集体所有的财产包括:法律规定属于集体所有的土地和森林、山岭、草原、荒地、滩涂;集体所有的建筑物、生产设施、农田水利设施;集体所有的教育、科学、文化、卫生、体育等设施;

集体所有的其他不动产和动产。一般而言,集体组织所有权的各项权能都是由集体组织行使,但根据生产经营活动的需要,集体组织也可以将其所有权的权能转移给个人行使。

3. 私人所有权

私人依法对其所有的财产享有占有、使用、收益、处分的权利。根据《物权法》规定,私人对其合法的收入、房屋、生活用品、生产工具、原材料等不动产和动产享有所有权。此处所称私人,并不局限于自然人,民法上的法人尤其是企业法人也包括在内。《物权法》第六十八条规定:企业法人对其不动产和动产依照法律、行政法规以及章程享有占有、使用、收益和处分的权利。企业法人以外的法人,对其不动产和动产的权利,适用有关法律、行政法规以及章程的规定。

(二)共有

【以案学法 9-2】 甲、乙二人共同出资 1 000 元购买了一头牛,轮流使用。在甲使用期间,某一天,此牛突然狂奔,撞伤一个小孩,花费医药费 5 000 元。小孩的家长找到甲、乙要求赔偿。但甲、乙互相推卸责任。

问题:根据物权法律制度应该由谁进行赔偿?

共有是指两个或者两个以上的权利主体对同一项财产共同享有所有权。共有的权利主体称为共有人,共有的客体称为共有财产或者共有物。财产共有有两种形式:按份共有与共同共有。二者在处分权、相互间的请求权及处分原则等方面各有不同。

1. 共有的一般效力

(1)共有人的权利和义务。共有人按照约定管理共有的财产,没有约定或约定不明的,各共有人都有管理的权利和义务。

(2)共有物的分割方式。共有人可以协商确定分割方式。达不成协议,共有的不动产或者动产可以分割并且不会因分割减损价值的,应当对实物予以分割;难以分割或者因分割会减损价值的,应当对折价或者拍卖、变卖取得的价款予以分割。共有人分割所得的不动产或者动产有瑕疵的,其他共有人应当分担损失。

(3)对外债权债务。因共有的不动产或者动产产生的债权债务,在对外关系上,共有人享有连带债权、承担连带债务,但法律另有规定或者第三人知道共有人不具有连带债权债务关系的除外。

2. 按份共有

按份共有是指两个或两个以上共有人按照各自的份额分别对其共有财产享有权利和承担义务的一种共有关系。按份共有的特点在于分享权利、分担义务与共同共有的不同。

(1)各共有人对共有物按份额享有不同的权利,其数额一般由共有人事先约定;没有约定或者约定不明确的,按照出资额确定;不能确定出资额的,视为等额享有。

(2)各共有人对共有财产承担的义务是根据其不同的份额确定的。即共有人对共有物持有的份额越大,所承担的义务就越大,反之则越小。

(3)各共有人的权利和义务不是局限于财产的某一具体部分,而是及于财产的全部。如果因共有财产在使用过程中对他人造成损害的,对外应由每个按份共有人承担连带赔偿责任;对内则按照各自的份额确定各个共有人的清偿责任。处分共有的财产以及对共有的财产作重大修缮的,应当经占份额 2/3 以上的按份共有人同意,但共有人之间另有约定的除外。

(4) 优先购买权。共有人有权处分自己的共有份额,无须取得其他人的同意。但共有人将财产份额转让给共有人以外的第三人时,同等条件下,其他共有人有优先购买的权利。

3. 共同共有

共同共有是指两个或以上的权利主体,对全部共有财产不分份额地享有平等的所有权。其特点在于:共有人对同一物所享有的所有权不分份额,共享权利、同担义务,所以也无转让份额的问题。

(1) 共同共有的内部关系。主要体现在以下三方面。

① 关于共有物的处分与管理。处分共有物及对共有物作重大修缮的,应当经全体共同共有人同意,但共有人之间另有约定的除外。对共有物的管理费用以及其他负担,有约定的,按照约定;没有约定或者约定不明确的,共同共有人共同负担。

② 关于共有物的分割。共同共有关系存续期间,原则上禁止对共有物进行分割,共同共有人在共有的基础丧失或者有重大理由需要分割时可以请求分割。因分割对其他共有人造成损害的,应当给予赔偿。

③ 关于对外债权债务的内部效力。共同共有人共同享有债权、承担债务,共有人另有约定的除外。

(2) 共同共有的外部关系。原则上,处分共有物,需征得全体共有人一致同意,共有人另有约定的除外。若未征得其他共有人一致同意,擅自将共有物所有权转让给第三人的,此行为构成无权处分,需要其他共同共有人的追认。当然,善意第三人可依善意取得制度取得标的物所有权,此时,其他共同共有人有权向转让人请求损害赔偿。

共有人对于共有的财产没有约定为按份共有或者共同共有,或者约定不明确的,除共有人有家庭关系外,视为按份共有。两个以上单位、个人共同享有用益物权、担保物权的,参照共有的规则处理。

二、所有权的权能

【以案学法 9-3】 李某 2014 年购买了一套商品房,原本为自己居住用。后来,李某将房子租给了赵某,每月租金 3 000 元。5 年后,李某因到外地发展,遂将房子卖给了张某,价款 150 万元,并办理了房屋过户手续。

问题:

(1) 财产所有权包括哪些权能?

(2) 李某自己居住房子、将房子租给赵某获取房租、将房子卖给张某获得房款,分别属于所有权中的哪种权能?

所有权的权能是指所有权的具体内容和实现方式,是所有权法律关系中的权利主体所依法享有的权利。所有权权能包括四个方面:占有权、使用权、收益权、处分权。

(一) 占有权

占有是对财产的实际控制;占有权是指民事主体对某物或某财产的实际控制权,即在事实上或法律上控制某物或某财产的权利。财产通常为所有人占有,即占有权与所有权合一;但在特定条件下,占有权也可与所有权分离,形成非所有人享有的独立的权利。例如,王某将自己的汽车租给了李某,则在租赁期间,李某拥有该汽车的占有权,能够合法占有及使用该汽车,但所有权仍然归王某所有。根据对财产的占有人的不同,占有分为以下几项。

1. 所有人占有

所有人占有是指财产的所有权人在事实上直接控制自己所有的财产,亲自行使占有权。如公民对自己财产的占有。

2. 非所有人占有

非所有人占有是指所有人以外的其他人占有不属于自己的财产。根据占有财产的途径不同,非所有人占有分为合法占有和非法占有两种。

(1)合法占有是指非所有人根据法律规范、所有权人的意愿或者合同的约定等合法原因而占有他人的财产。在合法占有期间,占有人有权排除其他任何人(包括所有权人)对其占有权的不法妨害或干涉。例如,在房屋租赁合同中,租客根据合同的约定而合法占有房东的房子,其他人进入该房子时,须经租客同意。

(2)非法占有是指无合法原因而占有他人的财产。根据占有人在对他人财产实施占有时,主观意识上是否知道其占有行为是非法为标准,非法占有可分为以下两项。

① 善意占有是指非法占有人在对他人财产实施占有时,主观上不知道其占有是非法的。如拾得他人遗失的财产后,一方面对财产进行暂时保管;另一方面寻找失主。

② 恶意占有是指非法占有人在对他人财产实施占有时,明知道或者应当知道其占有行为是非法的,但仍然继续占有财产。如小偷对赃物的占有、拾到财物并将其据为己有。

(二)使用权

使用是不改变财产的本质而对其性能和用途加以利用,以满足生活或生产的某种需要。使用权是民事主体对财产进行利用的权利,如使用自己的手机、驾驶自己的车辆等。使用权与占有权一样,可以通过法律、合同或授予等方式将使用权转移给所有权人以外的其他人。

(三)收益权

收益权是指获得从财产上产生的一定经济利益的权利,如公民出租房子而获得房租。大部分财产都能产生一定的经济利益或者增加其价值,所有权的存在以实现经济利益和价值增值为目的,主要体现在收益权上。

(四)处分权

处分权是财产所有人对其财产在法律允许的范围内进行处置的权利。处分权包括对财产的消费、转让、出售、抛弃、销毁等方面的权利。处分权直接体现了民事主体对物的支配,被认为是拥有所有权的标志,也是所有权四项权能的核心,是财产所有人最基本的权利。

三、所有权的取得

所有权的取得是指民事主体获得财产所有权的合法方式和根据。非法取得财产所有权的,不受法律承认与保护。财产所有权的合法取得方式可分为原始取得与继受取得两种。

(一)原始取得

【以案学法 9-4】 小王新买的一部手机,在参与宣传活动的过程中不慎丢失,小王遂请活动主办方进行广播,请拾到手机者与自己联系。十分钟后,捡到手机的李某找到小王,要求小王给其 1 000 元酬金。小王对李某主动索要酬金感到十分气愤，不同意支付，李某便拒绝归还小王的手机。此后，小王又多次找李某索要手机，均遭拒绝。无奈之下，小王将李某告上法庭，要求李某归还手机。

问题：

（1）李某是否有权以小王不给 1 000 元酬金为由而拒不归还手机？

（2）拾得遗失物应该如何处理？

原始取得是指根据法律规定，最初取得财产的所有权或不依赖于原所有人的意志而取得财产的所有权。原始取得的根据主要包括：劳动生产、孳息、添附、拾得遗失物、善意取得、发现埋藏物、先占等。下面介绍其中几种主要的取得方式。

1. 劳动生产

劳动生产是指民事主体通过自己的劳动生产活动获取劳动产品，以及通过扩大再生产取得其所创造的劳动产品，包括农业生产和工业生产。

2. 添附

添附是指民事主体把不同所有人的财产或劳动成果合并在一起，从而形成另一种新形态的财产，如果要恢复原状在事实上不可能或者在经济上不合理。添附主要有混合、附合、加工三种方式。例如，A 家院外有一堆砖头，邻居 B 有水泥和沙子；B 家砌墙，民工不知情不小心使用了 A 家的很多砖头。对此，墙的归属可以适用添附制度。

对于新产生的财产所有权的归属，应由当事人协商处理，或归一方所有，或归当事人共有。如果不能达成协议，可以区别主物或从物，或者价值高低。一方动产的价值显然高于他方的动产，则应当由主物或价值较高的物的原所有人取得合成物的所有权，并给对方以补偿。若不能分出价值大小的归两人共有，一般为按份共有。要注意的是，如果添附行为出于恶意，则原所有人有权向添附人要求恢复原状，并赔偿因添附所造成的损失。

3. 拾得遗失物

拾得遗失物是指拾到的他人不慎丢失的动产。遗失物不是无主财产，也不是所有人抛弃的或因为他人的侵害而丢失的物，只不过是所有人丧失了对于物的占有，不为任何人占有的物。

拾得遗失物，应当返还权利人。拾得人应当及时通知权利人领取，或者送交公安等有关部门。有关部门收到遗失物，知道权利人的，应当及时通知其领取；不知道的，应当及时发布招领公告。遗失物自发布招领公告之日起 6 个月内无人认领的，归国家所有。

拾得人虽不能取得遗失物的所有权，却可享有费用偿还请求权，在遗失人发出悬赏广告时，归还遗失物的拾得人还享有悬赏广告所允诺的报酬请求权。

4. 善意取得

善意取得是指财产占有人以财产所有权的移转或其他物权的设定为目的，移转占有于善意第三人时，即使财产占有人无处分动产的权利，善意受让人仍可取得财产所有权或其他物权。我国《物权法》规定，善意取得财产所有权必须同时符合三个条件：①受让人受让该不动产或者动产时是善意的；②以合理的价格转让；③转让的不动产或者动产依照法律规定应当登记的已经登记，不需要登记的已经交付给受让人。

受让人依照善意取得制度取得不动产或者动产所有权的，原所有权人无权要求受让人返还财产，但可以向无处分权人请求赔偿损失。当事人善意取得其他物权的，参照该规定。

5. 先占

先占就是以所有权人的意思占有无主动产。先占人基于先占行为取得无主动产的所有权。

▶ **法条链接**

遗失物——不适用善意占有

《物权法》第一百零七条 所有权人或者其他权利人有权追回遗失物。该遗失物通过转让被他人占有的,权利人有权向无处分权人请求损害赔偿,或者自知道或者应当知道受让人之日起2年内向受让人请求返还原物,但受让人通过拍卖或者向具有经营资格的经营者购得该遗失物的,权利人请求返还原物时应当支付受让人所付的费用。权利人向受让人支付所付费用后,有权向无处分权人追偿。

(二)继受取得

继受取得是指通过某种法律行为或其他法律事实,从原财产所有人那里取得对某项财产的所有权。这种方式是以原所有人有权处分该项财产作为前提条件的,继受取得的方式主要包括买卖、互易、赠与、继承、遗赠等。在继受取得中,受让人取得所有权的时间因标的物的性质不同而有所不同:不动产所有权从登记时起取得,动产所有权从标的物交付或移转占有时取得。

◆ **知识链接**

所有权的法律保护

国家对财产所有权的保护主要有以下几个方面:①请求确认权。当因财产所有权的归属不清而产生纠纷时,当事人可以向人民法院提起诉讼,请求确认财产所有权。②请求返还原物。应注意的是,返还原物是否应当返还原物所产生的孳息,应区分善意占有和恶意占有。在善意占有的情况下,占有人返还原物而不返还孳息,并且可以请求所有人补偿因对所有物的保管和改良所支付的必要费用;在恶意占有的情况下,占有人不仅要返还原物,还应返还在恶意占有期间所获得的一切孳息,并且无权要求所有人补偿相关费用。③请求排除妨害。④请求恢复原状。⑤赔偿损失。

第二节 用益物权法律制度

用益物权是指以使用他人之物为目的的物权。用益物权人对他人所有的财产,依法享有占有、使用和收益的权利。用益物权仅涉及物的使用价值,不包含处分权能。用益物权可使需要使用某物之人能够以较低对价实现目的,而不必付出获得所有权的代价,也可使所有权人能够就其物获得收益,而不至于失去所有权。

《物权法》规定的用益物权包括土地承包经营权、建设用地使用权、宅基地使用权与地役权。其中,土地承包经营权是依法对所承包经营的耕地、林地、草地等进行占有、使用和收益,并从事种植业、林业、畜牧业等农业生产的权利;建设用地使用权是依法对国家所有的土地进行占有、使用和收益,并利用该土地建造建筑物、构筑物及其附属设施的权利;宅基地使用权是依法对集体所有的土地进行占有和使用,并利用该土地建造住宅及其附属设施的权利;地役权是按照合同约定,利用他人的不动产,以提高自己不动产的效益的权利。

本节主要介绍建设用地使用权和地役权。

一、建设用地使用权

【以案学法 9-5】 2019 年 2 月 28 日,广州首场最受关注的土拍结束。一宗地 12 家房企争抢,在经过近 2 小时竞拍 56 轮报价后,最受关注的天河区黄埔大道东 646 号地块被合景以总价 370 676 万元、自持 55% 拿下该地块的建设用地使用权。

问题: 什么是建设用地使用权? 法规对建设用地使用权的取得方式和期限有哪些规定?

《物权法》上的建设用地使用权在《城市房地产管理法》中被称为土地使用权,两概念均指国有建设用地使用权。原则上,除兴办乡镇企业、村民建设住宅、乡(镇)村公共设施以及公益事业建设经依法批准使用本集体经济组织农民集体所有土地的外,其他对集体土地的建设利用,都必须先征归国有,然后取得国有建设用地使用权。

(一)建设用地使用权的取得

建设用地使用权有创设取得与转移取得两种,分别对应国有土地的一级与二级市场。

1. 创设取得

(1)无偿划拨。土地使用权划拨是指县级以上人民政府依法批准,在土地使用者缴纳补偿、安置等费用后将该幅土地交付其使用,或将土地使用权无偿交付给土地使用者使用的行为。根据规定,下列建设用地的土地使用权,确属必需的,可由县级以上人民政府依法批准划拨:①国家机关用地和军事用地;②城市基础设施用地和公益事业用地;③国家重点扶持的能源、交通、水利等项目用地;④法律、行政法规规定的其他用地。《物权法》规定,严格限制以划拨方式设立建设用地使用权。用于商业开发的建设用地,不得以划拨方式取得建设用地使用权。

(2)有偿出让。除上述可经划拨取得的情形外,建设单位使用国有土地,应当以出让等有偿方式取得。即国家将国有土地使用权在一定期限内出让给土地使用者,并由土地使用者向国家支付土地使用权出让金的行为。城市规划区内的集体所有的土地,经依法征用转为国有土地后,该幅国有土地的使用权方可有偿出让。

建设用地使用权出让有三种形式:协议、招标和拍卖,且应当采取书面形式订立建设用地使用权出让合同,并且办理登记手续。其中,工业、商业、旅游、娱乐和商品住宅等经营性用地以及同一土地有两个以上意向用地者的,应采取招标、拍卖等公开竞价的方式出让。

建设用地使用权期间届满前,因公共利益需要提前收回该土地的,应当依照《物权法》第四十二条的规定对该土地上的房屋及其他不动产给予补偿,并退还相应的出让金。

非住宅建设用地使用权期间届满后的续期,依照法律规定办理。该土地上的房屋及其他不动产的归属,有约定的,按照约定;没有约定或者约定不明确的,依照法律、行政法规的规定办理。

住宅建设用地使用权期间届满的,自动续期。2016 年 11 月 27 日,中共中央、国务院发布的《关于完善产权保护制度依法保护产权的意见》提出,要研究住宅建设用地等土地使用权到期后续期的法律安排,推动形成全社会对公民财产长久受保护的良好和稳定预期。

2016年12月8日,国土资源部针对温州市出现的20年住房土地使用权到期问题向浙江省国土资源厅复函中指出,在尚未对住宅建设用地等土地使用权到期后续期作出法律安排前,少数住宅建设用地使用权期间届满的,可按以下过渡性办法处理:①不需要提出续期申请。少数住宅建设用地使用权期间届满的,权利人不需要专门提出续期申请。②不收取费用。市、县国土资源主管部门不收取相关费用。③正常办理交易和登记手续费。此类住房发生交易时,正常办理房地产交易和不动产登记手续,涉及"土地使用期限"仍填写该住宅建设用地使用权的原起始日期和到期日期,并注明:"根据《国土资源部办公厅关于妥善处理少数住宅建设用地使用权到期问题的复函》(国土资厅函〔2016〕1712号)办理相关手续"。

2. 转移取得

(1)转移取得的方式。建设用地使用权转让、互换、出资、赠与或抵押的,当事人应当采取书面形式订立相应合同。使用期限由当事人约定,但不得超过建设用地使用权的剩余期限,并应当向登记机构申请变更登记。

(2)让与禁止。下列房地产不得转让:①以出让方式取得土地使用权的,不符合《城市房地产管理法》第三十九条规定的条件的;②司法机关和行政机关依法裁定、决定查封或者以其他形式限制房地产权利的;③依法收回土地使用权的;④共有房地产,未经其他共有人书面同意的;⑤权属有争议的;⑥未依法登记领取权属证书的;⑦法律、行政法规规定禁止转让的其他情形。

设立建设用地使用权的,应当向登记机构申请建设用地使用权登记。建设用地使用权自登记时设立。登记机构应当向建设用地使用权人发放建设用地使用权证书。建设用地使用权转让、互换、出资或赠与的,应当申请变更登记。建设用地使用权消灭的,出让人应当及时办理注销登记,登记机构应当收回建设用地使用权证书。

(二)建设用地使用权的期限

以无偿划拨方式取得的建设用地使用权,除法律、行政法规另有规定外,没有使用期限的限制。以有偿出让方式取得的建设用地使用权,出让最高年限按下列用途确定:①居住用地70年;②工业用地50年;③教育、科技、文化、卫生、体育用地50年;④商业、旅游、娱乐用地40年;⑤综合或者其他用地50年。

▶ 法条链接
出让方式取得土地使用权后转让房地产的条件

《城市房地产管理法》第三十九条 以出让方式取得土地使用权的,转让房地产时,应当符合下列条件:①按照出让合同约定已经支付全部土地使用权出让金,并取得土地使用权证书;②按照出让合同约定进行投资开发,属于房屋建设工程的,完成开发投资总额的25%以上,属于成片开发土地的,形成工业用地或者其他建设用地条件;③转让房地产时房屋已经建成的,还应当持有房屋所有权证书。

二、地役权

【以案学法9-6】 甲、乙分别取得在同一街区相邻的两块建设用地,并各盖了9层办公楼,甲临街,乙在其后,乙的后院有一小出口,但乙为了车队出入方便,与相邻的甲约定:甲不在自己西侧宽6米、长160米的土地上建造房屋,专留给乙的车队通行,期限20年,作为补偿,乙一次性支付给甲 100 万元。双方签订合同并办理了地役权登记。

问题：

(1) 如果乙 2 年后将办公楼及其占用范围内的建设用地使用权转让给丙,地役权是否也一起转让? 为什么?

(2) 乙是否能以其享有的地役权单独设定抵押担保?

(3) 若 2 年后,乙将办公楼的 4、6 层分别卖给了丙、丁。丙、丁能否向甲主张通行的权利? 为什么?

地役权是指不动产的所有人或使用人为自己不动产的使用便利,"依合同约定"使用他人不动产的一种"用益物权"。其中,他人的不动产称为供役地,自己的不动产称为需役地。地役权有下列特征。

(1) 地役权是存在于他人不动产上的物权。地役权的享有和行使并非均以对土地的占有为要件,如眺望地役权,无须占有供役地。

(2) 从属性。地役权从属于需役地所有权或使用权,不得与需役地分离而单独让与;地役权不得从需役地分离出来而成为其他权利的标的。

(3) 不可分性。在需役地被分割时,地役权为分割后的各部分的利益仍然存在;如果地役权的行使按其性质只关系到需役地的一部分的,则分割后地役权仅在该部分存在。在供役地被分割时,地役权就分割后的各部分仍然存在;如果地役权的行使按其性质只关系到供役地的一部分的,则分割后地役权仅在该部分存在。

当时人应当以书面形式订立地役权合同,地役权自地役权合同生效时设立。不需要登记,但未经登记,不得对抗善意第三人。

地役权的期限由当事人约定,但不得超过土地承包经营权、建设用地使用权等用益物权的剩余期限。

第三节 担保物权法律制度

担保物权是指以担保债权实现为目的的物权。担保权人在债务人不履行到期债务或发生当事人约定的实现担保物权的情形下,依法享有就担保财产优先受偿的权利。担保物权的功能在于担保债务的履行,因而担保物权人虽对担保物享有处分权能,却不得使用或收益。担保物权有以下特性。

(1) 从属性。设定担保物权的目的,是为了担保债的履行,是从属于债权的,因此是一种从物权。它随着债权的成立、转让、消灭而成立、转让、消灭。

(2) 权利行使的附条件性。担保物权的行使条件是债务人不履行到期债务或发生当事人约定的实现担保物权的情形。

(3) 优先受偿权。当债务人不履行到期债务或发生当事人约定的实现担保物权情形时,担保物权人可就担保物权变价之后的价金优先于普通债权人得到清偿。

有下列情形之一的,担保物权消灭:主债权消灭;担保物权实现;债权人放弃担保物权;法律规定担保物权消灭的其他情形。《物权法》规定了抵押权、质权与留置权三种担保物权。

一、抵押权

【以案学法 9-7】　2018 年 6 月,李某因生意需要向王某借款 50 万元,期限 1 年,利率 6%,王某要求其提供担保。李某找到张某做担保,张某将其价值 100 万元的房屋作为抵押物与王某签订抵押合同,但未办理登记手续。2019 年 4 月张某因自己急需资金又以该房屋做抵押向乙银行贷款 60 万元并办理了抵押登记手续。2019 年 6 月李某的借款到期,李某因经营失败无力偿还借款本金及利息,王某将李某及张某告上法庭,要求二者承担偿还借款本金及利息的责任。

问题:

(1) 张某与王某签订的抵押合同是否有效?抵押权是否有效?为什么?

(2) 李某无力还贷时,王某能否要求将张某的房屋收归自己所有以抵销李某的债务?

(3) 张某以自己的房屋设定多项抵押权的行为是否合法?法律有哪些规定?

(4) 如果你是法官,你会如何判决?

抵押权是指为担保债务的履行,债务人或者第三人不转移财产的占有,将该财产作为债权的担保,债务人不履行债务时,债权人有权依法以该财产折价或者以拍卖、变卖该财产的价款优先受偿。其中,债务人或第三人为抵押人,债权人为抵押权人,提供担保的财产为抵押财产或抵押物。

(一) 抵押财产的范围

1. 可以抵押的财产范围

抵押物可以是动产或者不动产,但并非所有具有使用价值的财产都可以抵押,《物权法》对抵押财产的范围作出了相应的规定,债务人或者第三人有权处分的下列财产可以抵押:①建筑物和其他土地附着物;②建设用地使用权;③以招标、拍卖、公开协商等方式取得的荒地等土地承包经营权;④生产设备、原材料、半成品、产品;⑤正在建造的建筑物、船舶、航空器;⑥交通运输工具;⑦法律、行政法规未禁止抵押的其他财产。

除此之外,《物权法》还设定了浮动抵押制度。经当事人书面协议,企业、个体工商户、农业生产经营者可以将现有的以及将有的生产设备、原材料、半成品、产品抵押,债务人不履行到期债务或者发生当事人约定的实现抵押权的情形,债权人有权就实现抵押权时的动产优先受偿。由于设定此类抵押时抵押财产的范围尚未确定,而处于浮动中,故称为浮动抵押。

2. 禁止抵押的财产范围

根据相关规定,下列财产不得抵押。

(1) 土地所有权。

(2) 耕地、宅基地、自留地、自留山等集体所有的土地使用权,但法律规定可以抵押的除外。

(3) 学校、幼儿园、医院等以公益为目的的事业单位、社会团体的教育设施、医疗卫生设施和其他社会公益设施;如果以这些财产以外的财产为自身的债务设定抵押的,人民法院可以认定抵押有效。

(4) 所有权、使用权不明或者有争议的财产。

(5) 依法被查封、扣押、监管的财产。

（6）法律、行政法规规定不得抵押的其他财产。

（二）抵押权的设定

1. 抵押合同

设立抵押权，当事人应当采取书面形式签订抵押合同。抵押合同不以登记为生效要件，除法律另有规定或者合同另有约定外，自合同成立时生效。

抵押合同一般包括下列条款：①被担保债权的种类和数额；②债务人履行债务的期限；③抵押财产的名称、数量、质量、状况、所在地、所有权归属或使用权归属；④担保的范围。

抵押权人在债务履行期届满前，不得与抵押人约定债务人不履行到期债务时抵押财产归债权人所有。

2. 抵押权的设定

抵押合同不以登记为生效要件，但抵押权本身却须登记。不同的抵押物，登记产生的效力有所不同，包括登记生效与登记对抗两种情形。

（1）登记生效。以上述不动产抵押的，应当办理抵押登记。抵押权自登记时设立，未办理抵押登记，该抵押权无效，但不影响抵押合同的效力。

（2）登记对抗。以上述动产抵押的，抵押权自抵押合同生效时设立；未经登记，不得对抗善意第三人。浮动抵押即使已经登记，也不得对抗正常经营活动中已支付合理价款并取得抵押财产的买受人。

（三）抵押权的效力

抵押权的效力主要表现为抵押关系中当事人的权利和义务。

1. 抵押人的权利

（1）抵押物的占有权。由于抵押并不转移财产占有，所有抵押权设定以后，除法律和合同另有约定之外，抵押人仍继续占有抵押物，并有权取得抵押物的孳息。

（2）抵押物的收益权。根据抵押物的出租与抵押的先后顺序不同，相关法律对抵押物的收益权作出了不同的规定。

① 抵押权设立在先，抵押财产出租在后的，该租赁关系不得对抗已登记的抵押权，也就是说，抵押权设定在先，出租在后的，抵押权实现后，租赁合同对受让人不具有约束力。抵押人在将其抵押物出租时有义务书面告知承租人租赁物已设定抵押；如未履行告知义务，因此造成对承租人的损失，抵押人应承担赔偿责任。

② 抵押财产出租在先，抵押权设立在后的，原租赁关系不受该抵押权的影响，抵押权实现后，租赁合同在有效期内对抵押物的受让人继续有效，即抵押不破租赁。

（3）抵押物的处分权。在抵押期间，经抵押权人同意，抵押人可以将抵押物进行转让，但应当将转让的价款向抵押权人提前偿还债务或者进行提存。转让抵押物的价款超过债权数额的部分归抵押人所有，不足的部分由债务人继续清偿。抵押期间，抵押人未经抵押权人同意，不得转让抵押财产，但受让人代为清偿债务消灭抵押权的除外。

（4）设定多项抵押的权利。抵押人可以就同一抵押物设定多个抵押权，但是，抵押人所担保的债权不得超出其抵押物的价值。财产抵押后，该财产的价值大于所担保债权的余额部分，可以再次抵押，但不得超出其余额部分。在同一抵押物上有数个抵押权时，各抵押权人应依照法律规定的顺序行使抵押权。

2. 抵押权人的权利

(1) 保全抵押物。在抵押物受到抵押人或第三人的侵害时,抵押权人有权要求停止侵害、恢复原状或赔偿损失。因抵押人的行为致使抵押物价值减少时,抵押权人有权要求抵押人恢复抵押物的价值或提供与减少的价值相当的担保。

(2) 优先受偿权。在债务人不履行债务时,抵押权人就抵押财产处分所获得的价款优先于一般债权人受偿。抵押物拍卖、折价或者变卖的价款不足清偿债权的,不足的部分由债务人继续清偿。

(四) 抵押权的实现

当出现债务人不履行债务或者出现当事人约定的实现抵押的情形时,抵押权人可以与抵押人协议以抵押财产折价或者以拍卖、变卖该抵押财产所得的价款优先受偿。抵押物折价或者拍卖、变卖所得的价款,当事人没有约定的,按下列顺序清偿:①实现抵押权的费用;②主债权的利息;③主债权。

同一财产向两个以上债权人抵押的,拍卖、变卖抵押财产所得的价款依照下列规定清偿:抵押权已登记的,按照登记的先后顺序清偿;顺序相同的,按照债权比例清偿;抵押权已登记的先于未登记的受偿;抵押权未登记的,按照债权比例清偿。

◆ 知识链接

最高额抵押权

最高额抵押是指抵押人与抵押权人协议,在最高债权额限度内,以抵押物对一定期间内连续发生的债权作担保。为担保债务的履行,债务人或者第三人对一定期间内将要连续发生的债权提供担保财产的,债务人不履行到期债务或者发生当事人约定的实现抵押权的情形,抵押权人有权在最高债权额限度内就该担保财产优先受偿。最高额抵押担保的债权确定前,部分债权转让的,最高额抵押权不得转让,但当事人另有约定的除外。

二、质权

【以案学法 9-8】 2019 年 5 月 7 日,某银行营业部与某股份公司签订《质押担保借款合同》一份,约定某股份公司向某银行营业部贷款人民币 3 000 万元,期限为 1 年,某公司以其持有的 1 500 万股"万盛芒果"股权出质,作为合同载明借款的担保。5 月 13 日,该《质押借款合同》经公证机关公证后,依法办理了质押登记手续。

问题:什么是质押? 哪些财产可以质押? 该质押合同及质权何时生效?

质权是为担保债务的履行,债务人或者第三人将其动产出质给债权人占有,当债务人不履行到期债务或者发生当事人约定的实现质权的情形时,债权人有权就该动产优先受偿。在此法律关系中,债务人或第三人为出质人、债权人为质权人、交付的动产为质物。质押分为动产质押和权利质押。与抵押权不同,质权以交付质押物的占有为前提,因而出质人交付质押物后,即失去使用该质押物的机会,而负有保管义务的质权人又不得使用,由此可见,质权较之抵押权更为僵硬。

设立质权,当事人应当采取书面形式订立合同。质押合同应包括下列条款:①被担保的主债权种类、数额;②债务人履行债务的期限;③质物的名称、数量、质量、状况;④质押担保的范围;⑤质物移交的时间。质押合同是诺成合同,不以交付质押财产为生效要件。

(一)动产质押

除法律、行政法规禁止转让的动产外,原则上,所有动产均可出质。

1.动产质押的设定

质权自出质人交付质押财产时设立。若当事人约定出质人代质权人占有质物,则质权不生效。质权人在债务履行期届满前,不得与出质人约定债务人不履行到期债务时质押财产归债权人所有。如果违反该规定,则约定的"流质条款"无效,但不影响质押合同其他部分的效力。

2.动产质押的效力

动产质押设定后,在主债务清偿之前,质权人有权占有质物,并有权收取质物的孳息。但合同另有约定的除外。质权人在质权存续期间,负有妥善保管质押财产的义务。因保管不善致使质押财产毁损、灭失的,或者未经出质人同意擅自使用、处分质押财产,给出质人造成损害的,应当承担赔偿责任。

质权人的行为可能使质押财产毁损、灭失的,出质人可以要求质权人将质押财产提存,或者要求提前清偿债务并返还质押财产。

(二)权利质押

1.权利质押的质物

根据《物权法》规定,债务人或者第三人有权处分的下列权利可以出质:①汇票、本票、支票;②债券、存款单;③仓单、提单;④可以转让的基金份额、股权;⑤可以转让的注册商标专用权、专利权、著作权等知识产权中的财产权;⑥应收账款;⑦法律、行政法规规定可以出质的其他财产权利。

2.权利质押的设定

以汇票、本票、支票、债券、存款单、仓单、提单出质的,质权自权利凭证交付质权人时设立;没有权利凭证的,质权自有关部门办理出质登记时设立。

以基金份额、证券登记结算机构登记的股权出质的,质权自证券登记结算机构办理出质登记时设立;以其他股权出质的,质权自工商行政管理部门办理出质登记时设立。

以注册商标专用权、专利权、著作权等知识产权中的财产权出质的,质权自有关主管部门办理出质登记时设立。

以应收账款出质的,质权自信贷征信机构办理出质登记时设立。

3.质押权的实现

债务人履行债务或者出质人提前清偿所担保的债权的,质权人应当返还质押财产。债务人不履行到期债务或者发生当事人约定的实现质权的情形,质权人可以与出质人协议以质押财产折价,也可以就拍卖、变卖质押财产所得的价款优先受偿。质押财产折价或者变卖的,应当参照市场价格。

三、留置权

【以案学法 9-9】 甲制衣厂为乙服装公司加工西装 2 万套,加工费共计 100 万元,双方约定乙服装公司来提货的时候,一次性付清加工费 100 万元。后来,乙服装公司付了 20 万元的加工费后想提取所有服装,被甲厂拒绝。甲厂将其中一批服装进行扣押,要求乙公司在

1个星期内付清款项,否则,甲厂有权将该批服装变卖,用以偿还加工费。

问题:

(1) 甲制衣厂扣押服装的做法是否合法?为什么?

(2) 如果乙服装公司在1个星期内付清款项,则甲制衣厂是否需要归还所扣押的服装?

留置权是指债务人不履行到期债务,债权人可以留置已经合法占有的债务人的动产,并有权就该动产优先受偿。在此法律关系中,债权人为留置权人,占有的动产为留置物。例如,甲为乙有偿保管某物,乙取回时拒绝支付保管费。此时,甲有权扣留该物不还,直至乙支付保管费;若乙一直拒绝支付,则甲有权将该物变卖,将所得价款扣除保管费后返还于乙。

留置权属于法定担保物权,不必有当事人之间的担保合同,只要具备法定要件,即可成立。不过,当事人可以特约排除留置权。

(一)留置权产生要件

1. 债权人已合法占有债务人的动产

如果债权人没有占有债务人的财产,则无留置权可言;债权人丧失对债务人动产的占有,则留置权消失;动产如果是因侵权行为而占有的,不能产生留置权。

2. 占有的动产与债权属于同一法律关系

所谓同一法律关系,是指占有人交付或返还占有物之义务与留置所担保的债权属于同一法律关系。甲借用乙的自行车,到期乙要求归还时,甲不得以乙之前欠自己100元钱未还为由将自行车留置,原因在于,甲占有乙的自行车因而应予返还与乙欠甲100元属于两项不同的法律关系。能产生留置权法律关系不限于合同关系,但以合同关系为典型,如保管合同、运输合同、加工承揽合同等。另依物权法规定,企业之间留置不受同一法律关系的限制。

3. 债务履行期届满且债务人未按规定履行义务

只有在债权已届清偿期,债务人仍未履行义务时,债权人才可以将其合法占有的债务人的动产留置。

(二)留置权的效力

1. 留置标的物

留置担保的范围包括主债权及利息、违约金、损害赔偿金、留置物保管费用和实现留置权的费用。留置权人有权收取留置财产的孳息,所收取的孳息应当先冲抵收取孳息的费用。留置财产为可分物的,留置财产的价值应当相当于债务的金额;留置物为不可分物的,留置人可以就其留置物的全部行使留置权。留置权人负有妥善保管留置物的义务。

2. 优先受偿权

留置权人与债务人应当约定留置财产后的债务履行期间;没有约定或者约定不明确的,留置权人应当给债务人2个月以上履行债务的期间,但鲜活易腐等不易保管的动产除外。债务人逾期未履行的,留置权人可以与债务人协议以留置财产折价,也可以就拍卖、变卖留置财产所得的价款优先受偿。留置财产折价或者变卖的,应当参照市场价格。留置财产折价或者拍卖、变卖后,其价款超过债权数额的部分归债务人所有,不足部分由债务人继续清偿。

同一动产上已设立抵押权或质权,该动产又被留置的,留置权人优先受偿;同一财产法定登记的抵押权与质权并存时,抵押权人优先于质权人受偿;质权与未登记抵押权并存时,质权人优先于抵押权人受偿。

◆ 知识链接

原物与孳息

　　根据两物之间存在的原有物产生新物的关系,物可分为原物和孳息。其中,孳息又有天然孳息(如果树的果实、动物产的幼仔等)与法定孳息(如利息、房租、股利等)之别。根据规定,天然孳息,由所有权人取得;既有所有权人又有用益物权人的,由用益物权人取得。当事人另有约定的,按照约定。法定孳息,当事人有约定的,按照约定取得;没有约定或约定不明的,按照交易习惯取得。

知识检测

一、单项选择题

1. 下列情形中,违背一物一权原则的是(　　)。
   A. 甲、乙共有一台笔记本电脑
   B. 丙村村委会将某地同时承包给甲和乙
   C. 在同一地产上既设立抵押权又设立质权
   D. 甲公司以其建设用地使用权向乙银行设定抵押以取得贷款

2. 甲有牛要卖,便对乙说:"你牵回去试用一个月,满意的话,给5 000元。"乙牵回此牛,款未付。在此期间生下了一头小牛,则该小牛应归(　　)所有。
   A. 甲　　　　　　B. 乙　　　　　　C. 甲和乙一人一半　D. 甲或乙

3. 下列各项属于财产所有权的原始取得的是(　　)。
   A. 叔叔送给今年刚满7岁的小明一辆自行车作为生日礼物
   B. 小张继承哥哥的一处房子
   C. 小陈的50 000元存款共得利息1 000元
   D. 10岁的小高把爸爸给买的铅笔刀送给小朋友

4. 甲将自己病重的耕牛弃之郊外,被乙发现,拉回家中。经治疗,耕牛病愈。甲发现后,要求乙返还耕牛,乙不同意,某甲诉至法院。该耕牛应归(　　)。
   A. 甲所有　　　　B. 乙所有　　　　C. 国家所有　　　　D. 甲、乙共有

5. 甲、乙、丙共有一套房屋,其应有部分各为1/3。为了提高房屋的价值,甲主张将此房的地面铺上木地板,乙表示赞同,但丙反对。下列选项正确的是(　　)。
   A. 因没有经过全体共有人的同意,甲、乙不得铺木地板
   B. 因甲、乙的份额已占份额的2/3以上,故甲、乙可以铺木地板
   C. 甲、乙只能在自己的应有部分上铺木地板
   D. 若甲、乙坚持铺木地板,则需先分割共有房屋

6. 下列财产中不得抵押的是(　　)。
   A. 国有土地使用权　　　　　　　　B. 个人享有的房屋产权
   C. 企业所有的汽车　　　　　　　　D. 个人承包的耕地使用权

7. 甲在乙处修理电视机,因为钱不够,就将自己的手表放在乙处,说第二天拿钱来,就把电视机取走。乙取得手表的占有是依据(　　)。
   A. 留置权　　　　B. 抵押权　　　　C. 质权　　　　　D. 债权

二、多项选择题

1. 所有权包括以下几项权能( )。

   A. 占有权　　　　B. 使用权　　　　C. 收益权　　　　D. 处分权

2. 甲有祖传珍贵玉器一件,乙丙均欲购买之。甲先与乙达成协议,以 5 万元价格出售之,双方约定,次日交货付款。丙知晓后,当晚即携款至甲处,欲以 6 万元价格购买之。甲欣然应允,并即交货付款。对此,下列表述中,正确的是( )。

   A. 丙依法取得玉器的所有权　　　　B. 甲与乙的买卖合同无效

   C. 乙得请求丙交付该玉器　　　　D. 乙得请求甲承担违约责任

3. 甲、乙、丙、丁、戊、庚六人对一台挖掘机按份共有:甲的份额是 2/3,其余五人的份额各为 1/15。根据物权法律制度的规定,没有特别约定时,下列转让挖掘机的行为中,有效的有( )。

   A. 甲将挖掘机转让给辛,乙、丙、丁、戊、庚均表示反对

   B. 甲、乙将挖掘机转让给辛,丙、丁、戊、庚均表示反对

   C. 乙、丙、丁、戊、庚将挖掘机转让给辛,甲表示反对

   D. 任何一个共有人将其对挖掘机享有的份额转让给辛,其他共有人都可主张同等条件下的优先购买权

4. 下列共有财产属于共同共有财产的有( )。

   A. 夫妻共有财产　　　　B. 家庭共有财产

   C. 共同继承的财产　　　　D. 两人各出资 1/2 所共同购买的汽车

5. 除担保合同另有约定外,担保范围包括( )。

   A. 主债权及利息　　　　B. 违约金

   C. 实现担保物权的费用　　　　D. 损害赔偿金

6. 甲向乙借款而将自己的货物出质给乙,但乙将该批货物放置在露天地里风吹日晒。在此情况下,法院对甲的下列请求哪些应给予支持( )。

   A. 因乙保管不善,请求解除质押关系

   B. 因乙保管不善,请求提前清偿债权返还原物

   C. 因乙保管不善,请求乙向有关机构提存该批货物

   D. 因乙保管不善,请求乙承担货物的损失

三、判断题

1. 不动产物权的设立、变更、转让和消灭,经依法登记,发生效力;未经登记,不发生效力,但法律另有规定的除外。 ( )

2. 在善意取得中,善意受让人取得动产后,该动产上的原有权利消灭,但善意受让人在受让时知道或者应当知道该权利的除外。 ( )

3. 按份共有人可以在其份额上设定担保物权,无须经过其他按份共有人同意;共同共有人对共有物的处分行为,只有在全体共有人协商一致的情况下,才发生对外效力。( )

4. 订立抵押合同时,抵押权人和抵押人在合同中可以约定在债务履行期届满抵押权人未受清偿时,抵押物的所有权转移为债权人所有。 ( )

5. 留置的财产为可分物的,留置物的价值应当相当于债务的金额。 ( )

6. 同一动产上已设立抵押权或者质权,该动产又被留置的,留置权人优先受偿。 ( )

以法论案

案例一 共同共有与诉讼管辖

甲、乙为夫妻(户籍所在地为 H 市大河区),二人于 2015 年 10 月以 200 万元的价格购置 H 市理光区一套房屋,后因上班路途遥远,夫妻商议将房屋出售,但未找到合适的买主。2017 年 2 月,乙赴外地出差,住 H 市文化区的丙找到甲,称过去在乙带领下已看过该房,愿意以240 万元购买,甲不同意,双方经协商,甲独自决定以 250 万元价格出售该房。次日,丙支付给甲 150 万元,甲遂将钥匙交给丙。因房产证被乙存放在单位,甲提出待丈夫出差回来,即办理产权过户登记,办完手续后丙再付 100 万元。同年 7 月,乙出差回来后得知该房屋的价格已经上涨,遂找到丙,要求增加 30 万元才能去办理过户手续。丙不同意。

同年 8 月,乙经甲同意以 300 万元的价格将该房屋卖给了不知情的丁,并在 8 月 15 日与丁办理了房屋过户手续。后来丁找到丙,要求已入住的丙搬走。丙遂到法院起诉,告乙、丁侵害其所有权,丙要求法院解除乙与丁之间的房屋买卖合同。丁反诉丙,要求丙搬出房屋。

讨论:

1. 谈谈本案"一房二卖"的两个房屋买卖合同的效力。

2. 根据《物权法》规定,本案起诉时,房屋的所有权应当属于谁? 丁要求丙搬出的请求有法律依据吗?

3. 根据民事诉讼法律制度的规定,本案一审的诉讼管辖法院是哪个?

4. 如果你是法官,你会如何判决?

案例二 善意取得

村民张某为耕田向王某租得一头母牛,后因子女上学经济困难,就将牛牵到集市上卖给刘某。张某的卖价与市场价相差不大,刘某并不知道张某的牛来路不明。后母牛产下一牛犊。王某得知后,要求刘某返还母牛和牛犊。

讨论:刘某是否需要返还母牛和牛犊,为什么? 王某该如何挽回自己的损失?

案例三 质押与留置

甲拟办养鸡场,需筹集资金 10 万元,遂向乙借款 5 万元,并以自己一套价值 10 万元的音响作为抵押,双方签订了抵押合同,但未登记。随后,甲向丙借 5 万元,又以该音响质押,立质押字据并交付丙占有,丙不知音响已设定抵押。丙在占有音响期间不慎将其损坏,送去丁处修理,欠修理费 1 万元,音响被丁留置。

讨论:

1. 甲和乙之间的抵押合同是否有效? 为什么?

2. 甲和丙之间的质押合同是否有效? 为什么?

3. 丁对音响进行留置是否合法?

第十章　知识产权法律制度

知识导航

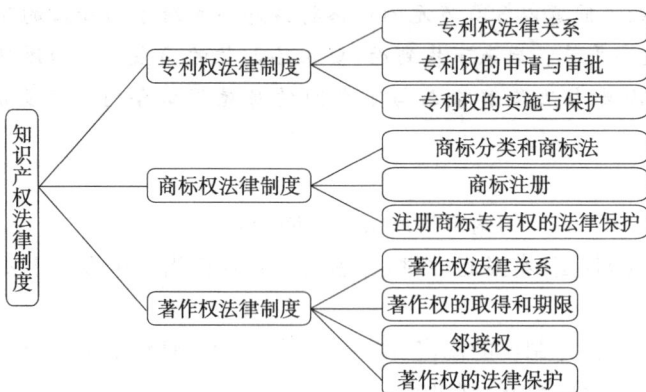

知识产权法律制度
- 专利权法律制度
  - 专利权法律关系
  - 专利权的申请与审批
  - 专利权的实施与保护
- 商标权法律制度
  - 商标分类和商标法
  - 商标注册
  - 注册商标专有权的法律保护
- 著作权法律制度
  - 著作权法律关系
  - 著作权的取得和期限
  - 邻接权
  - 著作权的法律保护

案例导入

"咖啡伴侣"引发百万商标官司。2018年2月9日，云南的咖啡巨头后谷公司宣布，研发出一款代替原来市场通用的植脂末的"核桃007"新产品，主打健康牌。同月月底，雀巢起诉后谷公司将该产品注册为"咖啡伴旅"商标，侵犯了雀巢公司在1989年就已注册的"咖啡伴侣"商标。3月5日，该案在北京市朝阳区人民法院开庭，但并未当庭宣判。法庭上，围绕词组"咖啡伴侣"是通用名称还是商标，雀巢公司和昆明后谷咖啡销售公司开展了一场商标博弈战。

《新五环之歌》被指侵权，美团、岳云鹏被诉索赔50万元。2018年6月20日，岳云鹏涉嫌侵权案被立案。"啊，五环，五环套餐配大蒜……"相声演员岳云鹏魔性的《五环之歌》经过再改编，成为"美团外卖"广告曲《新五环之歌》。《牡丹之歌》的著作权人认为，被告为追求商业利益，严重侵犯了原告的合法利益。为此，要求法院判决被告停止侵权并赔偿经济损失50余万元。北京市海淀区人民法院受理了此案。

请思考：上述案例反映了知识产权的哪些条款内容？

知识产权是指创造性智力成果或工商业标志的所有人依法所享有的权利的总称，包括工业产权和著作权。工业产权主要是指专利权和商标权。知识产权具有以下法律特征。

(1) 无形性又称非物质性。知识产权的客体是智力成果或者具有财产价值的标志，是一种没有形体的财富。这是知识产权的本质属性，也是与其他有形财产权最根本的区别。

（2）专有性又称排他性，是指权利一经确认或授予，权利人对该权利具有独占权；未经权利人许可，任何人不得擅自使用该权利。

（3）时间性。法律对知识产权的保护有时间限制，在法律规定的时间内，知识产权受到法律保护；一旦超过此期限，该项智力成果便成为社会公共财富，为全社会无偿使用。

（4）地域性。知识产权作为专有权在空间上的效力并不是无限的。根据一国的法律，在该国取得的知识产权只在该国内生效，其他国家没有承认和保护该项权利的义务。国家之间对知识产权的保护，通常通过共同参加的国家公约、双边协议等来实现。

（5）法律确认性。并非任何形式的智力成果都能受到法律保护，要取得法律的确认和保护，必须履行特定的法律程序或经国家主管机关依法审批。

知识产权法是指因调整知识产权的归属、行使、管理和保护等活动中产生的社会关系的法律规范的总称。我国现行的知识产权方面的主要法律有：《专利法》《商标法》《著作权法》。《保护工业产权巴黎公约》（简称《巴黎公约》）于 1883 年 3 月 20 日在巴黎签订，是世界上最早签订的关于工业产权保护的国际公约。我国于 1985 年 3 月 15 日正式成为该公约成员国。

第一节 专利权法律制度

专利权简称专利，是国家专利机关依法授予发明创造的发明人、设计人或者其所在的单位，在一定期限内对特定的发明创造依法享有的专有权。

专利法是调整因确认和保护发明创造的专利权，以及因使用发明创造而产生的各种社会关系的法律规范的总称。为了鼓励发明创造，促进科学技术的发展，1984 年 3 月 12 日第六届全国人大第四次会议通过了《中华人民共和国专利法》（以下简称《专利法》），共八章 76 条。

需要说明的是，我国现行专利法于 1985 年施行，曾分别于 1992 年、2000 年、2008 年进行过三次修正，对鼓励和保护发明创造、促进科技进步和创新发挥了重要作用。随着形势发展，专利领域出现了一些新情况、新问题，有必要修改现行专利法。2018 年 12 月 23 日，第十三届全国人大第七次会议听取了国家知识产权局局长申长雨受国务院委托所作的关于专利法修正案草案的说明。专利法修正案草案有望 2019 年通过。

一、专利权法律关系

（一）专利权的主体

【以案学法 10-1】 2017 年 12 月，H 化工研究院工程师梁某在一次技术洽谈会上与 G 厂厂长张某结识。张某请梁某帮助其解决污水净化重复利用的技术难题，梁某答应试试。2018 年春节，梁某与其在大学读书的儿子在 H 化工研究院院内一个废弃多年的人防工程里，用三个箩筐、一堆渣土以及扫帚、水桶等工具，还自费购买了十余种试剂、试纸、电炉等物品，对 G 化工厂的污水水样进行净化实验。实验结果达到了 G 化工厂的技术指标要求。梁某将试验资料交给 H 化工研究院一份，院里认为梁某为该院工程师，污水净化又是其业务研究范围，此成果应是职务技术成果，便以研究院的名义于 2018 年 5 月向国务院专利行政部门提交了"HI-PQ703 污水净化方法"专利申请。2019 年 3 月，研究院获得专利权。在此期间,梁某一直认为自己的成果是非职务发明,便强烈要求办理专利权人变更手续。双方争执不下。

问题:这项专利属于该厂研究院还是属于梁某? 并说明理由。

专利权的主体是指有权提出专利申请、获得专利权,并且承担相应义务的自然人、法人和其他组织。根据我国《专利法》规定,专利权的主体可以是发明人或设计人、职务发明的发明人所在单位以及专利权的合法受让人。

1. 发明人或设计人

发明人或设计人是指对发明创造的实质性特点作出了创造性贡献的人。其中,"发明人"是指发明或实用新型的完成人;"设计人"是指外观设计的完成人。需要注意的是,在完成发明创造的过程中,那些只负责组织工作的人、为物质技术提供便利条件的人或是从事辅助性工作的人,并非发明人或设计人。

如果两个或两个以上的人对同一项发明创造的实质性特点共同作出了创造性贡献,则这两个或两个以上的人成为共同发明人或共同设计人。

2. 职务发明人所在的单位

职务发明是指执行本单位的任务或者主要是利用本单位的物质条件所完成的发明创造。职务发明的专利权属于职务发明人所在的单位。利用本单位的物质技术条件所完成的发明创造,单位与发明人或者设计人订有合同,对申请专利的权利和专利权的归属作出约定的,从其约定。根据有关规定,职务发明包括以下几种情形:

(1) 在本职工作中完成的发明创造;

(2) 履行本单位交付的与本职工作无关的任务时所完成的发明创造;

(3) 退职、退休或者调动工作1年内作出的、与其在原单位的本职工作或者原单位分配的任务有关的发明创造;

(4) 主要利用本单位的物质条件(包括资金、设备、零部件、原材料或者不向外公开的技术资料等)完成的发明创造。

3. 其他申请人

发明人或设计人以外的其他人通过合同转让或者继承而得到专利申请权。发明人或设计人在发明创造完成之后,可以选择自己申请专利,也可以通过合同形式将申请权进行转让;发明人或设计人死亡后,由其继承人依法取得申请权。

(二)专利权的客体

【以案学法 10-2】　某公司研发出一种 3D 打印机,可实现对所打印零件的全方位修整,实现边打印边修整的工作过程,能更好地适应打印复杂形状零件,打印效率较高。并申请了专利号。

问题:该项专利权属于哪一种类型? 哪些发明创造可以申请专利?

我国专利权的客体包括:发明、实用新型和外观设计。

1. 发明

发明是指对产品、方法或其改进所提出的新的技术方案,是专利权保护的主要对象。发明创造是指运用现有的科学知识和科学技术,首创出先进、新颖、独特的具有社会意义的事物及方法,有效地解决某一实际需要。

2. 实用新型

实用新型是指对产品的形状、构造或者其结合所提出的适于实用的新的技术方案,又称小发明或小专利。它的创造性和技术水平较发明专利低,但实用价值大。比如鼠标,最初是机械鼠标(下面有个小球,移动时带动横向和纵向定位),后来出现的光学鼠标(用光学定位),就是在机械鼠标的基础上改进的,改变的是鼠标这种装置的总体功能的一部分(定位方式),其余不变,光学鼠标器则是实用新型。

3. 外观设计

外观设计是指对产品的形状、图案或者其结合以及色彩与形状、图案的结合所作出的富有美感并适于工业应用的新设计。外观设计是产品的装饰性或艺术性外表设计,与实用新型不同,实用新型是对产品形状、构造的新设计,以实用性为标准,而外观设计则是以美观为标准。如可口可乐的弧形玻璃瓶,是"即使在黑暗中靠手感也能辨别,甚至仅凭打碎在地的碎片,也能够一眼识别出来"的瓶形。

(三)专利权的内容

【以案学法 10-3】　据前瞻产业研究院的数据,在 2014—2017 年,大疆科技的专利申请数一直位居行业首位,2016 年大疆科技专利申请数量为 874 项,当年专利公开数达 605 项。2017 年公司的专利申请数有一定下降,但是在上年专利申请的积累下,公司的专利公开数达到 916 项,2018 年截至 4 月中旬专利公开数也达到 288 项。比如在 2016 年的一款农业无人机专利申请项目上,就分别获得了发明(专利公开号 CN106716285A)、实用新型(专利公开号 CN205787903U)、外观设计(专利公开号 CN304292337S)三种专利类型。

问题:该公司作为专利权人拥有哪些权利?

1. 专利权人的权利

(1)独占实施权。实施权是指专利权人有权利依照自己的意愿,自行制造、使用、销售其专利产品或使用专利方法以及销售依照该专利方法直接获得的产品的权利。独占实施权是指专利权被授予后,任何单位或者个人未经专利权人许可,不得实施其专利,即不得以生产经营为目的制造、销售、进口其专利产品。

(2)许可实施权是指专利权人可以通过合同方式,许可他人使用其专利权并收取专利使用费的权利。受许可人只能在许可范围内实施该专利,也无权允许合同规定以外的任何人实施该专利。

(3)转让权是指专利权人可以将其获得的专利所有权转让给他人的权利。

(4)标记权是指专利权人有权决定是否在其专利产品上标明专利标记和专利号。

(5)请求保护权。当专利权人的权利受到侵害时,可以直接向人民法院起诉,或者要求专利管理部门维护其专利权。

(6)放弃权。专利权人可以通过书面声明放弃其专利权,并要经过登记、公告等程序。

2. 专利权人的义务

(1)缴纳年费。专利权人应当在专利权授予的当年起开始缴纳年费。

(2)实施专利。实施发明创造是专利权人的义务,只有将发明创造应用到工商业中,才能体现出发明创造的实用性。

二、专利权的申请与审批

【以案学法 10-4】 李某通过自己的多年实验,研制出了冰箱的双向开门技术,该技术可以使冰箱门在无须拆卸的情况下,自由地转换开门的方向,该技术在国际上处于领先地位,国内外尚未有类似的制造方法。这种技术的应用,能够提高冰箱的实用性,使其更加实用方便。

问题: 该项技术能否申请专利? 申请专利需要符合哪些法律程序?

专利权的申请和审批是关于专利权取得程序的法律制度。我国《专利法》对专利权的申请和审批程序作出了明确规定,只有符合法律规定的申请原则和程序的研究成果,才能授予专利权。

(一)专利权的申请原则

1. 书面原则

办理专利申请手续,必须采用书面形式。在整个审批过程中的所有手续,都必须采用书面形式办理,不得以口头说明或提交实物的形式来代替书面说明。

2. 先申请原则

对于同样的发明创造,只能授予一项专利。两个或两个以上的申请人就同样的发明创造申请专利时,专利权授予最先申请的人。确定申请先后,以申请日为准,即国务院专利行政部门收到专利申请文件之日为申请日。如果申请文件是邮寄的,以寄出的邮戳日为申请日。

3. 优先权原则

优先权是指申请人自发明或者实用新型在外国第一次提出专利申请之日起 12 个月内,或者自外观设计在外国第一次提出专利申请之日起 6 个月内,又在中国就相同主题提出专利申请的,依照该外国同中国签订的协议或者共同参加的国际条约,或者依照相互承认优先权的原则,可以享有优先权。

申请人自发明或者实用新型在中国第一次提出专利申请之日起 12 个月内,又向国务院专利行政部门就相同主题提出专利申请的,可以享有优先权。

4. 单一性原则

单一性原则指一份专利申请文件只能就一项发明创造提出专利申请,即"一申请一发明"原则。

(二)专利权的申请

专利权不能自动取得,申请人必须依照《专利法》的有关规定,以书面形式向国务院专利行政部门提交必要的申请文件。

1. 发明和使用新型专利申请文件

申请发明或实用新型专利的,应当提交请求书、说明书及其摘要和权利要求书等文件。请求书应当写明发明或实用新型的名称,发明人的姓名,申请人姓名或者名称、地址及其他事项。说明书应当对发明或实用新型作出清楚、完整的说明,以所属技术领域的技术人员能够实现为准;必要时,应当有附图。摘要应当简要说明发明或者实用新型的技术要点。

2. 外观设计专利申请文件

申请外观设计专利的,应当提交请求书、该外观设计的图片或者照片以及对该外观设计的简要说明等文件。申请人提交的有关图片或者照片应当清楚地显示要求专利保护的产品的外观设计。

（三）专利权的审批

1. 发明专利申请的审批

（1）初审和公开。国务院专利行政部门收到发明专利申请后，经初步审查认为符合《专利法》要求的，自申请日起满 18 个月，即行公布。也可以根据申请人的请求早日公布其申请。

（2）实质审查。公布后发明专利进入实质审查阶段，发明专利申请自申请日起 3 年内，国务院专利行政部门可以根据申请人随时提出的请求，对其申请进行实质审查；申请人无正当理由逾期不请求实质审查的，该申请即被视为撤回。

（3）授权决定。国务院专利行政部门对发明专利申请进行实质审查后，没有发现驳回理由的，发给专利证书，同时予以登记和公告。发明专利权自公告之日起生效。

（四）专利权的授予条件

1. 发明与实用新型专利的授予条件

（1）新颖性是指该发明或实用新型不属于现有技术；并且在该发明或实用新型申请日之前，没有任何单位或个人就同样的发明创造向国务院专利行政部门提出过申请，并记载在申请日以后公布的专利申请文件或者公告的专利文件中。

（2）创造性是指与现有技术相比，该发明具有突出的实质性特点和显著的进步，该实用新型具有实质性特点和进步。发明创造应该是发明人创造性的构思，而不是简单的技术组合，并且与相近的技术相比，在技术上要有所进步。

（3）实用性是指该发明或实用新型能够在工商业上制造或者使用，并且能够产生积极效果。只有具有实用性的发明创造，才能让社会真正受益，促进工商业的发展。

2. 外观设计权利的授予条件

外观设计专利权的取得与发明和实用新型有所不同，取得外观设计专利的关键条件只有一个，就是新颖性。我国《专利法》规定：授予专利权的外观设计与现有设计或者现有设计特征的组合相比，应当具有明显区别。

▶ **法条链接**

不授予专利权的几种情形

《专利法》第二十五条　对下列各项，不授予专利权：①科学发现；②智力活动的规律和方法；③疾病的诊断和治疗方法；④动物和植物品种；⑤用原子核变换方法获得的物质；⑥对平面印刷品的图案、色彩或者二者的结合作出的主要起标识作用的设计。对前款第④项所列产品的生产方法，可以依照本法规定授予专利权。

三、专利权的实施与保护

【以案学法 10-5】　美的于 2018 年年初向广州知识产权法院起诉佛山百斯特电器 3 件专利侵权案，分别涉及洗碗机加热泵、底座、电机等技术点。2018 年 6 月，法院举行了公开开庭审理，在庭审过程中，佛山百斯特辩称其使用的是现有技术，并提出已针对美的上述涉案专利向国家知识产权局专利复审委员会提起专利无效。而美的称 ZL201420204325.7 等 3 件专利是其洗碗机底座系统的重点技术,并称其针对该套洗碗机底座系统进行了多年的持续研发,投入研发费用 2 000 多万元,进行测试 100 多项,属国内首创,并已针对该系统申请了 40 多件专利。根据公开网站信息显示,佛山百斯特确实分别于 2017 年 12 月 19 日和 2018 年 6 月 22 日先后两次针对 ZL201420204325.7 号涉案专利提起专利权无效宣告,但国家知识产权局专利复审委员会两次均做出了"全部维持 ZL201420204325.7 实用新型专利权有效"的无效决定。

问题:哪些行为属于专利侵权行为?请多方收集"美的起诉佛山百斯特"一案资料,判断佛山百斯特公司的行为是否构成专利侵权。如果你是法官会如何判决?

（一）专利权的实施

专利权人的一项重要权利就是专利的实施权。任何单位或者个人实施他人专利的,应当与专利权人订立实施许可合同,向专利权人支付专利使用费。被许可人无权允许合同规定以外的任何单位或者个人实施该专利。

（二）专利权的保护

1. 专利权的法律保护期限

法律对专利权的保护期限具有一定时间的限制,发明专利的保护期限是 20 年,实用新型和外观设计的保护期限是 10 年,均自申请日起计算。

2. 侵犯专利权的行为

侵犯专利权的行为是指未经专利权人的许可,擅自实施其专利的行为。侵犯专利的行为可分为以下几种。

（1）未经专利权人许可,以生产经营为目的制造、使用、销售、许诺销售专利产品,或者使用专利方法以及使用、销售、许诺销售、进口依专利方法直接获得的产品。

（2）假冒他人专利。即违背专利权人的意愿,以欺骗他人为目的,冒充已获得专利权的发明创造。但是,以下三种行为不视为侵犯专利权。

① 在申请日以前已经制造相同产品,使用相同方法或者已经做好了制造、使用的必要准备,并且仅仅在原有范围内继续制造、使用的,不视为侵权。

② 临时通过中国领土、领海、领空的外国运输工具,依照其所属国同中国签订的协议或者共同参加的国际条约,或者依照互惠原则,为运输工具自身需要而在其装置和设备中使用有关专利的,不视为侵权。

③ 专门为科学研究和实验而使用有关专利的行为,不视为侵权。

3. 侵犯专利权的法律后果

侵犯专利权的应承担停止侵权、没收违法所得、赔偿专利权人损失、被处以罚款等法律责任;情节严重构成犯罪的,应依法承担刑事责任。

4. 专利权的终止

专利权的终止是指专利权保护期限届满或由于某种原因专利权失效。专利权终止的情况主要有三种:

（1）没有按照规定交纳年费;

（2）专利权人以书面声明放弃专利权;

（3）专利权期满,专利权即行终止。专利权终止以后,受该项专利权保护的发明创造便成为全社会的财富,任何人都可以无偿使用。

◆ **知识链接**

专利法修正草案相关条款

2018 年 12 月 23 日提请第十三届全国人大常委会第七次会议审议的专利法第四次修正案草案,通过增加如专利侵权惩罚性赔偿等规定,同时修改现行专利法一系列条款,加强对专利权人合法权益的保护。此次修正,主要包括:①加大对侵犯专利权的赔偿力度。对故意侵犯专利权,情节严重的,在难以计算赔偿数额的情况下法院可以酌情确定的赔偿额,最高罚款金额从现行专利法规定的 100 万元提高到 500 万元。②网络服务提供者或承担连带责任。草案明确了网络服务提供者对网络侵权的连带责任,明确了诚实信用和禁止权利滥用原则。③完善举证责任。草案规定,人民法院为确定赔偿数额,在权利人已经尽力举证,而与侵权行为相关的账簿、资料主要由侵权人掌握的情况下,可以责令侵权人提供,侵权人不提供或提供虚假账簿、资料的,可参考权利人的主张和提供的证据判定赔偿数额。④完善专利行政执法。在充分发挥司法保护主导作用的同时,草案增加规定,国务院专利行政部门可以处理在全国有重大影响的专利侵权纠纷;管理专利工作的部门对在本行政区域内侵犯同一专利权的案件可合并处理;对跨区域侵犯同一专利权的案件可请求上级人民政府管理专利工作的部门处理。⑤单位对职务发明创造的处置权。单位对职务发明创造申请专利的权利和专利权可以依法处置,实行产权激励,采取股权、期权、分红等方式,使发明人或者设计人合理分享创新收益,促进相关发明创造的实施和运用。⑥外观设计专利权保护期延长至 15 年。为适应我国加入关于外观设计保护的《海牙协定》需要,草案将外观设计专利权的保护期由现行专利法规定的 10 年延长至 15 年。⑦新设外观设计专利申请国内优先权制度。草案规定,申请人自外观设计在国内第一次提出专利申请之日起 6 个月内,又就相同主题在国内提出专利申请的,可以享有优先权。

第二节　商标权法律制度

商标是商品和服务的标记,一般用文字、图形字母、数字、三维标志和颜色及其组合、声音来表示,具有显著特征,便于识别。商标除了具有将一个生产经营者所提供的商品或服务与其他生产经营者所提供的同类商品或服务区别开来的作用,还能够起到广告宣传、质量保证等作用。另外,注册商标是商标专有权人的一项无形资产,权利人依法可以将其商标投资入股、质押、转让或者许可他人使用。

一、商标分类和商标法

【以案学法 10-6】 国内首个经司法判决确认的声音商标——腾讯的"嘀嘀嘀嘀嘀嘀"。2014 年 5 月腾讯公司向商标局提出"嘀嘀嘀嘀嘀嘀"声音商标的注册申请,申请类别为38 类,商品服务为提供在线论坛、计算机辅助信息和图像传送、提供互联网聊天室等。在第二年,商标局以"申请商标由简单、普通的音调或旋律组成,在指定使用项目上缺乏显著性"

为由驳回申请。随后,腾讯向商标评审委员会提出复审申请,并提交了多份材料,包括多个版本的 QQ 有新消息传来时提示音的证据,以及 QQ 软件市场占有率和覆盖率的文件等。但商标评审委员会认为,该声音较为简单,缺乏独创性,指定使用在电视播放、信息传送等服务项目上缺乏商标应有的显著特征,难以起到区分服务来源的作用。虽然腾讯公司提交的证据能证明其 QQ 软件享有知名度,但申请商标的声音仅为软件包含的标识某一功能的声音,在案证据不能证明申请商标经使用已起到区别服务来源的作用。于是再次驳回腾讯公司的声音商标注册申请。腾讯公司没有放弃,向北京知识产权法院提起行政诉讼,并提交了申请商标的音频文件,商标注册申请书及申请商标的光谱表、频谱表、波形图,用以证明申请商标并非"嘀嘀嘀嘀嘀嘀"声音的简单重复,以及国家图书馆检索的 152 篇文献用以证明 QQ 提示音已经长期大量使用,而且领域广泛,能够起到区分服务来源的作用。经过北京知识产权法院判决,支持腾讯公司的诉讼请求。历时四年,QQ "嘀嘀嘀嘀嘀嘀"提示音终于被准予注册,这是我国首个经司法确认的声音商标。

问题:商标如何分类?查阅我国目前核准注册的几件声音商标,谈谈你的想法。

(一)商标分类

根据不同的划分标准,可以将商标分成不同的种类。

(1)根据商标的构成要素,可分为文字商标、图形商标、字母商标、数字商标、三维标志商标、颜色组合商标、组合商标、声音商标。

文字商标是以纯文字组成的商标,如"加多宝""王老吉"等。

图形商标是指纯图形构成的商标,如"奥迪"商标,是以 ⓪⓪⓪ 表示。

字母商标是由纯字母构成的商标。

数字商标是以纯数字组成的商标,如"555"电池等。

三维标志商标,即立体商标,指由长、宽、高三维组成的商标。三维标志往往表现为商品的外形或商品的包装特有的形状。

颜色组合商标是指由几种不同颜色按照一定的规则组合而成的商标,但单一颜色不得作为商标。

组合商标是指由文字、图形、记号、数字等组合而成的商标。如"百度"商标 Baidu百度,是由字母、图形及文字组合而成。

声音商标是指足以使相关消费者区别商品或服务来源的声音。声音商标是以听觉而非视觉的方法,作为区别商品或服务的交易来源。该商标识别性的判断,须具有足以使消费者认识,表彰商品或服务来源,并借以与他人商品或服务相区别,始得准予注册。如中国国际广播电台节目开始曲声音商标、苏菲广告末尾发出的女声"SOFY"声音商标。

(2)根据商标标示对象的不同,可分为商品商标和服务商标。

商品商标是指用于商品上的商标,用以区别不同经营者所提供的商品的专用标记。如"可口可乐""SONY"等。服务商标是提供服务的经营者为将自己提供的服务与他人提供的服务相区别而使用的商标,如"中国移动""中国电信"等。

(3)根据商标是否登记注册,可分为注册商标和未注册商标。

注册商标是指已经在商标注册主管机构获准注册的商标;未注册商标是指已经使用但未经商标注册主管机构获准注册的商标。

世界上对商标的保护有两种做法:一是注册保护;二是使用保护。在实行注册保护制度的国家,只有注册商标方可取得商标权,未注册商标不能取得商标权;但并不意味着未注册商标不受法律保护。在我国,未注册商标中,除驰名商标受法律特别保护外,其他商标使用人不享有法律赋予的商标权,但受到民法、反不正当竞争法的保护。对未注册商标,使用者所享有的利益仍被承认。《商标法》规定:申请商标注册不得损害他人现有的在先权利,也不得以不正当手段抢先注册他人已经使用并有一定影响的商标。

(4) 根据商标的功能和作用,可分为证明商标、集体商标、联合商标和防御商标。

证明商标是指由对某种商品或者服务具有监督能力的组织所控制,而由该组织以外的单位或者个人使用于其商品或者服务,用以证明该商品或者服务的原产地、原料、制造方法、质量或者其他特定品质的标志,如"绿色食品"标志等。

集体商标是指以团体、协会或者其他组织名义注册,供该组织成员在商事活动中使用,以表明使用者在该组织中的成员资格的标志,如"佛山陶瓷"。

联合商标是指某一个商标所有者,在相同的商品上注册几个近似的商标,或在同一类别的不同商品上注册几个相同或近似的商标,这些相互近似的商标称为联合商标。如娃哈哈公司已经注册了"娃哈哈"商标,为防止他人打擦边球,娃哈哈公司又注册了"哈哈娃"商标,"娃哈哈"和"哈哈娃"就是联合商标。

防御商标又称防护商标,是指较为知名的商标所有人在该注册商标核定使用的商品(服务)或类似商品(服务)以外的其他不同类别的商品或服务上注册的若干相同商标,为防止他人在这些类别的商品或服务上注册使用相同的商标。原商标为主商标,其余为防御商标。如"红蜻蜓"将其商标从鞋类扩展到其他领域。

(二) 商标权和商标法

商标权是指商标所有人对其商标拥有的独占的、排他的权利。

商标法是调整在确认、保护商标专用权和商标使用过程中发生的各类社会关系的法律规范的总称。为了加强商标管理,保护商标专用权,促使生产、经营者保证商品和服务质量,维护商标信誉,以保障消费者和生产、经营者的利益,促进社会主义市场经济的发展,我国于1982年8月23日制定了《中华人民共和国商标法》(以下简称《商标法》),并历经1993年、2001年、2013年三次修正。修正后的《商标法》共八章73条。

二、商标注册

【以案学法 10-7】　上海巨德贸易有限公司因第 21536446 号"有焙而来"商标(以下称申请商标)不服商标局的驳回决定,向商标评审委员会申请复审。其主要理由:申请商标是申请人根据工作需要自行杜撰的具有实际含义的商标,其基本含义为"带着聚拢的创作精神而来",与"有备而来"解释含义完全不同。申请商标的注册不会混淆人们特别是中小学生对成语中特定词汇的认知,不会造成不良影响。综上,申请人请求核准申请商标在复审服务上的注册申请。商标评审委员经评审决定:申请商标在复审服务上的注册申请予以驳回。

问题:商标注册须遵循哪些原则? 请站在商标评审委员会的角度向巨德公司解释驳回理由。

商标注册是指自然人、法人或其他组织在生产经营活动中,对其商品或服务需要取得商标专用权,依照法定程序向国家商标局提出申请,经过审核予以注册的法律活动。经商标局注册的商标为注册商标,商标注册人享有商标专用权,受法律保护。

（一）商标注册的原则

1. 自愿注册和强制注册相结合的原则

自愿注册是指商标使用者可以按照自己的意愿选择是否申请商标注册,未注册的商标同样可以使用。但是,对人用药品和烟草制品等国家规定的商品必须使用注册商标,未经核准注册的,不得在市场销售。

2. 诚实信用原则

申请注册商标,应当遵循诚实信用原则。申请商标注册不得损害他人现有的在先权利,也不得以不正当手段抢先注册他人已经使用并有一定影响的商标。

3. 显著原则

申请注册的商标应当具有显著性,便于识别,并不得与他人在先取得的合法权利相冲突。根据《最高人民法院关于审理商标授权确权行政案件若干问题的规定》（2017 年 3 月 1 日起施行),人民法院审查诉争商标是否具有显著特征,应当根据商标所指定使用商品的相关公众的通常认识,判断该商标整体上是否具有显著特征。商标标志中含有描述性要素,但不影响其整体具有显著特征的;或者描述性标志以独特方式加以表现,相关公众能够以其识别商品来源的,可以认定其具有显著特征。

4. 先申请原则

两个或两个以上的申请人,在同一类商品或类似商品上,就相同或近似商标提出注册申请的,初步审定并公告申请在先的商标;同一天申请的,初步审定并公告使用在先的商标,驳回其他人的申请,不予公告。

5. 商标合法原则

申请注册的商标不得使用法律禁止的标志。

（1）不得作为商标使用的标志。①同中华人民共和国的国家名称、国旗、国徽、国歌、军旗、军徽、军歌、勋章等相同或者近似的,以及同中央国家机关的名称、标志、所在地特定地点的名称或者标志性建筑物的名称、图形相同的;②同外国的国家名称、国旗、国徽、军旗等相同或者近似的,但经该国政府同意的除外;③同政府间国际组织的名称、旗帜、徽记等相同或者近似的,但经该组织同意或者不易误导公众的除外;④与表明实施控制、予以保证的官方标志、检验印记相同或者近似的,但经授权的除外;⑤同"红十字""红新月"的名称、标志相同或者近似的;⑥带有民族歧视性的;⑦带有欺骗性,容易使公众对商品的质量等特点或者产地产生误认的;⑧有害于社会主义道德风尚或者有其他不良影响的。县级以上行政区划的地名或者公众知晓的外国地名,不得作为商标。但是,地名具有其他含义或者作为集体商标、证明商标组成部分的除外;已经注册的使用地名的商标继续有效。

（2）不得作为商标注册的标志。①仅有本商品的通用名称、图形、型号的;②仅直接表示商品的质量、主要原料、功能、用途、重量、数量及其他特点的;③缺乏显著特征的。上述所列标志经过使用取得显著特征,并便于识别的,可以作为商标注册。

（3）不予注册并禁止使用的标志。①就相同或类似商品申请注册的商标是复制、模仿或翻译他人未在中国注册的驰名商标,容易导致混淆的,不予注册并禁止使用。②未经授权,代理人或被代理人提出异议的,不予注册并禁止使用。③商标中有商品的地理标志,而该商品并非来源于该标志所标示的地区,误导公众的,不予注册并禁止使用;但是,已经善意取得注册的继续有效。

（二）驰名商标的认定

驰名商标是由国家工商总局商标局认定的在市场上享有较高声誉并为全国相关公众所熟知的商标,如"海尔""格力"等。

驰名商标应当根据当事人的请求,作为处理涉及商标案件需要认定的事实进行认定。认定驰名商标应当考虑下列因素:相关公众对该商标的知晓程度;该商标使用的持续时间;该商标的任何宣传工作的持续时间、程度和地理范围;该商标作为驰名商标受保护的记录;该商标驰名的其他因素。

《商标法》第十三条规定,为相关公众所熟知的商标,持有人认为其权利受到侵害时,可以依照本法的规定请求驰名商标保护。

（三）商标注册程序

1. 商标注册申请

申请商标注册的,应当按规定的商品分类表填报使用商标的商品类别和商品名称。商标注册申请人可以通过一份申请就多个类别的商品申请注册同一商标。商标注册申请等有关文件,可以以书面方式或者数据电文方式提出。注册商标需要在核定使用范围之外的商品上取得商标专用权的,应当另行提出注册申请。注册商标需要改变其标志的,应当重新提出注册申请。

商标注册申请人自其商标在外国第一次提出商标注册申请之日起6个月内,又在中国就相同商品以同一商标提出商标注册申请的,依照该外国同中国签订的协议或者共同参加的国际条约,或者按照相互承认优先权的原则,可以享有优先权。依照规定要求优先权的,应当在提出商标注册申请的时候提出书面声明,并且在3个月内提交第一次提出的商标注册申请文件的副本;未提出书面声明或者逾期未提交商标注册申请文件副本的,视为未要求优先权。商标在中国政府主办的或者承认的国际展览会展出的商品上首次使用的,自该商品展出之日起6个月内,该商标的注册申请人可以享有优先权。依照规定要求优先权的,应当在提出商标注册申请的时候提出书面声明,并且在3个月内提交展出其商品的展览会名称、在展出商品上使用该商标的证据、展出日期等证明文件;未提出书面声明或者逾期未提交证明文件的,视为未要求优先权。

2. 商标注册审核

对申请注册的商标,商标局应当自收到商标注册申请文件之日起9个月内审查完毕,符合本法有关规定的,予以初步审定公告。

对初步审定公告的商标,自公告之日起3个月内,在先权利人、利害关系人等认为有异议的,可以向商标局提出异议。对初步审定公告的商标提出异议的,商标局应当听取异议人和被异议人陈述事实和理由,经调查核实后,自公告期满之日起12个月内作出是否准予注册的决定,并书面通知异议人和被异议人。有特殊情况需要延长的,经国务院工商行政管理部门批准,可以延长6个月。

商标局作出准予注册决定的,发给商标注册证,并予公告。异议人不服的,可以依照规定向商标评审委员会请求宣告该注册商标无效。

经审查异议不成立而准予注册的商标,商标注册申请人取得商标专用权的时间自初步审定公告3个月期满之日起计算。自该商标公告期满之日起至准予注册决定作出前,对他人在同一种或者类似商品上使用与该商标相同或者近似的标志的行为不具有追溯力;但是,因该使用人的恶意给商标注册人造成的损失,应当给予赔偿。

（四）注册商标的续展、变更、转让和使用许可

1. 注册商标的续展

注册商标的法律保护期限为10年,自核准注册之日起计算。注册商标有效期满,需要继续使用的,商标注册人应当在期满前12个月内按照规定办理续展手续;在此期间未能办理的,可以给予6个月的宽展期。每次续展注册的有效期为10年,自该商标上一届有效期满次日起计算。期满未办理续展手续的,注销其注册商标。

2. 注册商标的变更和转让

注册商标需要变更注册人的名义、地址或者其他注册事项的,应当提出变更申请。

转让注册商标的,转让人和受让人应当签订转让协议,并共同向商标局提出申请。受让人应当保证使用该注册商标的商品质量。转让注册商标的,商标注册人对其在同一种商品上注册的近似的商标,或者在类似商品上注册的相同或者近似的商标,应当一并转让。对容易导致混淆或者有其他不良影响的转让,商标局不予核准,书面通知申请人并说明理由。转让注册商标经核准后,予以公告。受让人自公告之日起享有商标专用权。

3. 注册商标的使用许可

商标注册人可以通过签订商标使用许可合同,许可他人使用其注册商标。许可人应当监督被许可人使用其注册商标的商品质量。被许可人应当保证使用该注册商标的商品质量。经许可使用他人注册商标的,必须在使用该注册商标的商品上标明被许可人的名称和商品产地。许可他人使用其注册商标的,许可人应当将其商标使用许可报商标局备案,由商标局公告。商标使用许可未经备案不得对抗善意第三人。

◆ 知识链接

含"中国"商标须具备的条件

对含有与我国国家名称相同或者近似文字的商标申请,申请人及申请商标同时具备以下4个条件的,可予以初步审定:①申请人主体资格应当是经国务院或其授权的机关批准设立的,申请人名称应经名称登记管理机关依法登记;②申请商标与申请人企业名称或者该名称简称一致,简称是经国务院或其授权的机关批准;③申请商标与申请人主体之间具有紧密对应关系;④申请商标指定使用的商品或服务范围应与核定的经营范围相一致。如"中国银行""中国石油"就是此类注册商标。

三、注册商标专用权的法律保护

【以案学法10-8】 云山服装厂生产的系列夏装在市场上声誉很高,其注册商标为"云杉"。华兴服装厂看到"云杉"牌服装销售好,就在自己生产的同类商品上使用了"云衫"商标。很多消费者都将"云衫"误认为"云杉"。云山服装厂认为华兴服装厂侵犯了自己的商标权,请求县公安局查处。工商局调查此案时,华兴服装厂认为两个商标并不相同,云山服装

厂使用的是"云杉",本厂使用的是"云衫",完全是两回事,不构成侵权。

问题:华兴服装厂的行为是否构成注册商标侵权?当事人可以选择哪些途径解决争议?

注册商标专用权是指商标注册人对其拥有的注册商标享有的独占权,包括使用权、处分权、收益权、标记权等。注册商标的专用权,以核准注册的商标和核定使用的商品为限。

(一)商标权人的权利和义务

1.商标权人的权利

(1)续展权。

(2)许可使用权。商标权人可以通过签订商标使用许可合同许可他人使用其注册商标。被许可人未经商标权人同意,不得许可其他任何单位或个人使用该注册商标。

(3)转让权。商标转让权是指商标权人依法享有的将其注册商标依照法定程序和条件,转让给他人的权利。商标转让除了合同转让形式之外,还有继承转让。继承转让是指原商标专用权人死亡而由其继承人依法继承其注册商标专用权。

2.商标权人的义务

(1)按规定使用注册商标。注册商标成为其核定使用的商品的通用名称或者没有正当理由连续3年不使用的,任何单位或者个人可以向商标局申请撤销该注册商标。商标局应当自收到申请之日起9个月内作出决定。有特殊情况需要延长的,经国务院工商行政管理部门批准,可以延长3个月。

(2)保证使用注册商标的商品质量。商标权人在生产商品或提供服务时,应当保证商品或服务的质量符合有关质量标准,不得粗制滥造,以次充好,欺骗消费者。

(3)按规定在申请商标注册和办理其他商标事宜时,缴纳相关费用。

(二)侵犯注册商标专用权的行为

根据规定,有下列行为之一的,均属侵犯注册商标专用权:

(1)未经商标注册人的许可,在同一种商品上使用与其注册商标相同的商标的;

(2)未经商标注册人的许可,在同一种商品上使用与其注册商标近似的商标,或者在类似商品上使用与其注册商标相同或者近似的商标,容易导致混淆的;

(3)销售侵犯注册商标专用权的商品的;

(4)伪造、擅自制造他人注册商标标识或者销售伪造、擅自制造的注册商标标识的;

(5)未经商标注册人同意,更换其注册商标并将该更换商标的商品又投入市场的;

(6)故意为侵犯他人商标专用权行为提供便利条件,帮助他人实施侵犯商标专用权行为的;

(7)给他人的注册商标专用权造成其他损害的。

(三)注册商标专用权纠纷的解决

侵犯注册商标专用权行为引起纠纷的,由当事人协商解决;不愿协商或者协商不成的,商标注册人或者利害关系人可以向人民法院起诉,也可以请求工商行政管理部门处理。

侵犯商标专用权的赔偿数额,按照权利人因被侵权所受到的实际损失确定;实际损失难以确定的,可以按照侵权人因侵权所获得的利益确定;权利人的损失或者侵权人获得的利益难以确定的,参照该商标许可使用费的倍数合理确定。对恶意侵犯商标专用权,情节严重的,可以在按照上述方法确定数额的一倍以上三倍以下确定赔偿数额。赔偿数额应当包括权利人为制止侵权行为所支付的合理开支。权利人因被侵权所受到的实际损失、侵权人因侵权所获得的利益、注册商标许可使用费难以确定的,由人民法院根据侵权行为的情节判决给予 300 万元以下的赔偿。

销售不知道是侵犯注册商标专用权的商品,能证明该商品是自己合法取得并说明提供者的,不承担赔偿责任。

▶ **法条链接**

侵犯注册商标专用权的法律后果

《商标法》第六十七条　未经商标注册人许可,在同一种商品上使用与其注册商标相同的商标,构成犯罪的,除赔偿被侵权人的损失外,依法追究刑事责任。伪造、擅自制造他人注册商标标识或者销售伪造、擅自制造的注册商标标识,构成犯罪的,除赔偿被侵权人的损失外,依法追究刑事责任。销售明知是假冒注册商标的商品,构成犯罪的,除赔偿被侵权人的损失外,依法追究刑事责任。

第三节　著作权法律制度

著作权又称版权,是指文学、艺术和科学作品的作者及其相关主体依法对其作品所享有权利。著作权法是调整著作权人之间以及著作权人与著作权主管机关在作品的创作、传播、使用、管理过程中产生的社会关系的法律规范的总称。1990 年 9 月 7 日第七届全国人大常委会第十五次会议制定《中华人民共和国著作权法》(以下简称《著作权法》),并于 2010 年 2 月 26 日第二次修正,修订后的《著作权法》共六章 61 条,自 2010 年 4 月 1 日起施行。

一、著作权法律关系

【以案学法 10-9】 某电视台拍摄的电视剧《勇往直前》在各大电视台热播,受到观众的一致好评,该电视剧是根据马某的长篇小说《勇敢历程》改编而成,编剧为张某,演员王某在剧中饰演了男主角。

问题:

(1) 该电视剧的著作权归谁享有? 原作者马某、编剧张某及主演王某是否有权要求在电视剧《勇往直前》中署上他们的名字?

(2) 是否所有的作品都可以享有著作权?

(一) 著作权的主体

著作权的主体也称著作权人,是指依据法律规定,对文学、艺术和科学作品享有著作权的人。根据规定,著作权人包括:作者,其他依法享有著作权的公民、法人或其他组织。

1. 作者

作者是指进行文学、艺术或科学创作的人,即进行直接产生文学、艺术或科学作品的智力活动的人。一般来说,如无相反证明,在作品上署名的公民、法人或者其他组织为作者。

2. 其他著作权人

其他著作权人是指除作者以外,其他依法享有著作权的公民、法人或其他组织。其他人成为著作权人的途径主要有以下几种。

（1）依照合同转让而取得。主要是指通过著作权转让合同而取得著作权。

（2）依照继承关系取得著作权。依我国《继承法》规定，公民所享有的著作权中的财产权利可作为遗产，在公民死亡后可由其继承人继承。

3. 外国著作权人

依据我国《著作权法》规定，外国人、无国籍人的作品首先在中国境内出版的，依法享有著作权。外国人、无国籍人的作品根据其作者所属国或者经常居住地国同中国签订的协议或者共同参加的国际条约享有的著作权，受《著作权法》保护。

（二）著作权的客体

著作权的客体是指我国《著作权法》保护的对象，主要指的是作品。作品主要包括以下形式创作的文学、艺术和自然科学、社会科学、工程技术等。

（1）文字作品；

（2）口述作品；

（3）音乐、戏剧、曲艺、舞蹈、杂技艺术作品；

（4）美术、建筑作品；

（5）摄影作品；

（6）电影作品和以类似摄制电影的方法创作的作品；

（7）工程设计图、产品设计图、地图、示意图等图形作品和模型作品；

（8）计算机软件；

（9）法律、行政法规规定的其他作品。

◆ 知识链接 ··

不受《著作权法》保护的对象

并非所有的作品都受到《著作权法》的保护，不受保护的对象主要包括：①依法禁止出版、传播的作品；②法律、法规，国家机关的决议、决定、命令和其他具有立法、行政、司法性质的文件，及其官方正式译文；③时事新闻；④历法、通用数表、通用表格和公式。

··

（三）著作权的内容

著作权的内容，即著作权人依法对其作品所享有的权利和应承担的义务。著作权人的权利主要包括人身权和财产权。

1. 人身权

著作权人的人身权是从作者创作出作品后才产生的，由作者终身享有，不可转让和剥夺，依据《著作权法》规定，著作权人享有以下人身权。

（1）发表权：即决定作品是否公之于众的权利；

（2）署名权：即表明作者身份，在作品上署名的权利；

（3）修改权：即修改或者授权他人修改作品的权利；

（4）保护作品完整权：即保护作品不受歪曲、篡改的权利。

2. 财产权

著作权人的财产权是从著作权人发表、转让或者许可他人使用其创作的作品而产生的财产权,是可以转让的。根据《著作权法》规定,著作权人依法享有下列财产权:复制权、发行权、出租权、展览权、表演权、放映权、广播权、信息网络传播权、摄制权、改编权、翻译权、汇编权、应当由著作权人享有的其他权利。

▶ **法条链接**

影视作品的著作权归属

《著作权法》第十五条 电影作品和以类似摄制电影的方法创作的作品的著作权由制片者享有,但编剧、导演、摄影、作词、作曲等作者享有署名权,并有权按照与制片者签订的合同获得报酬。

(四)著作权的限制

【以案学法 10-10】 某大学校艺术团将莫言的中篇小说《透明的红萝卜》改编成话剧,并在学校 100 周年校庆晚会上进行表演,该晚会向全校师生开放,未收取费用。

问题:该校艺术团是否侵犯了莫言的著作权? 为什么?

著作权保护的目的不仅在于保护作者的正当权益,鼓励他们进行创作,同时还在于促进作品的传播与使用。如果片面地强调作者的权利,使权利绝对化,则会限制和妨碍作品的传播与使用。因此,法律在规定作者权利的同时,还相应地规定了作者对社会所承担的义务,这些义务主要通过对著作权的限制来体现。

1. 合理利用

合理利用是指非著作权人在法定情况下可以不经著作权人许可,不向其支付报酬而合理使用其作品,但应当指明作者姓名、作品名称,并且不得侵犯著作权人依照本法享有的其他权利。《著作权法》第二十二条规定,以下情况属于对作品的合理利用:

(1) 为个人学习、研究或者欣赏,使用他人已经发表的作品;

(2) 为介绍、评论某一作品或说明某一问题,在作品中适当引用他人已发表的作品;

(3) 为报道时事新闻,在报纸、期刊、广播电台、电视台等媒体中不可避免地再现或者引用已经发表的作品;

(4) 报纸、期刊、广播电台、电视台等媒体刊登或者播放其他报纸、期刊、广播电台、电视台等媒体已经发表的关于政治、经济、宗教问题的时事性文章,但作者声明不许刊登、播放的除外;

(5) 报纸、期刊、广播电台、电视台等媒体刊登或者播放在公众集会上发表的讲话,但作者声明不许刊登、播放的除外;

(6) 为学校课堂教学或者科学研究,翻译或者少量复制已经发表的作品,供教学或者科研人员使用,但不得出版发行;

(7) 国家机关为执行公务在合理范围内使用已经发表的作品;

(8) 图书馆、档案馆、纪念馆、博物馆、美术馆等为陈列或者保存版本的需要,复制本馆收藏的作品;

(9) 免费表演已经发表的作品,该表演未向公众收取费用,也未向表演者支付报酬;

(10) 对设置或者陈列在室外公共场所的艺术作品进行临摹、绘画、摄影、录像;

(11) 将中国公民、法人或者其他组织已经发表的以汉语言文字创作的作品翻译成少数民族语言文字作品在国内出版发行;

（12）将已经发表的作品改成盲文出版。

2. 法定许可

著作权的法定许可是指非著作权人在法定情况下，可以不经著作权人许可而使用其作品，但应当支付报酬的一种制度。

根据《著作权法》规定，为实施九年制义务教育和国家教育规划而编写出版教科书，除作者事先声明不许使用的外，可以不经著作权人许可，在教科书中汇编已经发表的作品片段或者短小的文字作品、音乐作品或者单幅的美术作品、摄影作品，但应当按照规定支付报酬，指明作者姓名、作品名称，并且不得侵犯著作权人依照本法享有的其他权利。

二、著作权的取得和期限

【以案学法 10-11】 画家李某和图画爱好者赵某是挚友，李某前后送赵某自己的画作 50 余幅。2018 年 6 月 10 日，李某因病去世，赵某便从李某赠送的画作中精选 30 幅制成画册，以自己的名义发行，李某的子女得知后认为赵某擅自出版李某的画作，侵犯了他们及李某的著作权，遂与赵某进行交涉。赵某认为，既然李某已将画赠送给自己，自己便取得了包括著作权在内的所有权利，以自己的名义发表绘画不存在侵犯著作权。

问题：作者死亡后是否还享有著作权？法律对著作权的保护期限是多长时间？

（一）著作权的取得

1. 自动取得原则

自动取得原则是指作品创作完毕，不需要履行任何手续，作品本身也不需要载有任何标记，便自动地、无条件地享有著作权。我国著作权法实行的是自动保护原则，中国公民、法人或者其他组织的作品，不论是否发表，均依法享有著作权。

2. 注册登记原则

我国法律制度在确认著作权适用于自动取得的同时，又规定了著作权的注册登记原则。著作权人可以依据自己的意愿，决定是否进行著作权的登记，采用登记手续会使著作权的保护更加明确。

（二）著作权的期限

著作权的期限是指著作权受法律保护的时间界限。一旦著作权的法定保护期届满，作品将自动地进入了公共领域，成为社会公共财富，公众可以自由地复制或者作为他用。

1. 人身权的期限

根据规定，作者的署名权、修改权、保护作品完整权的保护期不受限制。

2. 发表权和财产权的期限

根据规定，公民的作品，其发表权、财产权的保护期为作者终生及其死亡后 50 年，截止于作者死亡后第 50 年的 12 月 31 日；如果是合作作品，截止于最后死亡的作者死亡后第 50 年的 12 月 31 日。

电影作品和以类似摄制电影的方法创作的作品、摄影作品，其发表权、财产权的保护期为 50 年，截止于作品首次发表后第 50 年的 12 月 31 日，但作品自创作完成后 50 年内未发表的，《著作权法》不再保护。

三、邻接权

【以案学法 10-12】 2013 年 10 月,由湖南卫视制作的大型明星亲子生存体验真人秀节目《爸爸去哪儿》一经播出,便得到了全国观众的一致好评,收视率节节攀升,该节目也成为人们谈论的热点话题,据悉,节目版权和模式购自韩国 MBC 电视台的《爸爸! 我们去哪儿?》,此前,湖南卫视热播的选秀节目《我是歌手》的版权同样购自该电视台。

问题: 电视台对其制作的电视节目拥有哪些权利?

邻接权是作品传播者所享有的权利,在我国《著作权法》中,邻接权包括出版者权、表演者权、录音录像制作者权和广播电视组织权。

1. 出版者及其权利

出版者通常包括出版各种图书、杂志、报纸的出版社、杂志社和报社。图书出版者出版图书应当和著作权人订立出版合同,并支付报酬。出版者有权许可或者禁止他人使用其出版的图书、期刊的版式设计。该项权利的保护期为 10 年,截止于使用该版式设计的图书、期刊首次出版后第 10 年的 12 月 31 日。

2. 表演者及其权利

表演者是指演员、演出单位或其他表演文学、艺术作品的人。表演者依法对其表演享有下列权利:表明表演者身份;保护表演形象不受歪曲;许可他人从现场直播和公开传送其现场表演,并获得报酬;许可他人录音录像,并获得报酬;许可他人复制、发行录有其表演的录音录像制品,并获得报酬;许可他人通过信息网络向公众传播其表演,并获得报酬。

3. 录音录像制作者及其权利

录音制作者是指录音制品的首次制作人;录像制作者是指录像制品的首次制作人。

录音录像制作者对其制作的录音录像制品,享有许可他人复制、发行、出租、通过信息网络向公众传播并获得报酬的权利;权利的保护期为 50 年,截止于该制品首次制作完成后第 50 年的 12 月 31 日。同时,录音录像制作者制作录音录像制品,应当同表演者订立合同,并支付报酬。

4. 广播电视组织权

广播电台、电视台有权禁止未经其许可将其播放的广播、电视转播;或将其播放的广播、电视录制在音像载体上以及复制音像载体。该权利的保护期为 50 年,截止于该广播、电视首次播放后第 50 年的 12 月 31 日。

此外,电视台播放他人的电影作品和以类似摄制电影的方法创作的作品、录像制品,应当取得制片者或者录像制作者许可,并支付报酬;播放他人的录像制品,还应当取得著作权人许可,并支付报酬。

四、著作权的法律保护

【以案学法 10-13】 2013 年年初,一家具生产商在其生产的一款板凳上标上彩色的"美羊羊"图案,并在无锡一大超市售卖,每张售价 12 元。上架没多久,被广东原创动力文化传播有限公司发现。该公司是动画片《喜羊羊与灰太狼》卡通形象美术作品的著作权人,于是将该超市诉至法院。法院审理认为,超市方未经著作权人同意,擅自对外销售印制有"美羊羊"的商品,遂判决超市一方立即停止侵权行为,并赔偿广东原创动力公司各项经济损失1万元。

问题:侵犯著作权的行为需要承担怎样的法律后果?

著作权人依法所享有的各项权利具有专属性,任何人不得侵犯。如果违反著作权法规定,侵害他人依法享有的著作权,应承担停止侵害、消除影响、赔礼道歉、赔偿损失等民事责任;同时损害公共利益的,可以由著作权行政管理部门责令停止侵权行为,没收违法所得,没收、销毁侵权复制品,并可处以罚款;情节严重的,著作权行政管理部门还可以没收主要用于制作侵权复制品的材料、工具、设备等;构成犯罪的,依法追究刑事责任。

🔍 知识检测

一、单项选择题

1. 下列选项中,属于侵犯专利权的行为有( )。

   A. 甲经权利人许可,为生产经营目的制造其专利产品

   B. 乙为科学研究和实验而使用某项专利

   C. 丙使用专利人已经出售的专利产品

   D. 丁未经专利人许可为生产经营目的制造其专利产品

2. 下列各组选项中不属于相同或近似商标的是( )。

   A. 娃哈哈与娃娃哈　　　　　　　B. 百事可乐与可口可乐

   C. 嘉思利与嘉斯利　　　　　　　D. 红梅与红海

3. 甲厂自2016年起在其生产的餐具上使用"红灯笼"商标,并于2018年8月向商标局提出该商标的注册申请。乙厂早在2018年6月就向商标局申请为其饮具产品注册"红灯笼"商标。该"红灯笼"商标应归属( )。

   A. 甲　　　　　　　　　　　　　B. 乙

   C. 甲和乙共有　　　　　　　　　D. 甲乙协商确定的一方

4. 对已经注册的商标提出争议的时间为自被争议的注册商标核准注册之日起( )

   A. 三个月内　　　　　　　　　　B. 六个月内

   C. 一年内　　　　　　　　　　　D. 两年内

5. 以下行为不侵犯署名权的是( )。

   A. 没有参加创作者在他人作品上署名

   B. 应作者请求为了扩大作者影响而在他人作品上署名

   C. 在合作作品上只署自己的名

   D. 将他人小说改编为电影但不说明原作者姓名

6. 张某独立创作出一篇学术论文,依我国著作权法规定( )。

   A. 张某只有在其论文发表后才能享有著作权

   B. 张某的论文不论是否发表都能享有著作权

   C. 张某的论文须经登记后才能享有著作权

   D. 张某的论文须经做上版权标记后才能享有著作权

7. 王某的长篇小说《东方之星》1997年首次发表,王某于次年6月1日去世。由该作品

产生的著作财产权将终止于(　　)。

　　A. 2047 年 6 月 1 日　　　　　　　　B. 2048 年 6 月 1 日

　　C. 2047 年 12 月 31 日　　　　　　　D. 2048 年 12 月 31 日

二、多项选择题

1. 知识产权作为无形财产权的本质属性,决定了它具有以下哪些基本特征(　　)。

　　A. 专有性　　　　　　　　　　　　　B. 相对性

　　C. 地域性　　　　　　　　　　　　　D. 时间性

2. 下列选项中,依法可以申请专利的是(　　)。

　　A. 食品真空保鲜的方法　　　　　　　B. 西瓜新品种

　　C. 新型感冒药的生产配方　　　　　　D. 节能汽车发动机

3. 下列选项中,不能被授予专利权的有 (　　)。

　　A. 专用于伪造货币的工具　　　　　　B. 专用于吸食毒品的器具

　　C. 可以作为凶器的刀具　　　　　　　D. 可用于赌博的游戏工具

4. 下列对象中,属于必须使用注册商标的是 (　　)。

　　A. 人用药品　　　　　　　　　　　　B. 畜用药品

　　C. 卷烟　　　　　　　　　　　　　　D. 雪茄烟

5. 下列可以被核准注册的商标有(　　)。

　　A. "好干净"洗衣机　　　　　　　　　B. "日立"抽油烟机

　　C. "伦敦"电视机　　　　　　　　　　D. "双星"运动鞋

6. 不适用或不受著作权法保护的作品是(　　)。

　　A. 国务院颁布的法规　　　　　　　　B. 行政诉讼案例选编

　　C. 未发表的小说　　　　　　　　　　D. 黄色书籍

三、判断题

1. 我国专利法规定的专利授予原则是先申请先得原则。　　　　　　　　　　(　　)

2. 在专利申请日前已经制造相同产品,使用相同方法或者已经做好了制造、使用的必要准备,并且仅仅在原有范围内继续制造、使用的,不视为侵犯。　　　　　　　(　　)

3. 两个以上的申请人,在同一种或类似商品上,申请相同或近似的注册商标专用权的,授予先使用人。　　　　　　　　　　　　　　　　　　　　　　　　　　　(　　)

4. 商标只能用在商品上,不能用在服务方面。　　　　　　　　　　　　　　(　　)

5. 变魔术的方法依法可以申请方法专利。　　　　　　　　　　　　　　　　(　　)

以法论案

案例一　专　利　权

李明是甲研究所的工作人员,他参与了关于开发节能燃气灶的开发工作。2018 年 9 月,李明完成了节能灶的技术开发,随后李明在某技术会议上介绍了该种节能灶的核心技术。2019 年 3 月,家家乐电器厂依据相关报道很快研制出样品,进行了批量生产并将李明绘制的产品设计图的主要部分用于销售。2019 年 2 月,甲研究所决定将节能灶向国家专利局申请发明专利。甲研究所通过邮寄向国家专利局寄出了附有李明绘制的产品设计图的专利申请文件,邮戳日期为 2019 年 2 月 10 日。2019 年 2 月 15 日国家专利局收到申请文件,2019 年 12 月 23 日国家专利局授予甲研究所专利。

讨论:

1. 甲研究所是否有权为节能灶申请专利? 为什么?

2. 甲研究所取得专利权后能否要求家家乐电器厂停止侵害并赔偿损失?

3. 假设甲研究所取得的专利权合法有效,则专利权保护期限何时届满?

案例二　商　标　权

2000 年,唯冠旗下的唯冠台北公司在多个国家与地区分别注册了 iPad 商标。2001 年,唯冠国际旗下唯冠科技(深圳)有限公司在中国内地注册了 iPad 商标的两种类别。

2006 年,苹果公司开始策划推出 iPad 时发现,iPad 商标权归唯冠公司所有。2009 年,苹果公司与唯冠达成协议,唯冠台北公司将 iPad 全球商标以 3.5 万英镑的价格转让给苹果。但唯冠深圳方面表示,iPad 的中国内地商标权并没有包含在 3.5 万英镑的转让协议中。而且,深圳唯冠才是 iPad 商标权在中国内地的拥有者,唯冠台北公司没有出售权利,所以 iPad 的中国内地商标权不属于苹果公司。

2012 年 2 月 10 日,深圳唯冠公司起诉美国苹果公司 iPad 商标侵权案一审宣判:苹果公司败诉,法院颁布苹果 iPad 2 禁售令。国内多地区工商局接到相关律师函,开始调查侵权 iPad 2。

讨论:

1. 商标权人如何保护自己的商标权? 如何界定商标侵权行为?

2. 面临各地工商部门的调查,苹果公司怎样做才能使 iPad 产品合法地在中国市场上进行销售?

案例三　首张黑洞照片引发的版权问题

2019 年 4 月 10 日晚,人类历史上首张黑洞照片在六地同时发布,一时间成为网上热议的话题。随后有人发现,在视觉中国网站上,这张黑洞照片却被标注版权为视觉中国所有。其在图片说明中提到:"此图是编辑图片,如果用于商业用途,请致电或咨询客户代表。"很快,此事就被编成段子在各大自媒体群里流传,核心思想是提醒同行小心乱用图片被视觉中国上门维权。随着媒体的深入挖掘,视觉中国更多的暗黑系盈利手段被揭示出来。比如,占有大量公共版权的图片、知名企业的 Logo 图片、钓鱼式维权、收取艺人照片"保护费"等。从媒体揭露的事实看,视觉中国存在不少非法使用他人知识产权而牟取暴利的行为。就这样,一家以售卖、分发知识产权(图片版权)为主营业务的机构,走到了保护知识产权的反面。

讨论:

1. 运用著作权法律知识谈谈类似黑洞、企业 Logo、明星活动图、公司高管肖像等这类照片,视觉中国拥有它们的版权吗?

2. 图片版权市场是否有"黑洞"? 是否存在碰瓷式维权的问题?

3. 创作者、平台和使用者等各方的著作权权利边界如何界定?

附　　录

个人独资企业设立登记申请书

一、投资人基本情况					
姓　名		性　别		出生日期	
文化程度		政治面貌		民　族	照片粘贴处
居　所				邮政编码	
身份证号				联系电话	
申请前职业状况					

投资人身份证复印件粘贴处

二、申请登记项目			
企业名称			
备用名称1			
备用名称2			
企业住所		邮政编码	
		联系电话	
经营范围及方式			
出资额			
出资方式	1. 以个人财产出资	2. 以家庭共有财产作为个人出资 家庭成员签名：	
从业人员数			

投资人签字：　　　　　　　　　　　　　　　　　申请日期：

购货单位：＿＿＿＿＿＿＿＿＿＿＿＿＿＿，以下简称甲方；供货单位：＿＿＿＿＿＿＿＿＿＿＿＿，以下简称乙方。

为了增强甲乙双方的责任感，加强经济核算，提高经济效益，确保双方实现各自的经济目的，经甲乙双方充分协商，特订立本合同，以便共同遵守。

第一条　产品的名称、品种、规格和质量

1. 产品的名称、品种、规格。

2. 产品的技术标准（包括质量要求），按下列第（　　）项执行：

（1）按国家标准执行；（2）无国家标准而有部颁标准的，按部颁标准执行；（3）无国家和部颁标准的，按企业标准执行；（4）没有上述标准的，或虽有上述标准，但需方有特殊要求的，按甲乙双方在合同中商定的技术条件、样品或补充的技术要求执行。

第二条　产品的数量和计量单位、计量方法

1. 产品的数量：＿＿＿＿＿＿＿＿＿＿＿＿＿＿。

2. 计量单位、计量方法：＿＿＿＿＿＿＿＿＿＿＿＿。

3. 产品交货数量的正负尾差、合理磅差和在途自然减（增）量规定及计算方法：＿＿＿＿。

第三条　产品的包装标准和包装物的供应与回收

产品的包装物，由乙方负责供应。甲乙双方商定包装物回收办法，作为合同附件。产品的包装费用，不得向甲方另外收取。

第四条　产品的交货单位、交货方法、运输方式、到货地点（包括专用线、码头）

1. 产品的交货单位：＿＿＿＿＿＿＿＿＿＿＿＿。

2. 交货方法，按下列第（　　）项执行：

（1）乙方送货（国家主管部门规定有送货办法的，按规定的办法执行；没有规定送货办法的，按甲乙协议执行）；

（2）乙方代运（乙方代办运输，应充分考虑甲方的要求，商定合理的运输路线和运输工具）；

（3）甲方自提自运。

3. 运输方式：＿＿＿＿＿＿＿＿＿＿＿＿。

4. 到货地点和接货单位（或接货人）＿＿＿＿＿＿＿＿＿＿＿。

甲方如要求变更到货地点或接货人，应在合同规定的交货期限（月份或季度）前40天通知乙方，以便乙方编月度要车（船）计划。

第五条　产品的交（提）货期限

送货或代运的产品的交货日期为＿＿＿＿＿＿＿＿＿＿＿＿，以甲方发运产品时承运部门签发的戳记日期为准。

第六条 产品的价格与货款的结算

1. 产品的价格,按下列第( )项执行:

(1) 按国家定价执行;

(2) 应由国家定价而尚无定价的产品,按物价主管部门的批准价执行;

(3) 不属于国家定价的产品,或因对产品有特殊技术要求需要提高或降低价格的,按甲乙双方的商定价执行。

2. 产品货款的结算:产品的货款、实际支付的运杂费和其他费用的结算,按照中国人民银行结算办法的规定办理。

第七条 验收方法

1. 验收时间_____

2. 验收手段_____

3. 验收标准_____

4. 由谁负责验收和试验_____

5. 在验收中发生纠纷后,由哪一级主管产品质量监督检察机关执行仲裁,等等。

第八条 对产品提出异议的时间和办法

1. 甲方在验收中,如果发现产品的品种、型号、规格、花色和质量不合规定,应一面妥为保管,一面在____天内向乙方提出书面异议;在托收承付期内,甲方有权拒付不符合合同规定部分的货款。

2. 如甲方未按规定期限提出书面异议的,视为所交产品符合合同规定。

3. 甲方因使用、保管、保养不善等造成产品质量下降的,不得提出异议。

4. 乙方在接到需方书面异议后,应在 10 天内负责处理,否则,即视为默认甲方提出的异议和处理意见。

第九条 乙方的违约责任

1. 乙方不能交货的,应向甲方偿付不能交货部分货款的____%(通用产品的幅度为 1%～5%,专用产品的幅度为 10%～30%)的违约金。

2. 乙方所交产品品种、型号、规格、花色、质量不符合合同规定的,如果甲方同意利用,应当按质论价;如果甲方不能利用的,应根据产品的具体情况,由乙方负责包换或包修,并承担修理、调换或退货而支付的实际费用。乙方不能修理或者不能调换的,按不能交货处理。

3. 乙方因产品包装不符合合同规定,必须返修或重新包装的,乙方应负责返修或重新包装,并承担支付的费用。甲方不要求返修或重新包装而要求赔偿损失的,乙方应当偿付甲方该不合格包装物低于合格包装物的价值部分。因包装不符合规定造成货物损坏或灭失的,乙方应当负责赔偿。

4. 乙方逾期交货的,应比照中国人民银行有关延期付款的规定,按逾期交货部分货款计算,向甲方偿付逾期交货的违约金,并承担甲方因此所受的损失费用。

5. 乙方提前交货的产品、多交的产品和品种、型号、规格、花色、质量不符合合同规定的产品,甲方在代保管期内实际支付的保管、保养等费用以及非因甲方保管不善而发生的损失,应当由乙方承担。

6. 产品错发到货地点或接货人的,乙方除应负责运交合同规定的到货地点或接货人外,还应承担甲方因此多支付的一切实际费用和逾期交货的违约金。乙方未经甲方同意,单方面改变运输路线和运输工具的,应当承担由此增加的费用。

7. 乙方提前交货的,甲方接货后,仍可按合同规定的交货时间付款;合同规定自提的,甲方可拒绝提货。乙方逾期交货的,乙方应在发货前与甲方协商,甲方仍需要的,乙方应照数补交,并负逾期交货责任;甲方不再需要的,应当在接到乙方通知后15天内通知乙方,办理解除合同手续,逾期不答复的,视为同意发货。

第十条　甲方的违约责任

1. 甲方中途退货,应向乙方偿付退货部分货款____%(通用产品的幅度为1%～5%,专用产品的幅度为10%～30%)的违约金。

2. 甲方未按合同规定的时间和要求提供应交的技术资料或包装物的,除交货日期得以顺延外,应比照中国人民银行有关延期付款的规定,按顺延交货部分货款计算,向乙方偿付顺延交货的违约金;如果不能提供的,按中途退货处理。

3. 甲方自提产品未按供方通知的日期或合同规定的日期提货的,应比照中国人民银行有关延期付款的规定,按逾期提货部分货款总值计算,向乙方偿付逾期提货的违约金,并承担乙方实际支付的代为保管、保养的费用。

4. 甲方逾期付款的,应按照中国人民银行有关延期付款的规定向乙方偿付逾期付款的违约金。

5. 甲方违反合同规定拒绝接货的,应当承担由此造成的损失和运输部门的罚款。

6. 甲方如错填到货地点或接货人,或对乙方提出错误异议,应承担乙方因此所受的损失。

第十一条　不可抗力

甲乙双方的任何一方由于不可抗力的原因不能履行合同时,应及时向对方通报不能履行或不能完全履行的理由,在取得有关主管机关证明以后,允许延期履行、部分履行或者不履行合同,并根据情况可部分或全部免予承担违约责任。

第十二条　其他

按本合同规定应该偿付的违约金、赔偿金、保管保养费和各种经济损失,应当在明确责任后十天内,按银行规定的结算办法付清,否则按逾期付款处理。但任何一方不得自行扣发货物或扣付货款来充抵。

解决合同纠纷的方式:执行本合同发生争议,由当事人双方协商解决。协商不成,双方同意由_____仲裁委员会仲裁(当事人双方不在本合同中约定仲裁机构,事后又没有达成书面仲裁协议的,可向人民法院起诉)。

本合同自____年____月____日起生效,合同执行期内,甲乙双方均不得随意变更或解除合同。合同如有未尽事宜,须经双方共同协商,作出补充规定,补充规定与本合同具有同等效力。本合同正本一式两份,甲乙双方各执一份;合同副本一式_____份,分送甲乙双方的主管部门、银行(如经公证或鉴证,应送公证或鉴证机关)等单位各留存一份。

购货单位(甲方):_____(公章)　　　供货单位(乙方)_____(公章)
代表人:_____(盖章)　　　　　　　代表人:_____(盖章)
地址:_____　　　　　　　　　　　地址:_____
开户银行:_____　　　　　　　　　开户银行:_____
账号:_____　　　　　　　　　　　账号:_____
电话:_____　　　　　　　　　　　电话:_____

____年____月____日订

附录C 工伤纠纷处理流程

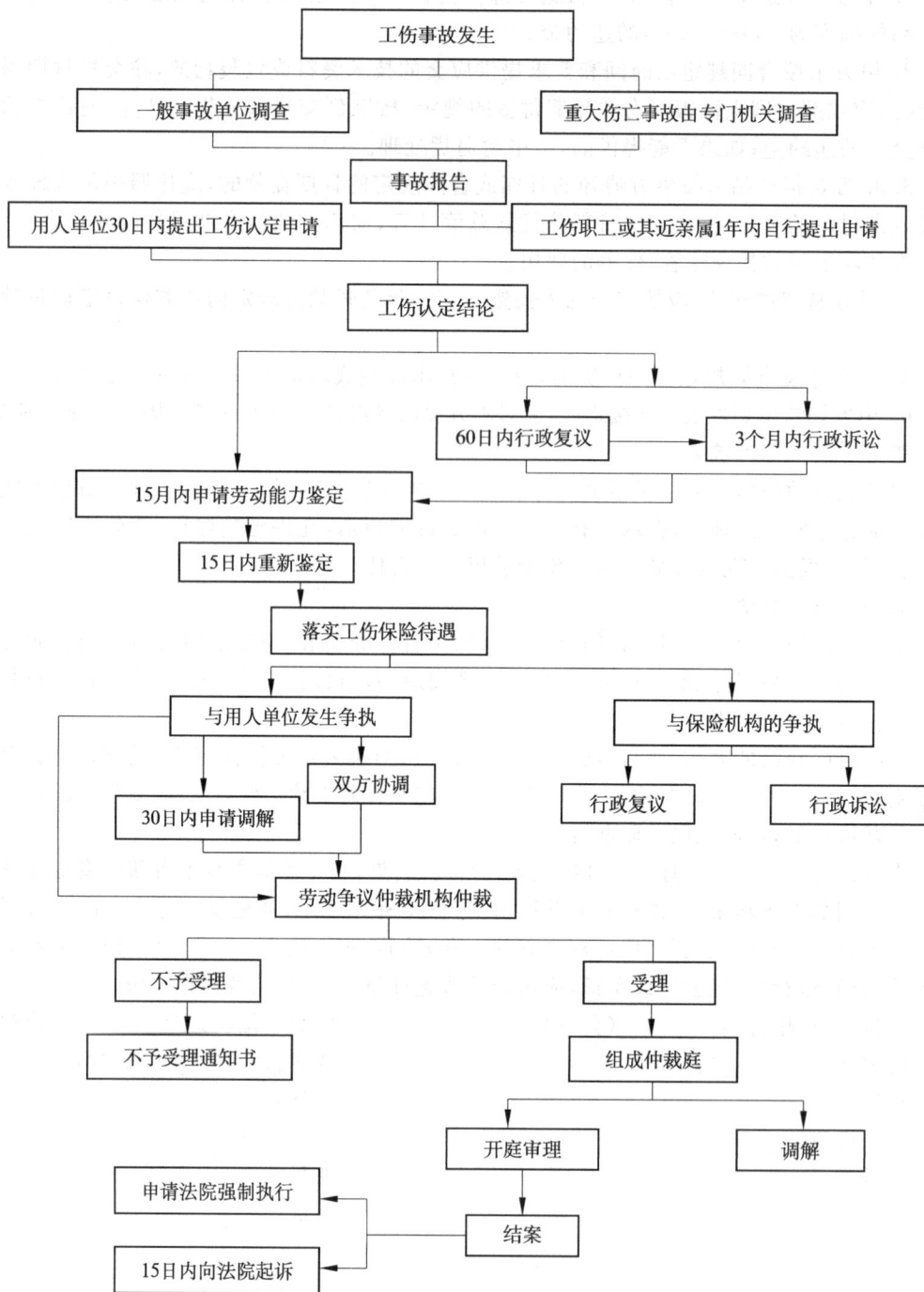

```
                        ┌─────────────────┐
                        │   工伤事故发生   │
                        └────────┬────────┘
              ┌──────────────────┴──────────────────┐
    ┌─────────────────┐                    ┌──────────────────────┐
    │  一般事故单位调查 │                    │ 重大伤亡事故由专门机关调查│
    └─────────┬───────┘                    └──────────┬───────────┘
              └──────────────┬───────────────────────┘
                        ┌─────────┐
                        │ 事故报告 │
                        └────┬────┘
    ┌──────────────────────────┐        ┌───────────────────────────────┐
    │用人单位30日内提出工伤认定申请│        │工伤职工或其近亲属1年内自行提出申请│
    └──────────────┬───────────┘        └────────────┬──────────────────┘
                   └───────────┬───────────────────┘
                        ┌─────────────┐
                        │ 工伤认定结论 │
                        └──────┬──────┘
          ┌────────────────────┴────────────────────┐
          │                         ┌──────────────┐    ┌──────────────┐
          │                         │ 60日内行政复议 │───▶│3个月内行政诉讼 │
          │                         └──────┬───────┘    └──────┬───────┘
   ┌───────────────────┐                   │                   │
   │15月内申请劳动能力鉴定│◀──────────────────┴───────────────────┘
   └─────────┬─────────┘
   ┌──────────────┐
   │ 15日内重新鉴定 │
   └──────┬───────┘
   ┌──────────────┐
   │落实工伤保险待遇 │
   └──────┬───────┘
     ┌────────────────────────────────────┐
┌──────────────────┐              ┌──────────────────┐
│  与用人单位发生争执 │              │  与保险机构的争执  │
└─────────┬────────┘              └────────┬─────────┘
     │         ┌──────────┐         ┌──────────┐  ┌──────────┐
     │         │ 双方协调  │         │ 行政复议  │  │ 行政诉讼  │
     │         └──────────┘         └──────────┘  └──────────┘
┌──────────────┐
│30日内申请调解  │
└──────────────┘
          ┌─────────────────────┐
          │  劳动争议仲裁机构仲裁  │
          └──────────┬──────────┘
     ┌───────────────┴───────────────┐
┌──────────┐                    ┌──────────┐
│ 不予受理  │                    │   受理    │
└────┬─────┘                    └────┬─────┘
┌──────────────┐              ┌──────────────┐
│不予受理通知书  │              │  组成仲裁庭   │
└──────────────┘              └──────┬───────┘
                          ┌───────────┴───────────┐
                    ┌──────────┐            ┌──────────┐
                    │ 开庭审理  │            │  调解     │
                    └────┬─────┘            └──────────┘
┌──────────────────┐      │
│ 申请法院强制执行  │◀─────┤
└──────────────────┘ ┌──────────┐
┌──────────────────┐ │  结案     │
│ 15日内向法院起诉  │◀─└──────────┘
└──────────────────┘
```

附录D 申请工伤认定流程

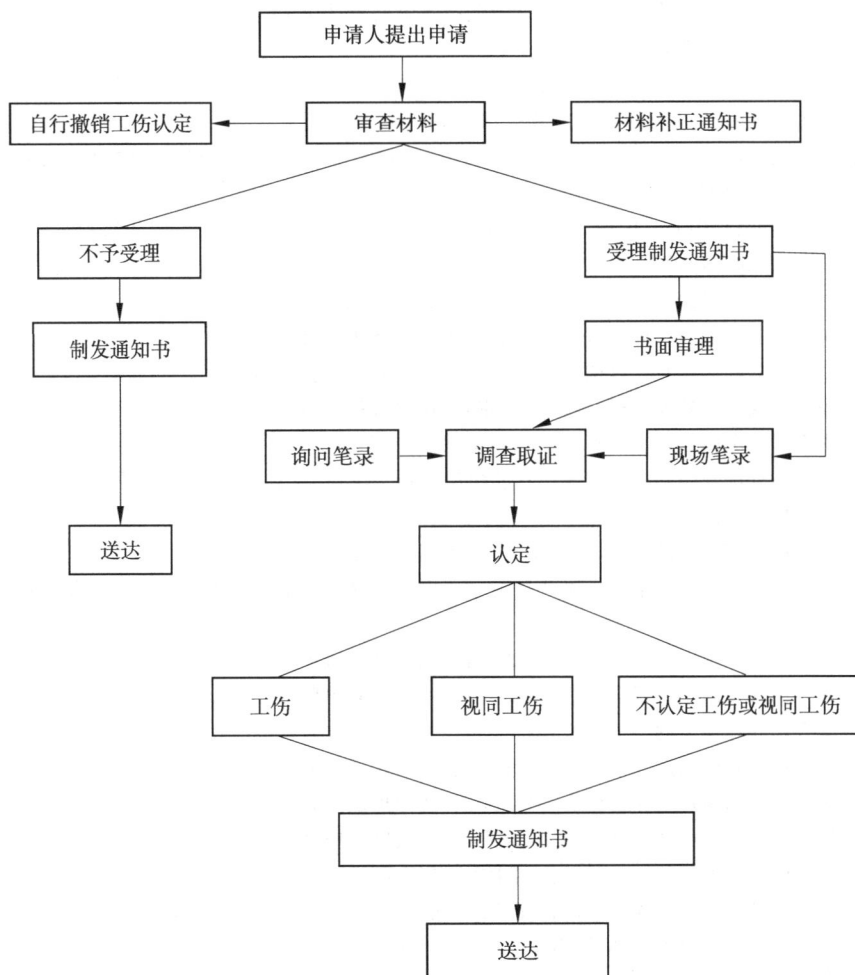

```
                    ┌─────────────────┐
                    │  申请人提出申请  │
                    └────────┬────────┘
                             │
┌────────────────┐   ┌───────┴───────┐   ┌────────────────┐
│ 自行撤销工伤认定 │◄──│   审查材料    │──►│ 材料补正通知书  │
└────────────────┘   └───────┬───────┘   └────────────────┘
                             │
        ┌────────────────────┴──────────────────┐
        │                                        │
┌───────┴───────┐                        ┌───────┴────────┐
│   不予受理    │                        │  受理制发通知书 │◄──┐
└───────┬───────┘                        └───────┬────────┘   │
        │                                        │            │
┌───────┴───────┐                        ┌───────┴────────┐   │
│  制发通知书   │                        │   书面审理     │   │
└───────┬───────┘                        └───────┬────────┘   │
        │                                        │            │
        │          ┌──────────┐  ┌──────────┐  ┌──────────┐  │
        │          │ 询问笔录 │─►│ 调查取证 │◄─│ 现场笔录 │──┘
        │          └──────────┘  └────┬─────┘  └──────────┘
        │                             │
┌───────┴───────┐              ┌──────┴──────┐
│     送达      │              │    认定     │
└───────────────┘              └──────┬──────┘
                                      │
              ┌───────────┬───────────┼───────────────────────┐
        ┌─────┴────┐  ┌───┴─────┐  ┌──┴──────────────────┐
        │   工伤   │  │ 视同工伤 │  │ 不认定工伤或视同工伤 │
        └─────┬────┘  └───┬─────┘  └──────────┬──────────┘
              │           │                   │
              └───────────┴─────────┬─────────┘
                           ┌────────┴────────┐
                           │   制发通知书    │
                           └────────┬────────┘
                                    │
                           ┌────────┴────────┐
                           │     送达        │
                           └─────────────────┘
```

参 考 文 献

[1] 财政部会计资格评价中心. 经济法基础[M]. 北京:经济科学出版社,2018.

[2] 财政部会计资格评价中心. 经济法[M]. 北京:中国财政经济出版社,2018.

[3] 中国注册会计师协会. 经济法[M]. 北京:中国财政经济出版社,2018.

[4] 黄洁洵,东奥会计在线. 2019 年会计专业技术资格考试应试指导及全真模拟测试:经济法基础上、下册[M]. 北京:北京科学技术出版社,2018.

[5] 彭娟娟,东奥会计在线. 2018 年税务师职业资格考试应试指导及全真模拟测试:涉税服务相关法律(上、下册)[M]. 北京:北京科学技术出版社,2018.

[6] 刘颖,东奥会计在线. 2019 年注册会计师考试应试指导及全真模拟测试:税法上、下册[M]. 北京:北京科学技术出版社,2019.

[7] 法律出版社法规中心. 中华人民共和国民法总则注释版[M]. 北京:法律出版社,2017.

[8] 中华人民共和国仲裁法[M]. 北京:中国法制出版社,2017.

[9] 中华人民共和国民事诉讼法[M]. 北京:中国法制出版社,2017.

[10] 中华人民共和国行政诉讼法[M]. 北京:中国法制出版社,2018.

[11] 中华人民共和国行政复议法[M]. 北京:中国法制出版社,2018.

[12] 中华人民共和国外商投资法[M]. 北京:法律出版社,2019.

[13] 中华人民共和国公司法[M]. 北京:中国法制出版社,2018.

[14] 法律出版社法规中心. 中华人民共和国反垄断法注释本[M]. 北京:法律出版社,2017.

[15] 中华人民共和国产品质量法[M]. 北京:中国法制出版社,2018.

[16] 中华人民共和国食品安全法[M]. 北京:中国法制出版社,2018.

[17] 电子商务法起草组. 中华人民共和国电子商务法条文研析与适用指引[M]. 北京:中国法制出版社,2018.

[18] 中华人民共和国电子签名法[M]. 北京:中国法制出版社,2015.

[19] 中华人民共和国个人所得税法[M]. 北京:中国法制出版社,2019.

[20] 中华人民共和国车辆购置税法[M]. 北京:中国法制出版社,2019.

[21] 中华人民共和国船舶吨税法[M]. 北京:法律出版社,2018.

[22] 中华人民共和国环境保护税法[M]. 北京:法律出版社,2016.

[23] 中华人民共和国劳动合同法[M]. 北京:中国法制出版社,2018.

[24] 中华人民共和国劳动法[M]. 北京:中国法制出版社,2018.

[25] 徐孟洲. 经济法学原理与案例教程[M]. 北京:中国人民大学出版社,2016.

[26] 张玉敏. 知识产权法学[M]. 北京:法律出版社,2017.

[27] 周晖,孟建华. 新编实用经济法[M]. 北京:清华大学出版社,2017.